JOSEPH THOMSON

AU PAYS
DES MASSAÏ

AU PAYS
DES MASSAÏ

Massaï en costume de guerre.

JOSEPH THOMSON

AU PAYS DES MASSAÏ

VOYAGE D'EXPLORATION
À TRAVERS LES MONTAGNES NEIGEUSES ET VOLCANIQUES
ET LES TRIBUS ÉTRANGES
DE L'AFRIQUE ÉQUATORIALE

TRADUIT DE L'ANGLAIS AVEC L'AUTORISATION DE L'AUTEUR

PAR

FRÉDÉRIC BERNARD

OUVRAGE
contenant 54 gravures et une carte

PARIS
LIBRAIRIE HACHETTE ET Cie
79, BOULEVARD SAINT-GERMAIN, 79

1886

Droits de propriété et de traduction réservés

PRÉFACE DE L'AUTEUR

Il n'est pas besoin de longues excuses pour présenter ce livre au public : ma mission n'avait point un caractère privé et j'ai dû soumettre un rapport à la Société dont j'étais le mandataire; je me suis contenté d'en recouvrir le squelette de muscles et de peau. Écrire pour écrire n'a jamais eu d'attraits pour moi, et si je suis heureux d'offrir cet ouvrage au lecteur, c'est surtout parce que j'en ai fini avec ma tâche.

Je ne viens point implorer la bienveillance de mes juges : un homme qui, à vingt-six ans, en est à sa troisième expédition à l'intérieur de l'Afrique n'a guère eu l'occasion d'acquérir un style élégant et de rechercher les grâces de la littérature. Ce récit sort tout brûlant de la forge : je n'ai ni pesé mes mots, ni relu mes phrases, satisfait d'exprimer simplement ma pensée.

Comme pour mon premier livre, *Aux lacs de l'Afrique centrale*, mon frère, le Rév[d] J.-B. Thomson, de Greenock, a bien voulu se charger de la fastidieuse besogne de reviser mes pages et de surveiller l'impression de ce volume.

La plupart des gravures du livre proviennent de photographies que j'ai prises moi-même au cours de l'expédition ; pour celles qui se rapportent au Oua-Teita et au Oua-Nyika, le Rév[d] A.-D. Shaw, de Rabaï, a mis à ma disposition sa collection tout entière, augmentant encore la dette de gratitude que j'ai contractée envers lui.

Quelques chapitres manquent à cet ouvrage : de courtes études sur le côté commercial de l'expédition, sur la faune de l'Est africain et la géologie du pays des Massaï ; je les renvoie à une autre édition, si le besoin de celle-ci se fait sentir dans la suite. La carte placée à la fin du volume donnera quelque idée de la région au point de vue géologique. Quant aux plantes rapportées de là-bas, Sir Joseph Hooker en a fait le sujet d'un travail qu'il a lu devant la Société Linnéenne.

AU PAYS
DES MASSAÏ

INTRODUCTION

Le pays des Massaï occupe une bande diagonale de terrain que circonscrivent, d'une part, le premier degré de latitude nord et le cinquième de latitude sud ; de l'autre, les trente-troisième et trente-neuvième degrés de longitude est.

L'histoire des découvertes sur les rivages orientaux de l'Afrique centrale s'ouvre avec Vasco de Gama : après avoir doublé le Cap, le navigateur portugais toucha terre à Malindi ; plus tard, et par suite de la perfidie du pilote, son navire manqua se briser sur les récifs de Mombâz.

Mais quant aux mystérieuses contrées de l'intérieur, de longs siècles s'écoulèrent où nul Européen n'en osa tenter l'exploration : de vagues renseignements tirés des récits informes des naturels parvenaient seuls jusqu'à la côte. « A l'ouest de ce port (Mombâz), dit un ouvrage portugais de 1530, on voit une montagne fort élevée, l'Olympe de l'Éthiopie, et, au delà, les monts de la Lune, où se trouvent les sources du Nil. » L'Olympe en question est sans doute le Kilima-Ndjaro ; pour les « monts de la Lune », il serait moins aisé de leur assigner une place : comme les sources du Nil, ils se sont montrés « revêches et de difficile abord ».

L'année 1842 vit commencer l'ère nouvelle. Le Rév. Dr Krapf, expulsé par les Gallas d'Abyssinie, reçut le mandat de parcourir l'est de l'Afrique à la recherche d'une « porte » ouverte au christianisme, et crut l'avoir trouvée a Mombâz. Son collègue Rebmann entreprit en 1847 la première de ses courses aventureuses à l'ouest de cette ville. Avec huit hommes d'escorte il pénétra dans les terres cultivées qui s'étendent le long de la côte, franchit une zone déserte et révéla au monde les curieuses montagnes isolées et les chaînes pittoresques du Teita.

L'année suivante, « armé de son parapluie » et suivi de neuf indigènes, il repartait pour un voyage qui devait arracher nos géographes à leur indifférence et jeter au milieu d'eux un brandon de discorde, un objet de contestations passionnées. Traversant le pays du Teita, puis la lisière stérile qui lui fait suite, il gagna le Tchagga et les riches cultures déployées autour des pentes inférieures du Kilima-Ndjaro : pour la première fois, un Européen contemplait ces neiges éternelles de l'Afrique centrale, dont nombre de savants s'obstinèrent pourtant à nier l'existence.

A la fin de la même année, encore sur la route du Tchagga, nous retrouvons Rebmann, évidemment en proie à la fièvre des découvertes : aujourd'hui sa caravane se compose de quinze porteurs ; il paraît avoir perdu sa confiance première dans la vertu « toute-suffisante » de son parapluie ; la prudence humaine ne lui semble plus incompatible avec une foi sincère dans la protection divine : ses hommes sont armés de fusils, d'arcs et de flèches. Il franchit la majeure partie du versant méridional du Kilima-Ndjaro et s'arrêta dans le Matchamé, alors le plus vaste et le plus important des petits Etats du Tchagga.

Aiguillonné par le succès de ces téméraires expéditions, Rebmann en entreprit une quatrième, plus lointaine encore : on lui avait parlé du pays des Oua-Nyamouézi et d'un immense lac situé dans les mêmes parages ; il les choisit pour but de sa nouvelle tentative, et, accompagné de trente hommes, il se mit en chemin le 6 avril 1849. La route projetée passait par le Kilima-Ndjaro, l'Ou-Nyamouézi étant, il le pensait, à l'ouest de la grande montagne. Pour mieux accentuer le contraste entre l'équipage que croit indispensable notre époque dégénérée et le modeste attirail du missionnaire, disons que la place d'honneur y était encore occupée par le légendaire riflard. « Presque toutes les nuits, écrit le Révérend, les averses se succédaient du soir au matin; moi-même et mes gens nous couchions sur la terre, sans autre abri que mon seul parapluie. »

Le sort si souvent réservé aux explorations africaines termina brusquement celle-ci au moment où Rebmann franchissait le seuil de la nouvelle région. Le chef du Matchamé le dépouilla sans merci; la retraite devenait inévitable. Nul ne s'étonnera de voir le courageux pionnier affecté jusqu'aux larmes par ce cruel désappointement : son énergie et sa santé succombèrent ensemble, et à grand'peine il regagna la côte.

Son manteau retomba sur les épaules de Krapf. En 1849 le missionnaire partait pour l'Ou-Kambani, espérant « jalonner une voie à la marche du christianisme, chercher une route pour l'Ou-Nyamouézi, découvrir les sources du Nil, enfin, ajoute-t-il, retrouver ces résidus chrétiens dont on m'avait parlé dans le Choa et qu'on disait se maintenir encore vers l'Équateur ».

Prenant un peu plus au nord que Rebmann, Krapf traversa le Teita par les monts Maungou et N'dara, puis l'extrémité septentrionale de la chaîne des Boura. Obliquant davantage vers le nord, il franchit le Tzavo, qui se jette dans le Sabaki, et, par le Kikoumbouliou, le district méridional de l'Ou-Kambani, il gagna le Kitoui, où régnait alors le chef Kivoi.

Dans cette audacieuse campagne, entreprise avec onze hommes seulement, Krapf put confirmer de tous points la description donnée par Rebmann de la cime neigeuse du Kilima-Ndjaro. Pourtant, pour M. Cooley, le témoignage du missionnaire ne fut encore qu'une « récognition mentale, des plus encourageantes assurément, mais point du tout basée sur l'évidence des sens ».

Une vraie découverte de Krapf ne présente pas moins d'intérêt : en quittant le village de Kivoi pour retourner à la côte, il aperçut le blanc sommet d'une autre grande montagne, le Kénia des Oua-Kamba. « Il est situé, dit-il, à six journées de marche de la bourgade de Kivoï, au nord-ouest du Kilima-Ndjaro, et ressemble à deux énormes cornes ou piliers. » A l'exemple de M. Cooley, je serais tenté de qualifier ces assertions de « récognition mentale », le Kénia se trouvant au nord-ouest et non au nord du Kilima-Ndjaro, et ne rappelant nullement une double corne, puisqu'il se termine en pain de sucre. Rien de plus aisé à commettre qu'une erreur dans la position géographique d'un lieu, mais je m'explique moins la seconde méprise.

Deux ans plus tard (1851), Krapf repartait pour l'Oua-Kambani avec l'intention expresse de fonder une station missionnaire dans le district de Yata. Il n'y put réussir et revint à Mombâz après une longue série de souffrances et d'incidents extraordinaires où, chose curieuse, un parapluie figure encore au premier rang des armes défensives. La petite troupe fut attaquée par des brigands : une décharge de mousqueterie ne les décida point à montrer les talons, mais le *gamp*, ouvert brusquement, produisit l'effet désiré [1]. Krapf s'était avancé jusqu'au fleuve Dana.

Cet échec mit un terme aux efforts des missionnaires pour agrandir leur champ de travail, et ils reprirent la routine journalière de leur œuvre parmi les Oua-Nyika. Honneur aux deux hommes simples et braves qui, par ces étonnants voyages, donnèrent aux découvertes une impulsion trop facilement oubliée et firent face à des dangers devant lesquels pâlissent les aventures d'explorateurs devenus bien autrement célèbres !

On ne s'occupa plus guère de ces régions jusqu'en 1862,

---

[1]. Dans son livre de la *Campagne romaine*, Charles Didier raconte avoir mis ainsi des molosses en fuite. (Trad.)

où le baron von der Decken, accompagné du jeune géologue Thornton, visita le lac Djipé et le Kilima-Ndjaro : une carte paraissait enfin, ayant quelque prétention à l'exactitude scientifique. Une seconde exploration, entreprise avec l'aide du D' Kersten, entama les contrées plus au sud et permit de rectifier nombre d'erreurs. Les voyageurs gravirent le Kilima-Ndjaro jusqu'à une altitude de 4400 mètres et exécutèrent la triangulation du mont Mérou, mais ils ne purent atteindre le pays des Massaï, but principal de leurs efforts : à la frontière même, des milliers de guerriers les assaillirent et les forcèrent à regagner la côte. Pour la première fois, le chef de leur caravane, un certain Sadi ben Ahedi, se présentait devant le public géographique. J'ai toute raison de croire que l'insuccès de cette expédition est dû en grande partie aux machinations dudit personnage : nous le retrouverons bientôt.

Le missionnaire New, escorté de Sadi, fit à son tour l'ascension du Kilima-Ndjaro et, le premier dans l'histoire, put atteindre à la ligne des neiges. A la base de la montagne il découvrit le merveilleux petit lac-cratère de Tchala.

Quelques années plus tard, accompagné du même interprete, New retourna au Tchagga, et, n'ayant pas répondu à toutes les exigences de Mandara, chef du district des Moschi, il fut pillé complètement, grâce encore aux instigations de Sadi. Brisé de corps et d'esprit, il quitta le Tchagga et mourut en chemin. Mandara assure que son truchement l'empoisonna : cela, je ne le crois guère ; quel profit en eût-il tiré? Le chef lui-même — il me l'a dit dans un de ses jours d'épanchement confidentiel — avait un moment pensé à faire assassiner New, mais sa mère l'en détourna.

La liste des voyageurs de cette période se clôt sur le naturaliste Hildebrandt. Il ne dépassa pas le district de Kitoui dans l'Ou-Kambani et n'enrichit la géographie que de bonnes séries d'observations d'altitude.

Quant aux régions situées au delà du Kilima-Ndjaro et de l'Ou-Kambani, les géographes durent se contenter longtemps des itinéraires des trafiquants indigènes, de celui de Sadi entre autres, transcrit par Wakefield.

Les récits des traitants promettaient une riche moisson de découvertes à l'homme qui oserait regarder en face les terribles Massaï et réussirait à s'ouvrir leur pays. Mais pendant plusieurs années la noix sembla trop dure, le danger trop certain, l'entreprise trop hasardée et trop coûteuse.

En 1877 une motion à ce sujet fut enfin présentée et discutée, avec quelques autres, par le Comité africain de la Société royale de géographie à Londres. Elle trouva un défenseur enthousiaste dans la personne de Keith Johnson, qui espérait se saisir de cette occasion pour pénétrer chez les Massaï : le Comité en décida autrement et le dirigea sur le Nyassa; mais, dès le début même, il mourut de la dysenterie, me léguant la continuation de sa tâche. Les renseignements que je recueillis alors me donnèrent l'ardent désir d'essayer un jour de gagner le Victoria Nyanza par le pays des Massaï.

L'année qui suivit mon retour en Angleterre, je fus rappelé à Zanzibar afin d'examiner, pour le compte du sultan de cette île, la prétendue région houillère du bassin de la Rovouma. Je ne réussis ni à découvrir ni à créer le précieux combustible, et mon haut et puissant patron et son « géologue extraordinaire » prirent congé l'un de l'autre à leur mutuelle satisfaction : le sultan, persuadé que, ayant trouvé du charbon, je me gardais de le dire, et moi, fort scandalisé de la façon dont il avait accueilli mon rapport.

En revenant de Zanzibar (janvier 1882), après ce naufrage des espérances de Sa Hautesse, j'eus le très vif plaisir d'être chargé par la Société royale de géographie de lui présenter un travail sur la possibilité de faire passer une caravane par le pays des Massaï. Le devis de mon projet montait à 4000 livres (100 000 francs) : d'après une motion accueillie l'année précédente par l'Association britannique, je pensais qu'un naturaliste accompagnerait la mission; mais on finit par se rabattre sur une expédition purement

· géographique. J'en fus nommé le chef, à ma fort grande joie. La Société m'assignait un viatique de 2000 livres, augmenté plus tard de 600, puis de 400, ce dernier subside obtenu après les réclamations qu'il me fallut faire, une fois rendu à Zanzibar. 1000 livres de plus ne m'auraient certes pas gêné.

Ainsi que le portaient mes instructions, je devais m'assurer s'il existait une route praticable aux voyageurs européens et par laquelle, en traversant le pays des Massaï, on pût aller directement de l'un des ports de la côte au Victoria Nyanza, examiner le mont Kénia, recueillir des documents pour établir une carte aussi exacte que possible, et faire toutes observations en mon pouvoir sur la météorologie, la géologie, l'histoire naturelle, l'ethnologie des régions parcourues.

Dans les pages suivantes, et avec la simplicité qui convient à un homme moins expert à manier la plume que le fusil, je dirai la façon dont j'ai exécuté mon mandat, le quand et le pourquoi, le terrain de mes courses; en un mot, comme l'économe de la Bible, je « rendrai compte de mon administration ».

CHAPITRE PREMIER

EN RECONNAISSANCE

Le 13 décembre 1882, je m'embarquais pour l'Orient sur le *Navarino*, vapeur de cette entreprenante compagnie anglo-italienne dont la générosité m'octroyait un passage gratuit. Je quittai le navire à Suez et me permis une pointe rapide sur le Caire. J'assistai au dîner d'adieu offert par les membres de la Société de géographie au général Stone, qui retournait dans son pays; le lieutenant Weissmann, en route pour l'Europe, retrempait dans le délicieux climat d'Égypte ses forces épuisées par la brillante campagne où il avait traversé de l'ouest à l'est le continent africain; Schweinfurth, le célèbre explorateur, me témoigna le plus bienveillant intérêt.

Je repris la mer après cet agréable intermède; comme de coutume, nous touchâmes à Aden, le plus pittoresquement étrange des ports orientaux; puis une traversée heureuse et prompte nous amena bientôt (26 janvier 1883) tout près de l'île Zanzibar, déjà si familière à mes yeux!

De même que par le passé, j'essayais de saisir au travers de la brume les premiers contours de la terre, mais combien mes sentiments différaient de ceux qui me remuaient le cœur cinq années auparavant! Alors, presque un enfant encore, j'attendais, bouillant d'impatience, l'apparition de l'île verdoyante : j'allais voir enfin cette végétation tropicale tant rêvée, et ces myriades de merveilles sur lesquelles mon imagination jetait un éclat, bien vite obscurci par de cruelles expériences! Aujourd'hui, les palmiers se balançant avec leur riche fardeau, les plantations de girofle aux senteurs pénétrantes, les massifs de mangoustans à l'ombre généreuse, aux fruits doux comme le miel, ne disent plus rien à ma curiosité :

Sayyid Bargash, sultan de Zanzibar

pourtant Zanzibar et le continent s'illuminent encore des teintes dorées de la fantaisie. C'est toujours la terre promise, offrant ses trésors à l'audacieux qui les voudra conquérir.

Quelques moments après, le vapeur *Oriental*, capitaine Lewnes, jetait l'ancre devant la ville. Un Zanzibarien bien connu, Pira, l'actif et remuant Michel Morin du sultan Sayyid Bargash, s'élançait sur le pont, en sa double qualité de maître de port de Sa Hautesse et son pourvoyeur de cancans. Je descendis à terre, débutant, comme il convenait, par une visite au colonel S.-B. Miles, dont les géographes n'ont pas oublié les explorations dans le pays des Somalis. Il faisait l'intérim de consul général en l'absence de sir John Kirk, qui jouissait alors d'un congé acheté au prix de bien des labeurs. Mme Miles m'accueillit en hôte attendu et m'installa dans un appartement que j'avais déjà occupé bien des fois : il me semblait retrouver un foyer véritable.

Je fus vite au courant des nouvelles locales, seul sujet de conversation dans un lieu si éloigné de l'arène bruyante où se débattent les politiciens de l'Europe. L'évêque Steere, je l'appris à regret, avait suivi « le chemin de toute la terre ». En sa qualité de chef de la Mission des Universités dans l'Afrique orientale, il avait accompli des travaux herculéens et singulièrement variés qui perpétueront sa mémoire mieux que tout monument funéraire. Depuis sa mort, les membres plus jeunes ou plus ardents de la Mission ont rompu leurs entraves pour s'adonner à l'innocent ascétisme que font fleurir chez nous les tendances de la Haute-Église. Leurs pratiques de menue dévotion sont une aubaine excellente pour la colonie étrangère. Quoique jouissant le plus possible de toutes les bonnes choses qu'on parvient à se procurer là-bas, celle-ci est misérablement battue en brèche par l'ennui et tâche d'oublier la monotonie de son existence en glosant à perte de vue sur les dehors puérils de la piété ritualiste. On éprouve une vive compassion à la pensée que ces missionnaires, pour la plupart d'une éducation accomplie, brûlant de zèle et dévoués à une grande œuvre, font ainsi, sans nécessité aucune, tout ce qui est en leur pouvoir pour servir de risée aux esprits frivoles, et aider un climat mortel à les frapper de maladies prématurées !

Un autre départ, cependant, me touchait de plus près que celui du Dr Steere : mon fidèle Choumah, auquel j'assignais d'avance le poste de chef de ma caravane, était mort après une vie courte, mais mouvementée, où il avait, à sa manière, beaucoup travaillé pour ouvrir l'Afrique à la science et au commerce.

Le capitaine Luxmore, C. B. [1], commandait maintenant le navire *London* ; son prédécesseur, le capitaine Brownrigg, avait été tué, dans des circonstances particulièrement atroces, par des marchands d'esclaves au large de Pemba. Une nouvelle commission remplaçait celle où je comptais autrefois tant d'amis ; mais j'avais encore parmi les négociants d'aimables relations, qui me reçurent avec leur coutumière hospitalité.

Le ministère m'avait recommandé aux bons offices du sultan. Je craignais que, en souvenir de mon insuccès dans l'affaire des mines de charbon et de nos adieux assez froids, il n'usât, pour contrecarrer mes projets, d'une influence qui n'est certes point à dédaigner.

Le soir, une visite aux mails de tennis et de polo du club Gymkhana me rappela ces heures où je me fondais en eau en me livrant à des exercices très hygiéniques assurément, mais qu'on pourrait sans dommage réserver à des régions plus tempérées. Une flânerie devant le « palais » et l'audition du très cuivreux orchestre de Sa Hautesse complétèrent ma première journée dans la « grand'ville » de l'Afrique orientale. L'aspect général des lieux n'avait guère changé : quelques maisons de plus tombaient en ruines ; quelques autres, à moitié construites, étaient déjà délaissées : au port, à la douane, au palais, on avait fait les réparations indispensables. La grande tour du sultan tenait toujours debout ; au sommet, la lumière électrique brillait encore, mais avec une irrésolution navrante.

L'église de la Mission des Universités vivotait péniblement, vouée, de toute certitude, à une mort prochaine. Le fort, un des points de repère les plus remarquables de la ville et qu'on croit avoir été bâti par les Portugais après la prise de Zanzibar, venait d'être démoli en partie, pour cause

---

1. Chevalier du Bain. (Trad.)

de certains travaux; l'antiquaire sera seul à le regretter. Le hasard avait fait découvrir que ses sombres donjons servaient encore de théâtre à des injustices et à des horreurs presque sans parallèle, même dans l'histoire de l'indifférence et de l'incurie orientales. Sir John Kirk se hâta d'extirper radicalement ces repaires; des hommes, nos frères, ne seront plus condamnés à y mourir d'une mort inénarrable. Lorsque s'ouvrit la porte de ce cloaque infâme, sir John et le docteur furent positivement repoussés en arrière par la puanteur de l'air qui s'en échappait.

Les nouvelles de l'intérieur n'offraient aucun intérêt particulier : les missionnaires travaillaient avec autant de zèle que jamais, et, s'ils ne faisaient pas de nombreux néophytes, du moins maintenaient-ils ouvertes les portes du pays. La branche belge de l'Association africaine internationale venait de renoncer à ses tentatives de dépasser le lac Tanganyika et se contentait d'occuper Karema. Plusieurs des explorateurs avaient succombé, et les espérances grandioses de la Société ne paraissaient guère en voie de réalisation. Ounyanyembi même était abandonné, malgré sa situation exceptionnelle comme base d'opérations pour les pionniers de la civilisation et du christianisme. Les Allemands, plus actifs et procédant d'une façon plus scientifique, travaillaient utilement, sinon avec des succès remarquables. Presque à mon débarquer, on apprit que l'astronome de cette expédition avait gagné le lac Leopold, mais seulement pour y mourir.

Les faits et gestes d'un autre voyageur germanique, le naturaliste Fischer, me préoccupaient surtout. Le docteur avait passé plusieurs années sur la côte avant de recevoir de la Société géographique de Hambourg le mandat de pénétrer dans les régions mêmes sur lesquelles je comptais me diriger. Ses projets étaient entourés du plus épais mystère : il travaillait depuis plusieurs mois à ses préparatifs, ne confiant à personne ni son plan ni son but. D'après les conjectures les plus plausibles, il se proposait de visiter le mont Kénia et le lac Baringo, puis de gagner, si possible,

M. Thomson et son état-major

ce qu'on croyait être alors le pays des Gallas : je me voyais déjà l'herbe coupée sous le pied !

En somme, pourtant, le champ était assez vaste : je pris langue avec mes amis, renouai connaissance avec l'île, groupai les bruits provenant de l'intérieur, notai les points du continent noir sur lesquels commençait à briller la lumière et me remis prestement à la besogne. Mon premier soin fut de chercher des chefs de caravane, ces personnages desquels dépend, à un si haut degré, le succès d'une expédition africaine. A ma grande satisfaction, je retrouvai Makatoubou, mon sous-chef lors de mes deux précédents voyages. Comme puissance de travail, vigueur, énergie, intelligence ouverte, je ne lui connais pas de rival parmi les Oua-Souahéli, ses compatriotes. Malheureusement jamais il n'a su tenir ses subordonnés en main ; je dus le reléguer dans son ancien poste de second, et placer les bagages sous sa juridiction spéciale.

Un chef ! mais voici précisément Mouinyi-Séra, ou Manoua-Séra, celui qui accompagnait Stanley dans son fameux voyage à travers le continent [1] ! Cet homme aura sans doute un peu du nerf de son énergique maître ! — Hélas ! il devait se montrer le plus fainéant, le plus improfitable des serviteurs, quoique intelligent, honnête, et n'essayant jamais de me résister. Sa place devint purement honorifique, et il s'en contenta — raison d'âge, sans doute.

Katchétché, à son tour, le *detective* dont se loue tellement Stanley, ne se distingua guère dans ses fonctions de maître de police. Mais il se révéla le plus habile des dépensiers. Personne comme lui ne s'entendait à acheter les vivres, à les répartir entre les hommes. Il était aussi fertile en chinoiseries que le plus Chinois des Fils de Han et se tirait à merveille de toute sorte de besogne ; je le mis à la tête du commissariat et du département des éclaireurs.

Venait ensuite Brahim ou Ali-Ngombé (Ali le Taureau). La chose était quelque peu risquée de donner à cet homme

---

1. *Le Tour du Monde*, vol. XXXVI.

la dignité de chef. Dans mon premier voyage, je l'avais eu pour porteur, et quoique, et de beaucoup, le plus solide travailleur de la bande, il fut toujours une épine à mon pied et le boute-en-train de toutes les échauffourées. C'est lui qui, dans l'Ouhéhé, fomenta la révolte à la suite de laquelle mes gens désertèrent jusqu'au dernier. Puissamment charpenté, la physionomie effrayante de férocité au moindre bouillonnement de colère, Brahim était le beau idéal du sauvage, le matamore de la caravane, l'idole de ses compagnons. Il me parut que si je l'élevais au-dessus d'eux, si je l'en séparais par une position supérieure, toutes ses qualités, bonnes ou mauvaises, pourraient tourner à mon profit. Le succès justifia de tous points cette idée un peu aventureuse : le Ngombé, qui, jusqu'alors, trouvait ses délices à attiser les haines et les mutineries, devint la terreur des mécontents. Dès qu'il paraissait avec son gourdin, les roues de notre machine s'huilaient, les engrenages marchaient comme par magie. Brahim fut mon aide de camp, mon ordonnance, mon compagnon de chasse, le plus indispensable de mes serviteurs ; je ne l'eusse pas échangé contre les dix meilleurs porteurs de la caravane.

Enfin Mzi-Ouledi, homme fort adroit de ses mains, sachant coudre et tailler les étoffes, expert dans l'art d'arrimer les ballots, et qui fut le bras droit de Makatoubou.

Somme toute, je ne pouvais faire un meilleur choix ; et, je dois le dire bien haut, le zèle, l'honnêteté, le courage de mes chefs de caravane ont puissamment aidé au succès de ma mission.

Il me reste à présenter au lecteur la plus précieuse de mes recrues, James Martin, matelot maltais. Je m'étais bien promis de n'admettre aucun blanc dans ma troupe ; mais, dès mon arrivée à Zanzibar, Martin vint me trouver avec d'excellents certificats. Il avait passé plus de six ans au service de la Société missionnaire anglicane de Mombâz, connaissait le dialecte ki-souaheli et savait pratiquer à fond les naturels ; il se déclarait prêt à accepter n'importe quels gages : je me laissai persuader et n'ai pas eu à m'en repentir un instant. Lire ou écrire, il ne fallait pas le lui demander, mais il parlait une dizaine de langues avec la crânerie du marin, et ses manières, son costume, sa façon de s'exprimer le mettaient bien au-dessus de la moyenne des matelots : dès la première heure je n'éprouvai pas le

James Martin

moindre scrupule à le traiter plutôt en camarade qu'en inférieur. Il n'en abusa jamais et se conduisit avec un tact surprenant, n'ayant pas d'opinion à lui sur ce que j'avais à faire ou ne pas faire, toujours empressé à porter mes ordres et toujours trouvant à s'occuper. Enfin, chose peut-être sans précédent dans les annales des voyageurs africains, jamais le moindre nuage ne s'est elevé entre nous.

Cette affaire importante terminée, je dus me rendre à Pangani et à Mombâz, afin de recueillir des renseignements sur les routes du pays des Massai et sur les objets de traite ayant cours parmi les diverses tribus de la région. J'avais à voir en outre s'il valait mieux engager mes porteurs dans les villes de la côte où se forment d'ordinaire les caravanes de trafiquants, ou les louer à Zanzibar même ; les naturels de cette île ne connaissent point la contrée à traverser et sont regardés de très mauvais œil par les peuplades de l'intérieur.

Donc, le 1er février au soir, cinq jours après mon arrivée, je montai sur une méchante *daou* avec Martin et mes autres chefs ; l'aurore du lendemain nous trouva courant des bordées près de la pointe septentrionale de l'île, cherchant en vain à mettre le cap sur le nord. Vers midi, une meilleure brise se leva, et, après l'inévitable crise de mal de mer sur les vagues tourmentées du canal, nous entrâmes dans le fleuve Pangani. Au débarquer, je gagnai la case où logent les agents de la Mission des Universités quand ils se rendent de Zanzibar à leur station de Magila, au pied des monts de l'Ou-Zambara. Le ouali (gouverneur), pour lequel j'avais une lettre, n'était point à Pangani, mais j'eus la chance de rencontrer le chef de caravane de Fischer : ce personnage se montra fort communicatif et me conta une lamentable histoire de mois de délais forcés et de contrariétés en nombre suffisant pour faire perdre l'esprit au plus patient des hommes. Malgré l'assistance expresse du ouali, tenu en haleine par les ordres péremptoires du sultan, les porteurs avaient déserté en masse ; une cinquantaine, qu'on venait de rattraper, étaient aux fers dans la prison ; la majeure partie d'une année s'était ainsi consumée : je ne m'en decidai que mieux à organiser ma caravane partout ailleurs qu'à Pangani.

Je passai ma soirée chez des négociants hindous. Dès le lendemain matin, nous étions en route pour Mombâz, par terre cette fois. Notre chemin suivait la plus basse des plages exhaussées qui bordent ici les rives de l'océan Indien : la côte est à peine cultivée ; presque partout on ne voit que halliers, palmiers nains à éventail, palmiers doms ou doums. Six heures de marche rapide dans le moins varié des paysages nous amenèrent à la petite bourgade de Tangata. Martin — et cette découverte ne me fut nullement agréable — est un fort mauvais piéton; déjà ses talons s'excoriaient. Nous couchâmes au village après nous être restaurés par un bain dans la crique.

A l'aube nous prîmes un canot et traversâmes la baie pour atterrir dans une autre bourgade; le retour de plusieurs des porteurs d'une caravane qui revenait de chez les Massaï m'intéressa vivement.

Au bout de quelques heures nous étions à Tanga, ville côtière importante, nichée sous des bosquets de cocotiers et admirablement assise sur la plus haute des plages successivement délaissées par la mer : un joli goulet pénétrant dans les terres lui fait un assez vaste port.

Par compassion pour les pieds de Martin, je me décide à prendre ici une daou, une daou de l'Afrique orientale, le plus atroce de tous les moyens de transport. Justement il s'en rencontre, me dit-on, une prête à partir sur l'heure; je conclus le marché. A la nuit tombante, nous descendons sur la plage, mais pour avoir le plaisir de trouver notre daou encore à sec sur le sable; ni rames, ni voiles, ni mariniers! Personne n'étant là pour nous donner l'explication du « prête » de tantôt, j'eus à renfoncer ma colère : à minuit, du moins, la marée aurait la bonté de remettre la barque à flot! — Mais à minuit on vient nous dire que la brise ne se lèvera pas avant trois heures. A trois heures je m'élance de ma couchette : partons-nous, enfin ? — Le propriétaire dit carrément que sa daou ne quittera point le port : il voulait m'extorquer une somme plus forte; mais je tins à lui montrer que de semblables procédés ne sont point de mise avec un Écossais de bonne souche, têtu comme n'importe lequel de ses compatriotes, et, sans plus d'ambages, je m'emparai de lui et le traînai devant le ouali, qui, incontinent, le fit charger de chaînes. Le capitaine, alors, promit, sous sa propre responsabilité, de m'emmener le lendemain; mais il n'en avait cure, de même que son maître, et me le fit bien voir. Tous ces atermoiements commençaient à m'échauffer la bile et j'allais reprendre la route de terre, quand apparut un autre Arabe, jurant que, moyennant tel prix, nous partirions tout de suite, sa daou étant bien « prête » : la correction infligée à son collègue avait dû l'éclairer sur la valeur du mot; l'offre fut acceptée. Cette fois, nous allons partir? — Je redescends sur la plage : la daou est là, en effet, avec ses matelots et ses voiles, mais aussi avec l'ancienne cargaison tout entière qu'il faut encore débarquer; restera à remplir la cale de lest, avant que nous puissions démarrer.

Dans mon exaspération j'exécute une sorte de gigue guerrière qui épouvante absolument l'Arabe : prenant possession de la barque, et tenant mon propriétaire en respect sous le canon de mon revolver, je le force à s'asseoir, tandis que, d'une voix tonnante, j'interdis à l'équipage de quitter les lieux. Puis je mets chacun à l'œuvre; la cargaison, jetée sur le sable, est remplacée par du lest; à midi tout est prêt, mais le vent souffle de la mer avec violence, impossible d'appareiller; il faut attendre jusqu'au soir, montant la garde autour du patron, des matelots et de la daou, en dépit de la faim, en dépit du cuisant soleil. A onze heures précises je débarque mon Arabe et nous levons l'ancre, le cap sur le large.

Certes je ne suis point difficile; le sens de l'odorat n'est point anormalement développé chez moi; mes précédentes aventures en Afrique ne me donnaient pas le droit de me montrer délicat, mais cette fois, je l'avoue, j'ai été entièrement débordé. Qu'on s'imagine un bateau de forme bizarre, jaugeant une trentaine de tonneaux et ponté à l'avant; très haut à la poupe et très bas à la proue, il suggère à toute personne nerveuse l'idée qu'il est atteint de la manie du suicide et se prépare à plonger sous chaque lame qu'on rencontre. Un mât, haut de cinq ou six mètres, soutient une lourde voile latine aux dimensions énormes en comparaison de celles de la daou, et retenue par des cordes en fibres de coco à moitié pourries. De temps à autre — heureux encore quand ce n'est pas plus grave — elles fon tressauter passagers et équipage, en cassant brusquemen pour laisser leur fardeau choir à grand bruit sur le pont.

L'eau filtre de tous côtés; plusieurs des mariniers n'ont d'autre ouvrage que d'écoper sans cesse ni trêve du matin au soir et du soir au matin. De l'arrière à l'étrave s'élèvent des odeurs dont le mélange est quelque chose d'absolument nauséeux : le bois pourri avec son badigeonnage d'huile de coco rancie, la graisse et la crasse accumulées depuis nombre d'années. l'eau de la cale, le contenu de la cargaison, les effluves cutanés de ces nègres.... Vous avez enfin lié connaissance avec la daou; acceptant l'inévitable, vous descendez vous blottir sous le pont dans l'espoir que le sommeil endormira vos douleurs ! — la présence vous est aussitôt notifiée d'une classe d'insectes qui hantent d'ordinaire les endroits voués à la saleté et à l'incurie : l'homme que ces alertes créatures ne réussissent pas à tenir en éveil doit être un miracle d'impassibilité ! Toutes ces habituées des teguments coriaces du nègre accourent à l'envi, enchantées de découvrir un sujet à peau fine. Les rats, autre abomination ! « Enserré, encage, emmuré », j'étais à leur merci, et ils usèrent de leurs avantages sans la moindre vergogne.

Telle fut ma première nuit à bord d'une daou de Tanga. Au matin et par une très faible brise, nous sortions à peine de la baie. Je comptais longer la côte à l'intérieur de la chaîne bordière de récifs, où la mer est relativement paisible, mais, pour avancer, il fallut gagner le large. Alors, seulement, nous touchâmes le fond des misères humaines. Ballotté par la houle, abandonné à toutes les angoisses du mal de mer, exposé sans défense à l'ardeur implacable du soleil tropical, je finis, heureusement, par perdre la notion de mon existence. Le soir nous trouva toujours dans les parages de l'île Pemba. J'étais revenu à moi pour maudire ma sottise d'avoir quitté le plancher des vaches. Après le coucher du soleil, notre situation parut encore plus lugubre. Le vent soufflait en tempête, les ténèbres nous environnaient, déchirées de temps à autre par d'éblouissants éclairs. Il pleuvait, et dans l'obscurité, et par ce tangage horrible, nous embarquions des lames jusqu'à menace de sombrer. Il fallut prendre des ris, puis, littéralement, tout remettre à la Providence : sans phare, sans boussole, où et comment gouverner? Mais ce que nous savions de science certaine, c'était la proximité redoutable des récifs de corail, et plus d'une fois la panique s'empara de nous au bruit lointain du tonnerre, qu'on prenait pour celui de la mer brisant sur les écueils.

Après cette terrible nuit, l'apparition de l'aube nous causa une vive satisfaction : nous n'avions pas dépassé Guasi; le vent, quoique moins fort, était défavorable. Ne voulant point mettre en panne, nous courûmes des bordées jusqu'à midi, sur une mer très dure et tous horriblement malades.

Puis le vent augmenta, la houle devenait de plus en plus menaçante : sous peine de couler, il fallait virer de bord et, risquant le tout pour le tout, essayer de franchir la ligne des récifs. Or nul des mariniers n'y connaissait de coupure. Côtoyant de très pres le ressac écumeux, et courant devant le vent, nous finissons par distinguer dans la crête des écueils une brèche étroite et irrégulière. Martin. qui toute la nuit avait tenu la barre, reprend maintenant son poste, les dents serrées : il veut passer ou mourir. Nous approchons des brisants ; à chaque lame successive nous restons sans mouvement, sans souffle, les yeux fixés sur ces eaux tonnantes; la barque donne tête baissée au milieu des récifs : des plongeons sauvages, des rugissements terribles, des trépidations, puis une secousse violente qui nous darde dans tout le corps comme une décharge electrique.... nous avons frôlé la roche ; mais — et quel soupir de soulagement! — la barque a repris son équilibre; nous sommes en sûreté dans le canal intérieur! Martin déclara que pendant six ans, où tous les mois il traversait ces parages, il n'avait jamais vu la mort de si près.

Nouveau problème : la mer. bien moins mauvaise qu'au large, était encore trop houleuse pour permettre à la daou de nous débarquer sur la plage; nous n'avions pas de yole.

Mais j'étais décidé, coûte que coûte, à quitter cet affreux sabot. On signale, au loin, sur la rive, un petit canot de pêche. Brahim se dévoue, atteint la côte par des brassées herculéennes et nous le ramène bientôt.

Cette embarcation, il est vrai, ne payait pas de mine : sa forme rappelait celle de la jambe postérieure d'un chien; elle faisait eau de toutes parts, et, en dépit de notre assiduité à l'écope, elle fut toujours à moitié pleine; mais, comme un homme en train de se noyer, je me serais accroché à n'importe quoi : je me précipite dans la yole avec enthousiasme; je m'y assieds dans l'eau jusqu'à la ceinture. Après avoir zigzagué d'une façon effroyable, nous approchons enfin de la berge, très escarpée, et sur laquelle le ressac brisait furieusement; une lame nous porte presque à toucher le bord; le canot s'élève sur sa crête, puis retombe lourdement dans le creux; au moment où il disparaissait sous l'eau, je parviens à sauter à terre, mais pour en être aussitôt balayé par le retrait de la vague. J'eus beau me démener et lutter de toutes mes forces, elle me roulait déjà vers le large, quand le fidèle Brahim, Brahim le toujours prêt, s'élança à la rescousse et m'arracha à la « tombe humide », moulu, brisé, couvert de sable, mais heureux d'en avoir fini avec la daou et ses déconforts. Nul danger, sur cette côte solitaire, d'être surpris par quelque nymphe, blanche ou noire, dans le plus primitif des costumes : j'étendis mes nippes sur les buissons, je me baignai dans l'onde pure d'une anse bien abritée, puis me couchai sous un arbre.

Les ombres s'allongeaient et m'avertirent bientôt que les songes d'Arcadie n'étaient point de mise en ce lieu; je repris mes hardes, sèches maintenant, et, suivant les us et coutumes de tous les naufragés, m'occupai à chercher nourriture et abri. Un bosquet de cocotiers verdoyait à quelque distance et promettait l'un et l'autre : nous y trouvâmes des Oua-Digo qui se mirent incontinent en devoir de détacher de belles noix presque mûres. Nous en bûmes le lait rafraîchissant; on fit bouillir des œufs; un poulet dodu lançait au-dessus du feu de petites fusées de graisse. La nuit commençait à tomber ; l' « homme intérieur » une fois satisfait, nous disposâmes des couches d'herbe sous les corniches des huttes, et, bercés par les soupirs des grands palmiers, le grésillement de myriades de sauterelles, le tonnerre lointain des brisants, nous nous endormîmes pour rêver de mers aux flots paisibles, de mers où l'on ne connaît pas les daous et leurs appartenances.

Je me levai de bon matin, et, après avoir rémunéré nos hôtes, nous nous lançâmes allègrement à travers une région presque inhabitée pour arriver enfin au bras méridional de la petite crique qui baigne l'île et la fameuse place de Mombâz: En attendant un canot pour passer sur l'autre rive, je dirai quelques mots de l'histoire du lieu.

Les annales, singulierement mouvementées, de Mombâz ou Movita (ainsi l'appellent les Oua-Souahéli) s'ouvrent en 1331, où un auteur arabe en parle comme d'un endroit important, florissant et fertile. Moins de deux cents ans après, Vasco de Gama, dans le mémorable voyage où il doubla le Cap et aborda dans l'Inde, fut poussé sur la barre qui se trouve au large du port. En quelques lignes pittoresques, le Camoëns, dans ses *Lusiades*, décrit magistralement cette île et parle des « nobles édifices aux superbes contours » qui couronnaient le « front de la rive océanienne ». Ils renfermaient, sans doute, de quoi tenter la cupidité des écumeurs de mer, car en 1500 des flibustiers portugais s'emparèrent de Mombâz, pour la perdre presque aussitôt, la reprendre au bout de cinq ans, puis en être chassés par les naturels. En 1529 elle retomba dans les mains des Européens, et passa en 1586 dans celles du sultan de Stamboul. Reconquise par les Portugais, elle devint bientôt la proie d'une tribu sauvage qui arrivait du sud et se donnait le nom de Zimbas. Les Portugais s'en rendirent maîtres une cinquième fois, et en 1594 bâtirent la forteresse que nous y voyons encore. Mombâz regagna son indépendance en 1630, mais pour rentrer sous la domination des Européens après une résistance désespérée. Les Portugais ne

Mombaz

surent pas la garder longtemps. En 1660 l'imam d'Oman réussit à s'emparer de la forteresse qu'il assiégeait depuis cinq années, mais en 1698 seulement son fils put chasser les étrangers de la ville et y établir un gouverneur arabe.

Jusqu'à 1822 Mombâz jouit d'une demi-liberté sous des chefs appartenant au noble clan des Mazroui. Menacés par Sayyid Saïd, souverain de Mascate et de Zanzibar, les habitants se placèrent sous le protectorat britannique; le capitaine Vidal, de la marine royale, arbora le pavillon de Saint-George. Mais son gouvernement ne ratifia point cette prise de possession. En cinq années, Sayyid Saïd fit cinq tentatives; les quatre premières avortèrent; la dernière aboutit, grâce à la trahison.

A partir de ce moment, l'histoire de Mombâz n'offre plus guère d'intérêt, si nous en exceptons l'établissement de la Mission et sa transformation ultérieure en une colonie d'esclaves libérés, Frere-Town (Frere-Ville), ainsi nommée en l'honneur de sir Bartle Frere, et que dirigent les agents de la Société missionnaire de l'Eglise anglicane. Le fort a été autrefois bombardé par une canonnière anglaise; plus recemment le gouvernement du Khédive, qui aurait voulu ouvrir une route nouvelle et plus courte pour communiquer avec les territoires du Haut-Nil, a tâché de s'en rendre maître, mais y a renoncé par suite de l'intervention de sir John Kirk.

Peu à peu Mombâz diminuait en importance et en superficie; elle n'occupe plus qu'un rang très secondaire parmi les villes de la côte. Même comme tête de ligne pour les caravanes qui vont au pays des Massaï ou plus loin, elle est tombée au-dessous de Pangani, de Tanga et de Vanga. La cause en est due à une longue succession de désastres : les trois dernières expéditions qui s'aventurèrent dans le Kavirondo virent périr chacune plus d'une centaine d'hommes : une panique s'ensuivit parmi les porteurs et leurs maîtres; en 1882 et 1883 aucun traitant n'a osé organiser de troupe à Mombâz.

L'île de Mombâz occupe une anse pittoresque dont la

pointe entaille profondément les terres jusqu'à la base des monts Rabaï; elle a la forme d'un ovale irrégulier dont la majeure partie est couverte de fourrés épais; les alentours de la ville sont seuls quelque peu cultivés; on ne voit d'autres arbres que de petits groupes de cocotiers, de mangoustans et de baobabs.

La ville, comme aux jours de Vasco de Gama, « couronne encore la rive océanienne », mais le fort et quelques puits rappellent seuls l'occupation portugaise. Partout des ruines de mosquées et de maisons parlent de grandeur déchue; l'audace, l'énergie, l'esprit d'entreprise sont avec les choses du passé; des huttes de boue remplacent les belles constructions de la période mazroui; les Arabes abandonnent Mombâz comme les rats un navire qui va sombrer.

Le bras septentrional de la crique forme un port splendide, protégé de la houle de la mousson nord-est par la barrière de coraux sur laquelle faillirent sombrer Vasco de Gama et sa fortune. Par contre, et pour peu que le vent ne soit pas favorable, elle rend très difficile le passage des navires en partance.

Notre canot arrive, il franchit le chenal. Après avoir traversé l'île, nous circulons, avec des précautions infinies, dans l'étrange labyrinthe qui, à Mombâz, tient lieu de rues. et faisons halte devant la *baraza* du liouali. Ouahabite de la plus stricte école, ce dignitaire a toujours été une écharde en la chair des missionnaires de Frere-Town; il faut dire, du reste, que ces messieurs n'ont guère essayé de se concilier l'élément arabe et de montrer quelque tact dans leur lutte contre le fanatisme musulman.

Son Excellence dormait, nous dirent les esclaves; ils n'oseraient la déranger. Sans vouloir entendre à cette excuse, je leur ordonnai d'informer sur l'heure le liouali de ma présence : j'eus bientôt la satisfaction de voir apparaître le haut personnage tout épanoui de sourires, prodigue d'offres hospitalières, d'attentions quasi paternelles. Il me prit par la main, me conduisit à un siège, m'accabla de questions sur ma santé, ma famille, etc., comme s'il m'eût connu intimement depuis longues années. Pendant que nous buvions à petites gorgées le café et le sorbet — complément indispensable de toute entrevue de ce genre, — je lui appris l'objet de ma visite : « Comment donc! mais il était tout à mon service! Je n'avais qu'à parler, je serais obéi ! » Je répondis sur le même ton et pris congé du gouverneur.

Frere-Town, la cité des esclaves libres, est située de l'autre côté de la crique. L'aspect de cette station est vraiment enchanteur, de la rive mombâzienne du golfe minuscule profondément serti dans les terres; au milieu d'un bosquet de mangoustans magnifiques. une maison au toit de fer, aux murs blancs comme neige se détache en vigueur sur la puissante verdure. Une autre habitation, surmontée d'une terrasse, s'abrite sous de grands arbres au feuillage délié et de palmiers balançant leur panache à la brise; nombre de bâtisses moins grandes témoignent de la prospérité de l'établissement.

Le canot du liouali était à mes ordres; peu de minutes après, je débarquais sur la plage; les anciens esclaves accoururent en foule : d'un comique achevé, ces nègres, les dames surtout, avec leur défroque européenne. Une tempête de salutations variées éclatait à mes oreilles : « Bonjour ! » « Bonsoir ! » (« *Yambou !* » « *Sabalkheir !* ») je secouais les mains tendues. je posais les questions accoutumées. Chez M. H.-W. Lane, le surintendant laïque de la Mission, toute la maisonnée était en émoi, par suite d'un événement intéressant, corollaire du mariage. Je m'empressai d'offrir mes félicitations à l'heureux père et de regagner au plus tôt la ville sous la conduite du Rév. W.-E. Taylor, qui cumule les fonctions de médecin et de directeur des écoles. Dans le but d'étudier à fond l'arabe et le souahéli, il n'habite pas Frere-Town, mais Mombâz, où tous les soirs sa demeure est ouverte aux naturels et aux trafiquants étrangers. Sa maison vaut la peine d'être visitée : près du seuil se trouve un ancien puits portugais avec une inscription. A côté, une porte mène à un escalier voûté de façon à former une sorte de tunnel et datant de la courte période de l'occupation anglaise; la bâtisse qui le surmonte était la résidence du gouverneur; elle fut occupée par le Dʳ Krapf dans les premiers jours de son arrivée à Mombâz, et, lors de mon passage, appartenait encore à la Mission; depuis, le pavillon de Saint-George y flotte de nouveau. J'oubliais de dire que Burton et Speke y ont logé pendant leur courte excursion sur ces côtes : bref, elle a quelque droit à être comptée parmi les monuments historiques.

Le soir, le gouverneur vient me présenter ses civilités : lui ferai-je la très grande joie de passer au moins une journée chez lui? Je lui exprime tous mes regrets, mais ne puis accepter.

Le lendemain matin, son embarcation me conduit à Jomvou, station dirigée par le Rév. T. Wakefield. Enfilant un chenal tortueux et pittoresque, nous doublons le promontoire où est située Frere-Town, pour déboucher à l'ouest de l'île et nous engager dans des eaux bourbeuses au milieu d'un labyrinthe de palétuviers; le canot aborde enfin à Jomvou, au pied des monts Rabaï. Jetant les yeux sur ce vaste et morne marécage, je pensais au triste destin du missionnaire condamné par son zèle à habiter ces lieux où tout vous parle malaria, fièvres et marasme; je me préparais à voir en M. Wakefield un homme épuisé, blêmi, lassé, ne désirant plus que partir pour une patrie meilleure. Prenant ma physionomie la plus lugubre, je m'avançai vers la station pour saluer avec toute la solennité désirable le patriarche des missions de l'Afrique orientale, car M. Wakefield a vécu presque entièrement sur la côte depuis 1862, où l'Union des Églises libres wesleyennes le dirigea sur ce champ de travail.

Mais. en approchant de la maison, un long éclat de rire me fait tressaillir : j'entre, me « présentant » moi-même; ma main est étreinte par des doigts de fer; toute ma compassion est bousculée par un bruyant accueil qui ne provient point de poumons affaiblis. Je cherche en vain la peau terreuse, l'humeur irritable qui trahissent les maladies de foie, le visage émacié, les traits inquiets qui parlent de fièvre paludéenne. Tout au contraire, et certes avec bonheur, je trouve un charmant camarade, débordant de gaieté, aimant à rire, à faire des calembours, à conter des histoires — le prince des bons enfants! A ce tempérament même, je n'en saurais douter, est dû tout le succès de la lutte du missionnaire contre le mauvais génie de l'Afrique. « Le cœur joyeux vaut bien des médecines »; comme le bon Mark Tapley, sachez découvrir le côté « jovial » de toutes les choses de ce monde, et vous pourrez alors narguer les maladies. M. Wakefield n'est pas précisément très riche quant au nombre de ses néophytes; il a pourtant accompli des travaux de grande importance et mérite le premier rang parmi les « ouvriers de la moisson » africaine. Je passai une bonne journée avec lui et son aimable compagne, et regagnai Mombâz, fort encouragé dans mes projets.

Une daou devait repartir pour Zanzibar le lendemain matin : inutile de dire qu'elle ne fut pas prête; j'utilisai ce retard en m'abouchant avec les marchands et les hommes habitués à trafiquer avec le haut pays : les renseignements recueillis ne furent pas couleur de rose. En retournant à Frere-Town, je parcourus le vieux cimetière arabe avec ses intéressants monuments de la période mazroui. Le liouali me donna la permission de visiter le fort, qui me parut très curieux. Le jour suivant, muni d'une bonne provision de victuailles, cadeau de Son Excellence, je pris place à bord de la daou. Mêmes senteurs abominables; mais beau temps, belle mer; traversée de moins de vingt-quatre heures et retour à Zanzibar après une absence de onze jours.

Tout bien pesé et soupesé, j'arrivais aux conclusions suivantes :

1º Pangani était rayé de la liste, le Dr Fischer l'ayant choisi avant moi; Mombâz devenait ma tête de ligne, d'autant que les missionnaires m'avaient promis leur assistance.

2º A parité de circonstances, les porteurs de la côte sont

certes bien préférables : ils connaissent le pays, la langue, les mœurs et les coutumes des peuplades qui l'habitent. Ils sont accoutumés à une nourriture animale, à charrier de lourds fardeaux, à des marches qui épouvanteraient les indolents Zanzibariens : par contre, ils ne méritent pas la moindre confiance et ne sont pas du tout faits aux Européens et à leur manière de voyager ; essayer de composer ma caravane d'hommes exclusivement choisis parmi eux serait m'assurer des mois de délais, d'ennuis et de désagréments de tout genre : témoin les déboires actuels du Dr Fischer. Je me décidai donc à prendre à Zanzibar le gros de la troupe, sauf à y adjoindre une poignée de gens de la côte. Si les Zanzibariens sont de tristes portefaix, si les tribus qu'ils fréquentent n'ont aucune ressemblance avec les Massaï et ne parlent pas la même langue, du moins ils sont habitués à nos manières, ils savent conclure un marché et être prêts au jour dit, fût-ce le lendemain. Je les avais assez pratiqués pour les savoir à fond et en tirer, par conséquent, tout le parti possible. Après expérience, je vois que je n'eusse pu faire mieux ; mais si, dans l'avenir, j'avais à recommencer le voyage, je prendrais des gens de la côte, car toutes leurs rubriques me sont maintenant connues.

3° Pas une journée à perdre si je voulais gagner le haut pays avant la saison des pluies, saison dont j'avais tant souffert en 1879, lors de mon expédition au lac Nyassa.

4° Le Comité africain avait d'abord jugé que je devrais emmener le moins de porteurs possible. Certains de ses membres soutenaient même qu'il est plus prudent de voyager sans armes, mais tous mes renseignements s'accordaient sur un point : composée d'autant d'hommes que le permettaient les circonstances et chacun de ces hommes muni de son fusil ou de sa carabine, ma troupe serait encore déplorablement réduite, eu égard à la contrée si dangereuse que nous avions à traverser.

Ces idées une fois formulées, je m'occupai sur l'heure à les traduire en faits : le surlendemain de mon retour à

Zanzibar, marchandises et vivres étaient achetés et, trois jours après, répartis en ballots; les fils de fer, de laiton et de cuivre coupés et devidés au poids et à la longueur necessaires; les perles de verre placées dans leurs sacs de toile; les étoffes roulées en longs ballots cylindriques; puis chaque colis fut emballé dans des nattes.

Restait à choisir les hommes; pour cela, je tombais fort mal : l'Association internationale africaine du Congo avait drainé la ville de ses meilleurs porteurs; de grandes caravanes missionnaires ou commerciales venaient de partir pour l'intérieur; on en organisait deux autres, la première pour le Victoria Nyanza, la seconde pour Karema. L'idée seule d'entrer chez ces terribles Massaï coupait la respiration à ceux que j'essayais de séduire : je promets un dollar de haute paye par mois à ceux dont je serai satisfait; bien peu se laissent tenter. Enfin, j'ai l'idée triomphante de faire répandre le bruit que le nouveau voyageur ne sera pas trop difficile : point de questions indiscrètes; nulle demande de certificat — médical ou autres. Alors, et seulement alors, un flot de vagabonds vient s'arrêter à ma porte, le borgne et le boiteux, toute la basse pègre zanzibarienne, voleurs et assassins, écumeurs de plage, esclaves marrons, la plupart littéralement pourris par une vie de débauche. Profondément humilié à la vue de tous ces malandrins, je me jurai solennellement d'en faire d'autres hommes au moral et au physique, si du moins je réussissais à les conduire un peu loin de la ville. Nul besoin d'être prophète pour prévoir que cette truandaille décuplerait les dangers de ma hasardeuse entreprise.

Je ne fatiguerai pas le lecteur du récit de toutes les difficultés que j'eus à rassembler mon personnel et à tâcher de l'organiser. Grâce à l'aide très effective de Martin et de mes chefs de caravane, vivres et provisions furent arrimés en moins de quinze jours, cent dix hommes prêts à partir, trois ânes de Mascate achetés pour l'ambulance, et les innombrables objets nécessaires à une pareille expédition dûment passés en revue.

Le 2 mars, juste cinq semaines aprés mon arrivée d'Europe, j'eus l'indicible satisfaction de voir « la mission au Victoria Nyanza et au mont Kénia » tout entière, sauf son chef, monter sur une daou que j'avais louée, et, poussée par une fraîche brise, gagner le large sous la conduite de Martin. Je restais en arrière afin d'essayer de récupérer neuf ou dix de mes gibiers de potence qui avaient manqué à l'appel et d'enrôler quelques porteurs de la côte.

CHAPITRE II

DE ZANZIBAR AU TAVETA

Le 6 mars, n'ayant pu ni rattraper mes fugitifs ni embaucher les gens de la côte, levain sur lequel je comptais pour modifier la pâte ignoble qui composait ma caravane, j'étais prêt à embarquer à mon tour. Sur la requête du colonel Miles, le capitaine Luxmore, du *London*, voulut bien me prêter le *Suez*, le remorqueur — ou plutôt cuveau à lessive — n° 11 de Sa Majesté Britannique. Le colonel lui-même m'accompagnait à Mombâz, bravant la mousson et cette terrible mer, afin de veiller à ce qu'aucune difficulté ne s'élevât là-bas au moment du départ.

Je pris congé de mon aimable hôtesse, et, comme je descendais sur la plage, les vœux des amis que je quittais me furent manifestés « à la mode de chez nous », par nombre de vieux souliers lancés sur les pas de celui qui s'éloignait, bizarre coutume que je ne m'attendais guère à voir remettre en honneur dans ce cadre tout oriental : du moins servit-elle à me distraire de la tristesse des adieux.

J'ai parlé plus haut de la daou africaine, ce comble du déconfort. Certes, au moment où j'en savourais les délices, je ne pensais guère avoir à la comparer plus tard, et pas toujours à son désavantage, avec le remorqueur n° 11. Ce représentant de notre célèbre marine ne se comporta pas avec le respect dû à l'auguste personne du « consul général et agent politique pour l'Afrique orientale », qui, je suis forcé de le dire, ne conservait plus le moindre prestige à la fin de la traversée. La houle fut si dure, ce petit vapeur est manœuvré par de si puissantes machines, qu'à la lettre il se trouait un passage dans chacune des lames. Presque tous à bord, y compris le commandant et plusieurs matelots, furent affreusement malades par suite de l'abominable tangage. Pour moi, suivant mon habitude, je faisais tous mes efforts pour être « terriblement jovial » dans les intervalles de mes tête-à-tête avec la mer, penché par-dessus les bastingages, ou de mes plongeons dans les vagues qui embarquaient sur le pont. J'avais beau me reconforter par la pensée de mon « intérieur » ramoné du haut en bas, de l'appareil biliaire remis en ordre parfait, ces considérations médicales ne diminuaient en rien mon ardent désir d'arriver à Mombâz.

Ces misères, pourtant, prirent fin au bout de vingt-quatre heures : le 7, nous entrions au port, où nous fûmes reçus à bras ouverts par M. Lane, familiarisé maintenant avec ses émotions paternelles. Je m'installai dans sa maison après avoir constaté que Martin et sa bande avaient fait bon voyage et m'occupai de compléter mon équipe au moyen de porteurs choisis dans la Mission. MM. Lane et Taylor me furent en grand secours. Le Rev. M. Binns, qui le mois précédent était à N'dara, dans le Teita, où il fondait une station, me donna de précieux renseignements sur la route à suivre jusque-là.

Les bons offices de M. Wakefield m'assurèrent les services de Mouhinna — guide et interprète, — le fonctionnaire le plus important d'une caravane Ce personnage avait trafiqué en ivoire dans les hautes terres et pénétré une trentaine de fois chez les Massaï ; il connaissait tous les sentiers de leur pays et en parlait à fond le langage, ainsi que nombre d'autres dialectes, celui de l'Ou-Kambani notamment. Sous tous ces rapports, personne à Mombâz n'était mieux qualifié. M. Wakefield croyait son protégé digne de toute confiance : nous verrons si cette opinion fut justifiée. Quoi qu'il en soit, je n'eusse pu sans lui m'éloigner de la côte à plus de six journées de marche, avec mon ramassis d'hommes absolument ignorants d'une région où les mœurs et les usages diffèrent du tout au tout de ceux des contrées plus méridionales. Donc, je me congratulai fort.

Trois jours apres mon arrivée, je dépêchai porteurs et ballots à la pointe du petit golfe, les premiers par terre, les seconds par les canots de la station. Puis le colonel Miles, le lieutenant Target, du *Suez*, et les missionnaires m'accompagnèrent sur la plage : on échange force poignées de main et vœux de toute sorte. Je monte dans l'embarcation de M. Wakefield, et nous filons devant la brise au bruit d'acclamations prolongées, reprises par les matelots à bord du remorqueur. En doublant le promontoire, je salue d'un dernier coup de chapeau, et, mes gens assis en bon ordre, je dis adieu à Mombâz pour me tourner vers « un monde moins vieux ». Au débarcadère, je donne un coup d'œil à l'arrangement des bagages et regagne Jomvou pour y passer la nuit.

Le lendemain dimanche, j'allai voir Mme Shaw, la charmante femme du missionnaire de Rabaï; celui-ci était à N'dara, près de son collègue M. Wray, malade en ce moment. Je grimpe le versant escarpé des monts Rabai par un large sentier ouvert sous la direction des missionnaires et qui montre de très bonnes coupes des roches sous-jacentes.

D'en haut on aperçoit un paysage agréable et varié, parsemé de bosquets de cocotiers aux têtes bercées par le vent ; des massifs de broussailles vert sombre, des clairières herbues de coloration plus gaie ; partout des signes de culture ; le village et les constructions missionnaires se cachent à demi sous l'ombre des mangoustans. La vue est magnifique à l'ouest sur les lointaines collines du Dourouma ; à l'est, et à nos pieds, la crique argentée dont les ramifications nombreuses pénètrent les marais de palétuviers et dessinent les contours de l'île ; au nord, les trois collines qui forment « la Couronne de Mombâz » ; et là-bas, à l'horizon, la mer immense sur laquelle on distingue la blanche ligne des brisants dont les sourdes rumeurs parvenaient encore à mes oreilles.

Tout en reprenant haleine, j'admirai ce panorama splendide, puis je continuai ma route jusqu'à la Mission. C'était l'heure du service, conduit par M. Jones, le catéchiste indigène ; j'entrai doucement, afin de ne pas troubler la congrégation : l'eglise était bien remplie ; je fus émerveillé du recueillement de l'auditoire — vêtu à la dernière mode de Rabaï — et de la parole aisée du prédicateur. Le chant, dirigé par celui-ci et accompagné sur l'harmonium par la femme du missionnaire, était assez agréable, « à plein cœur », comme généralement chez les nègres. Le culte terminé, Mme Shaw m'accueillit gracieusement et m'introduisit dans sa demeure, autrefois construite et occupée par Rebmann. C'est un charmant *cottage*, tapissé de plantes grimpantes et qui commande une vue superbe, à travers un vallon ouvert dans les collines.

Le jour suivant, je dus retourner à Mombâz : Mouhinna commençait à faire des siennes ; je réussis enfin à effrayer à salut mon interprète, et, le lendemain, hommes et marchandises étaient débarqués sans encombre à Rabaï, que je regardai desormais comme ma vraie tête de ligne. Nous passâmes une autre journée à tout organiser pour la marche et à louer quelques porteurs dans le village et à Jomvou.

De petites promenades dans les environs me familiarisent avec les Oua-Nyika ; mais autour de Rabaï ils ont trop changé au contact des missionnaires pour être considérés comme de bons types de la race. Leurs huttes, sauf la très petite porte à un bout, different de toutes celles par moi rencontrées jusqu'alors : elles sont oblongues, sans murs et en forme de meules de foin. Les hommes sont maigres et frêles ; leur visage bistré est hâve, comme si la lutte pour l'existence contre leurs semblables et contre la nature était ici très ardue. Leur défroque est un simple pagne ; pour principales armes offensives et défensives ils ont l'arc et les flèches, le *simè*, épée de forme spatulée, large au sommet et se rétrécissant peu à peu jusqu'au manche. Le vêtement des femmes rappelle le jupon de nos highlanders d'Écosse ; leur parure favorite est une façon de bas composé de verroteries et moulant exactement la jambe, et de nombreux cordons peu serrés autour du cou et des bras.

Avant de prendre définitivement congé de la civilisation

Un village oua nyika

et de me lancer dans l'inconnu, il est bon de passer en revue le personnel de mon expédition.

Et d'abord, le premier en rang, James Martin, mon camarade. Les membres écourtés, le torse trapu, il a la dégaine peu gracieuse du marin. Ses cheveux noirs, son teint basané disent clairement qu'il appartient aux races méditerranéennes.

Vient ensuite Mouhinna, du plus ou moins d'honnêteté duquel peut dépendre tout le succès de mon entreprise :

sa physionomie matoise ne prévient point en sa faveur.

Voici Mouinyi-Séra, petit et d'âge plus que mûr ; Makatoubou, élancé, bien musclé ; Katchétché, le policier : taille au-dessous de la moyenne, expression cauteleuse, comme de quelqu'un « dont les voies ne sont pas droites ».

Puis Brahim, le « Taureau », fidèle comme le bouledogue et qui en a presque l'aspect rébarbatif. A l'arrière-garde des chefs, Mzi-Ouledi, flegmatique et solide, dont la barbe abondante et la forme des traits disent le sang arabe qui coule dans ses veines.

Après eux, Bédoué (le Rôdeur), un géant fort, hardi, fainéant à l'excès, le capitaine de mes dix *askari* ou soldats. Ceux-ci sont les hommes d'élite de la caravane : sentinelles, police, chasseurs, chefs en sous-ordre. Je n'en avais point à mon premier voyage : mais comment m'en passer cette fois ! Incessantes seront les précautions à prendre pour empêcher les désertions ; ils auront à monter la garde toute la nuit, sans compter le bivouac à établir et à lever, travail supplémentaire que je ne saurais exiger des porteurs.

Le cuisinier, un jeune Nassick, nommé Mark Wellington, honnête et bien intentionné, mais lent et stupide et qui m'a gâché des repas !...

Songoro, dont ma plume ne saurait décrire les précieuses qualités : une vraie perfection, un « valet de chambre » idéal pour le haut pays.

Enfin, la plèbe, la canaille innommée de mes engagés (*pagazi*), cent treize en tout : vingt-neuf portent les perles ; trente-cinq, les rouleaux de fer, de laiton ou de cuivre ; quatorze, les cotonnades ; neuf, les vêtements, bottes et livres ; cinq, les munitions ; six, les instruments scientifiques, l'appareil photographique ; quinze, divers objets à mon usage ; dix, les tentes, la batterie de cuisine. Deux garçons, le porte-fusil et l'ânier, complètent notre liste.

Comme on ne pourra se ravitailler avant N'dara, dans le Teïta, il me faut un certain nombre d'hommes pour le transport des provisions : j'ai la chance de trouver une trentaine de Oua-Teïta, descendus à la côte dans l'espoir de se louer à quelque caravane en route pour le haut pays Ces gens chargent le riz, chacun par boucaut de dix-huit kilogrammes à peine. soutenu par une sangle passant autour du front, le fardeau reposant sur l'échine : c'est le mode habituel de toutes les tribus qu'on rencontre sur les routes

La Mission a Rabai

commerciales des Massai, à l'exception des Oua-Kavirondo. Les Oua-Soualieli et les peuplades echelonnees le long du chemin de l'Ou-Nyamouezi portent leurs ballots sur la tête ou l'épaule.

Mon train d'ambulance se compose de deux superbes ânes de Mascate et d'un demi-sang noir, sous la conduite de Mabrouki, un diminutif de gamin. Dans mes heures d'enthousiasme et de poesie, et pour symboliser l'idéal de mon expédition, je gratifiais les deux coursiers au poil blanc des noms ambitieux de « Nil desperandum » et d'« Excelsior »; pour les prosaïques nécessités journalières, les trois bourriquets n'étaient plus que Jack, Dick et Billy.

Le 15 mars 1883, l'« Expédition de la Société royale de géographie », en partance pour une des contrées les moins connues de l'Afrique, était réunie au centre des bâtiments de la Mission et, sous le hâle ardent de midi, attendait l'ordre de s'ébranler.

Le signal est donné : chacun s'élance vers la tête de la caravane; tous s'époumonent à crier : « En avant! ho! » Un feu roulant d'adieux s'échange; et, précédée du pavillon anglais, la longue file d'hommes traverse le village de Rabaï; elle tourne le dos aux tertres couronnés de cocotiers, aux pentes cultivées, aux chaînons verdoyants et entre dans le Nyika (désert). Le dernier de mes gens a passé; je serre la main à ma gracieuse hôtesse, soulève mon chapeau et m'achemine dans la direction du soleil couchant.

En moins d'un quart d'heure, nous tombons brusquement dans une solitude désolée; les plantes, sèches et jaunies, se réduisent en poussière sous nos pieds; on ne voit plus un coin vert dans le paysage, sauf des mimosas et des acacias, des palmiers nains à éventail et des euphorbes arborescents semblables à des cactus. Au bout d'une heure et demie nous avions franchi les sables rouges des collines de la côte pour entrer dans une région moins infertile. Çà et là des massifs épais d'arbres à feuilles persistantes, enguirlandés ou plutôt enchevêtrés de lianes, parsemés de clairières herbues et égayés par de superbes orchidées. Un groupe de *pallah* animent la scène.... Mais nous sommes à l'époque qui précède immédiatement les pluies; le soleil, presque vertical sur nos têtes, darde ses rayons à travers l'atmosphère saturée d'humidité; on geint, on gémit, on sue, on suffoque sous cette atroce chaleur; on se sent tout le corps comme criblé de piqûres. Mes porteurs, affaiblis par la vie de débauches et de fainéantise qu'ils menaient sur la plage, m'exaspèrent au delà de toute expression. Au bout de quelques pas ils jettent leur charge à terre et eux-mêmes à côté, réclamant de l'eau à grands cris, essayant en un mot de voir de quel bois je suis fait. Mais je connais mon monde : pour le quart d'heure, j'empoche mes griefs et renvoie à plus tard les meilleurs de tous mes arguments. De mon ton le plus calme, je raisonne avec ces paresseux, ces énervés plutôt, je les conjure d'avancer s'ils veulent le soir même arriver au bivouac. Certes, je croyais savoir à fond ma tourbe zanzibarienne ; mais je ne me serais jamais attendu au nonchaloir et à l'incapacité dont mes pagazi firent preuve pendant cette première marche ; le niveau de mon enthousiasme en fut notablement abaissé.

Au coucher du soleil, nous campions à Koualè. Ce district est occupé par des Oua-Kamba agriculteurs et pasteurs qui ont construit leur village au milieu d'une jungle presque impénétrable ; ils y peuvent en paix narguer les Massaï, que leurs bœufs, brebis et chèvres induisent en tentation perpétuelle. Une fort désagréable nouvelle nous attendait : un parti de guerriers avait paru dans le voisinage ; les Oua-Kamba restaient sur la défensive et n'osaient même pas aller à leurs plantations.

Mes gros soucis commençaient avec notre premier campement : je savais très bien que mes hommes entraient à mon service dans le but de toucher les trois mois de solde payés d'avance et de s'éclipser ensuite aussi prestement que possible. A Zanzibar, déjà, j'en avais perdu dix ; à Mombâz, un ; pourtant ils y couraient le risque d'être repris ; les plus avisés renvoyèrent l'aventure à la première ou à la seconde étape dans le haut pays. Donc, je ne manquai pas d'asseoir mon camp dans un lieu découvert, nettoyé de buissons ou de jungle, de façon que personne ne pût s'éloigner sans être vu. J'eus soin de donner aux sentinelles, mon public l'entendant, les ordres les plus sanguinaires, leur commandant de tirer sans avertissement préalable sur quiconque tenterait de sortir. Les chefs, chacun à son tour, devaient faire leur ronde et, toutes les deux heures, se présenter devant Martin.

Grâce à ces précautions, la nuit se passa sans incident, et, le lendemain, je n'oubliai pas d'échelonner le long de la caravane askari et lieutenants, qui ne permettaient à aucun des porteurs, sans l'escorter eux-mêmes, de quitter le sentier pour quelque raison que ce fût, et leur tenaient compagnie s'ils demandaient à se reposer. Toute mauvaise qu'était ma troupe, je n'eusse point songé à prendre ces mesures sans l'effroi que causait à mes gens la seule idée de mettre le pied sur un territoire de si funeste renom : leur terreur des Massaï me fut une source continuelle d'anxiétés jusqu'au jour où son excès même me donna l'assurance qu'aucun de mes porteurs n'oserait plus s'enfuir.

Le lendemain, la marche fut presque toujours orientée vers l'ouest-nord-ouest, sur une riche contrée qui, peu à peu, devenait moins fertile et tout embroussaillée d'épines. Nous traversâmes deux bourgs de Oua-Kamba qui pleuraient la perte de leur bétail, enlevé par les Massaï ; puis le lieu d'une bataille en règle entre ceux-ci et les Oua-Nyika ; les assaillants avaient été défaits après une lutte sanglante qui coûta trois cents hommes aux vainqueurs : sur un espace assez considérable, le terrain était, à la lettre, parsemé de crânes blanchis. Nous campâmes à Makouti, misérable village m'kamba. En donnant les ordres pour la nuit, Katchétché harangua ma petite troupe : leurs femmes étaient restées là-bas, car la carabine doit être, dans le désert, la seule compagne d'un homme ; cette compagne, qu'il la surveille avec le même soin qu'il ferait d'une épouse ! — Enfin (péroraison que je lui soufflai) : « Serrons-nous les uns contre les autres, prêts à combattre ; les Massaï rôdent dans les alentours, ne demandant qu'à égorger les traînards pour se tenir en haleine. »

En dépit de ce beau discours et de toutes nos précautions, deux hommes manquèrent à l'appel du matin ; il eût été absurde de courir après eux, et nous repartîmes, redoublant de vigilance ; du reste, les récits que j'avais soin de mettre en circulation sur la férocité des guerriers massaï eurent bientôt plus d'effet que des boisseaux de menaces.

Nous sommes maintenant dans le Dourouma, district occupé par une sous-tribu d'Oua-Nyika qui y traînent une misérable existence, sans cesse exposés à mourir par la famine ou, ce qu'ils redoutent encore plus, par les lances des Massaï.

La brousse du Dourouma est un musée de monstruosités végétales : arbrisseaux où de longues épines remplacent le vert feuillage; euphorbes d'espèces variées; aloès où des aiguillons rébarbatifs et solidement implantés représentent les frondaisons absentes; cycadées; plantes par centaines dont je ne connais point le rang dans la flore. Arbres et arbustes se distinguent surtout par le plus petit nombre de feuilles qui soit compatible avec l'existence, et la très grande profusion de rameaux difformes, tortus, noueux, affreux, qui luttent les uns contre les autres sur ce terrible champ de bataille. Chose curieuse, des cycadées splendides, avec leur tête superbe, semblable à celle des palmiers, s'élèvent dans toutes les directions et défendent victorieusement leur couronne contre les atteintes de leurs formidables rivaux. La jungle est ici tout à fait impénétrable, grâce à des lianes énormes qu'on dirait absolument dépourvues de feuilles ; elles montent, elles descendent, elles rampent et se tortillent sur le sol, et, comme des couleuvres gigantesques, entourent et pressent arbres et arbrisseaux dans leur étreinte de fer; leurs nœuds et leurs entrelacs forment un enchevêtrement qu'il serait non moins difficile de décrire que de démêler, mais qui a aussi son rôle : du milieu d'un de ces fourrés, le Oua-Dourouma peut faire la nique aux Massaï; on s'y introduit par un véritable tunnel étroit et tortueux, dans lequel nul batteur d'estrade soucieux de sa peau n'oserait se risquer.

La quatrième étape nous amène sur le vaste désert qui s'étend vers le Teïta; le pays s'élève de plus en plus. Les broussis, les halliers alternent avec des lambeaux de forêt basse et parsemée de clairières. Le grès affleure partout. Enfin la caravane arrive à l'aiguade de Taro, ou, comme on l'appelle quelquefois, au Zioua (trous d'eau) d'Ariangoulo.

Les roches de ce district présentent des caractères remarquables. De grain très grossier et de couleur grise, elles n'offrent presque pas de trace de stratification, mais deux systèmes de fissures perpendiculaires les unes aux autres les divisent en blocs de plusieurs mètres cubes. L'eau se loge dans ces fentes; les substances végétales y pourrissent et, sans doute, agissent chimiquement sur les parois : celles-ci s'érodent petit à petit, et la ligne de fracture originelle finit par devenir une tranchée profonde, large de 45 à 60 centimètres, et tellement régulière qu'on la croirait taillée de main d'homme. Ces fosses s'emplissent à la saison des pluies et forment des citernes naturelles, seule ressource de tout le Dourouma; sans ces aiguades, il serait impossible à une caravane chargée d'atteindre le Teita.

Mais ce n'est point dans ces fissures seules que la nature a placé ses réserves d'eau. Les grès paraissent avoir ici une tendance particulière à se forer de trous borgnes de toute grandeur qui rappellent à s'y méprendre ces « marmites » des torrents de montagne, où des remous et des tourbillons en miniature font tournoyer sur la roche solide une pierre dont le travail constant finit par y creuser de petits puits. Dans le cas actuel, ce mode d'origine ne semble point de mise; je croirais plutôt que ces excavations sont dues à l'action commune de la nature et de l'homme : la première a formé sur la roche de légères dépressions où l'eau s'amasse et fait pousser des plantes; celles-ci, en se décomposant, dégagent des acides par lesquels l'eau agit sur la pierre, en libère les parties composantes par la dissolution du ciment qui les unit, du calcaire, probablement. Le second, à la recherche du fluide si précieux dans ces régions stériles, découvre ces creux et, les trouvant pleins de sable, s'empresse d'en ôter celui-ci. Ainsi, d'année en année, le processus continue; des cuvettes se forment, dont plusieurs mesurent de 50 à 60 centimètres de diamètre sur une profondeur de $2^m,40$; elles sont généralement cylindriques et l'axe en est vertical; les naturels les nomment *Oungouroungas*.

A Taro, pour la première fois depuis quatre jours, je me donnai le luxe extrême d'une ablution complète. Jusqu'à présent nous n'avions trouvé que de l'eau caractérisée par un tel « corps », par un « bouquet » si pénétrant, que les angoisses de la soif seules avaient pu me decider à l'avaler, même après l'avoir bouillie et passée à travers du linge et des bouchons d'herbe, nos filtres de poche étant absolument inutiles devant cette fange couleur encre de Chine ou lavures du chemin. Je buvais cette décoction, mais l'idée d'y plonger mes pieds m'eût semblé une plaisanterie. Je la prenais *intus* et bientôt la suais *extra*, ma transpiration étant assez copieuse pour empêcher, à l'aide de mon mouchoir de poche, mes téguments de se laisser incruster par trop.

L'étape du lendemain devait être longue, difficile et sans aiguade. Partant dès l'aurore, nous traversâmes d'abord un terrain ondulé revêtu d'une forêt clairsemée à l'ombre de laquelle s'étend un riche tapis de fin gazon. Cinq heures d'assez bonne marche nous amènent inopinément à un tout petit creux rempli d'eau fétide. Ce liquide dégoûtant est la plus précieuse des aubaines pour nombre de mes porteurs, qui, avec l'imprévoyance caractéristique du nègre, s'étaient hâtés d'épuiser toute la provision dont ils avaient dû se munir pour deux étapes. Chacun eut sa gorgée; on vide la crapaudière jusqu'à la boue, allais-je dire, comme s'il y avait eu autre chose; puis nous reprenons le harnais.

Il se fait ici même un brusque changement dans la géologie et la flore du pays. Nous avions trouvé jusqu'à présent les argiles schisteuses, le grès tendre, le terrain compact et mêlé de gravier qui, sur une bande étroite, s'étendent du cap de Bonne-Espérance aux environs de l'Equateur. Nous arrivons aujourd'hui à ces roches métamorphiques affleurant presque partout dans le continent. Schistes et gneiss, grauwacke et hornblende deviennent les roches proéminentes; elles contiennent beaucoup de minerai et sont riches en fer; le sol formé par leur décomposition est remarquablement pauvre en principes fertilisants et d'un rouge dur, très pénible à l'œil. Le rythme charmant des coteaux et des vallons fait place à une plaine vaste, uniforme, altérée comme si jamais une ondée de pluie vivifiante n'eût rafraîchi ce sol pavé de fer. La jungle plantureuse, les clairières herbues, les bosquets fleuris ont disparu : une forêt de squelettes, ou plutôt un squelette de forêt s'étend au loin dans ces solitudes. Fantastiques et moroses, ces arbres et ces arbustes grisâtres aux branches presque entièrement nues, où nulle ramure verdoyante ne se balance au vent, où nulle feuillée ne tressaille aux plaintes de la brise ! Immobiles, austères, ils allongent leurs bras rigides ou dressent leurs aiguillons formidables comme pour défier la sècheresse et l'orage. Des troncs morts et à moitié pourris, vaincus dans la lutte pour l'existence, mais encore debout, assombrissent une scène déjà si lugubre.

A peine si quelque tache verte attire le regard fatigué ; à peine si çà et là on aperçoit quelque touffe de graminée ; nous sommes pourtant dans la saison des pluies ; un morne silence plane sur le désert : pas un grésillement d'insecte, pas une envolée d'oiseau, pas un bruissement d'herbe ; aucune ramée qui soupire ou frappe sur la branche comme une averse sur le toit. Le vent froid de l'Océan passe sur la forêt spectrale avec un sifflement mélancolique et des craquements sinistres.

Notre caravane chemine sur cette terre de mort et de désolation : le porteur, déjà lassé d'une longue marche, la gorge desséchée, se traîne ahanant et suant sous la terrible chaleur, rendue encore plus épouvantable par la réverbération du sol rouge et ardent, qui réfléchit les rayons du soleil comme s'ils sortaient d'une bouche de fournaise. Il cherche en vain quelque ombrage, puis il jette brutalement son fardeau et se double sur ses genoux, la tête dans les mains, ou s'étend de tout son long sur la terre brûlante : pour l'obliger à se relever, il faut quelquefois plus que la persuasion morale. Il avance, alors, de tout ce qui peut lui rester d'énergie, et faible, ses membres tremblant sous cet effort inusité, il vacille, il chancelle, tantôt se courbant pour passer sous une branche raide et nue, tantôt arrachant aux épines d'une brousse effrontée des lambeaux de sa mince défroque et son pauvre corps sillonné de déchirures profondes ; le sang coule le long de ses jambes et se mêle aux ruisselets de sueur. Telle fut notre première marche dans le vrai « Nyika » de l'Afrique orientale.

Nous campons à six heures pour attendre la lune et laisser souffler les hommes. Dans l'espoir de découvrir quelque mare oubliée par le soleil, je me lance avec Brahim à travers les halliers. Après avoir longuement erré çà et là, cherchant en vain cette eau précieuse, nous essayons de regagner le bivouac : la nuit est très noire ; je tourne, je vire, je ne sais plus où j'en suis. Brahim et moi différons d'avis sur la direction à prendre, nos coups de carabine n'éveillent aucun écho ; la peur commence à nous tenir, chaque fourré nous semble recéler un lion ; au surplus, un rugissement lointain nous avertit bientôt que Sa Majesté est en train de courir le guilledou. Les plaintes du vent dans les branches, le craquement du bois mort, la silhouette indécise de chaque objet, la certitude que les puissants fauves rôdent dans les alentours, exaltent l'imagination et portent terriblement sur le système nerveux. Les pieds en sang, mes habits en loques, ma peau douloureusement écorchée par les piquants des broussailles sur lesquelles nous trébuchons au milieu des ténèbres, je m'abandonne à mon sort et me couche sur la terre. Tout à coup un bruit vibre à nos oreilles ; nous sautons sur nos pieds, en dépit de nos souffrances. « Boundouki » ! (un fusil !) crie Brahim. Je tire notre dernière cartouche : nous restons exposés sans défense à tous les périls de la forêt. Mais on nous a entendus, une détonation nous répond et nous permet de comprendre de quel côté arrive le secours. Oubliant nos pieds en compote et nos membres fourbus, insensibles aux épines qui enlèvent le résidu de nos guenilles, nous coupons au plus court et rejoignons enfin Makatoubou et les autres qui nous cherchaient :

4

j'étais resté dix heures sur mes jambes, et n'ayant avalé que quelques gorgées d'eau.

L'étape projetée pour la nuit fut forcément remise à quatre heures du matin : mes pieds se trouvèrent encore en si mauvais état, que, pour la première fois dans mes voyages d'Afrique, je fus forcé d'enfourcher un bourriquet.

Et quel labeur pour pousser la caravane à l'aiguade suivante, Maungou, dans le Teïta ! Mes hommes avaient consommé toute leur eau, et la plus terrible partie de la route était encore à faire. Pendant huit heures je me livrai aux plus pénibles efforts pour les porter en avant ; à midi les askari et les chefs avaient dû épauler les fardeaux de ceux qui tombaient sur la voie : coûte que coûte, il nous fallait de l'eau. Je pris un ou deux des lieutenants, une poignée de Oua-Teïta, et, chargés de toutes les calebasses possibles, nous poursuivîmes notre étape. A deux heures nous étions au Maungou, ce mont singulier à cime évidée en selle ; les malheureux durent en faire l'ascension avant d'arriver à l'aiguade, puis regagner immédiatement la queue de la caravane pour porter secours aux traînards. A quatre heures, l'avant-garde nous rejoignait, misérablement égrenée ; les derniers de la bande ne parurent qu'au coucher du soleil ; un terrible orage de tonnerre et de pluie mit le comble à nos infortunes : à moitié morts de froid, mes porteurs s'asseyaient sur le sol, transis et grelottant comme sous un accès de fièvre. Mais je me sentais heureux et fier : le plus dur était fait de cette traversée du Nyika ; plus de désertion à craindre : nous avions les Massaï devant, derrière, autour, partout. De la passe du Maungou on voyait se dresser la pittoresque montagne du N'dara, et au bout du défilé j'aperçus un instant la chaîne de Boura, plus superbe encore.

Le Maungou fait partie de la rangée de mornes et pitons isolés qui court presque du nord au sud et, dans cette dernière direction, se termine par le mont Kisigau, un des traits les plus grandioses de toute la contrée.

Les averses nous retiennent de longues heures au

bivouac, puis nous descendons dans la plaine couverte de brousse épineuse qui nous sépare du mont N'dara. Les hommes, exténués par les deux marches précédentes, avancent à très grand loisir; mais la certitude d'arriver enfin à une station de ravitaillement me permet de les laisser cheminer à leur guise. Au bout de cinq heures, nous quittons soudain la jungle et ses piquants acérés pour entrer dans les plantations magnifiques qui couvrent la base tout entière de la montagne. Les ménagères oua-teitanes y travaillaient en grand nombre : à la vue de la caravane, elles quittent leur pioche, et nous montons le talus parmi les décharges d'artillerie, les cris d'admiration des femmes et des jeunes filles courant à nos côtés, nous regardant de tous leurs yeux et riant bruyamment, leurs seins allongés leur battant la poitrine comme des bouteilles de cuir à moitié vides. Les cultures traversées, nous campons sous la grande ombre d'un sycomore, buvant à longs traits l'eau claire et pure du torrent qui bondit et se brise sur la pente escarpée du N'dara, et nous invite par sa chanson joyeuse aux délices du bain. Je n'ose m'y jeter sur l'heure; non que ces dames en dussent être trop effarouchées, mais je ne suis pas encore suffisamment aguerri pour m'exhiber à tous les yeux *in puris naturalibus*. Enfin, les ombres du soir descendent; les Oua-Teitanes regagnent leurs foyers des hauts lieux, et je m'ébats en liberté sous les cascatelles écumantes; la fraîche brise des sommets m'accueille à ma sortie de l'eau; la lune se lève sur le pic, jetant sur le paysage son voile aux reflets argentés; elle illumine les cimes des roches et fait scintiller sur les arbres les feuilles chargées de rosée.

Pour remettre mes porteurs des terribles étapes du Nyika, on ne lève point le camp le lendemain; je me décide à escalader la montagne pour rendre visite à M. Wray, agent de la Société des Missions anglicanes et récemment installé là-haut. Martin se charge de faire faire à la caravane le demi-circuit nécessaire pour passer de l'autre côté du versant, et je commence mon ascension, escorté de

Brahim et de deux guides du Teita. Nous nous escrimons de notre mieux sur les roches et sur les grands blocs de gneiss qui gardent sur ces flancs escarpés un équilibre des plus instables. Partout où peut tenir un peu de terre, partout où filtrent quelques gouttes d'eau, on cultive les bananes, les patates douces, le manioc, la canne à sucre ; çà et là, sur la surface des roches, les ruisselets courent dans des rigoles, passant de l'une à l'autre par de minuscules aqueducs de stipes de bananier. A partir de trois cents mètres au-dessus de la plaine, toute la montagne est habitée, à l'exception du pic trop humide et trop froid. Les *chambas* ou plantations, sauf celles énumérées plus haut, occupent la base entière du N'dara et sont l'affaire des femmes. qui, à certaines saisons, y descendent tous les jours. A ce travail, sans doute, elles doivent le développement harmonieux du corps et cet air de santé qui contraste avec la mine chétive des hommes, maigres et mal musclés. Les huttes, à parois très basses, ressemblent à des ruches d'abeilles ; la lumière du jour en est entièrement exclue, grâce à une palissade qui contourne en spirale l'intérieur de la case pour former un corridor étroit, partant de la porte et empêchant le courant d'air de frapper directement sur le foyer ; celui-ci, qui brille nuit et jour, est leur seul luminaire. On empile dans le vestibule le bois de chauffage, qu'il faut monter des plantations. Les provisions d'hiver sont appendues aux solives dans de nombreuses calebasses, un des produits les plus recherchés du Teita. Poules, chèvres, brebis se choisissent des coins à leur convenance et, fraternisant avec les maîtres, rendent le logis plus confortable et plus intime.

 Trois heures de rude labeur nous amènent sur le sommet du N'dara, le Mroumounyi. et, tout en reprenant haleine et en faisant bouillir le thermomètre pour constater l'altitude, je tâche de fixer dans mon esprit les traits principaux de la vaste contrée qui se déroule sous mes yeux. Je suis debout sur une arête étroite et longue, qui court à peu près du nord au sud et rappelle le faîte d'une maison.

Le versant oriental descend presque à pic sur une profondeur de 1550 mètres. A l'ouest, une dépression profonde et irrégulière incise la moitié supérieure du mont et forme une sorte de banquette basse le long de laquelle coule un petit torrent qui, arrivé au bout, s'élance sur la

Huttes de Oua-Teita

pente escarpée, où il bondit en cascatelles. De nombreux villages de Oua-Teita s'y abritent contre la furie des moussons; leurs petits troupeaux de bétail parcourent en paix les pâtis supérieurs. Partout des plantations de canne à sucre, les taches vertes des cultures de patates douces, des bouquets de bananiers. Sur le rebord de la plate-forme, on aperçoit la Mission, nichée dans un petit bois. Tout ceci, presque sous nos pieds; plus loin, un panorama splendide : au nord et faisant suite au N'dara, une ligne de mornes isolés va se perdre dans les profondeurs de l'horizon, chez les Oua-Kambani; au nord-est, la plaine immense et d'un vert clair uniforme s'étend vers l'Océan et disparaît peu à peu dans la brume. La rivière Voï y dessine son cours sinueux par la nuance plus sombre des arbres que désaltèrent ses eaux. A l'est, la cime échancrée du Maungou, puis une chaîne de collines basses et de petits pitons emporte l'œil au sud-est, où se dresse la masse cylindrique et grandiose et le cône tronqué du Kadiaro (Kisigau). Plus loin encore, les montagnes de l'Ou-Sambara, du Paré, de l'Ougono. Je me tourne vers l'ouest, et la superbe chaîne de Boura surgit à mes regards avec ses contours déchirés et ses trois grands massifs, le Kibomou, le Soungouloulou, le Mbololo. Le Matété coule à l'extrémité sud; le Voï émerge d'entre le Mbololo et le Soungouloulou, traverse la petite plaine intermediaire, double la base septentrionale du N'dara et se dirige en serpentant vers la mer. L'aspect général du haut pays de Teïta rappelle singulièrement celui d'un archipel d'îlots s'élevant à pic sur des flots vert grisâtre — la morne étendue dont j'ai parlé et qui l'enserre de toutes parts. Les quelques chaînons peu élevés, les pitons qui font saillie çà et là, ont, comparativement, aussi peu d'importance que des bas-fonds ou des écueils.

Mes observations d'altitude terminées, je dévalai sur Mtéra, demeure de M. Wray, le pionnier de ce coin sauvage du noir continent; il m'installa dans sa case, d'où la vue tombe presque verticalement sur la base de la montagne à une profondeur de plus de 600 mètres. J'y passai une nuit « à l'européenne », respirant avec délices l'air fortifiant des sommets.

Dès l'aube je mis le nez à la fenêtre; sur les flancs du Boura, les nuées s'enroulaient en volutes énormes; le soleil levant embrasait les cimes d'une chaude lueur et illuminait chacune des anfractuosités de la montagne. Après le déjeuner on signale ma caravane : elle se dirigeait sur une petite rivière près de laquelle mes gens dressèrent les tentes et où je m'empressai de les rejoindre.

Le lendemain, M. Wray descendit à son tour et put se donner le luxe d'une belle et bonne alerte, la première de ses expériences en ce genre. Les Oua Teita que j'avais engagés à la côte pour porter nos vivres, moyennant une

Village oua teita du Ndara

certaine quantité de cotonnade, refusaient *mordicus* celle que je leur offrais et s'obstinaient à exiger une qualité supérieure. Je n'y voulus point entendre; la colère les gagna: eux et leurs amis commencèrent à s'exciter à qui mieux mieux par leurs hurlements et leurs vociférations. Un d'entre eux, complètement hors de lui, tire son épée et se met à danser et à sauter, tout comme un Malais en train de courir l'*amock*. Il gambade, il tourne, il vire;

dans ces évolutions insensées il finit par piquer son arme à travers la tente qui renfermait les marchandises et blesse grièvement un de mes hommes : en un clin d'œil tous les miens sont debout, carabines en main. Les Oua-Teïta saisissent leurs mousquets ou bandent leurs arcs, tout en battant en retraite vers les abords du camp, où ils s'abritent derrière les arbres et les roches, hurlant frénétiquement et nous défiant au combat. Les femmes, accourues en foule pour nous vendre des vivres, s'enfuient en braillant à tue-tête. Le cri de guerre monte de la forêt sur les pentes de la montagne. plus haut, toujours plus haut, jusqu'à ce que les nuages eux-mêmes semblent nous renvoyer des échos surnaturels. Pendant quelques instants la situation fut critique : le plus léger incident, un coup de feu par exemple, aurait déterminé une lutte : pour mon compte, je ne la craignais nullement, mais le missionnaire eût été placé dans une position fort pénible. Je me jette sans armes entre les deux partis, et, m'adressant aux Oua-Teïta : « Je veux la paix, leur dis-je par la bouche de mon truchement, mais je n'ai point peur de la guerre : si vous voulez la paix, vous aussi, commencez par mettre fin à cet abominable tapage, puis envoyez-moi vos anciens, avec lesquels je tâcherai de m'entendre ! » Cette harangue eut le plus grand succès; on se fit des concessions mutuelles, et la difficulté fut tranchée au grand soulagement de M. Wray, qui s'en était fort exagéré l'importance. Les Oua-Teïta voulaient seulement nous intimider par cette petite bravade; mais, moi absent, rien n'eût empêché mes hommes de faire parler la poudre.

L'affaire terminée, les femmes reparurent; les transactions recommencèrent, bruyantes et animées; les porteurs courtisaient véhémentement les jeunes filles, ou, à grand renfort d'exclamations, marchandaient les vivres offerts. Pour moi, dans le but de prendre leurs photographies, j'essayais de m'insinuer dans les bonnes grâces des Oua-Teïtanes; mais j'avais beau arborer mon plus aimable sourire, montrer les plus jolis de mes fils de perles, je ne reussissais pas à vaincre leurs terreurs. Mes caressantes paroles. une pincée amicale, un chatouillement sous le menton les amadouaient bien jusqu'à les faire se tenir

M Teita du N'daia

debout, mais, quand je dévoilais l'appareil, elles détalaient à toutes jambes vers les bois. Je voulus leur expliquer mon but, leur montrer des photographies, ce fut bien pire encore : le magicien blanc voulait s'emparer de leurs âmes et les tenir à sa merci : j'y gâtai plusieurs négatifs et abandonnai l'entreprise; grâces et verroteries avaient été exhibées en vain.

Donc je me contenterai de décrire ces Oua-Teita. Les hommes, ici comme ailleurs, n'ont pas droit à de longues phrases. De taille un peu au dessous de la moyenne, maigres, les membres grêles, ils supportent pourtant des fatigues considérables. Leurs traits paraissent tenir le milieu entre les linéaments à peine ébauchés du vrai nègre et ceux des Gallas ou des Somalis; la mâchoire est quelque peu prognathe, le crâne étroit. Ils n'ont d'autre vêtement qu'une cotonnade écourtée, nouée au hasard autour des reins ou attachée à une épaule et flottant à la brise. Au cou et aux bras, quelques joyaux de laiton, des verroteries, des chaînettes fabriquées dans le pays. Pour armes, un couteau, une épée longue et spatulée, un arc et des flèches, mais tout cela mal travaillé, mal fini et ne dénotant pas que le guerrier mette le moindre orgueil à son équipement. Embusqués dans leurs montagnes escarpées et coupées de précipices, ils lancent leurs flèches de derrière les roches. Les Massaï, chargés de lourdes piques et habitués aux plaines, ne se hasardent guère près des villages du haut pays.

Et maintenant, aimable lectrice, je vous invite à assister avec moi à la toilette d'une M'Teita du bon ton. Vous hésitez d'abord, une rougeur charmante vient colorer vos joues : ne la regrettez pas, elle vous va si bien! Pour calmer vos scrupules, imaginez seulement que la personne en question est déjà revêtue d'une « cuirasse » ou d'un « étui » en peau de Suède brun rouge et taillé par la meilleure faiseuse. Quant à la belle elle-même, aucune de vos inquiétudes ne l'effleure; elle sourit avec non moins de gaieté et de coquetterie que la plus charmante des Européennes : quels mystères aurait-elle à cacher? Nul besoin de « tournure »; la ouate lui est inutile. Entrons dans la hutte circulaire et basse; asseyons-nous sur n'importe quel objet qui puisse servir de siège : malgré la chaleur suffocante et la fumée qui vous prend à la gorge, vous finirez bien par distinguer, à la lueur du feu, notre gracieuse amie. Peu à peu nos yeux s'accoutument à l'obscurité; la jeune personne est de taille fort petite, visage rond, comme la plupart de ses compagnes; un soupçon de prognathisme à l'angle facial. Le galbe, pas trop mal pour une négresse, n'offre pas cependant à la ceinture cette ligne sinueuse qui s'accorde davantage avec nos idées sur la beauté féminine. Les membres sont admirablement découplés; le corps est agile et souple comme celui d'une couleuvre; son œil lance des feux; on voit à son sourire qu'elle n'a pas un doute sur le pouvoir de ses charmes.

La damoiselle a déjà revêtu, ou, pour mieux dire, elle n'avait pas quitté « le simple appareil » d'une beauté m'teitane. C'est un épais badigeon de noir de fumée et d'huile de ricin, aux parfums que la galanterie nous oblige à déclarer séduisants, mais qu'entre nous je confesse être horribles. Elle y ajoute une couche nouvelle pour les conquêtes de la journée, puis, aux flammes incertaines du foyer, elle reluit comme un escargot sortant de sa coquille, pimpant et frais, en route pour la promenade du soir. Rien d'hygiénique comme ce vernissage, qui protège seul les montagnardes du N'dara contre les chaleurs extrêmes du jour et le froid de la nuit. Il écarte les rhumes et prévient une transpiration excessive. Avant de recevoir ses visiteurs, notre hôtesse s'était parée de son tablier, un petit carré de peau de la grandeur d'un mouchoir de poche de dame et en entier couvert de perles; derrière on dirait qu'elle porte les pans de l'habit du missionnaire, mais un peu allongés et tout brodés de verroteries formant des dessins variés; les deux lourdes basques frappent les jambes d'une façon sans doute agréable quand il fait chaud; cette mode, du reste, n'est pas absolument rigoureuse, et d'autres M'Teitanes se contentent de la moitié postérieure d'un minuscule jupon. La chevelure est rasée tout autour des tempes; on en garde sur le sommet une couronne de dix ou douze centimètres de diamètre. A grand labeur on la sépare en mèches, on la roule en cordons très serrés et très nombreux, qui donnent à la tête l'aspect d'un plumeau de lisières. Sur chacune des torsades on fixe des fils de perles de diverses couleurs ; autour de la partie rasée on attache un bandeau de verroterie large de cinq centimètres, de chaque côté duquel trois longs cordons tombent en liberté jusqu'au-dessous des épaules. L'oreille, toute percée de trous, chargée de gros anneaux de verre et distendue par le poids, devient un objet sans forme, hideux à contempler. Les paupières ont été soigneusement dépouillées de leurs cils. — La belle n'a plus à présent qu'à donner, au moyen d'une lime, une pointe plus aiguë à ses longues dents de crocodile : sa tête est faite et parfaite.

Elle retire alors, d'une cheville avoisinante, une trentaine de grands colliers qu'elle passe par-dessus l'épaule droite et par-dessous l'aisselle gauche ; ils pendent jusqu'à la ceinture, se croisant, au milieu d'une poitrine pleine et bien formée, avec une autre série de colliers partant de l'épaule opposée. Au cou, cent cinquante à deux cents rangs de perles servent de base à un carcan monumental composé d'une solide masse de verroteries, haute de huit à dix centimètres et qu'on fixe de manière à relever le menton et à remplir toute la dépression du dessous. — Au torse, maintenant ! et, avec une admiration profonde pour la vigueur physique qu'il lui faut pour suivre la mode à tout prix, nous la voyons prendre successivement deux ou trois cents autres fils de perles, des ceintures, des bandeaux, toujours brodés de grains de verre, et en bastionner la région autour de laquelle, en nos pays, le valseur arrondit son bras.

La plus grande partie de la *rassade* y a passé ! Il ne reste plus qu'à emmailloter bras et jambes de bandes très serrées. Ayant ainsi chargé sa personne d'un poids de douze à quinze kilogrammes, la dame se retourne complaisamment pour recevoir un tribut de louanges que nous ne lui marchandons point. puis s'accroupit sur le sol, afin de se remettre d'une si dure corvée. Nous déposons nos offrandes à ses pieds et prenons congé (*kouaheri*), baignés de sueur et noircis de fumée.

Ainsi armée en guerre, notre M'Teitane remplit son sac de maïs et descend au campement pour y exciter l'admiration générale et se livrer à l'occupation si chère au cœur de toutes les femmes..., débattre à outrance le prix de ses denrées.

Les mœurs des Oua-Teita me semblent différer à peine de celles que décrivent les voyageurs à d'autres régions de l'Est africain, sauf peut-être pour les mariages, où se

Matrone oua-teitane

retrouvent des traces de l'ancienne coutume de capturer les femmes. Quand un M'Teita s'est choisi une épouse, il doit d'abord régler les préliminaires avec le père et, suivant les us établis chez les nègres, payer sa ménagère de trois ou quatre vaches. Le marché conclu, la jeune fille prend la fuite et va se cacher le plus loin possible, dans la case de quelque parent, jusqu'à ce que le fiancé découvre sa retraite et s'empare de sa promise. Ses amis d'accourir; deux la tenant par les bras et deux par les jambes l'enlèvent à la hauteur des épaules et la transportent dans sa future hutte, au milieu des chants et des danses. Arrivés à leur demeure, les nouveaux mariés y sont renfermés trois jours sans nourriture aucune ; puis la femme est passée à l'huile de pied en cap, parée de perles et autres joyaux ; une troupe de jeunes filles la ramene chez le père, au milieu des chants et des danses ; au bout de quelque temps, elle réintègre son domicile, et la fête est terminée.

Il y a ici une disproportion très grande entre les sexes, le féminin prédominant de beaucoup ; les jeunes gens se marient peu, le nombre de vaches requises dépassant souvent leurs moyens. Quelques unions entre frères et sœurs en sont la conséquence, mais, en général, cette pratique est hautement réprouvée.

Certains rites religieux aussi offriraient quelque dissemblance avec ceux des nègres plus au sud. Sur les monts du Teita, où les défrichements et le froid — qui oblige à se chauffer — ont amené une déforestation presque complète, on voit encore çà et là des bouquets d'arbres auxquels personne n'oserait toucher. On y enterre les morts ; et, dans le secret des fourrés, le M'Teita se retire pour invoquer l'Être suprême ou les ombres de ses parents défunts.

Mes hommes se trouvant un peu défatigués, je fais mes adieux à M. Wray, et la petite troupe reprend sa route vers l'ouest. Après une marche très longue et très pénible, où nous traversons une rangée de collines basses par un sentier troué dans le sous-bois en façon de tunnel, nous descendons sur la rivière Matété, près de l'extrémité sud de la chaîne des Boura, dans le district de Javia, ainsi nommé de l'ancien qui le gouverne. La caravane campe au milieu de riches plantations ; on se donne le luxe de sucer de jeunes épis de maïs.

Le lendemain nous contournons le Boura par le vrai casse-cou qui en franchit les pentes. Nous avons ici de nombreuses occasions de faire connaissance avec le *fingo* (ailleurs on dit le *hongo*), système de douane qui a crû et embelli, et atteint des proportions gigantesques. L'ancien de chaque village des environs venait lever son tribut avec une hardiesse et une arrogance insupportables : poussé à bout, enfin, je marchai sur l'un de ces brigands d'un air si déterminé que, dans son épouvante, il faillit piquer une tête dans le précipice béant au bas de la montagne.

Après une étape très dure, nous nous trouvons dans une charmante petite combe, qui entaille profondément la montagne, juste à la base du majestueux cône du Kilima-Kibomou. Nous y passons deux jours à acheter des vivres pour notre marche vers le Taveta par la plaine déserte. Une tentative d'escalade du pic Kibouma ne put aboutir : le guide prit un mauvais sentier et finit par nous conduire au fond d'un précipice dont les parois montent verticalement à plus de 300 mètres. Pour la première fois, je vis des bananiers sauvages ; ils croissaient plantureusement dans un sol criblé de sources et à une altitude de 1800 mètres; puis une étonnante profusion de fougères arborescentes, d'adianthes, de lycopodes, d'orchidées; des bruyères et nombre d'autres plantes à physionomie familière à un Européen. Des lichens à barbe grise pendant aux branches de tous les arbres leur donnaient l'apparence de vieux et vénérables patriarches.

Nos provisions étaient rassemblées; j'avais solennellement échangé le titre de « frère » avec le principal ancien du district : nous pouvions prendre congé. Mais ce ne fut pas sans une nouvelle alerte : certains Oua-Teita essayèrent de profiter de la confusion des préparatifs pour faire main basse sur deux fusils, au milieu même du campement, et se sauver dans la brousse. Avant que j'en fusse informé, pif! paf! les carabines partent, mes hommes jettent leurs ballots, les Oua-Teita détalent en hurlant; par bonheur, la première décharge n'avait blessé personne, et je réussis à rétablir la paix : en somme, il aurait mieux valu qu'un de ces larrons eût reçu son compte, car la tribu commence à devenir fameuse pour son penchant au pillage. Le bruit des coups de feu avait éveillé l'attention; le cri de guerre faisait descendre de la montagne les Oua-Teita par centaines, et nous eûmes à marcher avec des précautions infinies; mais nous avions l'air si féroces, nous étions si bien armés, que nous pûmes atteindre sans encombre le campement de Mikome-ni.

Ce nom est, à tort, porté sur la carte comme celui d'un district : en souahéli il désigne simplement un camp, un lieu qu'abritent les arbres qu'on appelle *mikomen*.

J'avais compté partir à deux heures du matin pour une marche forcée à travers la zone sans eau qui s'étendait devant nous; mais, pendant la nuit, les Oua-Teita s'amassèrent en grand nombre et tentèrent un coup de main sur les bagages : je dus renoncer à lever le camp. La marche une fois commencée, et à la faveur des ténèbres, ils eussent certainement occasionné une panique parmi les porteurs.

Pendant l'étape du jour j'abats, et non sans quelque fierté, deux hartebeest (*Bubalis caama*), une girafe, un zèbre; mes hommes, en grande liesse, se gorgent de viande autour des feux du bivouac.

A trois heures du matin, nous reprenions notre pèlerinage, afin de profiter de la fraîcheur : de temps à autre, des troupeaux de zèbres galopaient à travers le sentier, en poussant leur étrange cri. Parfois, dans le clair-obscur, resonnait la basse profonde des lions disant leur bénédicité. Bientôt l'aube parut, et, malgré la chaleur suffocante, il fallut poursuivre notre marche, car je voulais, le jour même. arriver au Taveta. A six heures du soir seulement, le gros de la caravane quittait les solitudes affreuses et le hâle meurtrier du Nyika pour entrer sous les frais ombrages et boire les eaux limpides d'une des plus charmantes régions forestières de l'Est africain.

CHAPITRE III

QUINZE JOURS EN FORÊT

Impossible de décrire le soulagement avec lequel, dans la soirée du 31 mars, nous échangeâmes brusquement la chaleur ardente du désert pour les labyrinthes feuillus et les paysages bocagers de la petite Arcadie du Taveta. Après avoir cheminé sous bois par une sorte de trouée étroite et sinueuse, percée dans l'impénétrable forêt et la brousse enchevêtrée, nous entrons par une porte minuscule dans l'enceinte des retranchements. Ici nous donnons la parole à nos carabines; l'écho en répète au loin les détonations; elles disent aux naturels, en un langage compris de tous, qu'une caravane fatiguée vient leur demander l'hospitalité. Nous avançons au milieu de planturenses bananeraies; de nombreuses décharges de poudre nous répondent d'un accueil cordial; les arbres mêmes semblent nous renvoyer des salaams; de tous côtés on entend partir des coups de fusil : nous nous trouvons au milieu d'un lacis de canaux, de rigoles artificielles; chacun étanche sa soif dans l'eau claire et fraîche. Les naturels commencent à paraître, confirmant leurs salves de bienvenue par des *Yambo! Yambo!* répétés. Des trafiquants souahéli les suivent et beaucoup plus démonstratifs, saisissent et baisent mes mains, en me saluant de leur *Sabalkheir;* ils sont tout surpris à la vue d'un homme blanc et de sa caravane, dont personne ne leur avait parlé. Accompagnés du tonnerre des mousquets, qui dans les profondeurs de la forêt résonnaient comme le canon, nous marchons à la file le long des plantations pour aboutir enfin à une vaste clairière, le quartier général des traitants souahéli, présidé par un certain Dougoumbi, célèbre *mkouginzi* et *mganga* (sorcier). Ils s'y étaient construit nombre de cases. analogues à celles de la côte. Mes porteurs, exténués, jetaient bas leurs fardeaux et, faisant taire leurs estomacs vides, ne demandaient qu'à s'étendre dans le premier coin venu; mais, à force de crier et de m'époumoner, je réussis à organiser le bivouac; on plaça les marchandises dans les tentes, et je me procurai assez de vivres pour apaiser la faim de tous.

Repos complet le lendemain. Pour me garantir du bruit et du tapage, des odeurs, des divers spectacles qu'offre un campement nègre, je transporte mon domicile à quelque distance, dans la plus charmante des retraites, laissant mes hommes sous la garde de Martin.

Il me fallait maintenant mettre mes gens à une besogne très minutieuse et des plus imprévues : enfiler toutes nos verroteries en cordons de la dimension requise au pays des Massaï; sans quoi, elles me resteraient certainement pour compte : 60 000 longueurs, je dis soixante mille! En outre, lesdits personnages n'acceptent la cotonnade que déjà confectionnée en un vêtement de guerre, le *naibéré* : deux mètres d'étoffe, traversée dans le sens de la longueur par une bande rouge ou à damiers dont on effile les bouts pour former une frange; nous avons à en parfaire trois cents; je me résigne donc à une halte assez prolongée.

Après avoir réglé avec les anciens et les jeunes hommes la question du tribut ou *hongo*, après avoir offert des présents à Dougoumbi et au chef d'une caravane qui arrivait de chez les Massaï, diminuée d'une centaine de porteurs par suite de maladies, je m'affairai sur l'heure aux pressants travaux énumérés ci-dessus. Les couseurs émérites furent mis en tête-à-tête avec les manteaux de guerre; le reste s'attela aux perles, sauf quelques hommes que j'employai à la cueillette des feuilles du palmier *moualé* (raphia), qui servent ici de cordons. Afin de faire la part du « coulage » aussi petite que possible, nous mesurâmes la quantité de perles confiée à chacun ; les chefs servaient de surveillants ; j'édictai contre le vol les peines les plus sévères ; je promis des récompenses au zèle et à la probité, le tout fut couronné par de terribles froncements de sourcil à l'adresse

Quartier de mes hommes au Taveta

des futurs délinquants, par des sourires approbateurs pour les travailleurs vertueux. — A la brune, quand on me remit l'ouvrage, je tombai dans des abîmes de désespoir. Je m'étais fait la douce idée que la régénération morale de ma troupe avait un peu progressé depuis notre départ de la côte : quel désappointement ! pas un seul de mes hommes ne rapportait la quantité de perles qui lui avait été confiée. Sur quatre ballots distribués, tout au plus m'en rendait-on trois ! Impossible de faire fonctionner le bâton sur les épaules de la caravane entière ; je prends deux hommes par *khambi* (mess) et charge Brahim de leur administrer une volée bien sentie ; je supprime les rations du soir. La journée s'achève sur des protestations éperdues d'innocence, sur des menaces de désertion. Mais j'étais bien résolu à ne pas céder : il fallait, ou jamais, m'assurer l'obéissance de mes gens.

Je repris tous les fusils des porteurs, distribuai partout des sentinelles munies des ordres les plus sanguinaires ; je chargeai avec ostentation ma meilleure carabine ; puis, quelques-uns des hommes l'entendant, il fut convenu avec James Martin que nous nous partagerions le quart toute la nuit.

Le lendemain, les choses s'amendaient déjà ; mais, à la fin, sur trente ballots de verroterie, deux à peu près me furent subtilisés pendant l'enfilage, en dépit des corrections nombreuses infligées aux larrons.

Le lecteur le comprend, j'espère, je ne parle pas ici du *fouet* si connu de tous ceux qui ont fait leurs délices de la littérature anti-esclavagiste. Jamais le supplice n'a dépassé quelques coups de trique en travers des épaules. Certes, c'est déjà trop ; mais les punitions corporelles sont de stricte obligation si le voyageur veut rester maître de sa caravane et n'être pas regardé par elle comme un couard n'osant pas recourir aux mesures extrêmes. Aucun explorateur de l'Afrique centrale n'a tenu plus que moi ses hommes sous sa main ; pourtant ils ont fini par m'aimer encore plus qu'ils ne me craignaient. Lors de ma première expédition, avec une des meilleures troupes de porteurs qui aient jamais quitté la côte, je vis tous mes projets risquer de naufrager tant que je n'essayai que de la persuasion morale. Sur ma caravane actuelle, suffisamment décrite plus haut, j'ai presque dès l'abord obtenu un ascendant très réel, non seulement par l'usage judicieux du bâton et la promptitude avec laquelle le châtiment tombait sur l'épaule coupable, mais aussi parce que je m'occupais de mes gens et cherchais à les comprendre à fond. Aussi le gourdin de Brahim devint-il bientôt presque inutile ; mes ordres étaient obéis avec une célérité dont on voit peu d'exemples en dehors de l'armée.

Ma vie au Taveta, j'ai hâte de le dire, fut souvent autre chose que « travail et tourment ». De charmantes promenades à la fraîcheur du soir me remettaient agréablement des grands ou petits *levers* où je recevais les naturels et des séances où, en qualité de magicien du Nord, j'éveillais une admiration profonde par ma batterie galvanique, évoquant des cris de terreur ou des éclats de rire suivant que les curieux étaient « sujets » ou simples spectateurs des tortures des autres. Poisson, volailles, œufs, moutons ou chèvres, tomates, ignames, patates douces, cassave, maïs en lait, cannes à sucre, bananes dorées, nombre de légumes paraissaient sur notre table avec une profusion dont je n'ai pas vu d'autre exemple en Afrique.

Maintenant que chez nous la besogne marche plus régulièrement, que petit à petit quelque idée de la discipline et d'une moralité plus haute s'infiltre dans ma caravane, nous pouvons dérider notre front sourcilleux, reprendre notre physionomie des bons jours et commencer l'exploration de la forêt. J'invite les lecteurs à m'y accompagner.

Nous nous levons avec l'aurore d'une fraîche matinée d'avril; le déjeuner disparaît sous notre appétit dévorant. Chacun boucle sa ceinture, sangle son havresac, prend son couteau de chasse et son fusil; un nombre suffisant de *piqueurs* nous escorte. On traverse le camp; nous laissons derrière nous la laideur et les ordures d'un village souahéli pour nous plonger au milieu d'un de ces labyrinthes de verdoyante ramée dont l'imagination populaire aime à peupler les régions équatoriales, mais qui, si rarement en Afrique, s'ouvrent devant le voyageur fatigué.

La petite troupe s'engage gaiement sur la sente bocagère et se perd en admiration devant les superbes massifs de verdure que nous rencontrons à chaque pas. Des arbres superbes dressent leurs fûts à vingt-cinq ou trente mètres avant que les branches apparaissent et s'étendent en un dais splendide; leurs rameaux s'entrelacent avec ceux des arbres voisins ; la lumière ne passe plus qu'adoucie, tamisée, pour vibrer et trembloter au-dessous en feux follets innombrables. Mais les hautes colonnes qui s'élèvent de toutes parts ne rappellent en rien la forêt de mâts d'un port bondé de navires : des lianes flexibles, ployant sous leur parure de feuilles, se balancent d'un arbre à l'autre ou retombent en guirlandes vert sombre sur les robustes troncs. De beaux palmiers — le raphia et l'hyphène ou dattier sauvage, — des arbrisseaux en fleur, une profusion de fougères et, çà et là, quelque plante étoilée de brillantes corolles viennent combler les intervalles : l'œil se lasse à contempler cette richesse, cette prodigalité exubérante. Les singes animent la scene, forçant l'attention par leurs mouvements rapides et leurs incessants éclats de voix. Des bandes de calaos volent d'arbre en arbre, blessant l'oreille de leur cri étrangement faux. Les écureuils, tantôt disparaissent derrière les branches avec une merveilleuse prestesse, tantôt vous regardent tout surpris, suivant que l'emporte la frayeur ou la curiosité. De nombreuses empreintes nous parlent des hyènes tapies dans le sous-bois jusqu'à ce que les ombres de la nuit leur permettent de commencer leurs rondes de goules. Enfin l'aimable gazouillis de l'eau courant parmi les rochers nous guide vers un joli petit fleuve, le Loumi, formé par les neiges du Kimaouenzi, une des cimes du puissant Kilima-Ndjaro ; il descend, par un canal souterrain, du haut sommet qui boit les nuées, et coule vers le sud, en route pour le lac Djipé ; ses eaux, filtrant partout sous le sol, abreuvent la superbe forêt du Taveta et, d'une saison à l'autre, en entretiennent la fraîcheur. Les rives du Loumi se parent des frondes délicates de l'adianthe et de guirlandes de lianes ; les arbres majestueux, dont les rameaux se rejoignent par-dessus le courant, nous invitent à nous asseoir sous leur ombre, et, comme si nous eussions goûté du lotus divin, en nous tout s'apaise et s'oublie, notre esprit s'élève bien au-dessus de ce monde pour s'envoler vers le pays du rêve, la terre idyllique de l'éternel printemps.

Tentés par l'admirable limpidité des eaux, nous nous plongeons dans leurs profondeurs cristallines. Le bruit de branches écartées attire notre attention : voyez-vous ces yeux noirs fixés sur les étrangers? Un *Nani ouéoué?* (Qui va là?) un peu vif fait tressauter les belles Tavetanes. Elles prennent la fuite comme des biches épeurées; nous remettons à loisir nos habits, nous demandant si quelque jour un poète de la forêt chantera dans ses vers naïfs comment les brunes filles errant sur les bords heureux du Loumi manquèrent être changées en pierre à la vue des Mzoungou faisant ruisseler des perles liquides sur leur corps d'un blanc de neige.

À la suite de cette aventure, la gaieté se ranime, les plaisanteries vont leur train; nous reprenons notre marche; des scènes nouvelles et variées appellent partout les regards. Un petit chemin en zigzag nous conduit à une sorte de redoute cachée sous des massifs inextricables de verdure; on y pénètre par un sentier très étroit et une porte très solide, plus étroite encore, derrière laquelle les naturels se rient des attaques des Massaï. Ceux-ci, une ou deux fois, se sont avancés dans l'intérieur de la forêt : à peine si quelques guerriers ont pu battre en retraite pour dire le sort de leurs frères. Derrière ce retranchement on trouve deux ou trois cases en forme de ruche et recouvertes de feuilles de bananier; donnons un coup d'œil à l'intérieur : deux vaches y habitent, belles, grasses et qui ne sortent jamais; on leur porte l'herbe nécessaire; presque à les toucher, des pieux soutiennent une peau de bœuf bien tendue. C'est le lit de la dame du lieu et de son seigneur quand il lui prend fantaisie de coucher dans sa villa, car, possédant d'autres huttes et d'autres épouses, chacune avec ses génisses, il mesure la longueur de son séjour au plus ou moins d'affection que lui inspire la ménagère.

Presque rien dans la demeure, sauf la série ordinaire d'ustensiles de cuisine : pots à bière et à eau; calebasses pour le lait; petits cylindres de bois creux pour le miel; corbeilles contenant diverses sortes de grains. Dans les coins, des cachettes pour les perles et la cotonnade. On cuisine dehors, au milieu des gambades des chèvres et des chevreaux ; la gent moutonnière, plus paisible, rumine un peu plus loin. Les coqs s'établissent sur la toiture ; les poules, moins aventureuses, caquettent avec leur piaillante progéniture à de plus modestes hauteurs.

Après une petite causerie, nous prenons congé des habitants du lieu. — Que voyons-nous là-bas? Voici donc comment les Tavetans disposent de leurs morts! Le cadavre est d'abord enterré assis, un bras reposant sur le genou et la tête sur la main gauche pour les hommes, sur la main droite pour les femmes. Quand toutes les chairs sont consumées, on enlève les crânes du chef de famille et de sa principale épouse, puis on les place dans des vases profonds et de forme ovale, qu'on couche sur le côté, au milieu de la plantation des défunts et toujours sous des dracænas. Devenus les bons génies du lieu, ils veilleront sur les récoltes. Rien de plus lugubre que la vue de ces crânes grimaçants à l'ouverture de poteries aux sombres couleurs.

Nos regards sont distraits de cet étrange spectacle par le son argentin de petites clochettes et un bruit métallique comme d'anneaux de fer frappant l'un contre l'autre. Une vieille négresse, d'aspect rébarbatif, sort lentement d'une bananeraie, marchant d'un pas mesuré et brandissant une baguette destinée à tenir en respect les gamins malicieux. Derrière cette ruine vénérable marche, en se dandinant sur ses hanches, une jeune femme, grasse et rondelette, d'une vingtaine d'années au plus. Autour de son front, un bandeau de cuir orné de cauris soutient un « voile » de jaseron de fer qui couvre presque complètement le visage et descend sur la poitrine. Sur le cou, sur le buste, des perles et des chaînettes de métal à rendre jalouses les dames les plus cossues du Teita. Sa robe de peau est soigneusement chamoisée ; ses bras et ses jambes disparaissent sous des fils de fer et de laiton aussi gros que celui des télégraphes ; toute sa personne est chargée de verroteries et de ferrailles ; autour de ses chevilles, des masses de grands anneaux annoncent de loin son approche. Saluant la hideuse duègne avec toute la déférence qui lui est due, nous adressons à sa compagne un aimable sourire; elles continuent leur route, avançant avec la même précaution que si elles traversaient une brousse épineuse. — Qu'est-ce donc? L'Espagne a-t-elle exporté en Afrique son système d'espionnage féminin?

La jeune dame est dans un état intéressant : voilà le grand secret; elle chemine à pas comptés, faisant tinter ses sonnettes, dans tout l'orgueil permis à sa situation, enchantée d'annoncer « ses joyeuses attentes » au monde en général, et peut-être à quelque rivale en particulier; on l'engraisse, on la gave comme une poularde pour le marché. La belle ne fait œuvre de ses dix doigts, et, quand elle va quérir les félicitations de ses amis, un chaperon d'âge mûr la précède et veille à ce que rien sur la route ne vienne l'effrayer ou l'incommoder. Pour ces occasions solennelles, la future matrone accumule sur elle tous les ornements possibles : le voile de chaînettes et les petites cloches sont un privilège distinctif, mais pour le premier-né seulement; l'annonce d'un second bambin n'excite plus le moindre intérêt.

Le mariage, chez les Oua-Taveta, est une question de plus ou moins de richesse en bétail. Quand un jeune homme s'éprend de quelque jeune fille, il cause avec le père et convient de donner pour elle un certain nombre de bouvillons. S'il peut payer séance tenante, c'est bien : il emmène sa femme; mais, d'ordinaire, il ne lui est possible que de livrer une partie du prix; la demoiselle est désormais engagée, « scellée », comme disent les Mormons; elle ne sort plus la nuit tombée et n'a pas la permission de causer avec un homme, fût-ce avec son futur mari. Ces fiançailles durent des années quand l'amoureux est pauvre et jusqu'à ce que le dernier bœuf soit versé; mais, le mariage accompli, l'épouse n'est plus tenue à grand'chose, et le relâchement des mœurs est ici phénoménal; la fidélité conjugale n'existe pas, ou, du moins, on l'exige aussi peu d'un côté que de l'autre ; ce sont presque les unions libres.

Nous continuons notre route par des clairières charmantes, de riches plantations où l'eau coule dans des rigoles. Tantôt, dans ce petit paradis, des arbres isolés s'élèvent de toute leur majestueuse hauteur ; tantôt un élégant massif se détache sur le gazon vert, offrant ses ombrages au passant ; de belles recoltes de maïs doré ou de millet gris ondulent sous la brise ; les lourds régimes de bananes font courber les stipes celluleux et mous. Le paysage change comme les figures d'un kaléidoscope. L'œil se lasserait à noter toutes ces combinaisons de forme et de couleur, toutes ces alternances du grand et du gracieux. Je voudrais seulement plus de ces beaux papillons aux teintes irisées, plus de libellules, plus d'oiseaux aux couleurs éclatantes, plus d'insectes aux formes étranges.

Je m'arrête, lecteur : aussi bien pourriez-vous me trouver aussi prodigue de mes phrases que l'est de sa ramée cette admirable forêt. Reposons-nous sous l'arbre à palabres des naturels, et parlons du district et de ses habitants.

Le Taveta, situé à une altitude de plus de 700 mètres, occupe en entier une dépression peu profonde au pied du versant sud-est du Kilima-Ndjaro, le mont à tête chenue. L'inexpugnable forêt, longue de onze kilomètres et large à peine de deux, a la forme d'un triangle dont le sommet se dirige vers le nord et dont la base est soustendue par le lac Djipé. La ligne de démarcation est absolue entre la zone plantureuse et la stérilité du désert : d'un pas à l'autre la scène change brusquement. La forêt recouvre une aire à peu près plane de grasses alluvions, descendues des hautes terres avec les eaux pérennes du Loumi qui la traverse pour se jeter dans le lac et a, probablement, comblé de ses apports une des baies de celui-ci. Cette rivière, du reste, n'est pas confinée dans son lit actuel ; elle s'épand au loin par un réseau de veines souterraines : presque partout, au Taveta, on trouve l'eau à un ou deux pieds de profondeur ; de là cette merveilleuse fécondité. Quand le terrain se relève, le fleuve, naturellement, ne change pas de niveau ; et, comme il tombe très peu de pluie, les plantes seules qui poussent dans le sol le plus aride réussissent à végéter. Le Loumi marque le point de contact entre deux formations géologiques très différentes : les laves du Kilima-Ndjaro, et les schistes et gneiss, roches métamorphiques.

Les habitants sont un mélange des races bantoues de l'Afrique centrale et méridionale, et des tribus chamites du Nil et du nord du continent, les Bantous étant représentés par les Oua-Taveta proprement dits, proches cousins des Oua-Tchagga et des Oua-Teita, les Chamites par un clan de la grande nation massaï, connu des Oua-Souahéli sous le nom de Oua-Kouafi. Ceux-ci, après une longue suite de désastres, furent chassés des plaines qu'ils occupaient autour du Teita, du Djipé, de l'Ou-Sambara, et dispersés sur toute la région. Quelques-unes de leurs familles, menacées de mourir de faim par suite de la perte de leurs bestiaux, ont délaissé leurs préjugés séculaires contre la culture du sol pour adopter la manière de vivre des Tavetans : peu à peu elles se sont si bien assimilé les mœurs et les idées de leurs hôtes, qu'au premier abord on confondrait les deux peuplades.

Les Oua-Kouafi, cependant, sont caractérisés par un galbe plus correct et digne parfois de l'attention d'un statuaire, une physionomie plus vive, des pommettes plus saillantes, une tendance aux yeux obliques du Mongol. Les jeunes gens aiment à se montrer sous le costume de leurs ancêtres. Sauf pour la circoncision, toujours pratiquée suivant le mode particulier aux Massaï, ils ont adopté tous les usages des Tavetans. Sous le rapport moral, la transformation est bien autrement admirable : sans rien perdre de leur bravoure originelle, ces naturels, naguère les brigands les plus audacieux de toute l'Afrique, ont oublié leur soif de verser le sang. Réduits à une poignée d'hommes, mais occupant un poste impossible à forcer, ils laissent rôder autour de la forêt les grandes hordes massaï et se rient de Mandara même, le fin matois, le rusé chef du

Tchagga, qui regarde d'un œil de convoitise les nombreuses forteresses silvaines d'où il pourrait commander la route des caravanes. Dans aucun de mes séjours en Afrique, je n'avais vu d'indigènes d'un plus agréable commerce : la sincère amitié que je liai avec eux restera un de mes meilleurs souvenirs. Et si, à mon entrée au Taveta, ses paysages charmants m'avaient paru une Arcadie, certes les habitants de la forêt ne refroidirent pas mon enthousiasme, tant je les trouvai hospitaliers, amis de la paix, nobles et virils et d'une probité surprenante.

Le Taveta a toujours été d'une grande importance pour les traitants de la côte. Situé aux portes mêmes du pays des Massaï et offrant une parfaite sécurité, recommandé en outre par l'abondance des vivres et le caractère des naturels, il est bientôt devenu la station de repos et de ravitaillement pour les caravanes d'aller et de retour. Elles y passent de quinze jours à deux mois sous un prétexte ou sous un autre, et, comme la plupart de leurs membres y sont hébergés et défrayés presque entièrement par les nombreux amis qu'ils ont su se faire, c'est une façon non moins agréable qu'économique de se mettre au vert.

Reprenons, cher lecteur, notre bâton de voyage, et franchissons les quelques kilomètres qui nous séparent du lac Djipé.

A l'orée de la forêt nous sommes saisis brusquement par le plus grandiose des spectacles : depuis les longues journées que nous contournions la base du Kilima-Ndjaro, pas une seule fois nous n'avions entrevu les sommets de la puissante montagne. A mon tour je me demandais si j'allais être réduit à cette « récognition mentale » dont on accusait Rebmann. Mais la voici enfin ! L'« Olympe » de l'Afrique orientale apparaît dans toute sa gloire, les grands arbres du premier plan servant de cadre au tableau. Voici l'immense dôme ou cratère du Kibo, coiffé de neige, étincelant comme de l'argent bruni sous les rayons du soleil de la vêprée : au-dessus du flanc Est, et formant avec lui un saisissant contraste, se dresse le pic anfractueux du Kimaouenzi. Quels mots pourraient rendre cette scène de majesté sublime et de divine paix! Mais le voile, levé un instant, s'abaisse de nouveau; d'immenses cumulus, blancs comme des toisons, roulent et se précipitent sur les flancs de la grande montagne : bientôt sa cime sombre et sa couronne éblouissante se projettent seules au milieu de l'azur et comme suspendues entre ciel et terre; le rideau de nuées monte, monte toujours... en quelques secondes tout s'est évanoui comme « le réseau aérien d'une vision », et nos regards ne rencontrent plus que l'immensité morne et grise.

Nous détournant avec regret, nous marchons à la hâte, comme si après cet auguste spectacle rien ne devait plus retenir notre attention. Nous traversons un paysage semblable à un parc anglais et franchissons, non sans peine, une sorte de barrière extérieure pour nous trouver dans la jungle herbue qui s'étend au nord du lac. Le gibier abonde : on abat, pour les marmites du soir, deux pallahs et un waterbock (*Kobus ellipsiprymnus*), et, pendant que nos piqueurs en découpent les meilleurs morceaux, nous atteignons enfin le but de notre course.

Le Djipé est une nappe d'eau assez peu profonde, baignant le pied des monts Ougono. qui s'élèvent presque abruptement en une chaîne pittoresque et imposante, quoique les lignes de contour en soient très simples et les cimes aplaties. Elle n'a guère plus de 2100 mètres d'altitude; partout des colonnes de fumée parlent de nombreux habitants dont les mœurs doivent être analogues à celles des Oua-Teita. Le lac lui-même, situé à une hauteur d'environ 700 mètres, mesure seize kilomètres et demi du nord au sud, sur une largeur de cinq seulement; il n'est, à vrai dire, qu'une expansion du Loumi sur un affaissement du sol provenant sans doute du retrait des matières vomies par le Kilima-Ndjaro dans ses jours d'activité volcanique. Des bandes d'hippopotames, quelques crocodiles le parcourent en paix : on y trouve des quantités d'excellents poissons qui remontent aussi le Loumi : au point même où celui-ci entre dans le Djipé, un émissaire en sort, qui emporte vers l'ouest le surplus des eaux et les verse dans le Roufou ou fleuve Pangani.

Mais les ombres s'allongent, la nuit va tomber; il faut partir, et vite! Une heure de marche rapide nous ramène aux plantations : le Kilima-Ndjaro a daigné reparaître; nous avons revu plusieurs fois les bords enchanteurs du sinueux Loumi.

Écoutez! des voix sonores et bien timbrées s'élèvent des profondeurs de la forêt; les arbres en répètent à l'infini les échos! Ce sont les cris, les chants — une mode massaï — qui « dirigent les pas et gouvernent la danse » des naturels. Ni le tambour bruyant, ni la clarinette aiguë des nègres ne marque ici le rythme ou n'accentue les mouvements. Des ho-ho! oh-oh, moins entraînants mais bien plus mélodieux, vibrent et résonnent au loin. Un groupe de jeunes gens et de jeunes filles dansent dans cette jolie clairière. Voyez ces athlètes aux proportions splendides, la chevelure roulée en torsades minces et serrées qui hérissent leur tête, un carré de peau de chevreau jeté sur l'épaule ou battant sur les hanches : ils sont, et de pied en cap, triomphalement badigeonnés de graisse ou d'argile; les danseuses, une ceinture autour des reins, chargées de perles, vernissées à neuf, ajoutent au piquant de la scène. Ils s'arrêtent à notre approche pour reprendre bientôt leur chorégraphie avec un enthousiasme nouveau. Un des jeunes hommes se présente, une baguette en main, les bras collés le long du corps; il s'avance en sautillant comme un oiseau; arrivé au centre de la pelouse, il commence une série de sauts en hauteur, sans plier les jambes ou remuer les bras; de temps à autre, et par saccades, il lance la tête en avant, de manière que les longs tortillons qui couvrent l'occiput retombent sur son visage. Après une douzaine de ces figures, il recule en sautant toujours; un autre prend sa place, et ainsi de suite, jusqu'à ce que chacun y ait passé. Puis, d'un mouvement encore plus animé, tous ensemble se trémoussent à la ronde avec des évolutions variées; la danse se termine, pour recommencer presque aussitôt et de même façon. Essayez-en, s'il vous plaît, et vous me direz si ce n'est pas une corvée des plus laborieuses !

Nous regagnons nos quartiers juste au moment où le soleil disparaît au-dessous de l'horizon. Je trouve devant ma tente un certain nombre de vénérables anciens, assis patiemment, attendant mon retour. Je demande ma chaise, une tasse de thé, je m'installe à loisir : ils échangent quelques mots à demi-voix ; un des principaux se lève et me rend compte de leur mandat : la saison vient de s'ouvrir où les Massaï se livrent à leurs razzias de bétail dans la direction du levant. Leurs routes prennent par les deux côtés de la forêt, où leurs continuels passages, aller et retour, ont formé — j'ai pu le voir — de très larges sentiers. Ces bandes guerrières font le tourment des Oua-Taveta par leurs tentatives incessantes pour s'emparer de leurs retranchements. Le voyageur blanc est un fameux *mganga* (sorcier) ; rien n'est plus certain. Pourquoi ne leur donnerait-il pas les charmes ou médecines nécessaires pour écarter les Massaï ? J'écoute gravement la harangue du vieillard, puis essaye de leur faire comprendre que pas plus qu'eux je n'ai le pouvoir de chasser l'ennemi ; ils reçoivent cette assertion avec une incrédulité visible. Il serait imprudent de les laisser sous cette impression fâcheuse et je finis par promettre d'agir de mon mieux ; toutefois je les prie de reprendre la chèvre qu'ils m'amenaient en cadeau. Ce refus les consterne : le grand *mganga* ne se soucie point de les assister ! Donc, afin de rentrer dans leurs bonnes grâces, je prépare un siphon de « sels d'Eno » : ils approchent et, avec crainte et tremblement, goûtent à la liqueur magique ; l'eau mousse et siffle sous leurs lèvres ; ils me forcent à garder leur présent et se retirent heureux. Demain je couronnerai le grand œuvre en allant en cérémonie photographier les différentes poternes.

Les ténèbres descendent ; la beauté d'une nuit des tropiques se dévoile par degrés : je me remémore ces vers de George Eliot, qui pourraient servir d'épigraphe à ce récit d'une journée sous les ombrages du Taveta :

« Ainsi les générations florissaient dans le plus doux nonchaloir ; à quoi bon poursuivre la proie ou lutter frère contre frère ? Partout gazouillaient les ruisseaux clairs ; partout les courges pendaient aux tiges enroulées autour des troncs ; les fruits mûrs, attendant la main, faisaient ployer les rameaux sous leurs trésors embaumés ; les herbes et les larges feuilles offraient leur richesse infinie à qui cherchait un toit ou des habits. — Ils travaillaient à loisir comme une jeune fille qui s'amuse à natter sa chevelure et s'arrête souvent pour caresser de ses doigts les tresses soyeuses. »

Le crépuscule s'évanouit, avec ses riches teintes et sa mollesse exquise : chacun s'est fait son lit d'herbage ou de ramée et cherche l'oubli dans le sommeil, laissant les feux s'affaisser et mourir : la sentinelle, muette comme un fantôme, veille sur les corps vêtus de blanc étendus tout autour. Retirés dans notre asile silvain, nous essayons, un livre de poésie sous les yeux, de méditer les pensées de quelque auteur favori.... « Des sons qui plaisent à l'oreille et ne la blessent pas » traversent l'air de la nuit, et, comme Caliban dans l'île enchantée, nous nous abandonnons aux douces influences de l'heure. Notre tente entr'ouverte nous laisse voir le ciel, avec ses mille constellations, rayonnant d'une splendeur incomparable dans le firmament clair. Les vents soupirent dans la forêt et réveillent les esprits fantasmagoriques de l'ombre mélodie à peine perceptible au milieu du chœur joyeux qui s'élève, grandit et emplit bientôt l'atmosphère de sa puissante harmonie. Entendez-vous tinter ces grelots ? Titania tiendrait-elle sa cour dans la clairière voisine ? — Des myriades de cigales mêlent leurs notes éclatantes aux murmures de la feuillée et à la voix du Loumi. Pendant les pauses, voyez-vous s'allumer, sous la sombreur de la forêt, des millions de lampes de fée ? Les lignes éblouissantes que tracent ces lucioles, volant d'un buisson à l'autre avec la rapidité de l'éclair, contrastent avec les lueurs douces et bleues dont les vers luisants étoilent le gazon. Une hyène, je la reconnais à cet horrible rire, vient de découvrir quelque immonde charogne ! Tout d'un coup roule dans les airs un majestueux et formidable rugissement : le lion fait sa ronde nocturne; un frisson parcourt nos veines; nous frémissons au plus profond de notre être; le charme de la nuit a disparu. Fermant la portière de la tente, nous nous étendons sur notre couche, rafraîchi par les brises qui ont passé sur les cimes neigeuses de la grande montagne et nous portent le sommeil, tout en chassant bien loin les moustiques maudits.

Mes conversations avec Dougoumbi et les autres trafiquants me donnèrent une plus juste idée des difficultés à combattre : pour la première fois je compris combien les conditions de voyage allaient différer de celles des régions plus au nord. Certes je n'avais pas eu tort de croire ma troupe trop petite! Aucun traitant, disent-ils, n'ose entrer chez les Massaï avec moins de trois cents hommes. Ces tribus vivent à l'état nomade : elles n'ont ni village ni sentier permanent; les aiguades sont rares et fort espacées; ce serait appeler la mort que de partir avec un seul guide, fût-il digne de toute confiance. Les Massaï sont aussi fameux discoureurs que terribles guerriers : les plus simples transactions exigent des interprètes qui bornent leurs fonctions à palabrer sans cesse,..... toutes informations très fâcheuses, et qui eussent suffi pour faire perdre à un homme tant soit peu timide l'espoir de franchir le seuil redouté de la Massaïe ou, du moins, d'y avancer au delà de quelques journées. Pourtant je gardai ma confiance : d'un côté, il est vrai, mille raisons de tout craindre; mais, de l'autre, la foi en mon étoile et ma détermination de forcer la destinée à être ce que je la voulais.

Impossible d'augmenter le nombre de mes gens : la Société de géographie m'avait clairement fait entendre que, sous aucun prétexte, je n'aurais à outrepasser la somme allouée. Une tentative d'ajouter trois ballots de fil métallique à ma provision un peu restreinte de ce précieux article ne m'encouragea point à continuer; mais je pris la très importante décision d'engager un autre guide et interprète dans la personne de Sadi : j'ai déjà parlé de cet individu, à l'occasion du baron von der Decken et du missionnaire New ; des voyages pour son propre compte ne lui avaient pas mieux réussi que ses ruses et ses trahisons ; endetté de très fortes sommes chez les marchands hindous de la côte, ne trouvant plus ni patron ni crédit, il s'était sauvé au Taveta pour éviter la geôle et y vivait d'aumônes, nourri par ces bons indigènes et extorquant quelque cadeau de cotonnade aux trafiquants de la côte. Tel fut l'homme qu'après nombre de négociations épineuses j'engageai à raison de 75 fr. par mois (15 dollars). Il a une fort belle prestance, un aspect vénérable, avantages fort prisés en Massaïe ; il possède la langue du pays mieux que n'importe lequel des habitants de la côte ; les Massaï eux-mêmes, ces orateurs-nés, avouent qu'en matière de palabre aucun d'entre eux ne lui saurait tenir tête. Je n'ai jamais vu créature humaine plus experte à manier « le chiffon rouge ».

Pendant mon séjour dans la forêt j'entrai, pour la première fois, en communication avec Mandara. Un messager envoyé par ce chef puissant me remit une chèvre et un tout jeune bœuf avec force compliments, salaams, et requête de l'aller voir dans le haut pays : il se déclarait entièrement à mes ordres ; mais le bouvillon, fort petit, me mit en défiance ; la coutume, je le savais, est d'en faire un ballon d'essai quand on est dans le doute sur les intentions du destinataire : l'acceptation du cadeau par celui-ci signifie qu'il a des projets belliqueux. Il se trouva, du reste, que, dans le cas présent, le commissionnaire s'était permis de troquer contre l'animal en question la belle génisse que le chef m'adressait en signe d'amitié. La vache m'ayant été dûment restituée, je pris un fusil, un sabre d'ordonnance, une pièce de calicot, deux morceaux de cotonnade de couleur, deux poires pleines de poudre à tirer et les expédiai à Mandara avec l'expression de mon profond regret : le manque de temps me privait du plaisir de me détourner de la route et de monter le saluer.

Le jour même de mon entrée dans le Taveta, j'avais appris que, l'avant-veille seulement, le Dr Fischer, venant de Pangani, gagnait Arousha-oua-Chini. Sans la besogne forcée qui me retint dans la forêt, je l'aurais précédé en Massaïe, ou, pour le moins, j'y serais entré en même temps. Mais il y avait place pour deux : le pays est assez vaste et on peut s'y sentir les coudes. Mon intention était alors de filer droit par Ngourouma-ni jusqu'au Kavirondo, sur les rives du Victoria Nyanza; Fischer, d'après les renseignements obtenus de son agent ou de ses chefs de caravane, devait croiser ma route presque à angle droit et se diriger vers le nord pour gagner le mont Kénia et le lac Baringo.

Donc me voici à la porte même des Massaï, avec une caravane des deux tiers plus faible qu'il ne l'eût fallu, et composée, à quelques exceptions près, de gens de sac et de corde. Pour guides et interprètes, j'ai deux individus d'assez méchant renom, au lieu de la demi-douzaine requise de truchements expérimentés dans les devoirs de leur charge. Ma provision de fil de fer (*senenge*) est fort au-dessous de mes besoins; comment en emporter davantage, tant d'hommes étant déjà employés à charroyer les mille et un *impedimenta* d'un voyageur européen. Et je vais me lancer au milieu d'une peuplade dont le nom seul éveille la terreur dans l'âme de tous ceux qui la connaissent, et chez laquelle ont été anéanties de nombreuses caravanes! Mais je ne reculerai point devant la tâche : j'en sais les périls, j'en vois clairement les difficultés; je n'en suis que plus résolu à les combattre!

Outre l'exploration de la forêt et ma visite au Djipé, je profitai de mon séjour au Taveta pour faire plusieurs excursions à la base du Kilima-Njaro, examiner les nombreux petits cônes, les évents surgis au pied du volcan et reconnaître le charmant petit lac de Tchala et l'ancien cratère qu'il emplit. J'en parlerai plus au long dans le chapitre plus spécialement consacré à la grande montagne.

CHAPITRE IV

AU SEUIL DE LA MASSAIE

Nous étions prêts, enfin ! Et si la plupart des hommes de la caravane tournaient vers la côte de longs regards de regret, les yeux de son chef se portaient avec un immense désir du côté opposé, du côté de l'inconnu. Les perles étaient enfilées, les manteaux de guerre cousus, les vivres amassés pour la marche sur le désert qui s'étend au delà du Kilima-Ndjaro. La revue générale des pagazi et des ballots me fit mettre à la réforme trois des premiers, absolument hors de service. A Boura nous en avons laissé deux dont un succomba depuis ; deux autres avaient pris la clef des champs ; un des jeunes gens emmenés de la Mission était mort de quelque maladie dépassant mon faible savoir : notre liste diminuait déjà de huit noms.

Le soir du 17 avril, j'ajoutais à mes lettres le dernier paragraphe, le paragraphe des « adieux ». Après une nuit passée à surveiller étroitement mes hommes, je me laissai aller au sommeil pendant quelques minutes, puis sautai de ma couche pour me plonger fiévreusement dans tous les tracas d'une caravane au départ : luttes acharnées pour la possession des petits colis ; résistance obstinée à charger une caisse ou un lourd paquet ; application de la trique sur l'épaule de plus d'un récalcitrant. Mais tout a une fin, et la rosée n'était pas encore évanouie que nous quittions les Tavetans au milieu d'unanimes expressions de regret. La file des porteurs se glisse de nouveau à travers la poterne étroite et s'insinue dans le tunnel de verdure pour émerger sur la lisière occidentale de la forêt. Nous passons le Loumi, puis je donne l'ordre de camper, tous les préparatifs pour la marche n'ayant pu être terminés le matin.

Afin de me détendre un peu, je longe les bords de la rivière, la carabine sur l'épaule; mais le pays est trop découvert, le gibier trop farouche. Un boushbock (antilope des brousses), une compagnie de hartebeest, un phacochère (sanglier à verrues), ne veulent point se laisser approcher. J'aperçois enfin, à quelque distance, un animal qui, sous l'ombre grandissante, me paraît être un rhinocéros. J'avance à pas de loup, en marchant avec soin sous le vent de la bête. Après avoir rampé tout mon content, me glissant d'un fourré à un autre, non sans égratignures, j'arrive près du gibier, tenu en haleine à la fois par la prévision du péril et l'espérance de la victoire. Soudain un formidable *hi-han!* éveille les échos : mon rhinocéros prétendu n'est que le plus vulgaire des bourriquets! C'est moi qui maudis à plein cœur le vénérable animal! Et lui, sans se soucier de mes imprécations, saluait amicalement ma présence, redressant les oreilles, enflant les côtes et faisant retentir l'air de son braiement le plus sonore! Un peu sot, je retourne au camp pour entendre les éclats de rire de mes hommes, parmi lesquels l'histoire avait bien vite circulé.

Le soir, je convoque en conseil Martin et les chefs de caravane : il s'agit des mesures à prendre pour empêcher les désertions. « Maintenant ou jamais! » doit être cette nuit la devise des porteurs : chez nos amis de la forêt ils ont entendu conter tant de choses sur la férocité des Massaï, qu'ils sont saturés de terreur, comme l'est d'électricité une pile galvanique. Il suffirait d'un meneur, voire même du plus léger des incidents, pour déterminer une débandade générale. Pendant la première partie du voyage, grâce aux récits ayant cours sur les troupes perpétuellement en maraude, grâce encore à la confiscation des fusils et à une surveillance sans cesse ni trêve, deux hommes seulement nous avaient échappé : ici tout est à craindre tant que nous n'aurons pas mis une certaine distance entre le Taveta et la caravane.

Nous prîmes donc les mêmes précautions qu'au départ de Rabaï. Après une nuit d'anxiétés continuelles, un seul des porteurs ne répondit pas à l'appel du matin, mais la bouderie et la mauvaise humeur restèrent à l'ordre du jour : nos gens n'avaient pas encore pris leur parti de me sentir plus fort qu'eux.

Pour moi, débordant de riants espoirs et de joyeuses attentes, je cheminais à grands pas dans les hautes herbes chargées de rosée ; puis nous enfilâmes le sentier qui conduit au Tchagga et de là au pays des Massaï, en contournant le versant sud du Kilima-Ndjaro.

En approchant de la montagne, nous passons entre deux petites collines de roches métamorphiques qui émergent de dessous plusieurs strates de cendres de volcan. Les hommes marchent avec une lenteur excessive et à tout instant mettent ma patience à l'épreuve. Huit heures pour une étape qui en demanderait cinq! A la fin des fins, on arrive sur les bords du Habali, à l'endroit où ce torrent forme une jolie cascade déterminée par la présence d'une coulée de lave fort dure, au-dessus d'un conglomérat volcanique grossier et facilement désagrégé par les intempéries. Nous campons dans la petite gorge que le torrent s'est creusée en usant le rocher sous l'effort de ses eaux.

La journée, commencée si paisiblement, ne devait pas se terminer de même. Un des interprètes vint m'apprendre qu'un parti de Massaï, deux mille hommes, assurait-il, se trouvait à peu de distance, précisément sur la route à suivre. Que faire? — Battre en retraite? Ce serait inviter mes gens à déserter en masse. — Continuer notre route? Ce serait courir à une défaite certaine : cette armée nous disperserait comme des lièvres ou nous égorgerait jusqu'au dernier. La seule chance qui me reste est d'essayer de lier amitié avec Mandara, le grand chef : entre plusieurs maux, j'essaye de choisir le moindre.

Pas une minute à perdre pour mettre le campement en état de défense. Chacun saisit sa hache, et bientôt les coups sourds frappés sur les troncs, le sifflement des arbres qui tombent, les appels échangés à demi-voix entre les travailleurs, montrent qu'il n'est plus besoin d'aiguillonner ceux-ci. En moins d'une heure le bivouac est entouré d'une *boma*, solide estacade de rameaux épineux, derrière laquelle nous pouvons défier des hordes d'assaillants, et à travers ou par-dessus laquelle nul de nos hommes ne réussirait à s'évader dans les ténèbres de la nuit.

Le lendemain matin, les plus braves de mes chefs nous précèdent en éclaireurs avec l'ordre, s'ils aperçoivent les guerriers, de se replier sur la caravane, pour qu'elle puisse se réfugier dans la jungle. Nous arrivons d'assez bonne heure sur le bord du Himou, à un endroit où cette belle rivière se creuse un lit profond dans d'énormes blocs vomis par le volcan. Nous passons ensuite le Mto-Kilema, plus étroit et près duquel on remarque trois petits cônes parasites. A dix heures trente, nous sommes sur les rives du Kiroua, où nous rejoignent nos espions : nul signe encore de la présence des Massaï. On franchit une forêt coupée de très grandes clairières, puis nous gagnons le Tchora, le quatrième cours d'eau de la journée. Il est midi : je choisis un terrain à quelque distance du sentier, et, après avoir fait élever une très forte *boma*, je me décide à rendre visite à Mandara.

Escorté de Mouhinna et de Brahim, je pars, sans me charger du moindre présent. Après une très pénible marche de quatre heures à travers la brousse épaisse, où nous perdons le sentier, nous entrons dans des cultures et on nous remet sur la bonne voie. Près de l'appentis d'un forgeron, nous tirons les trois coups de fusil qui annoncent un arrivant de la côte, puis nous attendons que le chef soit prêt à nous recevoir. Bientôt il me fait appeler. Nous traversons une riche bananeraie, puis une prairie où paissaient plusieurs vaches, et on nous amène devant un groupe de Oua-Tchagga à tournure élégante et aristocratique. Ils étaient assis sous un hangar, vêtus de longues pièces de cotonnade teinte en jaune d'ocre. Personne ne m'adressa la parole, personne ne se leva pour me tendre la main; je fis une salutation générale et, sans y être invité, je pris place sur un tronc d'arbre. Pour me remettre de ce glacial début, je demande lequel d'entre eux est Mandara : on me montre un homme à puissante carrure, à mine vraiment royale. Sur son visage, intelligent pour un nègre et capable de réfléchir toutes les émotions, étincelle un œil d'aigle — un seulement, l'autre est éteint pour toujours. D'un rapide regard je note tous ces traits et me lance dans mon discours. Je dis d'où je viens et où je vais : les incursions des Massaï me forcent à camper le soir sur le territoire du grand chef; au surplus, j'avais fort entendu vanter ses exploits, son noble caractère, son plaisir à recevoir les étrangers, et ne pouvais passer si près sans lui présenter mes hommages.

Au milieu de mon éloquente harangue je suis quelque peu déconfit de voir faiblir l'attention du prince; son œil se fixe sur un de mes pieds; sa bouche se fronce, et bientôt ses lèvres royales émettent le bruit bien connu par lequel nos gamins expriment la surprise ou l'incrédulité : bref, Mandara sifflait. Redoutant le voisinage de quelque serpent, je me hâte de retirer le pied; je relève les yeux : nous partons à la fois d'un long éclat de rire. Pourquoi, je n'en sais rien, mais la glace était rompue. Mandara m'accabla de questions sur mes bottes, les objets étonnants qui lui avaient arraché ce témoignage de surprise. Notre entrevue, devenue très amicale, fut agrémentée de sa part par une incessante projection de salive, pointée d'entre ses dents avec adresse et entretenue au moyen de nombreuses rasades de bière. Cette audience, qui me donna une fort haute idée des facultés intellectuelles du chef, ne se termina qu'après le coucher du soleil; puis on nous abandonna le hangar, nous ayant, au préalable, munis de toutes les bonnes choses que produit le Moschi.

La résidence de Mandara se compose d'un certain nombre

de huttes coniques où logent ses épouses, au nombre de cinquante et plus. Sa demeure privée est un bâtiment quadrangulaire dans le style des habitations souahéli, et revêtu d'un torchis de bouse et d'argile. Il y reçoit ses hôtes

Guerriers de Mandara

favorisés et y conserve ses « valeurs ». Ces cabanes, avec les toits à chèvres et à brebis, les basses-cours pour les poules (dont cependant on ne mange sous aucun prétexte), sont ceintes d'une triple et très forte palissade de troncs d'arbres, en dehors logent huit jeunes femmes, que le chef tient sous sa main pour les vendre aux marchands d'esclaves ou les octroyer à ses soldats en récompense de leurs faits de guerre. Quand la lune brille au ciel et que Mandara se sent l'esprit libre et le cœur gai, ces damoiselles dansent devant lui sur l'herbe humide de rosée, éveillant les échos des vallées par leurs cris perçants et étranges : on dirait des magiciennes, aux lueurs vermeilles des feux de joie. La nuit, une centaine de soldats montent la garde autour du retranchement, toujours prêts à courir sus aux gens trop curieux.

Le village occupe le sommet d'un étroit promontoire flanqué de deux combes profondes. Les petits ruisseaux qui descendent de la montagne sont captés avec art pour former le lacis de nombreuses rigoles qui arrosent le plateau. Le riche tapis de gazon est interrompu de temps à autre par les bananeraies et les champs de fèves, millet, maïs, ignames, patates douces. Çà et là se dressent des groupes d'arbres de haute futaie. Les berges des canaux d'irrigation se recouvrent de délicats aspléniums et d'autres fougères à physionomie bien connue. Autour des huttes, le bétail rumine nonchalamment ou se plonge jusqu'au genou dans les succulents herbages. Les chèvres bondissent sur les talus et courent tête baissée l'une sur l'autre, dans leurs duels simulés. Des moutons dont la queue démesurément grasse se balance lourdement à leur arrière-train semblent rassasiés de la vie et prêts à accueillir le couteau. L'œil plane au loin sur le sud, l'est et l'ouest; au nord se dresse la cime neigeuse du Kibo, souveraine, majestueuse, auguste dans son repos suprême. On n'est pas en prison comme dans le Taveta; le sang parcourt librement les veines, stimulé par l'air fortifiant des sommets; on voudrait crier « Excelsior! » et monter vers le ciel plus haut, toujours plus haut! Le doux nonchaloir des mangeurs de lotus ne vient plus me bercer comme aux rives ombreuses du Loumi : pourtant la brise du soir apporte sur ses ailes le murmure lointain des cascades et les soupirs rêveurs du torrent perdu au fond de la vallée. Après avoir prêté l'oreille à ce délicieux orchestre de la nature, étudions le spectacle grandiose déroulé devant nous autour de la plate-forme du Tchagga.

A l'est, le regard parcourt la forêt du Taveta, la plaine

Notre campement chez Mandara.

jaune et brûlée, pour s'arrêter sur la chaîne de Boura et le pic de Kadiaro, qui se lèvent à l'horizon comme de sombres écueils sur une mer de boue. Au sud-est, sur le premier plan, le sol est découpé en vallons, en collines par des torrents bruyants et nombreux : ici un ruisseau se cache tout entier sous des ogives de verdure; là un plateau se revêt de halliers; partout des clairières verdoyantes, des parcs magnifiques, des colonnes de fumée, des plantations aux cultures bigarrées. Dans la même direction, mais au delà des racines de la grande montagne, une vaste étendue de forêt et de jungle est semée de singuliers pitons en pain de sucre et d'origine volcanique. Au pied de la chaîne d'Ougono l'attention se concentre sur la nappe argentine et miroitante du Djipé, et, presque perdues dans la distance, se dessinent vaguement les montagnes du Paré et de l'Ou-Sambara. Au sud la vue embrasse la dépression richement arrosée du district de Kahé, borné par les curieux monts Sogonoï. Sauf la forêt du Taveta, la région tout entière, une des plus fertiles de l'Afrique, est presque inhabitée, par suite du voisinage des Massaï. A l'ouest la scène est encore plus pittoresque et plus variée : au delà du Matchamé se découpent les lignes pures des pentes soleillées du Kilima-Ndjaro; le Chira appuie contre lui son épaule âpre et déchiquetée, ses roches d'un vert sombre et ses gorges étroites contrastant avec l'aspect riant du Matchamé étendu à ses pieds. Derrière, le profil superbe et simple de l'admirable cône volcanique du Mérou; il monte de la plaine environnante à plus de 2700 mètres et se dresse dans la majesté froide et sévère d'une pyramide cyclopéenne. Mais le côté du nord, je ne saurais tenter de le décrire : où trouver des paroles pour dire l'impression que produisent le Kibo et le Kimaouenzi? Au milieu du grand silence de la nuit, étendu sous mon hangar et chaudement enveloppé dans ma couverture, je contemple le Kibo clair et brillant sous la molle lumière de la pleine lune. Certes je ne suis point surpris que le sauvage, en lutte continuelle avec la nature et toujours porté vers le culte des Esprits de la Terre, voie dans cette montagne autre chose que des roches amoncelées et la reconnaisse comme le séjour de l'Être suprême !

Le lendemain matin, à mon retour au camp, je retrouve tout en bon ordre, et nous gagnons les frontières du Moschi. Je fais soigneusement enclore le bivouac et me prépare à consacrer une journée entière au Kilima-Ndjaro : escorté de nos meilleurs marcheurs, je retourne donc chez Mandara, qui nous loge dans un de ses hangars à citrouilles et a même l'attention de nous faire allumer un feu énorme : les nuits ne sont pas chaudes sur la montagne. Au matin, sous la conduite d'un M'Tchagga, nous partons d'un pas relevé, pour arriver, en une couple d'heures, aux limites des plantations. On traverse un petit ruisseau barré par plusieurs digues qui dirigent les eaux sur les pentes supérieures des vallées; puis on entre dans la région des forêts — ou plutôt des lianes — enchevêtrées, emmêlées, exaspérantes. Les arbres n'y sont plus que leurs supports : du haut en bas ils se recouvrent de mousses, de fougères, d'orchidées, de parasites de toutes sortes. Sans cette profusion, cette luxuriance de vie, j'aurais pu me croire en Europe, à la vue de tant de ronces, de fougères mâles, de fougères femelles, d'aspléniums, de diverses espèces de scolopendres, d'adianthes, de polypodes de montagne.

A neuf heures du matin, et par une altitude de moins de 1600 mètres, il faut s'escrimer, tantôt horizontalement, tantôt en ligne presque verticale, sur un vaste bastion à la cime duquel je m'arrête pour reprendre haleine. Mes hommes traînent tristement la jambe et commencent à perdre le souffle : nous sommes sur un épaulement formé d'un côté par les gorges profondes du Kiroua, de l'autre par celles de l'Ourou, et d'où l'on domine à merveille le piédestal de la montagne, la grande plate-forme du Tchagga. A neuf heures et demie un très rude effort amène la petite troupe, maintenant réduite à cinq, sur un plateau étroit; une bande de guerriers oua-kouafi d'Arousha-oua-Jouou (mont Mérou) y campe en compagnie de soldats de Mandara, avant de passer avec eux le col qui sépare le Kibo du Kimanouenzi, pour quelque incursion sur le territoire des Ousiri : j'y trouve des fougères arborescentes et des bruyères en arbre. La profusion de lichens gris qui pendent de chaque rameau, ondulant aux brises et donnant aux arbres une physionomie patriarcale, parle de l'humidité pérenne et de l'abondance des pluies. Les troncs sont plus gros, la végétation est très plantureuse : nous sommes dans la région des brumes presque continuelles. A cette altitude, les flancs de la montagne sont entaillés, évidés en combes étroites, et, comparés avec les profils de la base, montrent clairement que nous nous trouvons dans une partie plus ancienne du Kilima-Ndjaro : le Tchagga proprement dit aura été constitué à une date postérieure par le jaillissement de cratères et la formation de cônes parasites, quand la cheminée centrale devint trop haute pour que les forces souterraines pussent y pousser les cendres et les matières fondues.

Nous quittons le campement des Oua-Kouafi. Mais quel labeur de s'ouvrir une route à travers la forêt qui le surplombe! il faut se hisser par-dessus des fûts énormes, tombés de vieillesse, ou s'enliser dans la boue des fondrières : nous voici aux fontaines supérieures du Himou, la belle rivière que nous avions passée au pied de la montagne. Mes trois hommes s'arrêtent, absolument à bout, et je continue avec le guide. A une heure du soir, et à environ 2750 mètres d'altitude, je me décide, bien à regret, à renoncer à grimper au-dessus de la zone forestière.

Nous n'avions rien emporté pour camper là-haut, et je me mis sans tarder à ma récolte de plantes de la région — glaieuls et tritomas, bruyères, diverses espèces alliées à nos renoncules et à nos oseilles. Peu de fleurs me rappelaient les tropiques, d'autant que la bise de la montagne me glaçait jusqu'aux os.

Me contentant, pour évaluer la hauteur, de l'à peu près de l'anéroïde, je dégringolai lestement les talus, récupérant les uns après les autres les traînards restés en route. Au coucher du soleil nous arrivions au village. Le chef, avec une louable prévoyance, avait fait servir un banquet de chair de chevreau, œufs, bananes, lait frais, que nous attaquâmes énergiquement, près du grand feu du bivouac. Mais la meilleure sauce à notre appétit fut la nouvelle que les Massaï avaient levé leur camp et nous laissaient la route libre.

Le lendemain matin, avec une légèreté sans excuse, j'engageai Mandara à descendre chez nous, pour voir mes carabines et tous les objets européens qu'il estimait si haut. Il ne m'avait point encore demandé de présents ; sa grande intelligence, ses rares qualités, ses façons princières m'enthousiasmaient, et je ne sus pas résister au désir de lui témoigner quelques égards. Il se laissa persuader par mes instances, et je me hâtai de regagner le camp pour faire mes préparatifs. Les Oua Tchagga en visite s'empressèrent de disparaître à la première nouvelle de la venue de leur chef, Mandara ayant pour habitude d'abattre les têtes de ceux de ses feaux sujets dont la présence lui est importune. A son arrivée je lui montre mes armes, mes instruments ; la batterie galvanique le jette dans des abîmes d'émerveillement ; son œil d'aigle étincelle de convoitise, il siffle, il crache jusqu'à extinction, ingurgite libations sur libations de *pombé*. Il se donne la jouissance de voir ses guerriers subir les décharges électriques, savourant à fond leur muette épouvante : eux, n'osant pas hurler et se tordre devant lui, cachent leurs tortures sous l'impassibilité qui convient à des braves. Mais Mandara lui-même refusa de tenter l'épreuve et ne consentit pas non plus à laisser prendre sa photographie, quoiqu'il ordonnât à ses gens de passer sous l'objectif. Leurs armes sont semblables à celles des Massaï : longue lance ou javelot à pique évasée en pelle, *simé*, casse-tête, grand bouclier elliptique en peau de buffle, orné de figures héraldiques diversement coloriées, superbes spécimens du travail indigène : comme forgerons, du reste, les Oua-Tchagga du Moschi n'ont pas de rivaux en Afrique.

J'aurais dû réfléchir qu'une semblable exhibition éveillerait la cupidité de Mandara : il fallut en effet compter avec mon hôte. N'ayant nullement le projet de le renvoyer les mains vides, j'avais mis à part une carabine Snider, un revolver, quatre poires à poudre, une pièce de cotonnade américaine, une de cotonnade bleue, des étoffes aux vives couleurs. Très satisfait de ces largesses, j'appelle le grand chef dans ma tente et les lui montre avec orgueil. Un sifflement de mauvais augure, tandis que de son œil unique il considère ces trésors, et l'expression méprisante qui se répand sur ses traits, me rappellent à plus de modestie. « Sans doute, fait-il avec dédain, voilà les présents préparés pour mes askari? » Puis il me tourne le dos et sort majestueusement de la tente. « Pourquoi, dit-il à mes gens, m'a-t-il fait voir tant de belles choses, s'il les garde toutes pour lui? Des marchandises de la côte, à moi! Ce que je veux, ce sont ces objets d'Europe, tels qu'ils conviennent à ma grandeur! » Sur mon ordre, Mouhinna et Makatoubou courent après lui avec une carabine d'ordonnance et d'autres étoffes : ils reviennent sans ces articles, mais porteurs de menaces à peine voilées.

Nous voici dans une belle passe! Je sais trop bien, hélas! que ces messages du grand chef ne sont point paroles en l'air. Rien ne lui sera plus facile que d'anéantir notre caravane dans les épaisses forêts du Kahe, si nous en tentons la traversée sans son congé et sans un guide. En ce moment, un millier de Oua-Kouafi, ses alliés du mont Merou, campent à moins d'une journée de marche, prêts à tomber de concert sur un État voisin; leurs bandes réunies formeraient une armée de deux mille des plus vaillants guerriers du pays.

Le lendemain donc, et devant la gravité du péril, je me sépare, le cœur gros, de ma carabine à deux canons rayés, la fidèle compagne de mes deux précédentes expéditions; j'y ajoute une cassette d'acier, « un complet » en lainage écossais, une paire de souliers que j'eusse bien voulu condamner le chef à porter et quelques autres articles. De fort méchante humeur à l'idée d'introduire moi-même dans cette région sauvage les armes perfectionnées et les vêtements civilisés, je me rends de ma personne chez Mandara, pour lui faire des représentations sur ses procédés à mon égard : par bonheur, son courroux s'est calmé et nous nous quittons les meilleurs amis du monde : j'emporte même sa propre lance et son *simé*, et nombre de menus objets, tous échantillons splendides de l'habileté des ouvriers ouatchagga.

Tandis que nous échangions nos adieux, on aperçut au loin quelques-uns des espions de Mandara; en signe de bonnes nouvelles, ils tiraient des coups de fusil, du côté opposé de la vallée du Chora ; le chef se met à danser et sauter comme un gamin sortant de l'école, hurle son cri de bataille et fait tournoyer son casse-tête dans les airs; il semblait l'incarnation même de la guerre. Chargés de présents parmi lesquels un mouton phénoménalement gras, à fanon énorme, à queue de dimensions tout à fait anormales, nous regagnons le camp pour repartir dès le lendemain matin, car l'alerte au sujet des Massaï m'a fait perdre quatre grands jours.

Le soir, Mandara nous expédie trois guides; Mouhinna consulte l'oracle pour savoir ce que promet l'avenir. Prenant dix-huit bûchettes de cinq centimètres de long, il les place sur un morceau de papier en dehors du bivouac, les saupoudre de farine, récite une formule en langue kizegouha, et les recouvre de brousse pour empêcher qu'on n'y touche. Si, après quelques heures d'intervalle, deux des bâtonnets ont avancé, la route est bonne; s'ils sont restés dans le même état, l'oracle n'a rien à dire en bien ou en mal; mais si, par malheur, ils sont éparpillés, on peut s'attendre à toutes les infortunes.

Au matin, les bûchettes n'avaient pas bougé; la pluie tombait par torrents, et les guides faisaient mine de se mettre en grève si je ne les payais d'avance. Mais ni ceux-ci ni celle-là ne pouvaient me retenir plus longtemps, et je quittai ce lieu maudit, léger de cœur aussi bien que de bagages : si j'avais dû livrer des objets très précieux, du moins une de mes grandes inquiétudes était-elle enlevée.

Ce fut notre première marche sous une pluie battante ; les hautes herbes au milieu desquelles il fallait se frayer un chemin la rendirent plus pénible encore. Une heure après le départ, nous traversâmes un ruisseau ; puis la petite troupe se plongea dans une très épaisse forêt, criblée de trous creusés par les chasseurs pour la capture du gibier et où deux de nos hommes se laissèrent malheureusement choir. L'oracle de Mouhinna n'avait prédit rien de fâcheux ; pourtant nous perdîmes notre route au milieu des sentes qui la croisaient et recroisaient, et marchions à grands pas vers Ourou, un des villages du Tchagga, lorsque nos guides, revenus à de meilleurs sentiments, arrêtèrent la caravane et, prenant la tête, nous firent franchir les labyrinthes de la futaie. C'est précisément dans cette forêt que Rebmann erra plusieurs jours, à moitié mort de faim, après avoir été dévalisé par le chef du Matchamé.

A onze heures trente nous étions sur les rives du Kahé : il se forme ici même du Rau, descendant du nord du Moschi, et de l'Ourarou, qui prend sa source au pied de la montagne ; nous passons, non sans quelque difficulté ; puis, devant la mine piteuse de mes gens encore tout trempés de pluie, je donne l'ordre de camper.

Le soir j'allai à la chasse sans voir d'autre gibier qu'une girafe. Mais quelle promenade charmante. quel gracieux paysage ! On dirait un parc anglais. Cette riche contrée est entièrement déserte, tandis que les Oua-Teita sur leurs montagnes nues, les Oua-Dourouma plus mal partagés encore et nombre d'autres tribus soutiennent à si grand labeur leur misérable existence !

Le jour suivant, nous franchissons le Karanga au lieu où il reçoit à l'est l'Ou-Kambari, à l'ouest l'Oumbo ; puis, dix minutes après, le Chili, qui vient du Hindi, puis le Seri, assez large, et, quelques pas plus loin, l'Ouéri-Ouéri, la rivière la plus importante que nous eussions encore rencontrée. Le sol était, à la lettre, labouré par les empreintes d'énormes troupes de buffles. Il est couvert de broussailles, accidenté, parsemé de prodigieux blocs de trachyte lancés par le volcan. Deux heures de marche sur ce terrain nous conduisent au Kikavo, torrent de dimensions considérables qui s'est creusé un lit profond dans une brèche grossière. Nous le traversons à grand'peine, vu la rapidité du courant et les pierres qui encombrent le canal, et je fais établir le bivouac sur l'autre rive : une fièvre violente me saisit, et, après avoir passé par les stades du froid et de la sécheresse, puis de la chaleur et de la transpiration, je me trouve très faible et incapable d'avaler une bouchée.

L'étape du lendemain fut caractérisée par des quantités incroyables de gibier : buffles, pallahs, hartebeests probablement d'espèce nouvelle. Ces antilopes donnaient au paysage une joyeuse animation, broutant et jouant sur les pâtis, ou s'enfuyant à grands bonds sous le couvert : mais les buffles furent pour nous un danger continuel par leurs galopades affolées à travers le chemin. Éveillés brusquement du profond sommeil auquel ils s'abandonnent durant la chaleur du jour, ils s'élancent frénétiquement des halliers, tête baissée et sans savoir où. Maintes fois ils debandèrent la caravane et forcèrent les porteurs à grimper lestement sur l'arbre le plus proche. La fièvre faisait trembler mes mains ; à peine aurais-je pu soulever mon fusil ; je mis donc la sourdine à mon zèle, d'autant que les précautions les plus minutieuses devenaient ici de rigueur : à toute minute nous pouvions tomber sur quelque bande de guerriers massai : il fallait tenir l'œil ouvert et ne pas souffrir de traînards. Le soir on se hâta de ceindre le campement d'une très forte *boma*.

La fièvre ne manqua point sa visite vespérale ; puis le chœur bruyant des hyènes et un concerto de lions vinrent rehausser les agréments de la nuit.

Le 28 avril nous touchions à l'épaulement oriental du Kibo, qui forme le district du Chira ; la partie méridionale en est occupée par l'important État du Matchamé. Ce grand bastion doit être une des plus anciennes parties de la montagne : on le voit aux gorges sombres qui l'incisent au nord et au sud, et dans les profondeurs desquelles coulent le Karanga, l'Oueri-Ouéri et le Kikavo.

Ce jour-là nous traversons deux torrents et, après sept heures de marche, campons sur le bord d'un troisième, le Fouoko. Le lendemain, près du Kibonoto, nous arrivons au camp où toutes les caravanes allant au pays des Massai ou retournant vers la côte s'arrêtent pour se procurer des vivres, qu'on trouve ici en quantité et à bas prix : une fois la frontière passée, on ne peut plus acheter de grains ou de légumes, et les bœufs, moutons et chèvres se payent des sommes exorbitantes.

Une boma et des huttes attendent les voyageurs : nous sommes bientôt en mesure de recevoir les Oua-Tchagga du Chira qui se présentent pour régler la question des cadeaux, après laquelle, seulement, on peut traiter affaires. Je suis extrêmement frappé de leur convenance dans ce débat; aucune de ces colères, de ces scènes furieuses, qui, plus au sud, font partie intégrante de toute transaction de ce genre.

J'appris, à ma grande contrariété, que je me trouvais suivre maintenant la route de Fischer, la ligne même que je m'étais tracée dans la persuasion que la sienne le conduisait au Kénia par Matoumbata; mais cela n'était rien auprès de la nouvelle que, peu de jours auparavant, il y avait eu lutte à main armée entre le docteur et les Massai : des deux côtes le sang avait coulé : le pays tout entier était en effervescence.

Le problème se présentait, d'une simplicité terrible : comment passer la frontière avec cent cinquante hommes, quand Fischer, à la tête de plus de trois cents et, dans ce moment-là, voyageant de conserve avec une caravane de deux cents porteurs, avait dû en venir aux mains? Mais, quoique décidé à ne pas me lancer au hasard, j'étais tout aussi résolu à franchir le seuil avant de m'avouer vaincu.

Le lendemain, un déserteur souahéli vint m'offrir paix et

fraternité de la part du chef du district : on amène une chèvre, je la prends par une oreille, et, après avoir dit à tous présents le but de mon voyage, je déclare ne vouloir de mal à personne et n'être point expert en *ou-tchaoui* (magie noire). L'ambassadeur du sultan s'empare de la seconde oreille et promet, en lieu et place de son maître, qu'il ne nous fera aucun mal et nous fournira des vivres ; en cas de vol, les objets dérobés nous seront rendus. Puis on sacrifie l'animal ; on lui enlève du front une lanière de peau sur laquelle on pratique deux incisions. Le M'Souahéli, la prenant entre ses mains, fit entrer cinq fois un de mes doigts dans la fente inférieure, qu'il poussa finalement jusqu'au bas de la phalange, où je la gardai, tout en faisant répéter au messager la même cérémonie pour la fente supérieure. L'opération terminée, on coupe la bande en deux, laissant chaque moitié à nos doigts respectifs : desormais le sultan du Chira est le frère du voyageur blanc.

Le potentat n'a plus rien à craindre, et dans l'après-midi il me fait l'honneur de sa visite : un lourdaud de haute taille, qui ne trouve pas mot à dire ; nous restons à nous regarder comme des chiens de faience. Puis, agacé par cette solennité stupide, je cherche le moyen de me débarrasser de Son Altesse. Pour ce, je lui octroie une décharge electrique et une dose de « sels d'Eno », « médecine » infaillible, et absolument nouvelle pour les Africains, assez peu curieux de laxatifs.

Restait maintenant à savoir quel accueil les Massaï se proposaient de nous faire ; le soir du troisième jour seulement, nous en apprîmes autre chose que d'incertaines rumeurs.

Des femmes de la grande tribu passèrent au bivouac en revenant du Kibonoto, où elles avaient été acheter des vivres aux Oua-Tchagga : elles entrent, sautillant à petits pas, ondulant leur corps d'une façon toute particulière et chantant la longue salutation d'usage. Chacune porte une touffe d'herbe à la main en signe de paix et de bonne amitié. L'aspect vénérable, la physionomie pateline de Sadi les frappent particulièrement ; elles lui prennent la main, vocalisant toujours, et toujours avec ce curieux dandinement des hanches. Tous mes gens se sont rassemblés et regardent cette scène si nouvelle pour eux ; ils éclatent de rire à mon embarras, quand ces dames, prévenues que je suis le grand chef de la caravane, viennent m'appréhender au corps. La cantilène terminée, elles nous disent que les Massaï ont déjà tenu plusieurs palabres à notre sujet ; après maintes querelles ils ont décidé de m'envoyer une députation le lendemain. Le lendemain donc, je passe la matinée à bouillir d'impatience et de curiosité ; l'après-midi, la fièvre de l'attente atteignait son paroxysme : tout à coup un chant harmonieux s'élève de la forêt ; voici les Massaï ! Prenant d'une main mon fusil, de l'autre une poignée d'herbe, je m'avance à la rencontre des délégués. J'entre sous le couvert ; bientôt mes yeux s'arrêtent sur ces guerriers fameux, si longtemps l'objet de mes rêves. « Ils sont splendides ! » ne puis-je m'empêcher de penser en contemplant ces fils de la race la plus curieuse qui soit en Afrique.

Après un salut cérémonieux exécuté avec une dignité et une aisance tout aristocratiques, ils plantent en terre leurs longues lances à pique évasée ; puis, leurs boucliers de peau de buffle appuyés contre les flancs, les guerriers s'asseyent à terre, les genoux au menton, frais enduits de terre grasse et d'huile, et vêtus de jolies petites capes de peau de chevreau. Nous nous plaçons vis-à-vis, carabines en main, et, comme il convient à un personnage de mon importance, je m'installe sur un pliant.

Ils conversent entre eux à voix basse ; un des jeunes gens se lève, prend à loisir dans la main gauche un des javelots et s'y appuie ; de l'autre il empoigne son casse-tête, puis il nous débite son message avec toute l'aisance d'un orateur de profession. Je regardais, tout surpris, cet enfant du désert, debout devant moi, et parlant avec grâce et assurance, un certain sentiment de la gravité de sa mission, une dignité d'attitude au-dessus de toute louange. Non sans force circonlocutions, il esquissa l'histoire du passage de Fischer, de la bataille et de ses causes et résultats, insistant sur le fait qu'une femme avait été tuée, événement inouï dans les fastes de leurs rixes avec les Ladjombé (Oua-Souahéli). Vinrent ensuite la façon dont ils avaient appris notre arrivée et le tumulte excité par cette nouvelle ; comment les hommes mariés et les el-moran ou guerriers s'étaient réunis pour décider quelle réception on ferait à la caravane, et comment, non sans quelques horions de part et d'autre, on avait convenu de nous laisser en paix : en conséquence, lui et ses compagnons étaient dépêchés pour nous conduire à leurs kraals. Pendant cette harangue, le casse-tête ne restait pas immobile, l'orateur l'employant avec beaucoup d'à-propos pour accentuer ses périodes.

Sadi, à son tour, se met en devoir de répondre ; il a une connaissance hors ligne du langage et de la phraséologie des Massaï, et un « bagou » à nul autre pareil ; moi servant de souffleur, il expose les demandes de l'étranger. Quelques-uns des Massaï reprennent les données du premier orateur ; jamais deux ne se lèvent à la fois, et, s'ils le font par hasard, une courte discussion décide à qui doit rester la parole.

Jusqu'à la fin des harangues ils restèrent accroupis sur leurs talons, la physionomie impassible ; pas un mot, pas un geste ne trahissait l'émoi que très certainement leur causait la présence du second Européen qu'ils eussent jamais vu. Mais, une fois ces préliminaires terminés, leurs traits se détendirent et ils laissèrent percer toute la curiosité compatible avec leur dignité d'el-moran.

Je les conduis au bivouac : ils y conservent leurs grandes manières, quoique dans une admiration visible de toutes les merveilles que nous leur exhibons. Je leur offre le présent d'usage, et ils passent la nuit chez nous.

Dans la soirée, le Kilima-Ndjaro se dévoile soudain, apparaissant ou disparaissant selon que les cumulus se déroulent ou s'enroulent sur ses flancs énormes. Sur ce versant, la neige descend beaucoup plus bas ; les brises dominantes de la région sont celles de l'est ; encore très chaudes, elles viennent frapper la montagne et en fondre la couche de frimas ; en échange, elles se refroidissent et, parvenues au côté opposé, n'ont plus la même puissance dissolvante.

La partie supérieure du grand volcan doit être entaillée de précipices : on y voit de grandes taches noires, comme si la neige ne pouvait trouver pied. L'épaulement du Chira semble d'ici un contrefort distinct, courant transversalement à notre ligne de vision et s'élevant, vers le nord, à une hauteur que j'estime à 4300 mètres.

Le 3 mai enfin, emportant pour huit jours de vivres, la caravane franchit le seuil du dangereux territoire. Nous quittons la zone forestière qui sert de marchepied au Kibonoto. et, après avoir cheminé au milieu d'un pays fertile et varié, nous nous trouvons tout d'un coup (altitude, 1800 mètres) sur une immense plaine aussi verte, aussi fraîche que les belles prairies de nos climats tempérés. Au premier plan, une vaste pelouse à peine accidentée, parcourue par des chaînes de petits mamelons ; çà et là, des mornes bossus, des cônes volcaniques ; la scène me remet en mémoire ces lignes de Bryant : « Le paysage s'étend au loin en molles ondulations, comme si l'océan, sous la plus légère de ses houles, immobilisait soudain ses vagues arrondies et les endormait pour toujours ! »

Voilà pour la contrée ; passons aux habitants. Voyez, au pied de la grande montagne, ces troupeaux de buffles monter à loisir vers la forêt, dans les ombreuses profondeurs de laquelle ils vont faire leur sieste ou ruminer en paix ; voyez sur la savane ces hardes énormes de gnous (le *wildebeest* des Boers, *catoblepas gnu*), bêtes sans malice, mais de si méchante mine ! Elles broutent les hautes herbes, tandis que des membres errants de la communauté gambadent et galopent tout autour, queue au vent, et, mêlées avec eux, des compagnies de zèbres, les plus beaux des animaux de vénerie ; tantôt ils marchent à pas comptés, le chanfrein penche vers le sol ; tantôt ils s'amusent à ruer, à lever leurs talons bien haut dans l'air, à courir les uns sur les autres dans leurs luttes simulées; tantôt ils restent immobiles, tête droite, oreilles tendues en avant et regardent passer la caravane. Là-bas, dans le fond herbeux, voyez ces rhinocéros informes, leurs cornes implantées sur le nez d'une façon grotesquement batailleuse. Une bande d'autruches s'enfuit au loin sur les collines, se riant des poursuites du chasseur. Voyez ces nombreuses troupes de hartebeests, ces gracieuses pallahs, bondissant et sautant de la joie seule de vivre, et, parmi les joncs du marais, les solennels waterbocks en groupes de deux ou trois, tondant à loisir l'herbe chargée de rosée. Le sanglier à verrues, dérangé dans son repas du matin, dresse la queue et s'éloigne en zigzag, au trot militaire. La liste serait longue de toutes les espèces de gibier qui fourmillent ici en nombre incalculable; les indigènes ne chassent guère : la plupart de ces animaux restent à portée de fusil, nous contemplant curieusement.

Plus loin, droit devant vous, au milieu de la savane, près de la ligne vert foncé des arbres qui marquent le cours du Ngare N'Erobi (rivière froide), des colonnes de fumée ondoyante s'élèvent dans l'air pur du matin et trahissent la position des kraals; les bestiaux en route pour les pâturages s'avancent en groupes sombres; une longue file d'hommes chargés de ballots, colis, paquets de toute sorte, serpente à travers les hautes herbes, Martin à la queue, votre serviteur à la tête, en train de trouver que la bise lui rappelle trop fidèlement le début d'un printemps d'Ecosse. Pour cadre du tableau, l'immense cercle des montagnes : à droite, le Mérou, aux proportions grandioses et simples. un des nobles piliers de la porte d'entrée des Massaï; à gauche, l'autre colonne, le gigantesque Kibo; en face, un vaste amphithéâtre qui semble fermé par une chaîne presque ininterrompue où l'on distingue au nord les hauts et pittoresques massifs du Donyo Erok et du Ndapdouk; à l'horizon les rameaux beaucoup moins apparents du Guaso N'Ebor (rivière blanche) s'allongent dans la direction du Ngourouvna-ni ; les froids sommets du Guelei nous cachent le volcan encore actif du Donyo Engai.

Nous continuons notre route, sans cesse aiguillonnés par la tentation d'essayer nos « fers à poudre », mais les naturels commencent à se montrer. Une femme confortablement vêtue de peau de buffle, couverte de fil de métal, de perles et de chaînettes chasse un âne devant elle ; toute seule et sans la moindre frayeur, elle se rend au Kibonoto pour acheter grains et légumes à l'usage des enfants et des gens mariés. Une guerre à mort et sans trêve règne entre les Massaï mâles et les Oua-Tchagga ; mais les femmes des deux tribus vont et viennent partout dans la plus grande sécurité : nous rencontrons deux ou trois individus de caste inférieure, occupés à la tâche servile de conduire et de soigner le bétail. On approche des kraals : les guerriers paraissent par petits groupes ; ils veulent contempler la curiosité du jour. Nul d'entre eux ne se hâte ; pas un mot, pas un geste ne trahit leurs impressions. En défilant devant les indigènes, nous arrachons quelques touffes d'herbe, saluant chacun d'un « El-moran ! » et serrant gravement les mains tendues vers nous. Un son inarticulé vient enfin montrer qu'ils ont des oreilles. « Soubaï ! » ajoutons-nous alors ; ils répondent : « Ebaï ! » et la présentation est faite. De plus en plus frappé des manières de ces sauvages, je continue ma route sans qu'on vienne me bousculer effrontément ou m'assourdir de grossières remarques.

Avant midi la caravane entière arrivait aux eaux glacées du Ngaré N'Erobi, nourri des neiges du Kibo, et qui sort tout formé du pied de la montagne. Nous campons sur une sorte de presqu'île verdoyante ceinte par un repli du torrent, et notre premier soin est d'y construire une boma aussi forte que possible. Jusqu'à présent tout s'était passé à merveille, quoique la froideur de cette réception me parût, par moments, d'assez mauvais augure.

La nouvelle de notre arrivée se répandait partout : naturels et naturelles se présentaient en foule ; on s'observait mutuellement avec le plus vif intérêt. Les femmes massaï n'ont pas moins de cachet que les hommes : taille élégante et bien prise, œil brillant et noir, au type mongol, un peu étroit et oblique; elles sont positivement très distinguées pour des Africaines.

Les tentes avaient été dressées, les ballots soigneusement recouverts pour les dérober aux regards indiscrets; je les fis entourer d'une garde nombreuse, puis, caché derrière une toile, je déballai fils métalliques, rassade, cotonnade et préparai la redevance obligée : le *tchango* de ce district, le *hongo* des régions plus au sud. Un chant de guerre résonnait dans le lointain et se rapprochait peu à peu; bientôt se montrèrent un certain nombre d'el-moran tout reluisants, tout glorieux sous un récent badigeon d'huile et de graisse; ils marchaient en file indienne à la cadence des voix, leurs lances sanguinaires brillant au soleil lorsque de temps à autre ils leur imprimaient un mouvement giratoire. Chacun portait sur le côté un vaste bouclier où s'étalait, fraîchement peint, le blason de son clan. Ils firent halte près du bivouac pour exécuter une série d'évolutions militaires. Ces exercices terminés, Mouhinna s'avança, et les communications s'établirent de la façon cérémonieuse qu'on sait.

La conversation roulait sur le tribut qu'il nous faudrait payer. Chacun des six pelotons qui composaient l'escouade exigeait six *senengé* (vingt tours de fil de fer enroulé de manière à former une sorte de jambière de 42 ou 43 centimètres de hauteur; cinq *naiberés*; trente chaînettes de fer; cent cordons de perles. — Puis une scène suivit, plus en harmonie que les premières avec mes idées préconçues : les el-moran posent à terre lances et boucliers et se placent en rond, laissant un passage ouvert; mes hommes s'avancent, portant le *hongo*, que tout d'un coup ils jettent au milieu du cercle; puis ils détalent à grandes enjambées. Poussant un hurlement formidable, les guerriers s'élancent sur le butin. « Chacun pour soi, le diable au dernier! » comme dit un proverbe. Les plus forts se font la part du lion; d'autres tirent à deux le même objet : quand c'est un cordon de verroterie, les fibres de raphia cèdent, les perles roulent sur le sol; quand c'est un *senengé*, ils se le disputent, ils se l'arrachent, ils le prennent, le reprennent comme chiens bataillant pour un os; le sang s'échauffe, on brandit les *simé*, les casse-tête tournoient dans les airs. J'ai vu une couple de Massaï recevoir ainsi de très vilaines blessures, dans les chairs, il est vrai, et qui ne troublèrent aucunement les spectateurs.

De tous les districts possibles, troupes sur troupes nous arrivent les unes après les autres pour toucher leur *hongo*; je sens mes esprits s'affaisser à mesure que les ballots se dégonflent et se vident. Les el-mouroua (gens mariés) viennent chercher leur part, beaucoup plus modeste, et qu'ils se partagent sans tout ce chamaillis. Enfin les gros lybons (sorciers), Lengobé, Mbaratien et Lambarsacout, se présentent à leur tour.

A la vêprée surtout, le camp regorgeait de visiteurs; en réponse aux cris qui demandaient le lybon blanc, suivis d'insolents efforts pour déchirer la portière de ma tente, je fus obligé de me montrer et, m'inclinant à droite et à gauche, de remercier l'assistance, qu'à part moi je chargeais de toutes mes malédictions; j'étais faible, malade, irritable; les effets de la fièvre se faisaient encore sentir. Je m'assieds sur une caisse, tous les regards braqués sur moi. Les Massaï avaient perdu la dignité de leurs manières et devenaient importuns et grossiers — les *ditto* (jeunes filles) les plus hardies, les plus effrontées de la bande.

Pendant quelques minutes je me soumis patiemment à leurs écœurantes investigations; je me laissai tâter la figure, les cheveux; on releva la manche de mon veston, on examina mes bottes avec une extrême curiosité. Agacé, à la fin, et me sentant bouillir de colère, surtout après les tentatives réitérées d'un guerrier de méchante mine qui retournait le bas de mon pantalon pour s'assurer de la couleur de ma peau, je repousse du pied le Massaï; une fureur diabolique enflamme aussitôt son visage, il saute de quelques pas en arrière, tire son simé et se précipite vers moi. Je me glisse de côté, mes askari m'environnent, tandis que les el-mouroua, toujours calmes, se saisissent du jeune homme et l'entraînent hors du bivouac.

Bientôt après, un autre s'empare d'une hache au milieu même du campement et s'empresse de gagner au pied : d'aucuns courent sur lui pour la reprendre ; mes hommes s'élancent sur leurs fusils : un rien eût amené la bataille ; je pus à temps crier de ne pas faire feu, et là-dessus finit une journée dont la récapitulation n'était guère pour m'encourager.

Le lendemain matin, en mettant le nez hors de la tente, tout ragaillardi par une température de 16 degrés seulement, je fus fort impressionné à la vue de Sadi, tournant autour du camp, son fusil en arrêt ; il portait un drapeau blanc sur lequel sont inscrits des versets du Koran dont l'influence magique n'est l'objet d'aucun doute ; raide et compassé comme une recrue apprenant le pas militaire, il intimait en massaï à tous les entendeurs que nos intentions étaient pacifiques, mais que, si les el-moran venaient dérober les marchandises ou attaquer les gens du grand sorcier, celui-ci ne manquerait pas d'appliquer ses « médecines » à décimer par la maladie et leur bétail et eux-mêmes, et à leur causer toutes sortes de maux.

Je sors du campement ; le Kilima-Ndjaro se dresse presque à l'est vrai, dans le ciel pur du matin. Le bastion colossal du Chira surgit brusquement de la plaine du Sigirara, avec la forêt sombre et inhabitée qui en recouvre les bases, et les pentes stériles du sommet, tailladées, cannelées comme une lime cyclopéenne. Derrière, la tête chenue du Kibo, énorme cône tronqué s'élevant des débris d'une immense coupe volcanique de formation plus ancienne. Avant que les troupeaux des naturels eussent quitté les kraals, j'abattis dans la savane deux beaux zèbres pour le garde-manger ; mais, à mon retour, je fus atterré d'apprendre que tout le pays prenait les armes pour se venger sur nous de l'échauffourée de Fischer. Ils avaient accepté le prix du sang offert par lui, car sa troupe était suffisante pour les tenir en respect ; mais le sort me jetait entre leurs mains, et ils n'avaient garde de n'en point profiter. Les jeunes hommes des districts voisins, toujours prêts à brandir leurs bonnes lances, accouraient se poster sur ma route supposée ; les chefs et les guerriers du Ngaré N'Erobi combattaient pourtant ces projets belliqueux. Le soupçon m'envahit que Mouhinna et Sadi faisaient en dessous tout leur possible pour ruiner mes plans. Non sans un amer chagrin et un désappointement indicible, je dois m'avouer qu'il faut au plus tôt regagner le Taveta : mes hommes une fois chargés et la caravane acheminée en file indienne, comment éviter d'en venir aux mains ? Une seule rencontre avec les naturels, et les escarmouches se renouvelleraient sans cesse, jusqu'à ce que nous fussions hors de combat ! « Qui va lentement va sûrement ; qui va sûrement va loin », dit un estimable proverbe italien. Au surplus, comme M. Micawber [1], je sais que, d'un moment à l'autre, « la chance peut tourner ».

Un silence de mauvais augure planait sur le bivouac, rappelant par contraste le brouhaha de la veille ; les espions, j'en étais certain, surveillaient tous nos mouvements ; j'eus soin d'annoncer à haute voix que, dans la matinée suivante, nous continuerions notre marche, résolus à faire parler la poudre si l'on ne nous laissait point passer en paix : les Massaï préparaient une attaque pour le lendemain, et, pour me dérober à la lutte, j'avais décidé de battre en retraite pendant la nuit. Comme à l'ordinaire, les feux s'allument, le souper cuit ; mais, la nuit tombée et le dernier des Massaï sorti du camp, j'envoie à la ronde l'ordre très inattendu de tout organiser pour le départ, et dans le plus grand silence. L'obscurité s'accroît ; un linceul de nuées noires s'étend sur le ciel, il commence à pleuvoir ; une tempête se brasse là-haut : je ne pouvais désirer mieux.

---

1. Un des personnages de *David Copperfield*, roman de Ch. Dickens. (Trad.)

Deux heures après le coucher du soleil je donne le commandement de plier les tentes ; pas un son ne montait dans les airs tandis que chacun chargeait son fardeau, bouclait sa bandoulière, empoignait son fusil : tout est prêt, on jette du bois sur les feux, et nous nous plongeons résolument dans les ténèbres. Nul point de repère au milieu de l'obscurité : je prends la tête, boussole en main ; une lanterne sourde, cachée sous mon veston, me permet d'en lire les indications. Les hommes marchent à se toucher ; Martin, avec les chefs et une partie des askari, forme l'arrière-garde.

Le premier kilomètre était le plus difficile ; il fallait passer près du kraal de Lengobé ; là, si nos ânes prenaient fantaisie de braire, impossible de dire quelles seraient les conséquences. Mes fonctions de guide n'étaient pas une sinécure ; je trébuchais sur les cailloux ; je déchirais mes jambes aux buissons ; plus d'une fois je reçus de fort désagréables secousses en posant inopinément le pied dans quelque creux ; les mots prononcés à voix basse : *maoué* (pierres), *miiba* (épines), *chimo* (trous), passaient alors d'un bout à l'autre de la caravane ; si ma troupe eût été composée de fantômes, elle n'aurait pas glissé plus silencieuse ; de temps à autre seulement, quelque « Allah ! » à demi étouffé disait qu'un homme avait heurté une roche ou s'était planté une épine dans le pied. Le défilé dangereux s'achève sans accident ; désormais nous marchons plus tranquilles, mais non sans faux pas et sans chutes sous ces épaisses ténèbres.

La lueur des éclairs, le tonnerre dont les roulements se font entendre du côté du Kibo, ajoutent aux charmes de cette longue nuit ; le gibier part presque sous nos pas ; les zèbres galopent en bruyants escadrons ; les cris des hyènes nous donnent la chair de poule ; à chaque instant nous pouvions tomber au milieu même d'un troupeau de buffles ou exciter la fureur de quelque rhinocéros. Ma lanterne arborée plus hardiment servait de phare à mes hommes. Vers minuit nous abordions la forêt, si joyeusement quittée trois jours auparavant. Mes perplexités se multiplièrent : fallait il rester immobiles jusqu'à l'aube? Mais la pluie tombait en averses, les détonations de la foudre se rapprochaient, les éclairs nous éblouissaient : nous donnâmes un coup de collier vraiment désespéré, et, les pieds en sang, égratignés, déchirés, courbatus, fourbus, nous entrions dans notre ancien campement juste comme l'orage éclatait avec une violence épouvantable. Je me glisse au hasard sous la première hutte venue, heureux et reconnaissant d'avoir arraché au danger la vie de mes hommes et les fortunes de l'expédition!

Le lendemain, tout mon monde était encore en proie à une telle frayeur, que dès l'aube, et sans avoir rien mis sous la dent, chacun demandait à continuer la route sur le Taveta; je n'y voulus point entendre, et, après avoir fait ajouter à la boma nombre de rameaux épineux, je me rendis chez les naturels de la montagne, qui me cédèrent des vivres en quantité suffisante.

Au matin suivant il pleuvait, mais nul n'eût osé s'attarder au bivouac. Le temps était très froid; les hommes, engourdis et paralysés, avançaient à grand'peine; il fallut presque aussitôt faire halte. Plusieurs de ces malheureux avaient perdu tout ressort, et si maître Bâton ne leur eût chauffé les épaules, ils eussent préféré se coucher sur la route et mourir.

Nous arrivons au Kikavo le soir, et non sans aventure : je marchais un peu en arrière de la caravane, quand, à la sortie d'un hallier, je me trouve nez à nez avec un rhinocéros. En un clin d'œil mon fusil est épaulé : le coup part, je pousse un hurlement de douleur; la gâchette avait, dans son mouvement de recul, frappé un de mes doigts, en ce moment sous puissance de panaris. Fou de souffrance, je pirouette sur mes talons, oubliant tout le reste, y compris le rhinocéros; quand je recouvre mes esprits, il tournoyait comme moi, étourdi sans doute par l'effet de la balle, puis, revenant à lui, s'éloigna à pas lents. Je n'essayai point de le suivre, et, grimaçant de douleur, j'allai rejoindre mes gens, qui, d'après ma physionomie lugubre et ma main emmaillotée d'un mouchoir, crurent d'abord à quelque accident sérieux.

En approchant du Kikavo, mon attention fut détournée de mon mal par un bruit qui rappelait à tel point le grondement sourd du roi des animaux, que nous restons immobiles, chacun de nous lisant couramment le même mot sur le visage de son voisin. Enflammés par l'espoir de faire mordre la poussière à une de Leurs Majestés, nous avançons avec toutes les précautions voulues ; nous rampons de roche en roche, de hallier en hallier ; la sueur découle sur nos fronts ; nos cœurs battent à coups pressés.

Mais on a beau écarquiller les yeux, personne n'aperçoit le royal gibier. Je consultais mes compagnons du regard pour décider ce qu'il y avait à faire, quand tout d'un coup une centaine de buffles partent des fourrés voisins et se lancent éperdus dans une galopade furieuse. Nous étions presque sur eux que nous ne les avions pas vus. Trompés dans notre attente, et dans l'impossibilité de viser au milieu de la brousse épaisse, nous nous occupâmes à construire la boma.

Le soir, à la chasse, Bédoué vit une petite troupe d'éléphants. Dans l'espoir de les retrouver, je pars avec Brahim le lendemain matin ; nous en suivons les traces pendant plus d'une heure, sans rien signaler qu'un buffle auquel j'envoie un souvenir qui dut compter sans doute, car il s'éloigna en poussant des gémissements sourds ; nous emboîtons le pas avec des précautions infinies : il n'est pas d'animal plus dangereux que le buffle une fois blessé. À la fin, nous perdîmes sa piste au milieu des empreintes du troupeau ; je me hâtai de rejoindre mes hommes sur les rives de l'Ouéri-Ouéri et de donner l'ordre de continuer la route aussi rapidement que possible ; au passage du Karanga j'abattis un waterbock d'un coup qui lui traversa le cœur, et, un demi-mille plus loin, un hartebeest d'une balle dans l'œil, tirée à la distance de deux cents mètres.

Nous fîmes halte près du Kahé ; au gué l'eau nous montait aux épaules. L'étape suivante nous mena à Himou ; celle du 12 mai, à la forêt du Taveta.

CHAPITRE V

NOUVEAUX PRÉPARATIFS

Il me fut assez difficile de cacher mon désappointement sous un air dégagé, en serrant la main aux bons amis que j'avais quittés le cœur gonflé de tant d'espérances!

Si je m'étais donné le luxe de raisonner ma position, j'en serais sans doute venu à admettre qu'il n'y avait plus rien à faire. Comment, avec une caravane telle que la mienne et deux guides comme Sadi et Mouhinna, avancer sur le territoire massaï, ou du moins réussir à m'en évader encore! Mais je croyais en mon étoile et repoussai énergiquement les incertitudes qui menaçaient de paralyser ma volonté. Que gagnerais-je à me croiser les bras pour me douloir sur mes infortunes? — A l'œuvre donc, et sans perdre une minute : il me faut d'autres marchandises; il me faut plus de porteurs! Mouhinna, qui, j'en suis sûr, m'a joué quelque tour de sa façon, m'accompagnera à la côte, et je m'empresserai de m'en défaire, si je trouve à le remplacer ; dans le présent état de mes affaires, l'inaction me tuerait!

Mes épreuves, il faut le dire, étaient singulièrement aggravées par la conduite de nos gens : ils devenaient insolents, indisciplinables; tous menaçaient de déserter si je ne les emmenais à la côte avec moi. — Mais je ne cédai pas d'une ligne. Je repris les fusils, les enfermai sous clef, et, par de promptes punitions, sus rappeler mes pagazi au devoir.

Deux jours m'avaient suffi pour régler ces questions, et le 15 mai je repartis pour Mombâz avec quatre porteurs, deux askari et quatre chefs, Mouhinna, Makatoubou, Brahim et Bédoué. Deux marches nous ramenèrent à la rivière Matété. Distance, par le sentier, 70 milles (près de 113 kilomètres). A la troisième étape nous arrivâmes au N'dara, et j'allai faire visite à M. Wray dans sa sinécure de montagne : il se portait à merveille; ses travaux missionnaires ne l'amaigrissaient pas.

La marche suivante est peut-être sans précédent dans les fastes pédestres des voyageurs africains. D'après l'assurance que l'eau abondait sur la route et que, très certainement, nous en trouverions entre Maungou et Taro, nous nous acheminâmes aux premières clartés du jour, emportant seulement ce qu'en pouvait contenir ma bouteille. Vers dix heures nous sommes à Maungou; nous y faisons une courte halte pour déjeuner de volaille froide : toute notre provision d'eau y passe, mais il me paraît inutile de gravir la montagne pour nous en procurer d'autre.

Nous n'étions pas sortis du district, que je voyais clairement combien le sol s'était asséché depuis notre passage : la région tout entière était brûlée et calcinée; à peine aurait-on trouvé un brin d'herbe. Regrettant vivement de nous être fiés aux rapports des indigènes, nous continuons notre route au pas accéléré. A midi déjà nous sommes très altérés, conséquence de la chaleur étouffante et d'une transpiration excessive, et cependant nous marchons, nous marchons toujours, mettant dans la bouche des balles ou des cailloux pour tâcher de diminuer nos tortures. Mes hommes — les plus solides pourtant de toute la caravane — commencent à se plaindre de la fatigue autant que de la soif, car je les mène d'un train auquel ils ne sont pas accoutumés. J'espérais encore trouver quelques gouttes de boue dans une petite mare que j'avais remarquée à notre voyage d'aller; mes compagnons n'étaient point chargés, et ce fut sans remords aucun que je leur ordonnai de tenter un dernier effort : peu à peu tous s'égrenèrent sur le sentier, sauf Bédoué, le plus nonchalant de la bande, mais qui, s'il lui en prenait fantaisie, pouvait fournir une traite splendide. Brahim le Taureau, jusqu'à présent presque invincible, partageait le sort général, et bientôt, sur la plaine brûlée, on n'entendit d'autre bruit que celui de mes lourdes bottes s'enfonçant dans le sable sec et sans cohésion. Mes pieds étaient en ébullition par cette chaleur intense, et souffraient du poids de la chaussure, du frottement incessant.

Vers le coucher du soleil nous approchons de l'endroit si désiré : on ne marche plus, on court, tant nous sommes pressés par la soif, tant il nous tarde de savoir s'il y a enfin de l'eau. Un dernier coup de collier, et nos traits s'illuminent à la vue d'un cercle d'herbe vert tendre ; puis..... une chute profonde du haut de nos espérances : le trou est absolument tari ! « Par Jupin ! pas une goutte ! — Allah ! Hapanna maji ! » sortent à la fois de nos lèvres : je tombe fourbu sur le sol. Bédoué fouille des mains dans le creux, pour voir s'il n'y a pas d'eau en dessous : tentative inutile ! Je lui donne l'ordre de tirer un coup de fusil pour faire croire aux traînards que nous avons trouvé quelque chose et activer leur marche.

Une demi-heure après, à la brune, ils arrivent enfin, croyant leurs maux terminés. J'eus honte de mon subterfuge à la vue de l'immense déception de ces pauvres diables, qui paraissaient encore plus souffrir que moi. Les nègres boivent en général fort peu ; mais ce peu, il le leur faut, ou ils succombent à la fatigue avec une rapidité surprenante ; il en est de même pour la plupart des épreuves physiques. Un Anglais, habitué à la dure, l'emporte à la longue sur le plus solide des hommes de la côte. Celui-ci, dès l'abord, dépense toute son énergie, celui-là gagne des forces en marchant.

La déconvenue du premier moment un peu évaporée, je demande l'avis de mes compagnons. On déclare à la ronde que mieux vaut continuer : quoique très encombré d'épines, le reste du sentier est suffisamment découvert ; ce serait chercher la mort que d'attendre au lendemain pour se traîner, sous l'épouvantable chaleur, sans une goutte d'eau à boire.

Donc chacun se redresse résolument sur ses pieds; je proclame un sauve-qui-peut général. Personne ne pense plus au « grand lion dans le sentier », personne n'écoute les cris hideux des hyènes qui hantent ces déserts le jour et, la nuit, parcourent de grandes distances en quête d'eau et de proie. Nous pressons le pas en silence sous l'obscurité funèbre, reconnaissant la route à l'ornière profonde creusée d'année en année par le passage des caravanes. Les branches surplombantes nous fouettent le visage; nos mains, étendues en avant pour nous en défendre, se déchirent aux piquants acérés de la brousse, mais chacun renfonce ses plaintes et se contente d'avertir ceux qui suivent.

Vers minuit les nuages qui s'amassaient sur le ciel laissent tomber une pluie fine qui nous soulage déjà; les soupirs et les gémissements du vent annoncent qu'un orage se forme au loin; il approche peu à peu; la bruine fait place à de grosses gouttes qui battent bruyamment sur la feuillée, puis à des averses torrentielles, accueillies par nous avec enthousiasme. Mon mouchoir, étendu sur ma tête, est bientôt tout imbibé; je le suce et le resuce avec ferveur; mais la marche n'en est pas rendue plus facile, et nous pataugeons, pataugeons encore, imaginant à chaque minute que nous allons gagner Taro, ce Taro que je n'aurais jamais cru si loin!

A trois heures du matin j'arrive à la descente d'un raidillon qui, je me le rappelle, est tout près des fameux réservoirs. De mon gosier desséché je hèle mes camarades : une voix sépulcrale me répond, celle de mon « valet de chambre », Songoro « le traînard », qui se trouvait à présent le premier. Mes pieds, atrocement douloureux, me disaient du reste que nous approchions des oungourounga : en marchant sur ces roches vives, il me semblait fouler des épines : je trébuchai soudain dans une des fissures, me cassant presque la jambe et imprimant à tout mon système un ébranlement des plus pénibles ; je boitille en avant et tombe encore, mais cette fois dans un trou plein d'eau où je bois avec délices, je bois jusqu'à être sur le point d'éclater. Puis, devant l'impossibilité de chercher un abri au milieu des ténèbres ou d'allumer du feu sous cette pluie battante, je me jette sur le roc nu et m'endors sans souci des averses ou des bêtes sauvages ; la culbute sur mon corps d'un ou deux de mes hommes qui se traînaient jusqu'aux puits, put seule m'arracher à ce profond sommeil.

Le matin, à ma très grande surprise, je ne me trouvai pas plus mal de ma nuit sous les cascades du ciel et des énormes lampées que je m'étais permises ; je recommençai mes libations, puis, avisant une charmante baignoire creusée dans la roche, je me déshabillai et m'y plongeai avec bonheur. Brahim et Bédoué étaient arrivés pendant la nuit ; ils réussirent à allumer un feu où je séchai mes habits pièce à pièce ; puis, tout reconforté, je m'assis à notre repas de maïs bouilli. Les autres, seuls ou par couples, firent enfin leur apparition. Ma troupe avait décidément piètre mine après cette étape de vingt-deux heures où nous venions de franchir la distance presque incroyable d'au moins 70 milles (112 kilomètres). A vol d'oiseau on compte du N'dara à Taro 45 milles géographiques [1] (83 kil.), c'est-à-dire 53 milles anglais, et ceux qui connaissent les courbes merveilleusement serpentines d'un sentier africain sauront si le chiffre ci-dessus est exagéré.

Après nous être quelque peu remis, nous partons à onze heures, marchant posément, avec précaution, tant nos pieds sont endoloris et excoriés. Assez tard dans la soirée on s'arrête près d'un oungourounga pour passer une seconde nuit sous les averses, sans la ressource, hélas ! du parapluie de Rebmann. Le lendemain, mouillés jusqu'aux os, l'estomac vide, et sous des ondées incessantes, nous reprenons une route que notre faiblesse rend très pénible

---

[1] Le mille géographique est de 1852 mètres ; le mille anglais de 1608. (Trad.)

par les sentes glissantes et boueuses ; la physionomie du pays contraste étrangement avec ce que nous l'avions vu deux mois plus tôt. Alors tout était jauni, brûlé, calciné ; aujourd'hui le sol se recouvre d'un vaste tapis vert tendre ; les arbres, gonflés d'une sève nouvelle, font éclater leurs bourgeons et revêtent leur ondoyante parure ; les fleurs qui émaillent le paysage et les plantations promettent de riches moissons de légumes et de céréales indigènes. Le *noullah* Ngombé. à sec lors de mon premier passage, est aujourd'hui un courant impétueux et à peine guéable.

A midi nous faisons halte pour cuire des épis de maïs ; à Koualé nous entendons le lointain mugissement des vagues se brisant sur les récifs de corail ; peu après, la petite troupe gagnait la Mission de Rabaï, où l'on nous vit arriver avec autant d'inquiétude que de surprise : en six étapes nous avions franchi 138 milles (225 kilomètres) à vol d'oiseau : les tours et détours de la route permettent certainement de compter trois milles pour deux en ligne directe ; cela fait 206 milles (330 kil.) en tout, ou une moyenne de 34 milles (55 kil.) par étape.

Dès notre arrivée à Mombâz, mon premier soin fut d'expédier une lettre à Zanzibar par Brahim, qui dut suivre la côte jusqu'à Pangani, tour de force qu'il accomplit en cinq jours.

Je ne conterai point par le menu comment il me fut impossible de remplacer Mouhinna, qui, par bonheur. ignorait mes soupçons, et mon presque insuccès à trouver des porteurs : ceux que je réussis à engager me rendirent la vie insupportable par leurs déportements. Une poussée de furoncles qui ne me laissaient pas de repos, quelque posture que je prisse, vint mettre le comble à mes infortunes. La seule oasis verdoyante de ce désert fut l'hospitalité sans bornes de MM. Lane et Taylor, qui non seulement m'accueillirent comme un vieil ami, mais aussi me prêtèrent toute l'assistance possible.

Le 5 juin, fort surpris d'entendre le bruit d'une chaîne d'ancre tombant à la mer, je courus sous la véranda de

M. Taylor : mon ancienne connaissance, le remorqueur n° 11 de S. M. B., *Suez*, de son autre nom, apparut à mes yeux. Le colonel Miles avait fait droit à toutes mes requêtes et, dans une seule journée, était parvenu à rassembler les marchandises réclamées. Les daous ne naviguant point vers le nord en cette saison, le capitaine Luxmore voulut bien venir à la rescousse avec son toueur. Mme Miles adressait au pauvre voyageur une caisse pleine de gâteries et un paquet de journaux. Mais ce qui me fut encore plus doux, de longues missives de tous les deux m'encourageaient à perseverer et exprimaient leur confiance dans ma reussite finale.

Enfin, surprise extrême, le sultan de Zanzibar m'envoyait ses salaams, trois caisses de poudre et une lettre pour Dougoumbi, du Taveta ; en voici la traduction :

« De par Sa Hautesse, Sayyid Bargash ben Saïd, à Dougoumbi, l'esclave de Saleh ben Salem.

« ..... Notre ami M. Thomson voyage dans l'intérieur et passera sans doute par ton district. Je désire que tu sois prêt à le servir et à le traiter avec un respect parfait. Ne permets à personne de le contrarier, et prends soin qu'aucun mal ne lui arrive, car il est notre ami respecté. Salaams, » etc., etc.

Je poussai plus activement mes préparatifs, expédiai ma correspondance et aurais pu partir sous une couple de jours sans la conduite exaspérante de presque tous mes engagés : ils se mettaient en greve pour me forcer à payer davantage, ils prenaient la clef des champs ou s'enivraient sans cesse ni trêve. Mouhinna, j'en suis certain, les encourageait dans cette voie, faisant sous main tous ses efforts pour retarder mon départ ou le rendre impossible. Je m'emparai des uns et les enfermai sous verrou ; d'autres, qui avaient déserté, furent repris et incarcérés dans le fort, où ils revinrent à de meilleurs sentiments. Les cases de ceux qu'on ne put retrouver furent mises en vente et leurs familles expulsées.

Ces procédés sommaires eurent le résultat prévu, et, à la fin des fins, et malgré des déboires multipliés, je me trouvai pour la seconde fois à Rabaï, passant en revue une caravane encore moins présentable que la précédente : vingt-cinq porteurs de Mombâz, huit de la Mission de Frere-Town, dix de celle de Rabaï, sept Oua-Dourouma, sept Oua-Teita, un M'Nyika ; plus les huit hommes emmenés avec moi. En fait de bagages, nous avions vingt et un ballots de *senengé*, dix de colonnade, cinq de verroterie, trois caisses de poudre, deux de marchandises diverses, sans compter nombre d'autres colis.

Je ne demanderai pas au lecteur de me suivre de nouveau sur la route du N'dara : avant Gorah, deux Oua-Dourouma avaient disparu ; après Taro, et pendant une étape de nuit, trois Mombâziens prirent la poudre d'escampette. Près de Maungou, les chefs durent épauler les bagages, et je montai seul aux sources, d'où je rapportai de l'eau pour les plus fatigués : à mon tour je chargeai un ballot ; les hommes valides passerent toute la nuit sans boire.

Au N'dara, et pour la troisième fois, j'allai voir M. Wray, encore gros et gras comme le plus cossu de nos fermiers anglais. Mais sa position n'était rien moins qu'enviable et sûre au milieu de ses noires ouailles : un revolver toujours à portée, il cachait dans un coin tout un arsenal de fusils ; il songeait à boucher dans le torchis les trous par où pouvaient passer les flèches et, en prévision d'une retraite forcée, à se mettre au fait de la topographie des environs. Les anciens du lieu avaient découvert ses côtés faibles et le tourmentaient par leurs exigences absurdes : ils venaient précisément de se réunir en conclave pour fixer le prix des denrées qu'il leur plairait de lui vendre : « Pourquoi restes-tu chez nous, puisque tu n'achètes ni ivoire ni esclaves ? Voyons ! quel est ton ouvrage ? » lui répétaient-ils sans cesse. M. Wray, fort agacé, sans en perdre du reste une parcelle de son appétit, fut enchanté de me voir apparaître.

Dès le lendemain, ces tyranneaux s'amassent autour de la case, haussant encore le ton : je leur donne l'ordre de vider les lieux. Ils s'écartent de quelques pas et se campent sur le sentier, empêchant les jeunes gens de la Mission d'aller chercher de l'eau.

Jusque-là je n'avais point pensé me mêler de ces ridicules bisbilles ; mais mon dîner était en jeu ; au surplus il ne serait point mauvais de montrer à M. Wray comment on procède en terre africaine : saisissant une trique et prenant ma physionomie la plus féroce, je marche sur ces pêcheurs à tête grise ; je m'approche et ouvre le feu ; ils se sauvent devant mon bâton levé et mes épouvantables menaces : « S'ils demandaient le combat, je l'exigeais, moi ! je voulais boire leur sang ! » Je m'empare du meneur de la bande et le secoue d'importance, appliquant mon pied à son arrière pour accélérer le départ. « Revenez ! leur hurlai-je ; revenez près de la case, et je tirerai sur vous comme sur des hyènes ! » Au comble de la frayeur, ils s'éparpillent de tous côtés, laissant le missionnaire en extase devant mon succès. M. Wray est maintenant, paraît-il, le plus fervent de mes disciples et l'incarnation même de l'Eglise militante ; inutile de dire que de cette façon il s'attire le respect de tous les indigènes.

Les hyènes du N'dara sont excessivement voraces et enlèvent des enfants dans les paillotes ; la nuit, elles attaquent et parfois tuent des adultes. M. Wray me montra un lynx qu'on avait pris dans la montagne.

De retour à ma caravane, j'eus maille à partir avec les jeunes gens de Rabaï : hausser leurs gages ou réduire leurs ballots, tel était l'ultimatum de ces messieurs ; si je ne mettais les pouces, ils allaient déguerpir sur-le-champ. Je les toise du haut en bas et leur conseille d'essayer : seulement, s'ils échappent à mes balles, ils iront chercher de mes nouvelles dans le fort. Mes braillards s'empressent d'en rabattre ; mon système, il est vrai, diffère du tout au tout de celui des missionnaires, qui les traitent presque en égaux et se font mépriser pour leur peine.

A G-namboua (village du chef Maïna) je fus émerveillé de la façon dont on me reçut, très respectueuse et toute différente des filouteries et du tintamarre qui marquèrent ma première visite ; en voici la raison : un des hommes qui m'avaient volé les fusils était mort un ou deux jours après, et, sans nul doute, par suite des maléfices de l'étranger ; l'autre larron, terrifié, s'empressa de me porter le sien au Taveta, démarche que je n'avais pu m'expliquer. La peuplade entière me regarde maintenant comme un *mtchaoui* (sorcier) incomparable.

Tandis que ma troupe s'affairait à amasser des vivres pour la marche sur le Taveta, je me décidai à y précéder mes recrues et à leur envoyer de l'eau, car on n'en trouve pas entre G-namboua et Landjora.

Sans autre escorte que Brahim et Songoro, j'entreprends cette marche hasardeuse à travers le désert. Au coucher du soleil nous nous reposons une demi-heure dans notre ancien campement de Mbouyou-ni, dînant de volaille grillée et buvant l'eau de nos calebasses ; puis on continue l'étape sous le ciel étoilé, tressaillant au bruit du galop des zebres ; les antilopes s'enfuient en bondissant ; plus d'une fois la basse majestueuse du lion résonne dans le lointain et nous donne la chair de poule. Nous trébuchons à l'envi sur une façon de sentier réduit par l'action des pluies à l'état de rigole irrégulière et infiniment dure à suivre ; à tout instant un pied vient buter contre l'autre ; les chevilles se tordent de manière à presque sortir de l'articulation, et plusieurs fois nous tombons sur les genoux.

A deux heures du matin nous touchions à Landjora ; impossible de découvrir l'eau ; nous ne réussîmes qu'à perdre notre ornière ; il fallut faire halte et attendre jusqu'à l'aube : nous étions égarés au milieu d'un fouillis de plantes épineuses ; nos misérables tentatives pour amasser du bois nous octroyèrent de nombreuses estafilades ; on finit, tant bien que mal, à allumer un petit feu, le rugissement d'un lion dans notre voisinage immédiat nous tenant en continuelle inquiétude. La flamme monta ; chacun de nous put lire sur la face des autres le trouble nerveux qui nous envahissait ; nous partîmes d'un éclat de rire idiot et pénible. Le lion tonnait par intervalles ; il rôdait évidemment autour du petit bivouac; le feu était des plus humbles et des plus mal nourris; tant qu'il durerait toutefois, nous nous savions relativement en sûreté. Les rugissements s'interrompirent; le brasier ne jetait plus que d'intermittentes lueurs, mais tous nous nous sentions trop las, trop somnolents, trop indifférents pour nous aventurer en quête d'autre bois au milieu des ténèbres et de ces solitudes La situation devenant trop tendue, il fallut pourtant se décider à bûcheronner. Brahim et Songoro cherchaient à tâtons dans la brousse, tandis que, debout près d'eux, le fusil à la main, je tâchais de percer du regard l'obscurité de la nuit. Toby, un petit terrier demi-sang, cadeau de M. Taylor, se collait sur mes talons, en proie à une terreur mortelle. A peine mes camarades avaient-ils glané quelques bûchettes que nous retournions au foyer, secoués de frissons comme si nous eussions été saturés d'électricité. Il fut convenu que chacun à son tour ferait sentinelle, tandis que les autres essayeraient de fermer les yeux. Songoro se chargea du premier quart, et l'extrême fatigue nous endormit bientôt.

Mais en pareille situation on ne sommeille point comme dans un lit de plume, et bien nous prit de ne dormir que sur une oreille. Une plainte étrange, prolongée, étranglée par l'épouvante, nous fit soudain sauter sur nos pieds et, poussés par la même impulsion, tourmenter le feu jusqu'à ce qu'une gerbe d'étincelles jaillît dans les airs. Les fusils, qui, même pendant le sommeil, ne quittaient jamais nos mains, furent prêts aussitôt, et, le dos tourné au brasier, retenant notre souffle, le corps penché, la tête en avant, nous nous efforcions de voir dans les ténèbres. Un faible bruissement parmi les buissons nous avertit du départ de notre formidable visiteur. Le cri qui nous avait réveillés venait évidemment de Toby, car il tremblait de tous ses membres et poussait encore un gémissement bizarre, tout pénétré de terreur. Il nous avait ainsi arrachés à une mort horrible, car Songoro, accablé de lassitude, était tombé de sommeil, laissant le feu s'affaisser. Brahim se chargea de veiller, et rien ne troubla notre repos jusqu'à ce qu'une blanche lueur, passant par degrés au plus éclatant cramoisi, vînt dire à la sentinelle que le soleil allait paraître.

Quelques heures après, les détonations de nos fusils troublaient pour la troisième fois les échos de la forêt. Je fus aussitôt entouré de nos porteurs et de traitants souahéli, qui couraient comme des fous, remplissaient l'air du bruit de leur mousqueterie, secouaient ou baisaient mes mains, lançant leurs acclamations à pleine voix. De tous côtés on me criait que tout allait bien. Martin s'avança à ma rencontre, pâle et maigre, et trop ému pour faire autre chose que me donner une chaude étreinte, puis il me conduisit à nos quartiers. Étonné, admirant, je m'arrêtai au centre d'un joli hameau rustique, qui remplaçait notre ancien campement dans la jungle touffue. Tout au milieu, une gracieuse *baraza* (la case à palabres des Arabes) et, à côté, une demeure construite avec soin. Le drapeau britannique flottait fièrement au sommet d'un mât de pavillon : cette transformation magique était l'œuvre de mon lieutenant ; j'entrai dans ma charmante et confortable paillotte, où j'écoutai avec un profond intérêt l'histoire des soucis et traverses de Martin.

Et maintenant que nous voici paisiblement installés, redevenons géographes de « coin du feu », et tâchons de donner au lecteur une idée sommaire de la contrée parcourue.

Les quelques détails glanés en passant sur la configuration du sol, depuis la mer jusqu'au Taveta, nous montrent un pays absolument différent de celui dont nous avions fait connaissance avec Burton et Speke, Cameron et Stanley, ou que j'ai décrit moi-même lors de ma première expédition. Partout ailleurs nous voyons la bande étroite de basses terres côtières se relever brusquement à l'ouest en une majestueuse chaîne de montagnes, ou, pour mieux dire, un escarpement de plateau qui se dresse abruptement de la plaine et monte jusqu'aux nuages. Quelle que soit la route essayée, le même obstacle se présente. Passez par

Saadani à travers l'Ou-Zegouha, par Bagamayo à travers l'Ou-Kami et l'Ou-Sagara, par l'Ou-Zeramo, l'Oukhoutou et les monts Rouloula, ou, plus au sud, encore par l'Ou-Zeramo et l'Oukhoutou et le Mahengi, jusqu'à l'Ouhehé, toujours une zone plate vous conduit par une pente excessive-

Mes nouveaux quartiers au Taveta

ment douce au pied des pittoresques remparts de la région centrale. De quelque côté qu'il dirige ses pas, le voyageur rencontre des lagunes fétides, grouillant de créatures horribles, rampantes et gluantes, et qu'il doit traverser à gué pendant des heures entières. Il quitte le marécage pour glisser et patauger dans une fange nauséeuse et noire d'où montent des exhalaisons mortelles. La pluie tombe à torrents; des courants nombreux et presque infranchissables viennent lui barrer le chemin. Encore s'il n'avait à lutter que contre des difficultés de ce genre ! Mais la végétation pourrit et se décompose et emplit les airs de ses gaz délétères : de toutes les fondrières, de toutes les couches de boue, ils montent invisibles pour se ruer sur lui comme des chiens d'enfer : il respire le poison dans chaque souffle, il le boit dans chaque goutte d'eau. La fièvre le secoue de sa puissante main, ses dents claquent ; la dysenterie darde ses flèches au plus profond des entrailles, et, nouvelle robe de Nessus, le paludisme s'attache à lui et le dévore jusqu'aux moelles. Et que l'on ne crie point à l'exagération ! Comme la plupart des pèlerins de l'Afrique, je parle d'après une funeste expérience. A vrai dire, l'étude approfondie de la température et des époques les moins défavorables aux voyages aura pu modifier les conclusions de quelques-uns des derniers explorateurs.

Mais de Mombàz au Taveta tout autre est la physionomie de la contrée : point de région pestilentielle, et, quoique nous fussions en pleine saison des pluies, la caravane n'a traversé ni lagune ni marais ; sur ces terres, en somme singulièrement arides, nous souffrions du manque d'eau : nulle rampe de plateau à escalader, nulle chaîne de montagnes à franchir ; une déclivité, si peu accusée que l'œil ne la saurait percevoir, nous a menés jusqu'aux 700 mètres d'altitude du Taveta. La côte, il est vrai, est basse et plate, et à Rabaï on s'élève brusquement de quelque deux cents mètres. Mais ce n'est rien en comparaison des escarpements de la région plus au sud. Géologiquement, il n'y a aucune parité ; géographiquement, un rapide examen suffit pour montrer que les collines de Rabaï sont une sorte d'intumescence locale sans la moindre analogie avec les montagnes qui, ailleurs, prennent soudain la place du bas pays.

De Rabaï à l'Ou-Nyika nous avons traversé la région peu accidentée du Dourouma pour arriver au noullah N'Gombé. Ici le paysage se diversifie davantage ; nous gravissons une seconde marche peu élevée ; avant de gagner le Zioua

Ariangoulo ou Taro, une pente très douce et continue nous amène aux oungourounga (alt. 600 m.). Puis on quitte le grès et la surface presque plane qui représentent géologiquement les basses terres bordières de la côte méridionale, pour pénétrer sur le terrain métamorphique ; il n'est point caractérisé par le majestueux rempart des régions plus au sud ; le rouge ardent du sol stérile et brûlé le révèle seul à l'observateur. On est alors à 630 mètres, et pendant les 135 kilomètres restant à parcourir avant d'atteindre le Taveta il faut consulter les instruments pour trouver un gain de moins de 100 mètres.

Ce n'est cependant point un désert nu et plat : les monts du Teita viennent varier et circonscrire ce paysage sévère et le parsemer de charmantes oasis. On ne saurait les comparer aux chaînes de l'Ou-Sagara, car ils s'élèvent de la plaine en massifs isolés et ne constituent pas comme elles le piédestal d'un plateau. Mais ils sont singulièrement pittoresques avec leurs roches anguleuses en saillie sur la surface, leurs précipices et leurs abîmes, leurs pointes et leurs dômes, et les assises de schistes primitifs et de gneiss qui en composent l'ossature. Les pics de Boura dépassent 2200 mètres ; le Kasigaro ou Kadiaro atteint 1640 ; le N'dara, plus de 2025.

De Rabaï au Taveta le voyageur ne rencontre pas un seul marécage ; certes il serait trop heureux d'en trouver à l'est de Maungou et à l'ouest du Boura ; mais, sur une distance de 220 kilomètres à vol d'oiseau, il ne traverse que deux ou trois cours d'eau, le Matété, d'abord, qui, dans la saison sèche, n'a guère plus de 3 mètres de large sur 1^m,20 de profondeur. Il sort des flancs du Boura et coule au sud, vers Ouassin, disent les uns, dans l'Oumba, disent les autres ; d'autres encore, auxquels je suis tenté de donner raison, soutiennent qu'il va se perdre dans le désert. Un second torrent un peu plus considérable, le Voi, prend sa source non loin des eaux supérieures du Matété et, se dirigeant à l'est, effleure la pointe septentrionale du N'dara ; pendant la saison des pluies, seulement, il se jette à la mer, un peu au nord de Takaungou. Un autre ruisseau, venant du G-namboua, s'achemine vers l'ouest, où il est bientôt bu par les sables arides. Cette rareté de l'eau est la grande épreuve du voyage : on n'en trouve que dans des oungourounga semblables à ceux de Taro et de Gorah, ou réduite à l'état de boue dans les petits creux formés par les pluies et qui facilitent la traversée du Nyika. Par contre, la sécheresse contribue largement à éloigner les fièvres et les maladies si fatales aux expéditions africaines. Les marches y sont très pénibles, il est vrai, mais nul homme robuste n'en a cure. Et quelle différence entre l'air vivifiant et pur des plateaux élevés et celui de la côte, chargé de vapeurs pestilentielles ! Les moustiques y sont presque inconnus, et la fraîcheur des nuits assure un sommeil réparateur.

Je ne veux point quitter ce sujet sans parler de la ligne de démarcation très tranchée entre les régions de la côte et celles que viennent arroser les pluies de l'intérieur. Lors de mon premier voyage au Taveta, le ciel était encore de feu sur toute la zone côtière, et j'eus assez de mal à me procurer l'eau nécessaire à la caravane. Mais, à partir de Taro, nous vîmes partout des indices de pluies récentes; tombées par averses et disparaissant aussitôt dans le sol altéré, elles ne laissaient guère d'autres traces qu'une ou deux petites mares et le renouveau de la verdure. En mars et en juillet il pleuvait au Teita. A mon retour, en mai, la courte saison des ondées faisait rapidement place à celle des « feuilles jaunes et roussies », condition normale de la plaine environnante. De Taro à la côte nous eûmes chaque jour une bonne « trempée » ; le sol était inondé; partout circulait une nouvelle vie.

Taro n'a point de hautes collines ; je n'y vois aucun trait qui puisse expliquer le fait curieux d'une différence si marquée entre deux régions limitrophes.

Passons maintenant à « l'Olympe » de l'Est africain. Non que j'essaye, en aucune façon, de décrire cette montagne colossale. Pour moi, comme pour le guerrier massaï frappé de stupeur devant ce spectacle sublime, c'est la « maison de Dieu », *Ngajé Ngaï*.

Le nom de Kilima-Ndjaro signifie, dit-on généralement, « montagne de la grandeur »; il me semble probable que ce serait plutôt montagne blanche, le terme *ndjaro* ayant été jadis employé pour indiquer la blancheur; cette acception a vieilli sur la côte, mais on la retrouve encore chez quelques tribus intérieures. Les Oua-Tchagga n'ont pas de vocable particulier pour le mont tout entier, qu'ils désignent par ses deux massifs principaux, le Kibo et le Kimaouenzi. Les Massaï, dont les noms propres expriment toujours quelque trait caractéristique, l'appellent Donyo Ebor (montagne blanche), des neiges éternelles qui couronnent le dôme ou cratère du Kibo.

Le Kilima-Ndjaro, dans son expansion verticale et horizontale, est une énorme masse irrégulière et piriforme, dont le grand diamètre court du nord-ouest au sud-est, entrant par sa pointe la plus aiguë jusqu'au cœur du pays des Massaï. Dans cette orientation elle mesure cent kilomètres; le petit axe, à angle droit avec le premier, n'en a qu'une cinquantaine. Elle se partage, nous l'avons déjà dit, entre l'immense masse centrale du Kibo et le pic conique et moins élevé du Kimaouenzi. Vers le nord-ouest elle se rétrécit peu à peu en un long éperon, qui s'effile en hauteur et en largeur pour finir par se confondre avec la plaine massaï.

La colossale montagne, d'après Von der Decken, qui en a opéré la triangulation, atteint environ 5800 mètres au point culminant du Kibo [1]. Le versant méridional constitue

---

[1]. Un voyageur anglais, M. H. Johnston, vient de faire l'ascension du Kilima-Ndjaro par le flanc sud-est du Kibo. Après avoir passé près d'un mois dans un bivouac établi à une altitude de 3050 mètres, et malgré les terribles difficultés d'une entreprise où, abandonné de tous ses compagnons, il eut à franchir d'énormes coulées de lave et à escalader des roches glissantes et nues, il a réussi à monter à 4950 mètres. M. Johnston évalue la hauteur totale du Kibo à 5745 mètres, et celle du Kimaouenzi à 4973. (Trad.)

le pays du Tchagga, le piédestal d'où se dressent abruptement et le dôme et le pic. Cette vaste plate-forme monte de 12 à 1800 mètres au-dessus de quinze à seize kilomètres de larges pentes arrondies, et, dans sa partie la plus déclive. s'entaille de combes profondes. Riche et gracieux à l'extrême, riant et varié sous la parure bigarrée de ses plantations, ce paysage enlève cependant quelque chose à la majesté du Kilima-Ndjaro : l'œil doit franchir une étendue de plus de vingt kilomètres avant de voir le Kibo dresser ses falaises inaccessibles à une hauteur de 3700 mètres.

La base de cette énorme terrasse est presque monotone; on y cherche en vain des roches aiguës, des corniches surplombantes, des inégalités, des pointes : partout des contours émoussés; nulle opposition de lumière et d'ombre; la forme et la couleur sont effacées et ternes; ce spectacle ne parle que de force au repos, de majesté endormie, sauf quand les nuées tourbillonnent et croulent sur les flancs de la montagne, tantôt la voilant entièrement, tantôt s'éparpillant en énormes lambeaux qui jettent sur les pentes leur ombre diaprée. Tel, de la majeure partie du Tchagga, apparaît le Kilima-Ndjaro; mais, au large du vaste épaulement ouest, on voit le pur contour du volcan se dessiner dans toute sa grandeur de la base au sommet; la plate-forme du Tchagga a disparu ou, du moins, n'arrête plus le regard. Le contrefort lui-même, qui décrit sa courbe autour du pays des Matchamé, montre des traits plus conformes à nos idées sur une scènerie de montagne : une succession de gorges sombres, de roches noires, sculptées par l'érosion incessante du Kikavo, de l'Ouéri-Ouéri, du Karanga. Le Kibo se présente ici sous son aspect le plus imposant : il se dresse si rapidement au-dessus du rempart du Chira, qu'à peine les neiges peuvent s'accrocher sur sa face occidentale.

Mais c'est au nord surtout — et ici j'anticipe sur le récit de mon voyage — que le Kilima-Ndjaro se montre dans sa colossale majesté. Du grand marécage sableux et saumâtre du Ndjiri on embrasse d'un coup d'œil le massif tout

Le Kilima Ndjaro vue prise du lac Tchala

entier. Il surgit de l'arène presque plane qui a déjà une altitude d'environ 1000 mètres et s'élève, avec une inclinaison dont le profil n'est interrompu par le moindre ressaut, à la hauteur de près de 4800 mètres. Nul cône, nulle pointe n'en accidente la surface ; ni gorge, ni vallée n'en entaille les flancs. A gauche, seulement, le grand pic du Kimaouenzi montre près du sommet une ou deux échancrures formant une dépression circulaire d'où monte une pyramide arrondie aux proportions parfaites, plus semblable à l'œuvre d'un architecte qu'à celle de la nature, ennemie des lignes droites.

De ce côté se montre dans toute sa gloire le casque de neige sous lequel se dérobe la tête massive du Kibo ; au soleil des tropiques on dirait l'auréole qui, dans les vieux tableaux, s'irradie autour du visage des saints ; pour accentuer encore l'image, de longues traînées étincelantes descendent sur les flancs du mont, emplissant des couloirs formés sans doute par l'action érosive des neiges qui fondent incessamment et contre-balancent ainsi leurs continuelles ondées. Ce versant, encore plus que celui du sud, est pauvre en détails pittoresques ; rien ne vient vous distraire de la contemplation de cette majesté sereine, de cette prodigieuse grandeur.

Comme sur les rives de l'océan aux horizons infinis, on se sent envahir par une mélancolie d'abord pleine de charme ; peu à peu elle fait place à la respectueuse terreur que certaines manifestations de la nature inspirent à ses fidèles. Mais la grande mère trouve ce spectacle trop sacré pour le montrer souvent : le dieu reste presque toujours caché derrière un rideau de brumes molles ou de longues traînées de nuages. Soudain il apparaît, saluant le soleil à son lever et se baignant dans les lueurs cramoisies des premiers rayons de l'astre ; mais tout d'un coup une petite nuée jaillit, large comme la main ; elle s'étend avec une rapidité merveilleuse : en quelques secondes ce côté du ciel n'est plus qu'une étendue morne et grise. Parfois encore, le cratère neigeux du Kibo émerge des buées, suspendu dans le firmament, bien loin au-dessus de la terre; il rayonne, il jette des feux; on croit voir les cieux des cieux s'ouvrir pour révéler ce prodige de blancheur, l'image même de la pureté de l'éther. C'est certainement le plus saisissant des aspects sous lequel se présente le Kilima-Ndjaro; son vaste sommet, projeté sur le zénith comme un mirage, donne l'impression d'une hauteur énorme, et nous balbutions avec le guerrier massaï : « Voici la maison de Dieu ! » (Ngajé Ngaï).

Un trait physique des plus remarquables se dégage de l'étude du massif : aucun cours d'eau ne naît de ses flancs, sauf au Tchagga, sur le versant méridional duquel on en compte une vingtaine; ils se réunissent plus bas dans la plaine pour former le fleuve Pangani. Le Loumi et le Tzavo sourdent, il est vrai, à l'est de la montagne, mais à la *base* seulement, et déjà tout formés. Sans aucun doute, les eaux descendent de la région supérieure par des canaux souterrains. A l'ouest un tout petit ruisseau, le Ngaré N'Erobi, surgit de même au pied de la montagne. Au nord on n'en trouve pas un, soit sur les pentes, soit tout à fait en bas. Pourtant, en différents points du désert du Ndjiri, on rencontre des sources qui forment de petits étangs ou alimentent les lagunes du district.

Le Tchagga est la seule partie habitée de l'immense pourtour du Kilima-Ndjaro; sa plate-forme offre à l'agriculture un sol extrêmement fertile, et ses nombreux cours d'eau se prêtent à l'irrigation; mais on ne cultive que les parties moyennes et inférieures du bourrelet, le climat, au-dessus de l'altitude de 1500 mètres, se trouvant trop froid pour les aborigènes. La terrasse ne s'étend pas jusqu'au versant est du Kimaouenzi; elle est encore assez vaste pour se partager entre les Oua-Tchagga du Rombo, de l'Ouseri, du Kimanguelia, le Tchagga, on l'a vu, se divisant en plusieurs États minuscules, inférieurs en étendue à nombre de domaines du Royaume-Uni. Les habitants de ces divers districts vivent en lutte perpétuelle; nul rapport entre les différentes tribus; guerre au couteau partout où l'on se rencontre. Mandara, le plus fameux des chefs de la contrée, nourrit depuis longtemps d'impériales ambitions et, par le fer et le feu, travaille au moyen de les satisfaire; à diverses reprises il a pu affamer les défenseurs des territoires voisins, mais non pas les réduire; chacun garde encore son foyer et la liberté de sa montagne.

La partie nord du Kilima-Ndjaro est absolument déserte; la proximité des Massaï suffirait pour ôter à tout indigène la fantaisie de s'y fixer.

Quant à l'origine géologique de l'immense massif, il faut un effort considérable de l'esprit pour passer de la contemplation des neiges éternelles au tableau d'une période où le feu régnait ici en souverain. Le sommet où s'amasse aujourd'hui la neige, lui tissant en silence un éblouissant diadème, vomissait les roches fondues en ruisseaux de flammes, ou, au milieu des roulements de la foudre et des tourbillons de vapeurs, les lançait vers le ciel en une gerbe d'éclairs qui retombait en pluie de feu autour du gigantesque soupirail. La colossale montagne, déchirée par ce puissant travail d'enfantement, s'agitait et tremblait comme un frêle roseau sous la brise. Tout cela a eu lieu à une époque récente, géologiquement parlant : voici le cratère du Kibo, si parfait de contour qu'on pourrait le croire éteint de l'an passé; rien n'est changé sur ses versants depuis qu'une pluie de cendres en recouvrit la surface.

Essayons de nous retracer la suite des événements qui ont constitué la « grande montagne ». Le pic dentelé, les talus raboteux du Kimaouenzi révèlent le volcan d'origine qui, sans nul doute, existait longtemps avant que se montrât la moindre trace de son frère, le Kibo. Le Kimaouenzi, dès que les forces comprimées du globe se furent ouvert un passage, accrut sa masse et sa stature, ajoutant couche sur couche à sa hauteur et à son pourtour, par une succession continuelle de nappes de lave et de lits de tuf ou de conglomérat. Il semble qu'il ait versé au dehors la matière en fusion sans aucun de ces effrayants cataclysmes par lesquels des montagnes entières sont lancées dans les airs et se brisent en mille pièces, ou abîment leurs surfaces sous des fleuves enflammés : je n'ai pas vu de coulées dépassant la base du mont ou de cendres accumulées dans la contrée environnante. Partout, au contraire, les roches métamorphiques percent le sol au pied même du Kimaouenzi (E. et S.-E. du mont) et ne semblent point avoir été recouvertes de matières ignées. Tandis que ces progrès s'accomplissaient paisiblement — pour un volcan, au moins, — il était de plus en plus difficile aux agents souterrains de pousser les laves dans une cheminée devenue peu à peu si haute, et le temps arriva où leurs efforts furent contrebalancés par le poids de la colonne en fusion. Qu'on s'imagine la lutte qui s'ensuivit et le labeur acharné des gaz pour vaincre la pression! Sans doute, ils réussissaient parfois à franchir les obstacles et à s'ouvrir un passage temporaire; mais le volcan était condamné à s'éteindre ou à se chercher un nouveau soupirail. Après quelque bouleversement grandiose, une sortie fut effectuée; un autre « mont de feu » naquit, à l'ouest du Kimaouenzi. De siècle en siècle, et couche après couche, il s'éleva à la hauteur de son rival pour le dominer ensuite, mitraillant d'une grêle de pierres sa tête probablement encore couronnée de neige et menaçant de l'ensevelir sous les flots de ses laves. Et celui-ci, qui avait terminé sa vie de volcan, commençait, ainsi que toutes les choses terrestres, à se décomposer sous l'influence d'agents, bien humbles à première vue. Pluies, neiges et gelées travaillaient insidieusement mais sans relâche; peu à peu elles ameublirent et emportèrent les cendres qui formaient le cratère, minèrent en dessous les laves plus compactes et les précipitèrent au bas de la montagne : le bourbillon solide qui avait bouché l'orifice resta seul au sommet, mais arrondi et usé par les intempéries; une légère indentation marque aujourd'hui la ligne primitive du cratère. La belle courbe concave, si caractéristique des grands volcans, paraît encore de l'est et parle des anciennes et superbes proportions du Kimaouenzi.

Le sort qui l'avait atteint fut celui du Kibo. Arrivé à

une hauteur qui défiait tous les efforts des servants de Vulcain, il s'éteignit à son tour. Les forces prisonnières avaient maintenant perdu de leur énergie initiale ou bien se dépensèrent à produire de nombreux cônes parasites ou secondaires, au lieu de s'unir encore et de mettre au jour un troisième grand volcan.

Ces cônes se multiplièrent sur tout le versant méridional

Le lac Tchala

du Kibo et du Kimaouenzi, à eux fut dévolue la tâche de fortifier et de bastionner les deux monts. Ils vomirent des masses énormes de laves et de conglomérats qui, avec le temps, constituèrent ce que j'appelle la terrasse ou plateforme du Tchagga et le long contrefort qui pénètre au loin dans le pays des Massaï. Ces manifestations de la force plutonienne ont continué jusqu'à une époque relativement très récente. et les géologues trouveront dans la contrée nombre de petits cônes aussi bien conservés que s'ils étaient encore en pleine activité.

Le plus intéressant témoin de ce règne du feu est l'admirable lac-cratère de Tchala, à peu de distance de la base orientale du Kimaouenzi et à quelques kilomètres seulement au nord du Taveta. Il provient sans doute de l'une des dernières convulsions des forces ignées, et cela dans les temps historiques, car la tradition s'est perpétuée chez les Massaï d'une de leurs bourgades, construite en cet endroit et qui fut lancée dans les airs : parfois, disent-ils, on entend monter des liquides profondeurs le mugissement des bœufs, le bêlement des brebis et les autres bruits d'un village. Le lac a la forme d'un polygone irrégulier de trois kilomètres et demi de diamètre sur un pourtour un peu moindre de onze; il occupe le centre d'une petite colline à crête fort accidentée, montant, à son point le plus bas, à 130 mètres au-dessus de la plaine orientale, à 260 au plus haut, où elle s'effile en pointe. Les talus extérieurs sont formés de couches de lapilli et de tuf orientées suivant le même angle que le monticule lui-même; les berges du lac sont absolument verticales : je n'ai pu y trouver la plus petite coupure; les gens du Taveta disent pourtant qu'il est possible d'y descendre; New, son découvreur, assure s'être désaltéré à ses eaux : pour moi j'en ai fait tout le tour, et quoique, de mon naturel, je sois assez téméraire et point sujet au vertige, je n'ai aperçu aucun endroit où je me fusse risqué à dévaler.

Mes yeux ne se sont jamais arrêtés sur un spectacle plus charmant que ce petit lac, qui dort à de vertigineuses profondeurs dans les entrailles de la colline. Des masses épaisses de verdure, jetées artistement sur les falaises âpres et nues, se suspendent en festons ou courent de brousse en brousse, abritant de nombreux oiseaux qui égayent les échos de leurs chansons, froufroutent bruyamment près des nids ou se lancent comme des flèches sur les eaux noires. Des milans décrivent de grands cercles autour du bassin, ou perchent sur les arbres morts. Au delà, le pic basaltique du Kimaouenzi se dresse sur son socle de débris qui fait penser à une levée gigantesque protégeant le pourtour de quelque château fort du pays de Brobdignag [1]. De profondes cicatrices, rayonnant du sommet, entaillent les flancs de la vieille montagne, tandis que plus bas, sur le versant méridional, de nombreux petits cônes nous remettent en mémoire les dernières manifestations de l'activité volcanique. Le Tchala, très probablement, doit son origine au plus récent de ces paroxysmes. Les gaz étroitement emprisonnés dans les entrailles de la terre se seront fait sauter une issue à travers la roche solide, éparpillant dans les airs les débris qui retombaient tout autour et s'accumulaient en « anneau » de cratère. Puis, toutes les forces ayant donné à la fois, ou les conditions nécessaires pour les engendrer s'étant épuisées sous ce grand effort, le mont de feu s'éteignit aussi subitement qu'il s'était allumé; à la place des cases massaï et de leurs pâturages s'étendent les eaux profondes d'un lac à peine effleuré par les brises qui balayent la colline; le léger bruit des vaguelettes qui viennent en frapper les falaises vitrifiées semble, aux superstitieux indigènes, être les voix du village englouti.

1. La terre des Géants, dans le Voyage de Gulliver. (Trad.)

CHAPITRE VI

EN MARCHE DE NOUVEAU

Pendant mon absence le premier soin de Martin avait été de choisir un endroit pas trop rapproché du bivouac des traitants ; il fit ensuite couper le broussis et construire une case commode, avec son hangar pour les palabres. Tout autour, mais à une distance respectueuse, les hommes élevèrent leurs paillotes. Ordre sévère de balayer strictement, de ne pas laisser le moindre débris de cuisine ; jamais plus joli campement n'avait réjoui les yeux. Les Oua-Taveta furent enthousiasmés ; désormais le marché eut lieu chez nous, et tout le long du jour la place était animée de groupes pittoresques et du bruit et de la besogne des transactions.

Mandara avait expédié messagers sur messagers et présents sur présents à Martin, l'engageant à monter lui rendre visite. Mon Maltais lui fit parvenir ses excuses : il ne se souciait nullement de s'aller fourrer entre ses griffes. Le chef ne lui en voulut pas et renouvela même ses cadeaux.

Mais la disette visita la forêt ; les provisions doublèrent de valeur ; les ballots s'amaigrissaient à vue d'œil. Deux fois Katchétché fut expédié la-haut, et ses porteurs revinrent pliant sous le faix de victuailles payées à des prix dérisoires. Mandara insistait encore sur son invitation ; Martin décida d'accepter.

Il fut reçu dans le Moschi avec une somptueuse hospitalité; on tua des bouvillons; on prépara des charges de grains et de légumes. Le potentat daigna lui faire des confidences qui cadraient bien, d'ailleurs, avec mes pires soupçons au sujet de Mouhinna. Ce misérable avait inventé la nouvelle qu'un parti de Massaï croisait sur notre route, pour nous jeter entre les mains de Mandara; il avait travaillé de son mieux à éveiller les convoitises du grand chef : en sa qualité de guide et d'interprète, disait-il, tout ce qu'il pouvait était d'imaginer un prétexte pour ne pas me conduire plus loin; mais à la place de Mandara, comme il s'empresserait de se saisir du blanc et de piller sa caravane! Mandara, tout d'abord, prêta l'oreille à ces perfides conseils; il fit même mander à son aide ses alliés Oua-Kouafi d'Arousha, mais de meilleurs avis prévalurent, et il dépêcha un second exprès pour arrêter le premier. On sait déjà que, à Ngaré N'Erobi, Sadi et Mouhinna, secrètement ligués contre moi, avaient réussi à me faire dépenser en énormes hongos presque toute ma pacotille.

Mandara continua à fournir de vivres toute ma caravane. Mais mon lieutenant avait eu du fil à retordre avec nos pagazi; par bonheur, leurs armes étant confisquées, ils ne pouvaient songer à s'enfuir. Une dégoûtante maladie de peau se déclara parmi eux; de larges ulcères en rendirent quelques-uns impropres au service. Pourtant je n'avais pas trop à me plaindre, et l'excellente nouvelle vint me remonter tout à fait, qu'une grande caravane de Pangani, conduite par un fameux *mganga* (magicien) de la côte, Jumba Kimameta, était arrivée depuis quelques jours au Taveta et cherchait des recrues avant de se mettre en route pour le pays des Massaï. Je ne pus retenir un cri de joie : aujourd'hui je n'étais plus trop fier pour condescendre à fraterniser avec une troupe de trafiquants; la mienne, à la merci de mes deux coquins d'interprètes, ne faisait déjà point si belle figure!

Je ne perdis pas une minute et m'abouchai avec le magicien, homme tout petit, tout gravé de petite vérole, borgne par-dessus le marché; mais son œil unique y voyait à merveille : il m'admit à faire partie de sa troupe sur le même pied que les autres marchands jusqu'à ce que nous fussions entrés tout de bon sur le territoire massaï, et ne fixa aucun prix, se contentant de ma promesse de reconnaître ses procédés si j'en étais satisfait. J'eus beaucoup plus de peine à conclure avec ses confrères, qui se refusaient d'abord à avoir rien de commun avec un étranger. Mais, grâce à un peu de tact et à beaucoup de paroles aimables, je finis par les retourner tous, le plus récalcitrant d'entre eux déclarant que, plutôt que de me voir échouer une seconde fois, il me porterait sur ses propres épaules.

Ces nouveaux alliés me furent en grand secours pour contrecarrer les plans des deux maîtres fripons Mouhinna et Sadi. Le premier tenta un autre effort; s'entourant du plus profond mystère, il vint me trouver un soir et, la figure fort allongée, il m'assura savoir pertinemment que Jumba et les autres étaient convenus de me laisser les suivre jusqu'au premier kraal massaï, où l'on m'obligerait à payer le hongo pour la troupe entière; ensuite de quoi ils lanceraient les guerriers sur ma caravane. Par contre, si je consentais à patienter quelques jours, Dougoumbi était en ce moment en route pour le Kavirondo et me ferait passer en toute sécurité, ne demandant pas mieux que d'obéir aux ordres du sultan de Zanzibar.

Cette histoire pouvait paraître plausible; j'avais été, à part moi, quelque peu surpris de la promptitude avec laquelle nos arrangements avaient été effectués. Mouhinna l'eût certainement emporté si je n'avais d'avance lu dans son petit jeu et, par conséquent, pris le contre-pied de tous ses racontars. La tentation me vint, bien forte, de dire au traître que ses rouerles m'étaient connues, puis de le brancher sans merci; je dus me contenir, car cet homme m'était indispensable. Je me contentai de rire de son récit, de calmer ses terreurs simulées et de l'envoyer coucher. J'appris bientôt, du reste, que le voyage de Dougoumbi se réduisait à quelques journées de marche dans le pays massaï, et que lui et mon truchement s'étaient entendus pour me piller.

Séant en notre conseil, nous décidâmes ensuite de nous rendre par le Kimanguelia, le Ndjiri et le Donyo (mont) Erok à Ngongo et au lac Naïvacha. Cette route était longtemps restée fermée, par suite de l'anéantissement presque complet de plusieurs grandes caravanes dans leurs luttes contre les féroces Massaï du Lytok-i-tok et du Matoumbato; mais elle promettait aux traitants une ample récolte d'ivoire et à moi une contrée intéressante, éloignée de l'itinéraire suivi par le Dr Fischer.

Au travail maintenant! Commençons par passer les pagazi au crible! Quinze d'entre eux ne valent absolument rien : je les renvoie à la côte. En dépit de mes précautions, les huit jeunes gens de Rabaï m'avaient délivré de leur présence en disparaissant avec leurs fusils. Ma liste rectifiée donnait cent quarante hommes. Depuis Zanzibar j'avais dû en rayer cinquante-huit par suite de mort, de désertion, de maladie. Ce chiffre en dit long sur la matière première de ma caravane.

Ma pacotille comprend quarante-quatre charges de fil de fer, laiton et cuivre, vingt-deux de perles, onze d'autres marchandises, huit de cotonnade, huit de munitions, vingt ballots d'objets divers : à peu près la proportion requise pour le nombre d'hommes que j'emmenais.

Dès que Mandara fut informé de mon retour, il m'expédia des messagers et des vivres. Pour lui témoigner ma reconnaissance, je lui fis tenir des cadeaux considérables, ma batterie électrique entre autres, l'objet des désirs de son cœur : le madré personnage comprenait fort bien que la possession d'une semblable merveille établirait incontinent sa renommée de mganga émérite. Je le priais de m'octroyer en échange la montre d'or de New. Il consentit sur l'heure et me l'envoya dans le même état qu'il l'avait reçue du missionnaire. A ma rentrée au pays, j'ai eu le plaisir de remettre ce souvenir précieux au frère du voyageur.

Mandara travaillait plus que jamais à la réalisation de ses rêves d'empire; appelant à son aide le meurtre et le pillage, il essayait de conquérir la souveraineté de toute la partie sud-est du Tchagga et la forêt du Taveta. Il avait enlevé aux Oua-Tchagga d'Ouseri plus de deux mille têtes de bétail et rasé toutes les bananeraies de l'État voisin de Kiroua.

Une quinzaine de jours amena la fin de nos divers préparatifs. Le soir du 16 juillet, les caravanes réunies célébrèrent les dernières heures de leur séjour au pays de cocagne du Taveta par une bruyante *ngomma*, danse autour de deux bannières.

Une heure après minuit je fus réveillé par les gémissements pitoyables de Martin. Je sautai sur mes pieds : il tremblait à détraquer son cadre; il se sentait à la fois glacé jusqu'aux moelles et dévoré par un feu ardent. Il criait et se démenait, invoquant à tue-tête quelque saint patron de son enfance; d'abord je fus épouvanté, puis la pensée me vint que ce n'était qu'un accès de fièvre; je le raillai sans miséricorde, tout en lui administrant du thé et de la quinine. Il se figurait être à point de mort, et mes rires lui firent plus de bien que les remèdes; le lendemain matin, il n'y paraissait presque plus.

Nous quittons de nouveau le Taveta et, marchant vers le nord, campons sur les rives du Loumi, près de la base du cratère de Tchala. Les mesures prises l'autre fois sont encore plus urgentes maintenant : nos gens sont tout à fait démoralisés et savent qu'après tout déserter n'est pas impossible. Les chefs de caravane et la moitié des askari veillent la nuit entière. Grâce à ces précautions, personne ne manquait à l'appel du matin.

J'étais trop près du Tchala pour n'en pas faire l'ascension; ma fatigue fut bientôt oubliée devant la scène magique qui se déroula sous mes yeux : au premier plan, le lac; puis le Kilima-Ndjaro se dressant dans l'azur, et cette fois sans qu'un seul nuage, une seule vapeur vînt en voiler les formes grandioses.

Notre route est orientée presque vers le nord vrai, sur une vaste savane qui descend par une pente très douce de la base du Rombo au Loumi. Nombre de grandes hardes de hartebeests animent le paysage, et, de temps à autre, un rhinocéros solitaire ; mais le spectacle le plus étrange est bien la ligne continue de la caravane, traversant en file indienne les riches pâtis déjà teintés de jaune, et se dirigeant sur l'une des collines basses qui indiquent les eaux supérieures du Loumi, du Rombo, comme on l'appelle ici, d'après le district près duquel il prend sa source.

Nous arrivons soudain sur deux cents indigènes du Rombo qui remontaient de la plaine chargés d'herbes très artistement bottelées, qu'ils avaient coupées pour la nourriture de leurs bestiaux : les pâturages sont fort rares dans la montagne ; et, par crainte des maraudeurs, ces indigènes n'oseraient aventurer leurs bêtes en dehors des cases. Notre vue les épouvanta ; sans nos signes et nos paroles d'amitié, ils eussent jeté leurs fardeaux pour se sauver à toutes jambes. Ils ne portent d'autre vêtement qu'une bande de cuir large de cinq centimètres et très serrée autour du corps.

À midi, après une marche très dure, on campe de nouveau à un coude du Loumi et sous l'ombre amie d'un bouquet d'arbres. J'avais tué en route une couple d'hartebeests, et nous soupons joyeusement de côtelettes d'antilope.

Le Kimaouenzi était maintenant à l'ouest vrai et présentait un des plus merveilleux spectacles qui se puissent imaginer : les brumes légères qui le voilaient permettaient encore d'en suivre les contours ; le soleil, se couchant derrière la cime, colorait ces vapeurs de teintes vermeilles et dorées ; des myriades de faisceaux de lumière s'irradiaient du sommet du pic. Ici ma patience devait être mise à une rude épreuve : les trafiquants décidèrent d'y faire une halte de quelques jours pour acheter des vivres avant d'entrer chez les Massaï. Au matin, je sortis dans l'espoir de mettre à mal quelqu'un des rhinocéros qui abondent dans la région. La fraîcheur de la brise, la pureté de l'atmosphère, un superbe lever de soleil me remplirent d'ivresse ; j'étais prêt à sauter, à courir, à m'ébattre, de la simple joie de vivre. Et cependant — j'ai honte de le dire

— à peine étais-je sorti du camp, que je brisai le crâne d'une des plus gracieuses créatures qui soient au monde, une très belle antilope différant de toutes celles à moi connues alors. Mes remords s'effacèrent bientôt aux cris émus et à demi étouffés de Brahim : « Kifarou ! Kifarou ! » Je me retourne en toute hâte, ma carabine déjà prête, et dans la direction indiquée je vois en effet la forme monstrueuse d'un rhinocéros qui s'avance à loisir au milieu des hautes herbes. Après un rapide regard circulaire, où je me rends compte des accidents du terrain et de la direction du vent, nous nous lançons le corps penché, le cœur palpitant, pour arrêter la bête au passage ; bientôt nous ne sommes plus qu'à cinquante mètres du colosse ; il approchait toujours, le mufle presque à toucher la terre, et certainement ne nous avait pas encore aperçus. Mais, il faut l'avouer, je commençais moi-même à éprouver certaines sensations peu plaisantes et à me demander qui, du gibier ou du chasseur, était en plus mauvaise passe. — Le chasseur ! répondais-je, et je me préparais à faire feu, afin d'avoir au moins le temps de prendre la fuite. Brahim, par bonheur, ne lisait point mes pensées ; il avait une foi inébranlable dans mes talents de tireur et me supplia d'attendre : l'animal était encore trop loin ! Secoué par un tremblement nerveux, en dépit de mon humiliation d'être surpassé en sang-froid par un de mes engagés, je m'arrête, avec une anxiété indicible : mon cœur bat à se rompre ; je sens des picotements dans les doigts ; de grosses gouttes de sueur ruissellent sur mon visage, toute mon énergie s'est évaporée dans les airs : stupidement je compte les pas du monstre. Dix mètres tout au plus ! Le rhinocéros me voyait maintenant, et son regard exprimait une férocité brutale ; il semblait jouir de mon effroi et le prolonger sans merci. Je n'y pouvais tenir ! Assurant sur mon genou ma bonne petite carabine, je tire ; la balle a touché. Je rassemble mes esprits : la pesante créature tournoie sur elle-même, étourdie sans doute par la détonation ; presque aussitôt elle se remet et s'éloigne d'un pas tranquille et majestueux.

En voyant la queue de mon adversaire se dandiner à la brise, je redeviens aussi crâne que j'avais été poltron et dépêche à l'ennemi deux balles de mon « express »; je crie à Brahim de me suivre, et nous voilà détalant follement après la bête, que je ne quittais plus des yeux : patatras! je suis au fond d'un trou, le nez en compote, une jambe toute meurtrie. Je m'extrais de la fondrière avec une imprécation bien sentie, pour tomber une seconde fois, puis une troisième; mais le rhinocéros montre bientôt des signes de lassitude; je parviens à le dépasser; follement téméraire, je vire de bord en plein et lui adresse un quatrième projectile. Irrité tout de bon, l'animal court sur moi à pas de charge : j'étais précisément en droite ligne devant lui. L'idée que je vais être tué me traverse l'esprit comme la foudre; je saute en arrière, me retrouve les quatre fers en l'air, et, quoique au grand soleil, je vois briller dans le ciel des millions d'étoiles inconnues. Le rhinocéros avançait toujours. Oubliant de me dégager du buisson qui m'avait ainsi fait perdre l'équilibre, je songeais qu'il était temps de dire adieu à la vie et de pardonner à mes ennemis; le sol tremble, j'entends un bruit de brousse brisée; un corps noirâtre passe à me toucher, et je me relève ne respirant plus, mais sans blessure et tout heureux de revoir une queue houppée s'agiter à l'arrière de mon rhinocéros : il avait dédaigné de frapper un ennemi par terre. Bientôt il tombe à son tour, et moi de prendre alors une attitude héroïque et, le pied sur ma proie, de donner à ma physionomie une expression digne d'un homme coutumier de ces triomphes. Au reste, j'étais en ce moment dans les meilleurs termes avec moi-même : je venais de tirer la grosse bête pour la première fois! Brahim s'attardait sur le champ de bataille à découper les parties les plus succulentes de la victime, et je rentrai en flânant, comme si je n'eusse fait rien que de très ordinaire, quoique je fusse tout oreilles pour entendre le récit de mes prouesses, qui, très exagéré, courait déjà le camp.

Après avoir restauré « l'homme intérieur » et appliqué

prosaïquement du sparadrap sur mes écorchures, je repartis sur le soir pour essayer derechef la force de mon bras. A quelque distance du camp je découvre deux rhinocéros, l'un couché, l'autre debout. Celui-ci nous aperçoit bientôt, mais, n'étant pas sous notre vent, il se contente de renifler et de trotter en rond, comme c'est l'habitude de ces animaux quand la vue seule guide leurs mouvements. A moins de cinquante mètres je fais feu d'un des canons de ma carabine, et, tournant rapidement sur moi-même, j'envoie l'autre balle à l'adresse du voisin. Le premier courut à une certaine distance, puis tomba raide mort ; le second prit la fuite ; la nuit commençait à se faire et je n'osai le poursuivre ; je tirai sur un troisième, que je manquai, le point de mire ayant été levé par inadvertance. En regagnant le camp, j'abattis encore un zèbre. Donc ce jour-là j'avais fait passer de vie à trépas une antilope, deux rhinocéros, un zèbre et préparé une chère abondante à toute la caravane ; je me fis un devoir de goûter à mes victimes : la soupe de rhinocéros est excellente ; le bouilli pas bon du tout ; le rôti de zèbre un peu meilleur.

Les Oua-Tchagga descendaient en grand nombre, tous sur le qui-vive et prêts à se sauver à la première alerte. Les femmes portent autour des reins de petits morceaux de cuir très joliment brodés en perles du plus petit modèle ; elles ont au cou des cordons de rassade et des chaînettes de métal, aux jambes et aux bras des anneaux de fil de laiton et de fer ; peu de bracelets et de chevillières de verroterie. Ils tannent et préparent le cuir de chèvre mieux que partout ailleurs, le rendant aussi souple que de la peau de chamois ; on y laisse adhérer les poils par endroits, de manière à former des dessins variés.

Je passai les deux jours suivants à prendre des observations et à surveiller nos achats de vivres ; mais l'inaction me devenait insupportable et je ne tardai pas à repartir en quête d'aventures. Martin, enflammé par mes succès et désireux de partager ma gloire, réclama le privilege de m'accompagner. Nous quittons le bivouac assez tard dans l'après-midi et signalons au loin un rhinocéros; en contournant une colline pour le rejoindre, nous en découvrons deux autres, qui sommeillent dans la savane et beaucoup plus près. Je m'avance à pas de loup, armé de mon fusil 8-bore; Martin me suit avec la carabine. Nous nous coulons entre les hautes graminées; mon Maltais travaille de son mieux à rester en arrière; d'après l'expression de son visage, il doit avoir l'estomac aux talons. Mais je veux qu'il prenne sa part de mes périlleux triomphes et lui donne par signes l'ordre de se presser. Lentement, prudemment, je me glisse vers notre proie toujours endormie, retenant mon haleine, envahi par une émotion sans cesse grandissante et tous mes sens en éveil; l'herbe même me semblait faire trop de bruit, tandis que je l'écartais à droite et à gauche. Nous sommes à soixante, à cinquante mètres,... Martin essayant de lambiner encore, et moi de moins en moins désireux de me trouver seul face à face avec les ennemis. Quarante mètres! les rhinocéros sommeillent paisiblement; le soleil descend sur l'horizon, les ombres s'allongent de plus en plus. Sommes-nous assez près? — Un craquement m'arrête : Martin vient de casser une branche sèche : les dormeurs se reveillent; ils se redressent sur leurs pieds, tout attention. « Nous y voilà! » pensai-je, et je m'aplatis dans les herbes. Tournant la tête, je vois Martin se relever dans l'intention évidente de prendre la poudre d'escampette : je lui fais des yeux terribles. le menace du poing pour qu'il ait à se recoucher. Mais il était trop tard; ils l'avaient aperçu, et, avec un ronflement sonore, comme la locomotive qui vomit sa fumée, ils se campent dans une attitude de défi en essayant de flairer nos émanations, ces animaux paraissant ne jamais se décider sans l'aide de leurs organes olfactifs. Le vent est en notre faveur : pourtant ils se dirigent de notre côté, trottent pesamment quelques secondes, puis s'arrêtent. Que faire? Leurs mufles, orientés droit sur nous, ne me laissent viser aucune partie vulnérable; tirer au hasard serait peut-être sacrifier notre vie. Un de ces colosses était maintenant à moins de dix mètres et trahissait une vive curiosité à mon endroit. A quoi bon tarder davantage? Il faut vaincre ou mourir! Tirons! Tout d'un coup une carabine part derrière moi; une balle siffle à toucher mon oreille. Et presque simultanément, et sans effort volontaire de ma part, les deux canons de mon fusi se vident et je me trouve ignominieusement renversé sur le dos par le recul de mon arme. Recouvrant mes esprits, je me relève, m'attendant à battre bientôt un entrechat dans les airs; poum! un autre coup de feu! Mes yeux se reportent sur les rhinocéros, et j'ai la douleur, très mélangée de satisfaction, de voir les deux colosses s'éloigner, la queue vaillamment dressée, indemnes de toute blessure. Je me retourne alors, jette mon chapeau sur la terre et gesticule frénétiquement, accablant d'anathèmes l'infortuné Martin, qui, pâle comme un cadavre, tremble de tout son corps.

Voici ce qui s'était passé : dès que les pachydermes se furent réveillés, la situation devint éminemment absorbante, et j'en oubliai mon Maltais. Il n'eût pas mieux demandé que de tirer ses grègues; mais il était littéralement fasciné par les rhinocéros, les premiers qu'il eût jamais vus. Dans son émoi, et ne sachant plus ce qu'il faisait, il tira, et fort mal; j'étais à peu près en ligne entre lui et la bête, la balle me frôla l'oreille; je tressaute et relève l'épaule, écartant ainsi le bras; les deux canons partent à la fois, lançant le chasseur sur le dos et ses balles dans les airs.

Par bonheur, ce tintamarre suffit pour effrayer les rhinocéros; ils s'empressèrent de détaler; Martin, quoique à peine à dix mètres, les avait manqués deux fois. Apres avoir, à grand orchestre d'imprécations, versé les fioles de ma colère sur sa tête coupable, je reprends la route du camp, l'oreille basse, car les hauteurs environnantes étaient couronnées de spectateurs. Je me débarrasse de mons Martin et repars avec Brahim en quête de lauriers urgents à cueillir après cette déconvenue : deux rhinocéros abattus sous les premières ombres de la nuit me remettent bientôt en belle humeur. Martin se contenta désormais de chasser au fusil les pintades et autres bipèdes emplumés.

Le lendemain matin, après avoir conduit nos gens à l'endroit où gisaient mes victimes, je repars sans autre escorte que Martin et Bédoué. Nous marchons vers le sud et traversons le Rombo; un rhinocéros paraît à quelque distance; le vent n'étant ni pour, ni contre nous, nul moyen de savoir si l'on réussirait à approcher le colossal gibier; pour gagner une position meilleure, il eût fallu faire un très long détour sur la plaine découverte. A deux cents mètres environ, une bouffée de brise lui apporte quelque signe de notre présence : il pirouette lourdement sur lui-même et s'éloigne au grand trot; mais le vent change et nous est plus favorable; le rhinocéros tourne tête sur queue pour chercher où est l'ennemi : déjà nous gisions de tout notre long dans les herbes; il renifle l'air et reprend sa course; nous nous relevons et, courbés en avant, nous élançons sur la savane pour disparaître encore toutes les fois qu'il vire de bord, inquiété par le caractère incertain de nos émanations. Peu à peu nous gagnons du terrain; l'animal poussait des pointes à tort et à travers dans la direction où le vent lui trahissait l'ennemi, pour s'enfuir précipitamment dès que lui arrivaient de nouveaux effluves. Notre prudente tactique finit par nous amener presque sur lui, ravis, excités par cette singulière chasse; soudain la bête se retourne : il est trop tard pour se tapir dans les herbes. Elle a vu ses assaillants et charge sur eux avec rage. Je crie à Brahim d'armer la seconde carabine, saute sur mes pieds et me tiens prêt. Mais la bravoure du rhinocéros se trouve n'être que de la montre, car, à moins de vingt mètres des chasseurs, il abandonne la partie. Une balle lui frappe le côté avec un bruit sourd; puis une seconde; aucune toutefois ne dut pénétrer profondément, car il ne discontinua point de trotter.

Ces incidents me remettaient quelque peu de l'ennui causé par un si long séjour dans le même campement. Nos traitants ne se pressaient guère de rassembler les provisions. Le mois de Ramadan avait commencé, et, en dévots sectateurs de l'Islam, ils consacraient le jour au jeûne pour festoyer la nuit avec la plus sincère ferveur. Où pouvait-on être mieux que dans les environs charmants du Kimaouenzi, près des rives ombreuses et des eaux cristallines du Loumi? Les victuailles abondaient, et à des prix très accessibles. Où trouver de plus délicieuses bananes, des ignames, des grains de toute sorte? La rivière fournissait des poissons exquis; chèvres et moutons gras, lait, beurre arrivaient quotidiennement du Rombo, et en quantité suffisante pour satisfaire les plus voraces.

Les habitants de ce district portent des anneaux épais et fort lourds autour du cou et des poignets, plus un morceau de même métal suspendu aux oreilles afin d'en étirer le lobe. La couleur et l'aspect de ces ornements me firent d'abord penser que c'était du laiton provenant de la côte; mais, ayant eu l'occasion d'en prendre dans la main, je fus frappé du poids, qui me rappelait celui de l'or. Quelque mine du précieux métal existait-elle dans les environs? J'allai aux renseignements. Après les pluies, les Oua-Rombo recueillent dans les ruisseaux de la montagne des pépites, qu'ils fondent et qui leur donnent ce métal : les échantillons en sont assez dissemblables. Un examen subséquent montra que c'est tout simplement un bronze natif de densité exceptionnelle.

Malimia, sultan de l'Ouseri et du Rombo, m'envoya deux messagers andorobbo (les Oua-Dorobbo des Oua-Souahéli) pour m'inviter à l'aller voir. Le sang-froid et l'indifférence qu'ils conservèrent en parcourant le bivouac contrastaient singulièrement avec la mine effarée et les démonstrations bruyantes des Oua-Tchagga. Leur principale occupation est la chasse à l'éléphant; plus braves et plus fidèles que les naturels du pays, ils jouissent du privilège d'être les ambassadeurs du sultan.

Le soir du 25, enfin, j'eus la satisfaction d'entendre le premier serviteur de Jumba Kimameta avertir la caravane de se tenir prête à partir dans deux jours. Cette annonce fut suivie d'un remue-ménage indescriptible, chansons, cris, hurlements, clameurs, décharges de mousqueterie; puis des danses échevelées, un chamaillis épouvantable devant

EN MARCHE DE NOUVEAU 155

la case de chaque traitant qui jetait aux porteurs des perles et de la cotonnade, selon ses ressources ou sa générosité.

Le matin du 27, je reprenais mon voyage, heureux d'en finir avec tous ces lanternements. La contrée avait encore le même caractère : de plantureux pâturages sans arbres,

Hommes et femmes andorobbo

au milieu desquels broutaient de grandes hardes de hartebeests. Nous nous dirigions vers le nord depuis une couple d'heures, et je marchais à loisir, à cent mètres environ de la caravane, jouissant de la brise fraîche et du paysage grandiose. Songoro portait mes cartouches. La détonation de deux mousquets m'enleva à mes contemplations : un rhinocéros sommeillait dans les herbes et ne s'était aperçu de notre présence qu'après le défilé de la majeure partie de la troupe. Arraché en sursaut à sa sieste, il se préparait à nous charger. A l'ouïe de ses ébrouements, les gens commencent à lâcher pied ; les moins braves prennent les jambes à leur cou ; d'autres déploient et livrent à la brise les *komas* ou pavillons sacrés qui exorcisent les démons et les mettent en fuite. La brute pousse un renâclement formidable et s'élance, tête baissée, sur les porteurs de bannières. Ceux-ci, les hommes d'élite de toute la bande, tiennent bon d'abord, et, confiants en la vertu de leurs komas, les agitent avec vigueur. Mais une panique générale était imminente ; Mouhinna fit feu de son snider ; le rhinocéros abandonna les porteurs et courut à la tête de la caravane ; là il fit un demi-tour et se ramassa sur lui-même, l'œil farouche, prêt à fondre sur ses adversaires : c'est alors que, saisissant ma carabine, je revins sur mes pas en toute hâte ; mais je n'osai tirer, la bête étant entre les hommes et moi. Tout d'un coup elle sembla réfléchir que « prudence est mère de sûreté », et, tournant sans vergogne le dos à l'assistance, elle se mit à trotter dans ma direction. Un genou en terre, pour viser plus sûrement, j'attendais l'instant précis. La caravane entière hurlait et criait, et détournait si bien l'attention du colosse, qu'il ne me voyait point devant lui, à demi caché dans la savane. A une trentaine de mètres il oblique quelque peu. C'est le moment ou jamais ! Ma balle atteignit l'épine dorsale, pas assez directement pour la traverser, assez pour causer une paralysie temporaire. Il broncha et chancela sur ses genoux, mais, tandis que je lui dépêchais mon second projectile, il m'aperçut et, se relevant par un effort énergique, se précipita vers moi, écrasant les broussailles sous son corps monstrueux. — Où est donc Songoro ? — Je tourne la tête : mon page joue des jambes, me laissant avec ma carabine vide. Impossible d'éviter l'attaque, impossible de prendre la fuite, chaussé de mes lourdes bottes et parmi ces longues graminées. Avec de terribles imprécations je crie à Songoro de m'apporter d'autres balles, m'avançant moi-même de toute ma vitesse à sa rencontre. Le brave garçon, me voyant en danger, s'arrête et

Je lui décharge dans l'épaule le contenu de ma carabine

accourt, une cartouche à la main. Je la saisis avec une hâte fiévreuse et fais volte-face vers le rhinocéros, maintenant presque à me toucher. Mes doigts tâtonnent nerveusement autour de la platine; un siècle s'écoule avant que la cartouche soit placée, la carabine épaulée. Le rhinocéros est à cinq mètres seulement : l'imminence du péril me rend tout mon sang-froid, m'enlève tout tremblement; je remarque même que les cris des hommes ont cessé : ils restent immobiles, attendant de me voir ballotté dans les airs : il s'en faut de l'épaisseur d'un cheveu; mais j'ai fait un saut de côté; l'ennemi passe tout contre moi, je lui décharge dans l'épaule le contenu de ma carabine : me voici désarmé une seconde fois; cette balle, il est vrai, l'empêche de se retourner; ses yeux s'arrêtent alors sur le canezou blanc de Songoro, qui fuyait de toutes ses forces, il se lance à ses trousses, montrant presque aussitôt des signes de lassitude. Songoro va le gagner de vitesse! et tous de pousser des hourras à l'adresse du chasseur et du chassé! Des fusées de rires s'élèvent quand mon jeune valet de chambre, trouvant que la brute semble l'approcher de trop près, fait un demi-tour et décharge sur lui son petit joujou de revolver. Nouvelle hilarité quand le colosse abandonne la partie et s'achemine dans une autre direction. Le trot se change peu à peu en pas; le pas devient de plus en plus lent, et la caravane entière, devenue subitement brave, pourchasse la malheureuse bête et l'affole par une fusillade continue : bien peu de coups pourtant arrivent à leur adresse. Ainsi harcelée, ainsi martyrisée, elle parvint à disperser plusieurs fois ses ennemis en s'élançant tête baissée sur eux, mais la perte de sang qu'occasionnèrent mes trois balles ne tarda pas à l'achever. Je n'avais jamais vu de si belles cornes : celle de devant est longue de 67 centimètres et présente une courbe admirable.

Un peu plus loin j'abats une jolie petite antilope. A midi nous arrivons aux bosquets d'arbres énormes qui abritent les sources de l'Ouseri. On campe dans une clairière, au cœur même de cette charmante forêt.

Mon espoir de marches soutenues devait encore être trompé. Sous les plus futiles prétextes, les traitants firent ici une halte interminable, leurs visées étant de rester le plus longtemps possible dans ce pays découlant de lait et de miel. Jusqu'à présent je n'avais pas cessé de me montrer complaisant et facile à cœur joie : mais, un soir qu'ils étaient réunis en conseil, je parus au milieu d'eux, donnant l'essor à mon indignation avec une énergie suffisante pour les faire trembler de peur dans leurs souliers — s'ils en avaient eu. Ils me répondent par une volée de mensonges; avec la prodigieuse volubilité particulière à la race africaine, tous jurent être non moins pressés que moi. Un excellent effet de cette sortie fut le respect avec lequel on me considéra désormais : rien n'impressionne les gens de cette trempe comme une scène à la *Bombastes furioso* et la certitude qu'on ne les craint nullement.

Aux sources de l'Ouseri nous avons assez gagné vers le nord pour apercevoir toute la partie supérieure du Kibo, derrière le versant septentrional du Kimaouenzi : celui-ci montre sur sa face orientale une longue cicatrice ou plutôt une fente profonde descendant du bouchon de lave qui constitue le pic terminal, et dépassant la moitié de la pente. Le Kimaouenzi présente ici un très bel exemple de la courbure du profil extérieur si caractéristique de plusieurs grands volcans : il semble que l'enlèvement continuel de matériaux en dessous de la montagne ait formé de vastes dépressions dans lesquelles se sont affaissées les strates supérieures, déterminant ainsi la ligne concave de leurs flancs.

Le lendemain de notre arrivée à Ouseri, les indigènes descendirent en grand nombre. Pour contempler cette scène animée, je sors de notre campement bocager : une panique soudaine éclate parmi les Oua-Tchagga; ils détalent de tous côtés en donnant les signes d'une suprême épouvante. Je me retourne furieux vers les porteurs, leur demandant ce qu'ils ont pu faire pour effrayer ainsi les naturels : ils répondent par des éclats de rire; ma colère s'en augmente et je me préparais à les châtier d'importance, quand la pensée traverse mon esprit que je suis moi-même la cause de cette débandade : en voulant arrêter les fuyards, je ne faisais qu'accélérer leur course éperdue. La vue de l'homme blanc les terrifiait, et, tristement, au milieu des quolibets

Source de l'Ousérı

de la caravane, je retourne au bivouac pour y cacher ma tête humiliée.

Nos relations, du reste, étaient un peu tendues avec les Oua-Seri. Ils ne se montraient que par énormes groupes, se tenant toujours prêts à décamper à la moindre alerte; les nôtres, de leur côté, n'eussent pas osé quitter leur abri sinon par fortes escouades, et ce n'était pas sans raison. La dernière caravane de Panganiens avait réussi, par la plus odieuse des manœuvres, à s'emparer d'une trentaine d'Oua-Tchagga afin de venger une légère blessure infligée à un de ses porteurs ; on leur avait coupé la gorge dans la clairière même où nous étions campés. Un chef des Oua-Seri, qui s'était rendu désagréable aux traitants, fut aussi attiré au bivouac et mis à mort sans pitié.

Notre séjour fut marqué par un incident qui, dans tout autre lieu, aurait eu les suites les plus désastreuses. Les grandes herbes, déjà rôties par le soleil, furent incendiées à quelque distance au sud de notre camp, sans doute par les naturels. Un vent violent soufflait du midi ; les flammes arrivaient vers nous avec une vitesse terrifiante et un ronflement épouvantable. Avant même que nous nous fussions rendu compte du péril, le camp, du côté du terrain découvert, était complètement entouré ; le ciel s'embrasait de lueurs livides. Les singes hurlaient, les oiseaux criaient affolés de frayeur. Nos hommes, par centaines, couraient çà et là, arrachant des branches d'arbre chargées de ramée et, pour écarter les flammes, se précipitant au milieu même de l'élément destructeur ; d'autres, se rappelant que les ânes pâturaient au dehors, s'élançaient à la rescousse de leurs montures : celles-ci, déjà frappées de panique, s'enfuyaient pêle-mêle au travers du bivouac, leurs longues oreilles redressées et se heurtant aux hommes et aux choses qui se trouvaient sur leur chemin.

En quelques secondes, la terrible conflagration passait tout près de nous. La caravane est sauvée ! — Tout d'un coup, un appel suprême se fait entendre : une petite troupe campait à part, sur la lisière de la forêt ; on l'avait oubliée. Nous y courons, éperdus ; ils étaient cernés par les flammes, luttant avec l'énergie du desespoir contre les vagues de feu qui menaçaient de les engloutir. Chacun de nous se multiplie pour les arracher à la mort. Les hommes criaient et clamaient, frappant avec leurs branches sur les herbes embrasées, d'où jaillissaient incontinent des gerbes d'étincelles. Bientôt un passage est ouvert jusqu'à l'intérieur ; nous poussons un cri de triomphe.

La bataille est terminée, mais pas une minute trop tôt ; des ballots ont été anéantis par le feu, plusieurs hommes sont atteints de fâcheuses brûlures. Rien ne nous aurait préservés si nous eussions campé au milieu de la savane ; par bonheur, le bivouac était juste sur le bec formé par les ruisseaux sortant des deux principales sources de l'Ouseri et protégé par le mur impénétrable des arbres qui en couvrent les berges.

Le soir du même jour, je faillis me commettre avec un serpent des plus venimeux. Ayant besoin de je ne sais quel article placé dans une de mes caisses, je soulève d'abord quelques nippes : tout d'un coup, ma main se pose sur un objet gluant et froid ; je la retire effaré et recule instinctivement : un serpent énorme et dont je vois encore l'œil d'acier se tortille hors de la malle et disparaît sous mon cadre sans me donner le temps de saisir un bâton pour lui casser les reins. Il me laissait en souvenir toute une nichée d'œufs.

Le lendemain, quel spectacle ! Le brûlis s'étendait au loin comme un drap funéraire sur lequel se détachaient en brun les feuilles que les flammes avaient calcinées sans pouvoir les atteindre. Je tuai un hartebeest pour le repas du jour, œuvre sanguinaire que je maudis du plus profond de mon âme quand je vis la douleur de la femelle ; elle restait près de lui, partagée entre son effroi pour elle-même et sa tendresse et son anxiété pour son compagnon qui saignait et se débattait ; elle bondissait quelques pas, puis revenait, fixait sur le chasseur ses yeux si grands et si doux, et les reportait sur le hartebeest agonisant, comme si elle se demandait la cause d'une catastrophe si soudaine. Il m'eût été facile de tirer aussi la pauvre créature ; mais c'était déjà trop d'une victime : quand mes hommes commencèrent à découper le gibier, elle parut comprendre les réalités de la situation ; après un dernier et long regard, elle prit la fuite et ne s'arrêta qu'à une fort grande distance.

Le cinquième jour de notre halte aux sources, je lisais des vers dans ma tente, maudissant le sort et me demandant si jamais on en finirait avec ce piétinement sur place; quelques hommes entrèrent, hors d'haleine : à moins de trois kilomètres on avait vu un rhinocéros au pacage. Franchement, je ne tenais guère plus à aventurer ma peau pour occire une de ces brutes dangereuses, mais je me laissai pousser par les trafiquants. Je pris, comme d'ordinaire, le fusil 8-bore; Brahim portait la carabine, mon arme de réserve. Arrivé à quatre cents mètres du camp, je signale en effet une femelle et son petit; ma répugnance croissait de minute en minute, et, n'eût été la foule amassée derrière moi, je serais paisiblement retourné à mon livre. Mais quelle raison donner à ces gens? Pouvais-je leur expliquer mon idée — et je la prenais pour un pressentiment — que, si je m'approchais de la bête, il m'en cuirait pour sûr? Pouvais-je, après tant d'exploits, me laisser accuser de couardise? — Je regardais, sans le moindre enthousiasme, la mère et son nourrisson; j'essayais à part moi d'imaginer quelque excuse, de trouver quelque chatière pour m'enfuir. Enfin, plutôt que d'avouer mon trouble, je me résolus à sacrifier ma vie : j'étais absolument convaincu que cette fois j'y perdrais mes houseaux.

Les rhinocéros paissaient à loisir sur la plaine; pas un hallier, pas un buisson qui permît d'avancer sans être découvert; je dus faire un grand détour pour m'assurer l'avantage du vent et me remis quelque peu en voyant les deux bêtes s'aplatir dans l'herbe comme pour faire leur sieste. Je ne réussissais pourtant pas à me débarrasser de mes appréhensions nerveuses; je claquais des dents, le froid me gagnait; il semblait qu'on me versât des seaux d'eau glacée dans le dos. Semblables à des couleuvres, Brahim et moi glissions sans que le moindre bruit trahît notre passage, mais mes oreilles, douloureusement affinées, entendaient mon cœur battre contre mes côtes comme les coups d'un tambour; à force d'imposer silence à ma respiration, je me sentais étouffer. Si je ne secouais cet émoi, il me serait certes impossible de tenir mon fusil, encore plus de viser : pourtant le respect humain et surtout mon entêtement m'empêchaient de reculer; la conscience humiliante de ma faiblesse ne faisait que m'irriter davantage. Pied à pied, nous approchions du but : je posais, aussi loin que pouvait porter mon bras, le fusil, vers lequel je me traînais ensuite lentement, couchant l'herbe d'abord, pour prévenir le son le plus léger. J'arrivai ainsi à une quinzaine de mètres des rhinocéros ; là, à mon soulagement indicible, cet horrible tremblement nerveux qui me semblait Némésis même acharnée à ma perte, commença de se dissiper : les picotements des doigts cessèrent, les battements de cœur s'apaisaient peu à peu; je n'étais plus la misérable loque des minutes précédentes; la vie rentrait en moi. — Dix mètres. Ils ne nous avaient pas encore vus; tout à coup le petit se relève et s'agite, humant l'air et paraissant inquiet; vais-je tirer? — mais non! ses soupçons sont calmés; il se recouche et je me tapis de nouveau. Entre eux et nous se dressait un petit arbre que je considérais comme notre port de refuge; je me promettais de ne pas faire feu avant de l'avoir atteint, quoiqu'il ne fût qu'à deux mètres du rhinocéros. Les secondes nous semblaient autant d'heures, tandis que nous rampions sans bruit pour y arriver. Au pied de l'arbre, je m'arrête afin d'assurer mes nerfs et de me remettre tout à fait; j'entends le souffle de la mère. Maintenant ou jamais! le gibier est en position merveilleuse! Je me relève un peu; non sans quelque trépidation j'écarte une touffe d'herbe; j'épaule mon grand fusil, et, avec un sang-froid et une sûreté de main qui me surprennent, je vise et tire la gâchette. Un mugissement affreux me répond; je m'empresse de disparaître dans les herbes, tout en me tenant prêt à lâcher mon second coup. La balle de gros calibre pénètre dans les entrailles de l'animal, il se dresse soudain sur ses pieds, fait quelques pas contre le vent, se tourne à angle droit et s'enfuit à toute vitesse; je me relève et fais feu; puis, prenant la carabine des mains de Brahim, j'en loge le contenu dans le corps du malheureux nourrisson; tous les deux tombèrent à la fois et rougirent la savane de leur sang; les spectateurs m'acclamaient de tous leurs poumons. Après avoir vu Brahim couper la tête de mes victimes, je repars pour le camp, essayant de paraître bien au-dessus de ces petits triomphes, mais en réalité fort près de défaillir.

Les jours continuaient à se traîner, variés de temps à autre par des aventures analogues : nous ne démarrerions certes pas que le mois de jeûne — il leur plaît de l'appeler ainsi — ne fût entièrement écoulé ! Les vivres abondent; l'eau sourd à nos pieds, claire et fraîche, descendue des hauts sommets du Kimaouenzi par des torrents souterrains; les arbres de haute futaie abritent délicieusement les siestes. Le thermomètre descend à 15° et rarement dépasse 21° (centigr.). Les trafiquants prient et dorment tout le jour; au coucher du soleil commencent les mangeries. Les nuits sont admirables, au milieu de ce superbe amphithéâtre de verdure : une centaine de feux illuminent les arbres de leurs flammes rougeâtres; semblables aux esprits des ténèbres, des hommes nus passent et repassent devant le brasier; autour de la clairière, le cercle sombre de la forêt; en haut, les constellations radieuses. Deux heures après la disparition du roi du jour, une voix s'élève tout à coup au-dessus des mille bruits du bivouac; sonore et musicale, elle monte de plus en plus; le murmure cesse, les conversations s'arrêtent; une paix solennelle descend sur le campement : c'est l'appel à la prière. Chaque mot est articulé très distinctement et chanté tant que dure l'expiration; l'écho le répète dans les profondeurs silvaines, revient et s'éloigne pour le redire encore : moi-même, le mécréant, l'infidèle, je suis tenté de me découvrir avec respect; mais, des que s'éteignent les dernières vibrations de la prière, le fil des causeries précédentes se renoue; le bon mot aiguise sa pointe, la gaieté reparaît.

Le 4 août, à l'instant précis où le soleil se couchait, couronnant de gloire la tête chenue du Kibo, tous sortirent du bivouac pour examiner le ciel de l'occident; personne ne cherchait avec plus d'anxiété que moi; personne n'était plus impatient d'annoncer la fin de ce long mois de jeûne, avec ses délais et ses atermoiements : en d'autres termes, on attendait l'apparition de la nouvelle lune. J'eus l'honneur de signaler le premier sa mince courbe argentée encore baignée dans les derniers rayons de l'astre du jour : je jetai mon chapeau en l'air avec un enthousiaste « la voilà » ! Tous la virent à leur tour, et nous regagnâmes le camp au milieu des sauts, des danses, des cris de joie et des prières.

Longtemps avant l'aurore, les rigides adorateurs du Prophète vocalisaient leurs litanies : ce pieux exercice dura jusqu'à sept heures; les dévotions terminées, des feux de mousqueterie ébranlèrent les airs, à la grande consternation des indigènes. Chacun, vêtu de son plus beau costume, se mit en devoir de visiter chaque autre, de le complimenter suivant les règles et d'échanger des cadeaux. Il me fallut, pour ma part, gratifier d'un petit présent mon effectif tout entier et, vêtu d'un « complet » neuf, m'asseoir à la porte de ma tente et tenir un lever qui diminua considérablement ma modeste provision d'objets personnels.

Enfin, le lendemain 6 août, on s'occupa des derniers préparatifs : tous les traitants se réunirent et mirent leurs armes en faisceaux; quatre hommes prirent position comme pour jouer aux quatre coins; Jumba tourna autour de chacun d'eux, chantant des prières; puis les traitants récitèrent en chœur une des oraisons du Coran.

La première étape ne fut pas longue : nous marchions vers le nord-ouest sur un terrain mieux boisé, fort accidenté et montant considérablement; on fit halte près de superbes bouquets d'arbres : ce lambeau de forêt abrite les sources du Kimanguelia, qui va rejoindre l'Ouseri à l'est et former le fleuve Tzavo ou Sabaki.

La caravane se fraye une voie au cœur même d'un des massifs; les hommes s'affairent à couper les arbrisseaux afin de planter les tentes. Je prenais mes aises sur un pliant, savourant la fraîcheur de l'ombre et les délices de mon café, quand un tapage extraordinaire me fait soudain sauter sur mes pieds; je laisse tomber ma tasse et me saisis, d'instinct, de ma fidèle carabine. Nos gens s'enfuyaient éperdus, les uns escaladant les arbres, les autres se cachant dans la brousse, sous les buissons, n'importe où. L'air même semblait saturé de terreur; de tous côtés s'élevaient des clameurs étranglées par l'épouvante. Presque paralysé moi-même par ce danger sur lequel je ne pouvais mettre un nom, je ne savais où courir. Un des hommes me crie : *Bouana, bouana, mboga!* — Maître, maître, un buffle! — Un buffle et où? — Je me glisse prestement derrière un arbre, car il n'y a pas en Afrique d'animal plus redoutable ou du moins plus redouté. Mais « péril connu est à moitié prévenu », et, plus calme, je me prépare à tout événement. Un long hurlement d'épouvante vient retentir au plus profond de mon être : un homme est lancé dans les airs par un vieux taureau qui brise les halliers dans sa course furibonde; l'homme retombe; les branches crépitent et cassent sous sa chute; le buffle allait fondre de nouveau sur lui, quand, rassemblant enfin mes esprits, j'arrive à la rescousse avec quelques tireurs. Avant que j'eusse pu viser, mes compagnons dirigeaient sur lui une volée de mousqueterie qui le détourne du malheureux; à tort et à travers, il charge au milieu du camp. Au dehors, des porteurs par centaines, effarés par le bruit, ne pouvaient savoir au juste ce qui se passait : nous les avertissons, par nos cris, de se garer au plus vite, tandis que, lancés aux trousses du taureau, nous sortons du bivouac presque en même temps. Le tumulte est à son comble; les ânes affolés galopent au hasard, brayant de tous leurs poumons; un bourriquet chargé de *senengé* passe devant le buffle, qui fonce sur la pauvre bête : une seconde après, l'âne, fardeau et tout, était empalé sur ses cornes et tournoyait dans les airs comme un rat peloté par un terrier; il retombe, ses entrailles traînent sur le sol; le buffle se précipite de nouveau sur lui, il lui broie le crâne d'un coup de tête.

Le taureau s'enfonce alors dans un épais fourré que nous cernons aussitôt, donnant de la voix comme une meute de chiens. Mais chacun se tient en garde, car on connaît là-bas les ruses de ces bêtes vindicatives. Les chasseurs tirent sans cesse et sans but vers l'intérieur de la brousse ; l'animal ainsi harcelé se présentait furieux aux ouvertures du hallier et s'y réfugiait de nouveau après avoir vu ses tourmenteurs prendre la fuite.

Il fallait en finir, pourtant, et je me postai près de l'endroit d'où, le plus probablement, il s'élancerait pour une charge définitive : mon attente ne fut pas longue : un beuglement, un bruit de broussailles écrasées, puis le colosse arrive vers nous comme la foudre ; à moins de dix mètres, je le salue de ma carabine ; le coup a porté ; le buffle chancelle, mais il ne tombe pas et retourne dans sa forteresse, non sans y emporter une seconde balle.

A peu près sûrs maintenant que la mort n'est plus qu'une question de minutes, nous devisions à loisir, quand un cri effroyable vint nous arracher à notre satisfaction. Un de mes engagés se débattait sur le sol, et le taureau donnait sur lui tête baissée. Makatoubou, qui était le plus rapproché, eut la bravoure extrême de s'élancer au-devant de la bête et de lui dépêcher une balle qui le décida à rentrer sous le couvert. Notre homme était allé chercher de l'eau et revenait paisiblement sans se douter de la cause de tout ce tapage ; il passait le long du hallier quand le buffle lui courut sus et le jeta dans la poussière.

Donc, et prenant pour gardes du corps Makatoubou et Brahim, je franchis la lisière du fourré ; mais celui-ci est tellement bourré d'aiguillons, tellement enchevêtré d'épines, qu'on n'y avance qu'à quatre pattes et dans les coulées de la bête. Retenant notre souffle, et écarquillant les yeux pour essayer de distinguer l'ennemi, nous nous traînons de notre mieux, nous rendant de plus en plus compte que, si le taureau nous attaque, la fuite sera impossible. Ce sentiment ne faisant chez moi que croître et embellir, j'abandonne la partie après un quart d'heure de ces exercices. Brahim et Makatoubou, hardis jusqu'à la témérité, sont résolus à se trouver à « la mort ».

Je regagnai le camp : le malheureux qui venait de voyager dans l'espace avait la jambe démise et diverses parties du corps affreusement lacérées. Ses camarades assistaient, impuissants, à ses souffrances : sans une prompte intervention, qu'allait-il devenir? A tout le moins, il lui serait à jamais impossible de travailler. Je n'avais jamais vu réduire de luxation; toutefois, appelant Martin et l'un de mes plus vigoureux porteurs, je me mis à l'œuvre sur-le-champ; insensible aux cris du sujet et aux remontrances des spectateurs, je replaçai l'os en un clin d'œil, puis j'appliquai un bandage; m'armant ensuite d'un rasoir, je manipulai les parties blessées; je les pansai d'une façon magistrale; bref, je fus très content de mes opérations. Grâce à ma chirurgie un peu fruste, mais exhibée au moment opportun, mon homme guérit vite et ne se lassa jamais de chanter mes louanges.

Au milieu même de mes débuts opératoires, nous avions été troublés par des détonations nouvelles : une balle vint se loger dans un tronc tout près de moi; médecin, malades, infirmiers se réfugient sous les arbres; d'autres décharges ébranlent la forêt; puis le bruit cesse, Makatoubou et Brahim s'avancent triomphalement, portant la tête du taureau, trépassé à la fin des fins. Les os de la face étaient réduits en bouillie, un œil était arraché; plusieurs trous témoignaient qu'un certain nombre de balles avaient entamé les parois de la boîte crânienne sans arriver au cerveau. C'était évidemment un vieux solitaire expulsé du troupeau, et devenu « misanthrope » en conséquence. Les cornes, massives et raboteuses, disaient son grand âge; sans doute aussi il devait être presque sourd, car il resta couché dans le broussis au centre même du bivouac, avant que son réveil en sursaut le livrât aux dangereuses évolutions que je viens de raconter.

Il fallait maintenant se débarrasser des malades et les expédier au Taveta; impossible de les emporter, chargés que nous étions à en mourir : je me soumis à l'inévitable et attendis, avec la meilleure grâce possible, le retour du peloton d'ambulance.

Kimanguelia — car le campement près des sources de ce ruisseau est connu chez les Oua-Souahéli sous le nom du district tout entier — est à une altitude de 1220 mètres : un vrai brouillard d'Ecosse nous enveloppait; il bruinait presque toujours: les hommes de la côte, très sommaire-

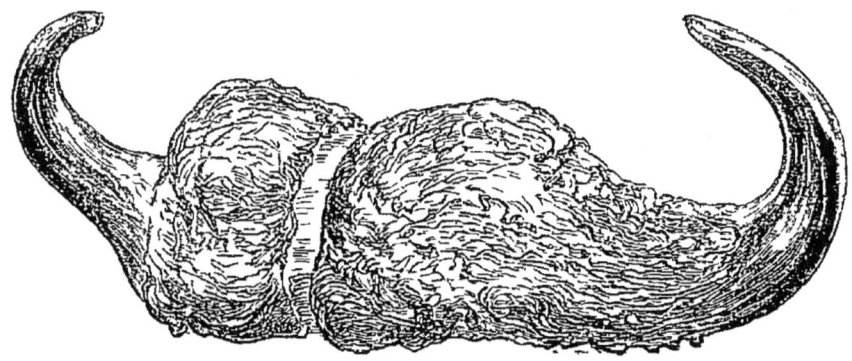

Cornes de buffle

ment vêtus, se pressaient autour des feux ou grelottaient piteusement Pendant ces quatre jours, le thermomètre dépassa a peine 18°, descendant à 10° avant l'aube; je me trouvais fort aise d'avoir un pardessus.

Cette halte forcée me permit de faire deux excursions à la base du Kimanguelia, où nous achetâmes des vivres aux indigènes qui descendaient de la montagne en nombre fabuleux. Ils n'attendaient qu'une occasion pour venger l'assassinat de leurs frères, mais nous marchions bien armés et avec une escorte respectable. Ici je manquai abattre un autre rhinocéros; pendant deux heures je courus après l'animal blessé dans des sous-bois épais où je finis par le perdre. Je ne connais point de chasse plus empoignante ou plus dangereuse! Il faut emboîter le pas du gibier par les foulées étroites qu'il s'ouvre dans la brousse africaine; le chasseur ne peut voir à deux mètres en avant; il se demande si le prochain buisson ne lui cache pas l'ennemi; il sait, de science certaine, que, si celui-ci le charge, c'est la mort, la possibilité d'arrêter un rhinocéros par une balle à bout portant étant nulle, et la fuite hors de question.

Nous étions arrivés sur les confins du territoire des Massaï et à la limite nord de la partie peuplée du Kilima-Ndjaro.

CHAPITRE VII

DU KIMANGUELIA AU KIKOUYOU

Le 10 août nos ambulanciers revinrent du Taveta, porteurs d'une lettre d'un Jumba mouengi-mouengi qui priait le nôtre de l'attendre une dizaine de jours. On assemble le conseil : je vais aux nouvelles avec crainte et tremblement ; par bonheur, elles se trouvent conformes à mes souhaits : nous allonsnous mettre en route. Disons, en passant, que cette caravane, forte de plusieurs centaines d'hommes, fut attaquée de la petite vérole quelques jours après son arrivée dans le Taveta et perdit plus de la moitié de son effectif ; le reste dut regagner la côte.

Le 11 août, donc, *quatrième* départ pour la terre qui, jusqu'à présent, se montrait pour moi « si loin quoique si près ». A leur sortie de la forêt, les traitants accomplissent quelques mystérieuses cérémonies et incantations, où des feuilles de papier bleu jouent un des premiers rôles ; puis nous nous acheminons, escortés par un épais brouillard.

La route nous conduisit d'abord — ou, pour mieux dire, nous prîmes notre route, car il n'y avait point de sentier, — par des landes très buissonneuses ; puis nous émergeâmes sur un terrain herbeux doucement ondulé, borné à l'est par de nombreuses collines coniques ou en forme de dômes. Nous montons peu à peu ; au bout de deux heures on arrive sur les pâturages massaï, dans le district redouté du Lytok-i-tok ; la caravane chemine avec une circonspection infinie ; je conduis l'avant-garde, composée des hommes d'escorte et de ceux qui comprennent le langage du pays; le gros de la troupe s'avance, aussi massée que le permet le terrain; Martin, Jumba et presque tous les trafiquants ferment la marche. Près d'un kraal abandonné, un rhinocéros coupe la deuxième colonne et provoque une débandade générale; plus loin, un de ses confrères renouvelle l'incident. De pareilles alertes étaient fort communes, pourtant nous n'eûmes jamais de blessé. On pourrait croire qu'ils poussent ces pointes par envie pure de s'amuser, car, s'ils voulaient en découdre, rien ne leur serait plus facile que de mettre à mal les porteurs frappés de panique et s'éparpillant de tous côtés. Cette habitude provient peut-être de leur tendance innée à marcher contre la brise. Presque toujours, je l'ai remarqué, le rhinocéros venait d'être brusquement réveillé de sa sieste dans les hautes herbes, sous le vent de la caravane. Les effluves de tant de créatures inconnues le font se dresser soudain, et il se rue en aveugle au milieu d'elles, tellement ahuri par les hommes criant et courant en tous sens, qu'il ne peut se choisir de victime. J'en ai vu un lancer vivement dans les airs un ballot abandonné par les fuyards.

Nous traversons un petit courant près du vieux kraal; un peu plus loin on campe sur les rives d'un autre, le Kamanga ou Ngaré Rongei (rivière étroite). Le gibier abonde; je tuai deux buffles et suivis ensuite, mais sans le moindre résultat, un troupeau d'une soixantaine de girafes.

Le Kamanga coule vers l'est et contourne de loin les monts du Kyoulou pour rejoindre le Tzavo; notre bivouac est à 1400 mètres au-dessus du niveau de la mer. Nous avons atteint le point culminant du contrefort qui part de la base du Kimaouenzi et va mourir au nord du bassin du Tzavo. Cette nuit, le vent descendait glacé des sommets de la grande montagne et le thermomètre marquait 10° C.

Le lendemain, étape fort courte; on campe près d'un petit ruisseau; le gibier se multiplie : rhinocéros, girafes, zèbres, élans (*bucephalus oreus*), gnous, antilopes de

Grant (?), hartebeest, pallah, autruches, hyènes ; des buffles en grand nombre se cachaient dans les fourrés. On me sert une omelette d'œufs d'autruche ; à peine si le goût la distingue des autres.

Le bassin du Tzavo, qui se déroule au nord-est avec ses mornes coniques, ses savanes, ses traînées de forêt jusqu'à la belle chaîne du Kyoulou dans l'Ou-Kambani, rappelle de fort près, sauf sa luxuriante végétation tropicale, le panorama qu'on voit du village de Mandara, la plaine du Kahé, fermée à l'horizon par les monts Sogonoï.

La marche recommence à travers un paysage de même caractère. Je tue deux zèbres et un gnou, très précieux appoint pour le garde-manger, nos hommes étant beaucoup trop chargés de marchandises pour emporter des vivres en quantité suffisante. En cinq heures de descente on gagne le terrain plat qui s'étend à perte de vue dans la direction du nord-est. Nous passons brusquement de la lisière de la forêt qui couvre les bases de l'éperon aux rives d'un petit étang ; je suis stupéfait d'y voir antilopes et zèbres littéralement par milliers ; impossible, pourtant, de se faire l'idée d'une plaine plus aride et plus poudreuse : ce lieu est connu sous le nom de Maragoa Kanga, ou camp des pintades.

Ici nous entrons de nouveau en rapport avec les Massaï. et je ne saurais dire toute mon admiration pour le sang-froid avec lequel trois ou quatre de leurs anciens font leur entrée dans nos quartiers, après les meurtres nombreux commis sur le personnel des caravanes et qui avaient amené l'abandon de cette route. Pas plus tard que l'année précédente, près des monts Kyoulou, des guerriers de ce même clan s'étaient jetés, sans provocation aucune, sur un convoi de traitants qui allait de l'Ou-Kambani au Taveta, et, dans la nuit profonde, avaient égorgé une quarantaine de porteurs. Et maintenant leurs vieillards se présentaient chez nous, dans toute leur dignité de maîtres de la création : ils savaient trop bien que nul n'a le bras assez long pour les punir ! Quels échantillons superbes de la race massaï ! Leur taille, admirablement prise, atteignait près de six pieds; leurs manières aristocratiques me remplissaient d'étonnement. Ils nous octroyèrent le salut calme et froid de la tribu et se mirent à conter, avec les détails les plus minutieux, que de leur kraal ils avaient entendu tirer des coups de fusil : croyant à une attaque des Oua-Kamba, ils étaient sortis en reconnaissance et avaient trouvé nos empreintes, les empreintes d'une caravane; mais la vue de pas extraordinaires — les miens — les avait grandement surpris. Ils glissèrent très vite sur les causes de la longue interdiction de la route, une vraie bagatelle, un rien ! les étrangers ne devaient pas en vouloir à leurs jeunes guerriers de s'être amusés quelque peu aux dépens d'une poignée de méchants pagazi : il faut bien se faire la main ! La jeunesse est la jeunesse ! on ne peut l'empêcher de jeter sa gourme ! — Telles furent les excuses présentées par les barbes grises. Au surplus, ils étaient enchantés de revoir les traitants, leurs jeunes filles commençant à se plaindre de la rareté des fils de métal, des perles et des chaînettes. Nos interprètes répliquent tout aussi longuement : ils font connaître le but de notre voyage, assurent que nous désirons la paix et voulons oublier le passé; mais, si on l'attaque, la caravane ne sera pas en peine pour se défendre : elle est accompagnée d'un illustre lybon blanc. Ce tout-puissant magicien n'aurait qu'à lever le doigt pour livrer la contrée à la famine et aux épidémies : qu'on se le tienne pour dit ! De nombreux orateurs prennent part au débat qui, du commencement à la fin, se poursuit avec une gravité digne de tout éloge.

Nous apprenons avec un soulagement indicible que la jeunesse du Ndjiri tout entier est en ce moment fort affairée à razzier le bétail, qui dans l'Ou-Kambani, qui du côté de la mer, qui dans le Kavirondo. Quelle chance inespérée, non seulement au point de vue des escarmouches probables, mais aussi de l'économie qui allait s'ensuivre pour nous !

Les jours suivants, notre route nous conduisit à travers la vaste plaine du Ndjiri, qui est, de toute évidence, le lit d'un ancien lac : elle est située à une altitude de 1000 mètres et étend son niveau, à peine relevé çà et là, du Kilima-Ndjaro au sud, jusqu'au Matoumbato au nord ; des monts Kyoulou à l'est, jusqu'aux collines du Guaso N'Ebor (rivière blanche) à l'ouest. Depuis mon depart de Mombâz j'ai eu l'occasion de décrire bien des variétés de scènerie : la jolie contrée alpestre de Rabaï ; les ondulations du Dourouma sous leur épais manteau de brousse et de lianes ; le funèbre désert du Nyika ; le Teita et ses montagnes ; le paradis sylvain du Taveta ; le superbe panorama du Tchagga ; les savanes du Sigirari et du Ngaré N'Erobi. Il semble que cette énumération comprenne toutes les formes de paysage que puisse nous offrir une région aussi restreinte. Cependant, sous certains aspects, la plaine du Ndjiri ne le cède pas au Kilima-Ndjaro lui-même, moins la solennité des grandes cimes planant au-dessus des nuages.

Nous voici au milieu même de l'ancien lac : près de nous, pas un arbuste, pas une graminée ne vient reposer les yeux de la vue monotone du sable humide et boueux, imprégné de sels et réfractaire à toute végétation. Çà et là quelques nappes miroitantes s'entourent d'une étroite bordure d'herbe ou donnent la vie à une poignée d'arbres malingres et d'arbustes épineux. D'autres taches vertes, roselières ou papyrus, indiquent des marais. Ces marais, ces étangs, sont formés par des sources surgissant du sol, toutes chargées de matières salines qu'elles déposent par évaporation : de vastes espaces se recouvrent d'une croûte de natron et de salpêtre d'un blanc éclatant, efflorescences des sels laissés par les lagunes de la saison humide. On croirait voir de loin des tapis de neige éblouissante, des lacs d'eau cristalline ; sous les rayons du soleil ils étincellent comme de l'argent bruni ; une brume spectrale traîne sur cette terre les longs plis de son voile ; le mirage y projette ses fantasmagories. Au travers de ce chatoiement verdâtre transparaissent les contours indécis de l'effrayante masse du Kilima-Ndjaro, la pyramide du Mérou, les pics jumeaux du Ndapdouk, les cimes assombries du Donyo Erok.

Le gibier multiplie à foison sur cette terre, pourtant si aride et si désolée. La girafe broute les arbres et les arbustes ou découpe sur l'horizon ses formes bizarres si bien en harmonie avec le paysage et qu'on dirait, comme lui, empruntées à une autre planète ; le gnou, cette bonne bête à figure de diablotin furibond, gambade lourdement ou galope avec une raideur disgracieuse à travers la plaine de natron ; de longues files de zèbres cheminent vers quelque lointain pâturage ; les hyènes se glissent dans leurs repaires après s'être gorgées de charogne ; les lions, satisfaits de leur chasse nocturne, proclament le bien-être de leur estomac par des rugissements que répète l'écho. L'air s'élève des sables, humide et surchauffé, et produit les plus surprenantes illusions : les tigrures de la robe du zèbre s'agitent et ondulent comme une trembleuse électrique ; peu à peu la brume s'épaissit à l'horizon et voile les montagnes les plus basses. La brise matinale, chargée des vapeurs de la mer, vient frapper le Kimaouenzi et, refroidie sur ses roches sourcilleuses, lui abandonne une partie de son humide fardeau ; elle passe au Kibo, le recouvre d'un linceul de stratus, et la « maison de Dieu » disparaît à nos regards.

La nappe d'eau recouvrant autrefois cette plaine aura probablement fourni les éléments nécessaires pour engendrer les forces volcaniques qui ont elevé la grande montagne ; celle-ci se sera éteinte en même temps que le lac se transformait en lagune ou plutôt se desséchait complètement. Pas une rivière, pas un torrent ne descend du versant nord du Kilima-Ndjaro ; mais, il n'y a point à en douter, les neiges du Kibo alimentent les sources nombreuses de la plaine ; les marais et les étangs qu'elles forment n'ont point de déversoir, l'évaporation suffisant à maintenir l'équilibre. On y trouve des hippopotames et certaines espèces de poisson habituées à hanter la vase.

Pendant la traversée du Ndjiri nos hommes épuisèrent complètement leurs vivres et, sans ma bonne carabine, il aurait fallu se serrer le ventre. En trois jours je tuai trois zèbres, trois rhinocéros, quatre pallahs, un waterbock,

Le Kilima-Ndjaro vue prise de la plaine du Ndjiri.

deux chacals et plusieurs pintades. Une fois, m'avançant à pas de loup pour tirer une antilope, je tressaillis d'épouvante en me trouvant à toucher un léopard ; non moins affairé que moi à épier la proie, il ne s'était pas aperçu de mon approche : le fauve se retourne en grondant et me montre deux séries de dents menaçantes et terribles. Je saute vivement en arrière, le croyant déjà à mes trousses ; par bonheur il ne s'avisa point de profiter de ses avantages, et, avant que j'eusse recouvré mes esprits et mis ma carabine au point, il s'était éclipsé.

Le 17 août, nous campons près d'un étang saumâtre où jaillissait une source d'eau pure. Pour la première fois, je voyais des Massaï en assez grand nombre ; la scène rappelait les descriptions bien connues de la Terre des Somalis ou des Gallas : des vieillards, des femmes, des enfants conduisant à l'aiguade de grands troupeaux de bêtes grasses. Je me divertis fort des façons insolentes avec lesquelles les gamins massaï, même les plus petits, chassaient les porteurs de la caravane, les obligeant à déguerpir jusqu'à ce qu'ils eussent fini ; et nos Zanzibariens, qui ailleurs font les matamores, subissaient ces indignités en silence et courbant le dos.

Nous ne vîmes ici qu'un petit nombre d'anciens ; ils nous extorquèrent pourtant quatorze senengé, quatre pièces de cotonnade, cent cinquante fils de perles. A force de dextérité, je parvins à photographier quelques femmes ; mais ce triomphe faillit exciter une dangereuse échauffourée ; on crut que je voulais les ensorceler. Les vautours et les milans parcouraient nos quartiers en quête d'ordures et de débris de cuisine ; les cigognes à marabout pullulaient : j'en tirai une ; des clameurs assourdissantes m'avertirent de mon imprudence ; ces oiseaux sont regardés comme sacrés ; avec les vautours et les hyènes, ils servent de fossoyeurs ou plutôt de tombeaux aux Massaï, qui exposent leurs morts et ne les enterrent pas.

Il me fallut aussi cacher mon théodolite. L'apparence bizarre, le mécanisme étrange de cet instrument excitaient de telles alarmes, que les naturels en vinrent à des démonstrations hostiles : Jumba et les autres traitants me suppliaient d'ailleurs de ne point m'exposer, et eux tous avec moi, à voir la route fermée de nouveau.

Le soir, tous les hommes regagnèrent leurs kraals; les femmes restèrent en grand nombre au campement, sans que leurs maris parussent en éprouver la moindre inquiétude. Toute la nuit, les lions et les hyènes n'interrompirent point leur sabbat, nous serrant de si près qu'on les apercevait distinctement dans les ténèbres.

Le lendemain, au bout de deux heures de marche, la contrée commence à s'élever; des roches de gneiss rouge affleurent le sol dans l'orientation du nord; il est clair que nous quittons l'aire d'éruption dont le Kilima-Ndjaro est le centre, pour rentrer sur les terrains métamorphiques: nous retrouvons la maigre flore du Nyika.

Le soir, pas d'aiguade ; on campe dans un kraal abandonné.

Le caravane repart avant le coucher du soleil, franchit un éperon peu élevé et débouche dans la petite plaine du Ngaré-na-Lala (eau grande ou marécage), qui occupe la base méridionale du Donyo Erok (montagne noire) et, s'étendant en un vaste palus, va se perdre dans le désert. Le Donyo Erok est une masse imposante dont le versant sud se dresse en muraille abrupte. Le Ndapdouk, que d'ici on voit à l'est, paraît autrement pittoresque sous le double piton qui le termine.

Nous voici maintenant dans la partie la plus dangereuse du pays des Massaï. On entoure le camp de la plus formidable des bomas : on distribue les sentinelles ; nul ne doit sortir seul et sans armes, ni s'éloigner du bivouac. Cette halte nous prit plusieurs jours, les traitants ayant à acheter des bouvillons pour leur cuisine et des ânes pour emporter les provisions et l'ivoire qu'ils comptaient acheter dans le district même, car les caravanes n'avaient pas battu la région depuis nombre d'années. La lutte à qui d'entre eux aurait les bourriquets amenés était pour moi une joie perpétuelle :

que de douces paroles chacun versait dans l'oreille des dames à peau brune, heureuses propriétaires de la bête convoitée! Comme chacun leur glissait dans les mains des verroteries aux vives couleurs. de fines chaînettes, pour les persuader de la vendre à lui. pas à un autre! Et quelle course au clocher quand un de ces intéressants animaux apparaissait dans le lointain! Les traitants. alors, de trous-

Femmes massaï du Ndjiri.

ser leur robe et de s'élancer pêle-mêle, sans souci de leurs années et de leurs cheveux gris, chacun criant à l'ânier de lui reserver sa bête, lui montrant de riches cadeaux ou les largesses préliminaires dont l'acceptation établit que l'affaire est conclue Et, s'il laissait voir quelque hésitation, quelle bousculade! les uns saisissaient la corde qui retenait l'âne et le tiraient en tous sens; les autres posaient des mains violentes sur ses oreilles ou ajoutaient de nouvelles ignominies à son humble destin en le prenant par la queue. Son possesseur lui-même est poussé loin de son trésor, assourdi par les cris de « Shoré! Shoré! » (ami! ami!), assiégé par ceux qui le supplient d'accepter les fils de perles qu'on lui jette au cou, qu'on essaye de fourrer dans sa main ou de passer autour de ses bras. Pour moi, calme et paisible au milieu de ce remue-ménage, j'entrais en pourparlers avec la fille de Mbaratien, le célèbre lybon, et mes madrigaux qui, malheureusement, perdaient beaucoup de leur grâce en passant par la bouche de mon interprète, l'entortillèrent si bien qu'elle voulait même me faire cadeau de son bourriquet.

Le bétail était rare, et les prix se maintinrent fort élevés. Moubinna et Sadi remplissaient leurs fonctions avec tant de négligence, que la famine eût décimé ma troupe si je n'avais lié grande amitié avec Al-Héri, traitant d'origine massaï : Kombo Nguishou (le maître de beaucoup de bœufs), de son premier nom, avait été volé à ses parents, puis emmené à la côte et vendu comme esclave; c'était aujourd'hui un gros marchand, digne de toute confiance. Al-Héri et son confrère Moran, massaï comme lui, me permirent de me passer de nos deux coquins et me donnèrent sur leurs compatriotes de nombreux renseignements.

En dépit de leur assistance, il me devenait de plus en plus difficile de nourrir mes gens, et je dus me remettre en chasse. Quatre rhinocéros, une girafe, quatre zèbres, quatre antilopes furent abattus en six heures autour du Donyo Erok. Nous y vîmes des buffles et de nombreuses empreintes d'éléphants. Le même jour, un chasseur de la côte en avait tué un; il mesurait 3^m,10 aux épaules, et les deux défenses pesaient ensemble plus de quatre-vingt-dix kilogrammes. Mes exploits nous économisèrent un ballot et plus de marchandises, et, pendant quelques jours, sustentèrent nos hommes et la moitié des Panganiens.

Deux jours après, je gravis le mont lui-même, dont la cime doit s'élever à près de 1800 mètres. J'y tuai deux élans et fis connaissance avec une antilope sans cornes, le *ndopé* des Oua-Souahéli; depuis, je ne l'ai retrouvée qu'une fois. La partie supérieure du Donyo Erok est couverte de bons pâturages où les Massaï mènent leurs bestiaux; çà et là, seulement, on voit des lambeaux de forêt.

Le 24 août, et ravitaillée de son mieux, la caravane se remet en route à la cinquième heure du jour seulement, les auspices pris par Jumba ayant averti qu'il serait dangereux de s'acheminer plus tôt. Ce retard fut marqué dans ma mémoire par une querelle furibonde entre Martin et Makatoubo ; le sang méridional du premier, le caractère mal équilibré du second les emportèrent tous deux ; l'Africain saisit son revolver, et l'affaire prenait une fort mauvaise tournure, mais je m'emparai de Martin, ordonnant à Brahim et aux autres de pousser leur compatriote dehors. Les adversaires finirent par se calmer, et la bataille n'eut pas de suites.

Notre route, orientée presque vers le nord vrai, passe au pied du versant est du Donyo Erok, sur une terre aride qui se recouvre d'épaisses forêts d'acacias aux formidables épines. Les Massaï, guerriers y compris, se font de plus en plus nombreux, et nous avançons avec des précautions infinies. Après une courte étape on campe sur les berges d'un ruisseau, le Ngaré Kidenoï, où la précédente caravane avait été presque entièrement anéantie. Nous sommes maintenant dans le Matoumbato ; les naturels qui l'habitent donneraient une très fausse idée de la superbe race à laquelle ils appartiennent : grâce peut-être aux mouches et à la poussière, les fléaux caractéristiques de la région, ils louchent pour la plupart, et leur physionomie en prend une expression singulièrement cauteleuse.

Vols ou tentatives de vol deviennent des incidents de toutes les heures. En pleine marche et au moment où l'on s'y attend le moins, quelque batteur d'estrade fait une pointe sur la charge d'un pagazi et essaye de la lui arracher, ou, au milieu même de la caravane, se saisit d'un paquet posé par terre et s'enfuit à toutes jambes ; souvent il manque son coup, mais je ne me lassais point d'admirer la façon humble et presque agenouillée dont les trafiquants se défendent de ces avanies. — Règle absolue, le larron pris sur le fait n'a rien à redouter : on lui retire simplement l'objet dérobé et il s'éloigne sans autre punition que les rires de ses camarades ou les railleries des engagés.

A Ngaré Kidenoï j'eus à rester perpétuellement en scène comme le plus grand. le plus puissant des lybons, tenant entre ses mains les clefs de la vie et de la mort. Cette renommée me préservait de beaucoup d'ennuis, mais aussi me plaçait dans les positions les plus comiques et les plus embarrassantes : un jour, par exemple, un Massaï de fort grand air. déjà sur le retour, se présente accompagné d'une femme jeune et fort jolie. Après m'avoir gratifié d'une œillade amicale, il appelle Sadi et m'annonce par son entremise qu'il vient me consulter pour une affaire des plus graves. Je les introduis chez moi et ferme la porte. La physionomie du personnage se fait de plus en plus solennelle; la dame baisse les yeux en minaudant; Sadi riait sous cape; je commençais à me sentir mal à l'aise : venait-il me proposer une de ses épouses? — Le vieillard avait été vivement impressionné par ma vue, ravi de ma couleur; sa femme, elle, était absolument sous le charme : n'ayant pas de secrets l'un pour l'autre, ils s'étaient confié leur admiration pour ma personne. Quelle joie s'il leur naissait un fils qui ressemblât au sorcier! J'étais un grand lybon, expert en œuvres de haute magie, je saurais bien leur donner une médecine qui produisît cet effet!

Je fus, on peut le croire, aussi surpris qu'amusé par cette requête extraordinaire : je parvins cependant à garder mon sérieux. « Satisfaire ces vœux, lui répondis-je gravement, était au-dessus de mon savoir; c'était au Dieu du ciel qu'il fallait demander une semblable faveur! » Le vieillard ne se laissait point convaincre : sa femme contemplait le sol d'un air fort contrarié; moi-même je me sentais perdre patience. — « Certainement, disait mon visiteur, prier le Ngai de là-haut, cela ne peut faire de mal! » mais dans le cas présent le lybon leur inspirait encore plus de confiance : ils avaient des ânes et des taurillons pour me payer cette précieuse médecine, mais, si je n'accédais pas à leur désir, on verrait bien que le lybon blanc n'était qu'un méchant sorcier, et madame, pour sûr, ne me pardonnerait jamais! Je consentis à cracher sur eux libéralement et abondamment, ma salive passant ici pour douée des vertus les plus souveraines. Sous cette pluie de faveurs, ils commencent à se dérider, tout en réclamant avec insistance quelque charme spécial. Une idée lumineuse me traverse le cerveau : justement, ma santé laissant fort à désirer, je m'étais prescrit un verre de sels laxatifs d'Eno : un spécifique unique ! Je triple la dose, je prépare le breuvage pétillant : ils l'ingurgitent avec une religieuse émotion. Pourtant ils conservent quelques doutes. Mais je recrache sur eux avec une généreuse condescendance et les reconduis poliment, après avoir gratifié la belle solliciteuse de mes plus jolies perles pour le futur bambin à peau blanche. Puis je prends congé et regagne ma tente, me soulageant enfin par des accès de rire frénétique et par quelques pas de gigue écossaise, à la grande épouvante de Songoro, qui me croyait devenu fou.

La contrée que nous traversons après avoir quitté le Ngaré Kidenoï se montre de plus en plus tourmentée et stérile ; à notre gauche se dressent les nombreux petits mornes du Mbarasha. Il faut, pour se procurer à boire, creuser des trous profonds dans le lit desséché des torrents : à peine si un brin d'herbe verte vient reposer nos yeux brûlés par ce sol d'un rouge cru : comment peuvent y vivre tous les troupeaux que nous voyons ?

Les aiguades étant très rares et les pluies peu fréquentes sur les terres basses, les naturels, dans la saison sèche, émigrent aux plateaux plus élevés ou sur les chaînes de collines. Mais le pourtour du Donyo Erok fait partie du petit nombre de districts qui, d'un bout à l'autre de l'année, ne se dépeuplent pas entièrement : on trouve de l'eau dans les ruisseaux qui s'écoulent de la montagne, et un certain nombre de Massaï ne quittent pas le pays, quoique la plus grande partie transhument avec leurs bestiaux.

Le gibier avait presque entièrement disparu : il me fallait acheter trois bouvillons par jour. Ce n'était pas chose facile, vu la concurrence des traitants panganiens, capables de toutes les bassesses, et très versés en outre dans les façons de faire des naturels. Kombo-Nguishou et Moran m'assistèrent encore; ces marchés sont une corvée éreintante : d'après la règle qui préside ici à toutes les transactions commerciales, on ne vous livre un bœuf qu'au bout de deux heures de discussions enragées. Le Massaï crache enfin sur sa bête; nos gens accomplissent la même cérémonie sur les rouleaux de fil de métal ou les paquets de perles : l'affaire est conclue; on n'en souffle plus mot.

L'expectoration, il faut le dire, joue dans ce pays un rôle très différent de celui qui lui est assigné ailleurs. C'est une marque de grande estime, d'affection, de profond respect; elle remplace avec avantage les discours les plus éloquents : cracher sur une jeune fille est autrement flatteur pour elle que l'embrasser; vous crachez sur votre visiteur quand il se présente, vous l'honorez d'un jet nouveau quand il va prendre congé. En ma qualité de lybon de la plus belle eau, les Massaï accouraient vers moi, comme de pieux pèlerins autour d'une source vénérée, et avec l'aide de quelques lampées j'étais toujours prêt à les satisfaire : plus copieuse la fusée, plus profonde leur joie; ils rapportaient avec orgueil à leur famille les preuves indubitables de l'honneur que leur avait fait le magicien blanc. Quand les clients se multipliaient par trop, ma gorge se desséchait, et je devais garder dans ma bouche des cailloux ou des balles pour stimuler la sécrétion du précieux fluide; mais leur foi dans l'efficacité du remède me donnait le courage de surmonter mon ennui. Comment, par exemple, résister aux prières muettes des beaux yeux d'une *ditto*? N'étais-je pas récompensé par le regard brillant de gratitude lancé par la brune beauté quand je réussissais à atteindre le petit nez présenté si gentiment?

A part ces intermèdes, nous n'étions pas souvent en fête. A Seki, par exemple, un âne volé à un guerrier fut acheté par un homme de la caravane. Reconnaissant son bien, le Massaï appelle ses amis, et, sans plus de cérémonie, fait main basse sur l'animal. — A l'instant, les cris de « Boundouki! Boundouki! » (aux fusils!) courent par le bivouac, en quelques minutes quatre ou cinq cents porteurs sortent du camp tout armés et se rangent en cercle autour des disputants. Partout ailleurs, en Afrique, une semblable démonstration eût déterminé un sauve-qui-peut général, mais cette poignée de guerriers resta calme et presque indifférente; ils se contentèrent de lâcher l'animal en litige et de baisser quelque peu leur ton. Les palabres s'engagèrent alors pour se terminer par une transaction acceptable par les deux partis.

Le 30 août nous sommes à Becil, près d'une chaîne peu élevée, derrière laquelle apparaissent les monts Oulou. Je fus témoin, en route, d'un duel entre deux rhinocéros : ils courent l'un sur l'autre à la manière des taureaux. L'un finit par prendre la fuite, poursuivi par son adversaire, dont il recevait à l'arrière de terribles coups de tête qui le soulevaient en l'air et lui faisaient pousser des cris semblables à ceux d'un porc. Si absorbés étaient-ils par la lutte, qu'ils passèrent devant la caravane sans même paraître la voir; mais le vainqueur, ayant expulsé son rival du champ de bataille, tourna son attention vers nous et chargea vivement nos porteurs; les hommes se dispersèrent comme un troupeau de brebis, et il regagna tranquillement ses pénates.

Ce ne fut pas le seul des incidents de la journée; d'abord on nous filoute un ballot au beau milieu du campement; deux traitants, armés de couteaux, se disputent un morceau d'ivoire; la nuit, à notre barbe, une hyène enlève une chèvre. Becil est situé à une altitude de 1450 mètres et sert de frontière entre le Matoumbato au sud et le Kapté au nord.

Une étape de premier ordre nous conduit ensuite vers le nord, au noullah de Tourouka, sur des pâtis onduleux, parsemés de kraals, déserts maintenant par suite des récentes incursions des Oua-Kamba : ceux-ci commencent à prendre l'offensive et à razzier à leur tour le bétail des Massaï. Avant d'arriver au camp, nous entrons dans un défilé qui descend au ruisseau de Tourouka par une pente douce et un excellent sentier formé dans la suite des siècles sous les pas des bêtes à cornes.

Le lendemain, on continue de remonter la gorge, et, une heure après, la caravane émerge sur un immense désert qui déroule son énervante monotonie jusqu'aux collines du Ngourouma-ni et du Mossiro ; en arrière de celles-ci s'élèvent les masses formidables et noires du Mau, le rempart des hautes terres du Guas-Nguishou. A l'est on n'aperçoit qu'un sombre et sourcilleux escarpement de lave, courant du nord au sud en ligne à peu près droite et formant une muraille parallèle au Mau. L'un et l'autre marquent les deux grandes failles entre lesquelles la plaine étendue devant nous s'est affaissée à son niveau actuel, laissant les falaises gigantesques du Guas-Nguishou et du Kapté dresser leurs parois menaçantes et nues. La ligne orientale de fracture est quelque peu variée par la présence de petites collines coniques, dont, même de si loin, on constate sans peine l'origine plutonienne : elles se sont élevées sur la zone de plus faible résistance qui a permis une sortie comparativement facile aux forces emprisonnées. Plus au nord, une chaîne latérale de montagnes pittoresques vient se souder à l'ouest de l'escarpement. Le désert, qu'on nomme le Doguilani, est presque partout privé d'eau, et peuplé seulement à la base des falaises, où les petits ruisseaux descendant du haut pays permettent à l'herbe de pousser. Le formidable rempart à droite est le Donyo Erok el Kapté (le mont noir du Kapté). Il nous fallut chercher l'eau bien loin dans l'admirable gorge du Ngaré Souré, excavée dans les laves à plusieurs centaines de pieds de profondeur.

Deux étapes nous amènent au district de La Doriak, dont l'aspect fait songer à la plus superbe des baies ; l'aire, plate et unie, est partout entourée, sauf à l'ouest, par un splendide amphithéâtre de montagnes. Le Donyo Kisali en défend l'entrée d'un côté, le Donyo Ndjiro de l'autre. Nous y campons au milieu d'un concours des plus déplaisantes circonstances que nous eussions encore rencontrées : le sol tout entier se hérisse de blocs aux vives arêtes, sertis dans les plus détestables des buissons épineux : comme ces fâcheux qui vous prennent par le bouton, ils vous accrochent. vous arrêtent, vous transpercent; les Massai apparaissent en nombre extraordinaire et proportionnellement insolents et désagreables; des myriades de mouches, dont

Gorge du Ngaie Soure dans le Kapte.

les agissements rappellent ceux de la tribu qui les sustente, nous agacent et nous importunent; les ingurgiter avec nos aliments ne me semble pas une vengeance suffisante de leur persistance acharnée. Deux hommes postes derrière moi pendant le repas avaient charge de les eloigner; j'en avalai pourtant plus que de tout autre mets; la chaleur était insupportable; les naturels ne nous laissaient pas une minute de repos; en dépit des bomas, en dépit des piquants de la brousse dont on hérissait chaque tente, en dépit des sentinelles en armes, ils firent main basse sur quantité d'objets. Makatoubou, exaspéré, prit son revolver et tira sur un des larrons, heureusement sans l'atteindre, ou il s'en fût suivi une échauffourée qui n'eût peut-être pas tourné à notre avantage. Des taurillons à demi sauvages rompirent leurs liens et coururent affolés à travers le camp, renversant tout ce qui se trouvait sur leur route; cris et clameurs remplissaient les airs; il me semblait revenir au chaos.

Nous quittons La Doriak avec un extrême empressement et faisons, par le lit d'un torrent, l'ascension de la chaîne latérale, dont le sommet s'élève à plus de 1850 mètres; on descend ensuite dans l'étroite vallée d'un second ruisseau, qu'on remonte jusqu'aux sources; puis, à la nuit tombante, nous campons au fond d'une combe, au pied du Lamouyou, un des monts du Kapté. En route j'avais tué quatre rhinocéros et m'étais fort diverti à voir l'un d'entre eux disperser nos gens à droite et à gauche avant qu'une dernière balle lui donnât le coup de grâce.

La nuit fut mauvaise : pas de bois de feu; la pluie commença au coucher du soleil; le vent, descendant du plateau, balayait le vallon avec rage, enlevant toute énergie aux pauvres porteurs campant à la belle étoile. Vers minuit cependant, la tempête fit mine de se calmer. Sous l'abri de sa tente, mon bon ami Jumba était glacé jusqu'aux os, et je dus lui octroyer une de mes couvertures autrichiennes.

Chacun dormit la grasse matinée; puis on s'achemina vers le nord; une ancienne sente de bétail nous conduisit sur le plateau de Kapté, dont les grandes lignes rappellent presque un paysage européen; les dépressions de sa vaste surface ondulée se remplissent d'herbages plantureux montant jusqu'au genou et où je reconnais le trèfle familier. Les chaînes basses sont couvertes d'arbres de moyenne grandeur, à physionomie plutôt tempérée que tropicale, mais parmi lesquels de superbes calodendrons du Cap avec leur dais de corolles splendides viennent me parler de l'Afrique. Entre les bouquets de bois, des fourrés épais d'arbustes, piqués de fleurs éclatantes et parfumées, servent d'asile aux grands troupeaux de buffles et de viandis aux éléphants et aux rhinocéros ; des hardes d'élans, de hartebeests, de zèbres et d'autruches pâturent sur les pelouses. On signale un rhinocéros paisiblement endormi. Je me coule vers la bête avec les précautions accoutumées et en repassant par ma série habituelle de sensations désagréables : il me semble que des mille-pattes rampent le long de mon épine dorsale ; mon cœur bat la chamade ; mes yeux sont près de sortir de leur orbite ; mon souffle s'arrête ; je me sens suer du sang. Puis, à l'instant même où commence le danger réel, mes nerfs redeviennent d'acier et mes muscles de fer. A quelques mètres du gibier, je vise en silence et rapidement : le coup éveille les échos ; je m'allonge dans les herbes comme un lièvre. L'énorme bête se ranime, se dresse sur ses pieds, ouvre des yeux hagards ; un jet de sang coule de ses narines comme l'eau d'une fontaine ; elle fait quelques pas, puis tombe raide morte : la balle avait traversé le poumon.

Une heure de marche nous amène ensuite à un charmant retrait entouré de crêtes couronnées de bois et au fond duquel bouillonne une source cristalline ; plus loin elle s'épanche en un étang où nagent des canards et où reposent des lis d'eau dans toute leur jeune beauté. C'est Ngongo-a-Bagas, « l'œil » du Bagas, un des ruisseaux dont la réunion forme la rivière Athi de l'Ou-Kambani ; un second, plus important encore. Je rencontre vers l'est ; comme le Bagas, il est déjà dans toute sa force quand il jaillit de la base du versant oriental du Donyo Lamouyou.

Je n'ai point encore décrit la routine quotidienne de nos étapes : règle invariable, tout le monde est en route avant que le soleil ait franchi l'horizon. Aux faibles lueurs de la première aube, ou plus souvent à la voix des coqs nombreux qu'emporte la caravane, je m'élance de ma cachette, plonge mon visage dans l'eau fraîche et m'installe en plein air pour déjeuner; les askari arrachent les piquets de la tente, plient le lit de camp, préparent ce dont on aura besoin dans la journée : à peine la teinte cramoisie de l'aurore disparaît-elle qu'on donne le signal du départ.

Je prends la tête de l'avant-garde. Nous sortons du bivouac, aspirant à pleins poumons l'air salubre et pur du matin. On marche d'un pas relevé; on se dispute gaiement la première place sur la route. Mais l'enthousiasme décroît à mesure que monte le soleil; les faibles et les paresseux commencent à tirer la jambe; de temps en temps on les voit poser leurs ballots, sous le fallacieux prétexte de les mieux arrimer. Chaque halte doit être courte, car je ne souffre pas de traînards : chacun sait, au surplus, que s'il se permet de fermer l'œil sur un des côtés de la route, il risque de se réveiller embroché par une pertuisane massaï. Je prends mes relèvements et autres observations; je fais mordre la poussière à quelque grosse bête, buffle ou rhinocéros, et préserve la caravane en même temps que je remplis ses marmites. Certes on reconnaît le sauvage quand on voit nos hommes se précipiter sur le gibier comme des hyènes et, à coups de langue ou de couteau, se disputer les parties tendres et grasses. Des estafilades plus ou moins profondes en sont souvent la conséquence; il faut remettre l'ordre dans cette meute hurlante en brandissant le bâton.

Deux heures après on s'arrête pour laisser à la longue file des porteurs le loisir de se masser près de nous : l'air est maintenant plus chaud, et les naturels commencent à sortir de leurs kraals. « Shoré! shoré! » (Ami! ami!), nous crient-ils de tous côtés. On me salue du nom de lybon; je réponds par un son inarticulé signifiant que je suis tout oreilles. « Gousak! » (Ta main!); nous nous donnons une bonne secouée. « Sobai? « (Comment va?). — « Ebai! » (Bien!). « Jogon? » (Entends-tu?). Vient ensuite ce mot, l'objet, la fin de toute la conversation : « Mashetan! » (Un fil de perles!); j'obtempère à la requête du robuste mendiant. Avec plus de plaisir, et en y ajoutant un sourire, nous accueillons les jolies ditto par la salutation réservée ici pour les femmes : « Tagouenya ! » — « Eo ! » répondent-elles.

Vers midi nous arrivons tous ensemble au lieu marqué pour le campement. Chaque traitant se choisit une place, non sans des courses furibondes à qui s'assurera l'abri des

Femmes massaï du Kapte

plus grands arbres ou le sol le moins embroussaillé. Le premier qui atteint le but établit son droit en plantant en terre son fusil ou tout autre objet : personne, désormais, ne le lui dispute plus. A cet ouvrage, Mouhinna ne boudait point : il semblait connaître d'instinct le coin le plus ombreux, le réduit le plus confortable et trouvait toujours le moyen d'y préceder les autres. Chaque marchand, alors, d'empiler ses ballots et de les recouvrir de peaux et de tapis pour les garantir des yeux scrutateurs et des doigts crochus des

Massaï. On pose les sentinelles, et nos gens s'occupent de construire la boma. Hache et fusil en main, ils font choix d'un certain nombre d'acacias épineux; chacun tient à portée son arme fidèle tandis que l'arbre gémit sous les coups, se brise et tombe sur le sol; on en coupe les branches, on les traîne en chantant en cadence jusqu'aux lignes marquées. Martin commande la manœuvre; je monte la garde près de notre pyramide de bagages, la surveillant de fort près, tout en me soumettant aussi gracieusement que possible à l'inspection des visiteurs; puis je me restaure d'une tasse de café, presque toujours en société de Jumba, qui a le don d'arriver au moment opportun.

Les el-moran accourent maintenant par bandes, resplendissants sous une nouvelle couche d'argile et de graisse; leurs grandes lances étincellent au soleil; ils ont remis à neuf les enluminures de leurs boucliers. A quelques pas de l'enceinte, chaque peloton s'arrête pour exécuter diverses évolutions, car ils ont quelque teinture de l'art militaire et connaissent l'importance de la discipline et des manœuvres en commun. Puis ils plantent leur pique en terre et y appuient leurs boucliers : un guerrier sautille en avant; le corps raidi, les bras collés sur les flancs, les genoux tendus, il bondit en hauteur un certain nombre de fois, baissant brusquement la tête de temps à autre, de manière à se cacher le visage sous les longs cheveux qui lui couvrent les épaules. Pendant qu'il se démène ainsi, ses camarades entonnent un chant de bienvenue à l'adresse de ceux qu'on se prépare à rançonner; le contraste de l'extrême sérieux de leur physionomie avec les contorsions de leurs traits est d'un comique au-dessus de tout essai de description; on passe ensuite aux affaires. Les principaux orateurs des deux partis échangent des salutations compliquées, puis on entame une très longue discussion sur le tribut à payer. Quand la question du hongo a été traitée et conclue, notre estacade est terminée et nous sommes à l'abri des dangers réels, quoique au début seulement de contrariétés de toutes sortes. On dresse les tentes; chacune est entourée de son rempart d'épines, laissant un étroit passage gardé par deux sentinelles ; par leurs façons courtoises et leurs paroles aimables, nos askari cherchent à mitiger les horreurs d'une invasion massaï. Mais lequel d'entre eux oserait porter sa main hardie sur un de ces fameux guerriers, quand il lui passe par la tête de visiter l'homme blanc et toutes ses appartenances et dépendances ! Il écarte violemment les soldats ; il entre en se dandinant et d'un air : « Ah ! te voilà, camarade ! » il envahit mon sanctuaire et bientôt prélasse son corps mal odorant et revêtu de graisse sur mon lit ou sur tout autre objet répondant à ses idées de confort. Cérémonieux, même dans ce sans-gêne, il me salue alors, puis me demande des perles. Je les lui donne avec empressement, espérant m'en débarrasser plus tôt. Enfin, après avoir exhibé aux yeux de ce fils de la nature toutes les merveilles de ma personne et de mon logis, je parviens à le congédier ; il s'en va, laissant derrière lui de fâcheux souvenirs de sa présence. Impossible de dire toutes les indignités auxquelles je fus forcé de me soumettre : s'il leur avait pris fantaisie de me frapper sur la joue droite, j'aurais dû tendre la gauche en souriant et obéir litteralement au précepte de l'Evangile. Grâce à ma réputation de sorcier, cette humiliation suprême me fut épargnée, mais du matin au soir je restai sur la sellette, toujours prêt à verser mes perles dans la main tendue des guerriers. Personne dans le camp n'osait quitter son fusil ou exposer le moindre objet à leur vue, et on allait chercher l'eau ou le bois par troupes nombreuses. De temps à autre, un grand tumulte s'élevait : au centre même du bivouac, un Massaï s'emparait de tel ou tel article, puis s'enfuyait à toutes jambes. Incidents rares, en somme, car on faisait bonne garde ; mais nul n'eût osé punir le larron ou l'expulser du campement.

Au coucher du soleil pourtant, les guerriers regagnent leurs villages ; on fortifie la poterne, on distribue les sentinelles. On peut maintenant poser le fusil, allumer les feux, préparer les repas. Les langues se délient, l'entrain renaît, chacun respire à l'aise. De temps à autre, les voix se taisent soudain; quelque Massaï en maraude est interpellé par les veilleurs, ou l'on tire un coup de fusil pour l'effrayer; les rumeurs et les bruits du camp atteignent leur maximum trois heures après le coucher du soleil; puis, l'un après l'autre, les porteurs, lassés de la marche, harassés par les soucis incessants de la journée, s'étendent sur le sol, l'estomac bien rempli; les hurlements, les rires horribles des hyènes, un rugissement de lion, des cris de chacal traversent la nuit claire et froide.

Ngongo-a-Bagas marque la limite méridionale du pays de Kikouyou, dont les habitants passent pour les plus incommodes et les plus intraitables de la région. Aucune caravane n'a encore osé s'y aventurer, tant les forêts y sont épaisses, tant les naturels en sont pillards et sanguinaires. Ils convoitent ardemment parures et cotonnades, toutes les belles choses qu'on leur porterait de la côte, mais n'ont jamais su résister à la tentation de dépouiller le traitant ou de lui planter dans le corps une flèche empoisonnée. Qui les pourrait poursuivre? Eux seuls connaissent les sentiers de l'impénétrable sous bois. Sur les frontières mêmes, à peine si une caravane entre en rapport avec eux sans que le sang vienne à couler, et, quoique les trafiquants leur aient parfois infligé de sévères leçons — à Ngongo notamment, où le massacre fut terrible, — ils brigandent plus que jamais. Leur territoire occupe un triangle dont la base a près de soixante-quinze kilomètres et s'étend depuis « l'œil » du Bagas jusqu'au point du plateau qui domine le lac Navaicha. Sa plus grande longueur est d'environ cent trente kilomètres, le sommet du triangle appuyant sur le versant méridional du mont Kénia. Le Kikouyou est situé juste au midi de l'équateur; formant une grande ondulation du plateau du Kapté et du Lykipia, son prolongement septentrional, il embrasse une région forestière s'élevant à une altitude de 1850 à 2800 mètres, et où dominent des genévriers énormes et les podocarpus, superbes conifères; le sol est étonnamment fertile. Les nombreux ruisseaux qui l'arrosent vont former le Kilaloumi ou rivière de Dana. Maïs, patates douces, ignames, cassave, canne à sucre, millet y croissent en quantités qui semblent inépuisables. Dans mon voyage de retour je trouvai à Ngongo une caravane de quinze cents hommes pour le moins ; elle y séjourna un mois et emporta des vivres presque pour trois ; pourtant les prix, ridiculement bas, n'en furent pas affectés.

Les Oua-Kikouyou sont apparentés aux Oua-Kamba par le dialecte et par les mœurs, mais la race est loin d'être aussi belle. Les jeunes gens des deux sexes suivent de loin les modes massaï, quoique les odeurs qu'ils entretiennent autour de leurs personnes par l'usage de la graisse et du noir de fumée nous remémorent plutôt les Oua-Teita. Leurs guerriers portent le bouclier et une petite lance, le casse-tête, le simé, l'arc et les flèches. Les Massaï ont fait d'inutiles efforts pour pénétrer dans leur forêt. Chose curieuse ! la guerre au couteau reste permanente entre les deux peuplades, et les femmes circulent librement, confiantes dans la coutume qui interdit de les molester : on voit les ménagères massaï allant faire leurs emplettes dans un village kikouyou, pendant que leurs fils et leurs frères sont à quelques pas de là, engagés dans quelque lutte mortelle. De même, les dames de l'autre bord apportent leurs corbeilles de grains dans les kraals et les troquent en paix contre des peaux de bœuf. Les huttes du pays sont coniques et en forme de ruches ; leurs habitants doivent mener une vie bien dure dans ces hautes régions où, dans la saison sèche, la température oscille entre $0°$ et $32°$; à la saison des pluies elle varie entre 10 et $35°$, mais l'excès de l'humidité fait paraître ces deux extrêmes beaucoup plus froids et beaucoup plus chauds que pendant les mois de sécheresse. Des orages de grêle violents et terribles ne sont pas rares : plus d'une fois les caravanes exposées à leur furie ont vu succomber une partie notable de leur personnel.

Au campement de Ngongo, notre premier soin fut de nous mettre en défense à la fois contre les Oua-Kikouyou et contre les Massaï du Kapté, presque aussi redoutables ;

il s'en trouvait un grand nombre à quelque distance vers l'est. Une simple boma ne répondait plus aux exigences de la situation ; au milieu de la nuit, les indigènes auraient pu lancer leurs flèches par-dessus la palissade. Il fallut préparer un solide rempart de troncs d'arbres. Pendant que la moitié des hommes creusaient le fossé nécessaire, on expédia les autres à la forêt avec leurs fusils et leurs haches ; des patrouilles parcouraient le voisinage. Une couple de jours suffirent pour enclore l'espace de cinq arpents d'une formidable estacade, renforcée de rameaux entrelacés.

Ce travail terminé, nous essayons de lier connaissance avec les Oua-Kikouyou, car les vivres sont en baisse ; depuis près d'un mois, nos gens n'ont vécu que de gibier sans sel ; des symptômes de dysenterie se montrent dans la caravane et m'effleurent aussi quelque peu. Mais il n'était pas facile de communiquer avec les maîtres de la forêt ; les Massaï affluaient au camp et les empêchaient de descendre, quoiqu'on fût convenu d'établir le marché à une certaine distance. Une querelle eut lieu, où tombèrent plusieurs guerriers ; bref, nous nous vîmes contraints d'aller nous-mêmes aux emplettes.

On organise donc une forte escouade dont je prends le commandement, et nous partons pour cette expédition un peu hasardée, car, dans les dédales de la forêt, les flèches des Oua-Kikouyou vaudront bien nos fusils. Je traverse une des plus charmantes régions sylvaines que j'aie jamais eu l'heur de contempler : des routes larges de trois à six mètres pénètrent sous le couvert dans toutes les directions, absolument nettoyées de brousse et de lianes, tapissées de trèfle et de fin gazon si doux aux pieds ; des deux côtés, des arbres à feuilles persistantes, des calodendrons splendides, une profusion d'arbrisseaux fleuris qui remplissent les airs de parfums ; çà et là ces sentiers s'ouvrent sur un parc superbe, sur de jolies clairières qu'animent des hardes d'antilopes et parfois des troupeaux de buffles aux sombres couleurs. Partout des signes du récent passage de bandes d'éléphants. Ces routes m'intriguaient fort ; si larges, si régulières, si droites, elles ne pouvaient être l'œuvre de la nature ; on m'apprit qu'elles étaient formées par le continuel va-et-vient du bétail massaï d'un pâtis à l'autre, sur la lisière de la forêt.

Après une couple d'heures de la plus circonspecte des marches au milieu de ce lacis de chemins, on arrive à l'en-

Campement a Ngongo

droit où doivent se trouver les Oua-Kikouyou. En réponse à une tonnante décharge de mousqueterie, des centaines de naturels paraissent soudain à nos yeux,

.... Et de chaque foule
Sortait un noir guerrier armé pour la bataille

Évidemment ils nous avaient suivis depuis notre entrée dans la forêt, épiant nos manœuvres et attendant l'occasion de nous courir sus. Ils nous entourent en foule, mais nous montrons les dents et ils se hâtent de battre en retraite. Ma troupe se masse au milieu de la clairière, où je l'organise sur le champ : tant d'hommes pour traiter des emplettes ; tant pour transporter les vivres à la station centrale ; une moitié montera la garde et se tiendra prête à tout événement. On nous déroba bien quelques menus objets ; une ou deux paniques se produisirent parmi les Oua-Kikouyou ; rien de grave, par bonheur, et nous pûmes retourner au camp, chargés de toutes sortes de bonnes choses.

Ce premier pas franchi, le reste alla de mieux en mieux. Les femmes — jamais les hommes — apportaient fréquemment leurs denrées à la lisière de la forêt ; elles essayaient d'attirer nos insouciants porteurs dans ses profondeurs ombreuses, établissant chaque fois le marché un peu plus loin que la veille. Si désespérément stupides étaient-ils, si grande leur rage d'acheter, que, laissés à eux-mêmes, ils auraient mordu à l'hameçon et qu'un massacre s'en fût suivi. Mais je mis bientôt terme à ces imprudences en ce qui concernait mes engagés, et Jumba fit de même pour ceux de sa caravane.

Le 8 septembre, on a entendu des cris d'éléphants dans une partie assez rapprochée de la forêt ; je pars, emmenant pour escorte une petite bande d'hommes éprouvés. Nous enfilons en silence une coulée ouverte dans le sous-bois par ces animaux ; si nous avons quelque remarque à nous communiquer, un léger sifflement appelle l'attention des camarades, puis on télégraphie par signes ou par clignements. Le demi-jour de la feuillée, nos mouvements furtifs, le soin que nous mettons à écarter la brousse, notre sensitivité morbide à chaque vibration de l'air, à chacune des formes entrevues, une tension nerveuse excessive, les périls de l'entreprise, me donnent une fièvre ardente, me fascinent singulièrement. On cheminait ainsi depuis une demi-heure, quand nous fûmes électrisés par un bruit étrange, produit, nous semblait-il, dans notre voisinage immédiat. Immobiles comme des statues, retenant notre souffle, la main levée pour enjoindre le silence, l'oreille tendue du côté d'où vient le son, nous échangeons des regards anxieux : le mot « tembo » (eléphant) jaillit à la fois sur toutes les physionomies. On redouble de précautions, on inspecte les fusils ; chacun se prépare à l'épreuve. Impossible de rien distinguer à un mètre en avant ; l'ouïe seule pouvait nous guider, mais la forêt se taisait de nouveau; pourtant, nous ne devions pas être loin de la bête! Tout attention, nous cherchons à saisir quelque indice de sa présence, puis nous nous reglissons au milieu des foulées, l'œil en feu, nous arrêtant de temps à autre pour tâcher d'apercevoir dans la pénombre la victime tant désirée. Ce bruit, encore! tout près, et cependant on n'entend pas se briser les branches ou se relever en sifflant les gaules recourbées. L'attente est insupportable; après nouvel échange de grimaces et de gestes, on se remet à ramper; pouce à pouce on se coule sur la sente : le cri se répète, à moins de quelques mètres cette fois; nul autre signe ne nous vient éclairer. Nos yeux, agrandis par l'inquiétude, essayent de pénétrer les fourrés; nous prêtons de nouveau l'oreille, mais pour percevoir seulement les battements précipités de nos artères; de grosses gouttes de sueur nous ruissellent du front et des joues. Soudain un horrible miaulement me fait monter le cœur aux lèvres : un léopard bondit, presque sous notre nez. Avec une exclamation de fureur, et aussi de soulagement. car je ne pouvais plus tenir à cette incertitude, je me relève en toute hâte, mais trop tard : le félin avait disparu dans le broussis.

Quelque peu honteuse de s'être laissé berner ainsi, la petite troupe reprend le sentier de la guerre : à peine avions-nous fait un bout de chemin, que de terribles craquements de branches, comme sous le passage d'un troupeau entier d'éléphants, viennent nous bouleverser encore : mes vaillants compagnons se cachent derrière les arbres ou se mettent en devoir de les escalader; je reste seul à tâcher de discerner, au milieu des échos de la forêt, dans quelle direction il me faut chercher l'ennemi. Tout d'un coup un rhinocéros débouche du hallier, et, sans me donner le temps de faire feu, gagne le fourré voisin, soufflant, renâclant, s'ébrouant, une vraie locomotive se préparant au départ. Nous essayons vainement de le suivre, et, quoique leurs fumées se montrent de plus en plus nombreuses, les eléphants eux-mêmes continuent à briller par leur absence ; nous retournons au camp, l'oreille un peu basse.

De jour en jour, la situation allait s'améliorant ; les Oua-Kikouyou nous vendaient des vivres en abondance ; les Massaï amenaient bœufs, ânes, moutons et chèvres, égayant quelque peu la monotonie de notre existence par leurs sempiternelles tentatives de vols et leurs chants, leurs danses, leurs manœuvres militaires quand ils arrivaient pour toucher le hongo ; leurs taurillons à demi sauvages rompaient leurs entraves et galopaient endiablés par le camp ou filaient au dehors comme des flèches, entraînant à leur suite les tireurs, qui les tuaient à coups de fusil. Makatoubou se signala dans ces chasses par la rapidité de sa course et surtout son adresse au revolver d'ordonnance.

Un de mes hommes, porté disparu depuis Touroukou, nous fut ramené par un el-moroua. Il l'avait arraché à un guerrier qui, ayant découvert le pauvre diable imprudemment resté en arrière, se préparait à l'embrocher de sa bonne lance, suivant les us et coutumes de ces jeunes héros. Par contre, Kilimali, un de nos porteurs, mourut, lui quatrième, de la dysenterie. Les chasseurs oua-souahéli tuèrent une couple d'éléphants : deux fois je voulus essayer ma chance et ne vis pas même la queue d'un.

Somme toute, la vie à Ngongo ne fut pas trop désagréable ; le paysage en est ravissant ; les incidents journaliers nous tenaient en haleine ; et, derrière notre formidable enceinte, nous pouvions défier Massaï et Oua-Kikouyou. De longues causeries avec les plus respectables de mes « confreres » m'aidaient à tuer le temps ; le soir était consacré aux observations astronomiques ou à la lecture de quelque poète. La température, il est vrai, montait souvent à plus de 32°, quoique un peu modifiée par les brises ; mais les nuits étaient délicieusement fraîches, parfois à 4° avant le lever du soleil ; j'ai même vu le thermomètre à 0° : une course de trente-deux degrés en quelques heures.

Dans une de mes chasses j'eus le plaisir de faire connaissance avec ces jolis singes que les naturalistes nomment *co-*

lobus guereza. Ils se distinguent par deux bandes de longs poils blancs qui courent sur les flancs et se rejoignent au-dessus de la queue, blanche aussi et, chez les mâles, encore plus touffue que celle d'une brebis. Les fils soyeux de cet éblouissant manteau ont plus de 30 centimètres sur les côtés, 45 à la racine de la queue. Le reste du pelage est noir, court, velouté. Ce charmant animal, purement arboricole, ne se trouve que dans les forêts épaisses. J'en ai emporté des peaux du Kilima-Ndjaro et du Kahé.

Un repos de deux semaines avait refait ma troupe. Les traitants de Pangani, pourvus de trois mois de vivres, les chargeaient sur les nombreux ânes achetés aux Massaï. Ma modeste douzaine de bourriquets ne me permettait que d'en prendre pour une vingtaine de jours ; encore mes hommes durent-ils ajouter à leurs fardeaux de quoi nous sustenter la première semaine : ils le firent sans broncher. Nos gens s'y résignaient surtout par suite de leur aversion pour une nourriture exclusivement animale ; quel pas immense, pourtant ! Si, au départ de Rabaï, je leur avais demandé d'augmenter leur charge d'un seul jour de vivres, ils eussent déserté au premier kilomètre. Outre cette provision de millet, de fèves et de maïs, j'avais une vingtaine de bœufs et quatre chèvres : huit jours de rations de viande.

Le 20 septembre fut consacré à un solennel « sadaka », ou sacrifice pour se concilier les dieux et soulever les voiles du destin.

Les exercices religieux du susdit sadaka consistent à festiner de bêtes grasses et à se régaler des meilleures choses du pays, en chantant ou en récitant certaines prières. Des auspices particuliers, cérémonie sans laquelle aucune caravane de Pangani ou de Mombâz ne consentirait à lever le camp, désignent le jour faste, l'heure propice pour le départ. Le résultat de ces pieuses pratiques établit que le vendredi (leur jour sacré) on se mettrait en route à la quatrième heure, et les hommes de Jumba vocalisèrent à la ronde le ki-nyamouezi (avertissement) d'usage, afin que chacun eût à se tenir prêt.

CHAPITRE VIII

LE LAC NAÏVACHA

Certes il eût mieux valu partir à temps pour gagner une aiguade, chercher un campement sûr et se construire une forte boma; par malheur, d'après le coup d'œil de Jumba dans le livre du destin, nul ne devait quitter Ngongo avant que le soleil eût franchi le quart de sa course. A ce moment précis, la caravane s'achemine vers le lac Naïvacha.

Nous nous dirigeons au nord-nord-ouest par un sentier battu sous les pieds du bétail à travers l'immense forêt. Il s'élève en pente raide jusqu'au sommet d'une chaîne ondulée d'où la vue s'étend à l'est sur la vaste plaine de l'Athi, que ferment les monts Oulou. Déjà les naturels fourmillent sous les ombrages. Ces frais asiles bocagers ne disent rien qui vaille. L'oreille au guet, l'œil ouvert, nous songeons aux flèches empoisonnées qui peuvent pleuvoir de derrière les branches. Toutes les demi-heures, l'avant-garde s'arrête pour attendre le gros de la troupe. L'après-midi on arrive à une dépression circulaire, une jolie mare d'antan, maintenant desséchée. Les guides avaient compté y trouver de l'eau : il fallut quitter la route directe et entrer au cœur même de la forêt pour gagner un étang dont on connaissait la proximité fâcheuse d'une tribu d'Oua-Kikouyou. Les traitants se lamentent sur les longues heures perdues le matin; on se presse, on court, chacun veut le premier découvrir cette eau précieuse, chacun surtout veut s'emparer de quelque couvert sous lequel il puisse se garantir d'une attaque nocturne, malheureusement trop certaine.

A la nuit tombante nous sommes sur les rives d'une charmante nappe d'eau, alimentée par de nombreuses fontaines : sans souci du salut commun, chaque trafiquant se choisit une bauge où il se blottit, abrité par la brousse; ceux qui ne trouvent rien se massent autour des plus heureux; personne n'ose rester dans l'espace découvert. Règle générale, tous les marchands et chefs de caravane doivent se placer avec leurs hommes de manière à former une enceinte complète, au centre de laquelle on réunit les bœufs, ânes, etc., etc.; ici la troupe entière s'échelonna sur deux lignes divergentes, et, la base du triangle restant absolument ouverte, nos nombreuses bêtes se trouvèrent sans protection. Arrivé l'un des premiers, je me saisis d'un bon petit coin et ne me crus nullement obligé de prendre pour moi seul le poste le plus périlleux.

Les ténèbres s'épaississaient par degrés; un terrible orage suivi d'une tempête de grêle vint réduire nos porteurs à la misère la plus abjecte : rien comme le froid humide pour paralyser un nègre. Par bonheur, le ciel se rassérène; nos gens rallument les brasiers et commencent à s'épanouir devant la flamme. Une volée de mousqueterie les arrache soudain à leur bien-être : ils empoignent leur fusil, mais n'osent quitter les feux; le plus simple raisonnement eût dû pourtant leur dire que c'était accroître le danger. Le bétail mugit et s'ébranle : les Oua-Kikouyou sont en train de provoquer une panique parmi les troupeaux; la confusion et la terreur sont telles, que personne ne songeait à l'arrêter; je donne à mes hommes l'ordre de me suivre et m'élance à la rescousse avec mes deux fidèles, Brahim et Makatoubo. Nous tirions au hasard sous la futaie, dans l'espoir d'effrayer à salut les maraudeurs. Enfin nous parvenons à dépasser les fuyards et à les rabattre sur le bivouac : vingt mètres de plus seulement, et on ne les eût jamais repris; de tous les halliers on nous lançait des flèches; deux de nos bœufs furent atteints. Les assaillants avaient commencé par se glisser près d'un petit groupe qu'ils comptaient égorger à la sourdine, mais les cris d'un des porteurs, grièvement blessé, donnèrent l'éveil aux autres ; ils dirigèrent sur les brigands la fusillade qui nous avertit : les larrons prirent la fuite, emportant quelques balles et nous laissant un mort. Au même moment, et avec une merveilleuse audace, d'autres indigènes se glissaient au milieu de nos bœufs ; ils y revinrent à plusieurs fois ; en somme, le matin, un certain nombre de bêtes manquèrent à l'appel, y compris quelques-unes des miennes. Chose plus grave, un des engagés de la côte avait été tué, un autre fait prisonnier. Personne ne ferma l'œil de la nuit ; nous tirions sans relâche, et quelques coups durent trouver leur adresse, car le jour nous montra des taches de sang sur l'herbe. Des nombreuses flèches lancées sur la caravane, aucune ne nous atteignit, chacun s'abritant sous les peaux achetées aux Massaï.

Les trafiquants étaient furieux et voulaient se venger à tout prix : d'un coup de filet, les nôtres s'emparèrent de toute une troupe de Oua-Kikouyou. Poussant d'horribles clameurs, la caravane entière demandait qu'on leur coupât immédiatement la gorge ; on les secouait, on les bousculait avec d'affreuses imprécations. De toutes parts dans la forêt montait le cri de guerre des sauvages ; il semblait qu'un massacre général dût mettre fin à ce tumulte. D'abord je ne me mêlai de rien : ces brigands méritaient une bonne leçon ; puis, voyant que les Panganiens allaient passer à des mesures extrêmes, je m'y opposai de toutes mes forces et leur persuadai enfin de lâcher les prisonniers.

Il était déjà tard quand on se remit en route. Les naturels, au nombre de plusieurs milliers, nous harcelaient incessamment, et de temps à autre il fallait faire halte et montrer nos fusils. Nous réussissons de cette manière à franchir la partie la plus dangereuse de la forêt ; nos assaillants comprennent qu'ils n'auront pas le dernier mot et détalent les uns après les autres. Nous sommes maintenant à une altitude de plus de 1800 mètres ; je marche d'extase en extase à la vue de très beaux genévriers et de podocarpus s'élançant à une trentaine de mètres, de groupes de calodendrons du Cap, ces arbres superbes qu'on ne croyait pas dépasser le nord de la Terre de Natal. Le paysage est singulièrement varié, avec ses futaies à physionomie européenne, et l'épais sous-bois d'arbrisseaux couverts de fleurs charmantes aux parfums exquis quoique trop capiteux. De jolies clairières criblent la forêt, reliées les unes aux autres par des sentes de bétail.

Entre midi et une heure nous émergeons de la feuillée pour descendre sur une marche du plateau, provenant d'un affaissement du sol, parallèle à la principale ligne de fracture.

Vers trois heures on atteint le bord du plateau, d'où encore une fois nous surplombons le désert du Doguilani. Cette morne étendue, qui se déroule jusqu'au mur sombre du Mau, impressionne profondément; mais le regard s'arrête encore plus sur deux masses isolées et évidemment plutoniennes. La plus grande et plus méridionale, le Donyo la Nyouki, semble d'ici être un grand cratère dont quelque éruption aura fait sauter l'un des bords; au centre se dresse un cône secondaire appuyé sur la moitié méridionale des parois comme sur une levée gigantesque. Le mont plus au nord, le Donyo Longonot ou Sousoua, se termine par un large cône tronqué qui suggère irrésistiblement l'idée d'une superbe bouche de volcan. La vue est bornée vers le nord par l'escarpement de notre plateau, qui s'infléchit en ligne courbe, et court à l'ouest sur moins d'une vingtaine de kilomètres. Cette partie est le Mianzi-ni (le district des bambous) : il me parut de mine refrognée et d'abord malaisé; les couleurs sombres dont je le voyais revêtu auraient pu sembler un présage de la façon dont nous fîmes plus tard connaissance.

Mais le jour tirait sur sa fin; nos hommes, pesamment chargés, à jeun depuis de longues heures, avaient à peine glané quelques minutes de repos; ils commençaient à traîner le pied, et nous dûmes user de tous les moyens de persuasion possibles pour les pousser en avant. Peu à peu les plus faibles restent égrenés en arrière, exposés à tous les dangers de la nuit; la caravane n'est plus qu'une suite de détachements à peine reliés les uns aux autres par les porteurs qui s'étendent sur le sol pour tâcher de reprendre leurs forces; nous enfilons un très bon sentier tracé en diagonale sur la paroi de la falaise par les myriades de bœufs qui, pendant des siècles, ont transhumé du haut au bas pays, et *vice versa*.

Nous voici maintenant sur la plaine stérile; les ombres du soir s'allongent; l'aiguade semble toujours s'éloigner. Les uns après les autres, les hommes tombent éreintés : les engagés de Pangani portent, pour leur part, une cinquantaine de kilogrammes, mais personne ne s'occupe des souffrances du prochain; la soif nous brûle, chacun presse le pas. Des cris effroyables nous arrêtent soudain : des lions viennent de se jeter sur les ânes et d'en tuer plusieurs; les porteurs ôtent brusquement leurs fardeaux et tirent au large; les bourriquets essayent, à force de contorsions et de coups de pied, de se débarrasser des leurs; brayant d'épouvante, ils se lancent au travers des halliers, pour être abattus par les hommes, qui, dans leur affolement, les prennent pour des lions; les bestiaux échappent à leurs gardiens et, galopant au hasard dans la brousse, augmentent le tohu-bohu. La fusillade continuelle, les clameurs effarées de la caravane, le rugissement des lions, les cris des ânes retentissent de tous côtés sous les dernières lueurs du crépuscule.

Parmi les traitants, ce fut un sauve-qui-peut général; les chefs, oubliant marchandises et porteurs, courent à toutes jambes vers le lieu du campement. Les miens tiennent bon, et avec leur aide et celle de Martin je parviens à maintenir l'ordre dans ma section : deux heures après le coucher du soleil, j'arrivais au Guaso Kidong sans avoir égaré un homme ou un ballot. Moins heureux les marchands de la côte : plus d'un quart de la caravane n'avait plus osé bouger; pressés les uns contre les autres comme un troupeau de moutons, ils prenaient pour un lion chaque touffe de brousse agitée par la brise, chaque tronc d'arbre pour un Oua-Kikouyou. Ces malheureux durent horriblement souffrir, sans eau, sans vivres, sous le vent qui descendait avec furie des cimes du plateau. Toute la nuit, le bruit des décharges de mousqueterie nous apporte l'écho de leurs

Le Donyo Longonot, vu du Guaso Kidong

terreurs, tandis que ma petite troupe, abondamment abreuvée et se chauffant à d'énormes brasiers, riait à cœur joie des épisodes moins fâcheux que burlesques de cette mémorable nuit.

Courir après les bœufs et les ânes, récupérer les ballots semés le long de la route, réparer les désastres de cette échauffourée, nous demanda trois jours de halte. Mais aucun des pagazi n'avait été tué ou blessé. Si les Oua-Kikouyou s'étaient montrés pendant ce désarroi général, quel splendide butin ils eussent emporté dans la forêt !

Le Guaso Kidong est un cours d'eau charmant, qui jaillit d'un petit bassin rocheux à la base de la falaise; nous y

prîmes un bain tiède des plus agréables, le thermomèt
marquant 28°.50, tandis que la température ambiante
montait qu'à 21.

Avant de quitter le bivouac, Jumba donna au public l'a
surance que, par quelque rubrique à lui connue, il ava
fait passer la vertu la plus salutaire dans le corps d'un ta
reau noir : il suffirait de le toucher pour être guéri
n'importe quelle maladie. Tous les porteurs s'empresse
de venir poser les mains sur l'animal sacré : la cérémon
dégénère promptement en farce ; ils tirent la queue de
pauvre bête, ils la rendent quasi frénétique. Je dus inte
venir.

Nous marchons vers le nord-ouest en suivant la base d
plateau ; la caravane traverse un autre Guaso Kidong, q
roule un plus grand volume d'eau dans un lit profond
étroit taillé au milieu d'un tuf très compact : de nombreu
fragments d'obsidienne parsèment le sol ; on dirait des te
sons de bouteilles.

Vers dix heures je tue un zèbre sur un pâtis, puis nou
gagnons la forêt et un admirable sentier de bétail. Escort
de Songoro, je marchais fort en avant ; soudain je tres
saillis comme au contact d'un courant électrique : un
dizaine d'éléphants traversaient paisiblement la voie ; pou
la première fois j'en voyais à l'état sauvage. Ordonnant
Songoro d'aller à toute vitesse quérir Brahim et ma bonn
« casseuse d'os », je me hâte de suivre mon gibier. J
me plonge dans la brousse épaisse, j'en enfile les laby
rinthes, le cœur me battant à coups pressés : bientôt j
trouve la foulée des colosses et me glisse parallèlement
leur route ; ils marchent à loisir, écrasant les halliers sou
leurs énormes pieds et broutant les rameaux feuillus.
moins de dix mètres je vise un de ces animaux, qui, pa
malheur, ne se présente pas comme je le voudrais : la ball
touche derrière l'épaule, mais à un angle tel, qu'elle n
peut atteindre le cœur. Un bruit terrible de branches cas
sées, puis le troupeau entier disparaît comme un éclair
Seul, et à plusieurs milles de la route, je me vois forcé d

revenir sur mes pas. Le district recèle un grand nombre de bandes, sauf pendant la saison où les Massaï parcourent les plaines basses et où les éléphants se retirent dans les profondeurs des forêts du Mianzi-ni et du Kikouyou.

A midi, après une marche rapide, nous campons aux sources du Mkouboua, le second Guaso Kidong; comme son frère jumeau, il naît au pied même de l'escarpement. C'est ici que je veux m'assurer si le Donyo Longonot est bien un cratère. Donc, sans perdre une minute et suivi de mes quatre meilleurs piétons, je me mets en route pour la montagne. On s'élève peu à peu à travers un broussis de leleshoua, où nous voyons plusieurs élans; deux heures et demie d'un fort rude trajet nous amènent à la base de la montagne : une profonde crevasse s'étend à nos pieds, comme pour me séparer du but de mon ambition; évidemment d'origine ignée, elle s'ouvre dans du tuf très ferme ou dans des cendres volcaniques; un détour considérable nous permit de la franchir, mais il me fallut abandonner deux de mes hommes, fourbus par le pas inaccoutumé auquel je les soumettais. Brahim, Songoro et moi ceignons nos reins pour une escalade des plus ardues : il faut gravir d'abord une suite de banquettes de lave scoriacée recouvrant des cendres très fines, puis monter, suants et pantelants, au travers de buissons aux aiguillons formidables, trébuchant sur les pierres branlantes vomies par le volcan et dissimulées sous les herbes. La vue de jolies touffes de bruyère vient me rendre du courage; j'en cueille un rameau fleuri, que je mets à mon chapeau, criant en souaheli un « Excelsior » enthousiaste à mes deux camarades, qui répondent d'une voix entrecoupée. A mi-chemin, Songoro s'arrête, épuisé. Brahim semblait l'incarnation même de la sauvagerie, tandis que, les dents serrées, il s'acharnait à me suivre, ne voulant point s'avouer vaincu.

Nous voici à la base du vrai cône : je contemple avec stupéfaction la pente escarpée et raide qui se dresse devant moi, puis des mains et des genoux je m'attaque au géant.

Une seule glissade, et je dégringolais jusqu'au milieu de la montagne. Enfin je me trouve à l'orée même d'un gouffre immense, descendant, autant que j'en puis juger, à cinq ou six cents mètres de profondeur. Ce n'est point un cône renversé, comme la plupart des autres cratères, mais une cavité cylindrique d'au moins cinq mille cinq cents mètres de circonférence, aux parois absolument verticales et sans la moindre brèche, quoique vers le sud-ouest un piton s'élève à plusieurs centaines de pieds au-dessus du niveau général des bords. Si bien coupée à pic est cette formidable muraille, qu'immédiatement sous mes pieds je ne pouvais la suivre des yeux à cause d'une légère saillie de la paroi, et si étroite l'arête de ce merveilleux cratère, que je m'y tenais à califourchon, une jambe au-dessus de l'abîme, l'autre sur le talus extérieur; le fond me parut uniformément plat; il est recouvert d'acacias dont les cimes, à cette profondeur, ont l'aspect d'une prairie verdoyante. Ni touffe de buissons, ni guirlande de lianes sur les parois sinistres et sombres, formées de couches de lave et de conglomérat. Cette scène grandiose me fascinait, je sentais le besoin presque irrésistible de me lancer à corps perdu dans l'abîme et, pour m'arracher au vertige, je dus me retourner brusquement.

Apercevant Brahim enlisé sur la pente à quelque cent mètres au-dessous, je pus évaporer mon excitation nerveuse en lui criant, avec force hourras, de venir voir, lui aussi, cet admirable spectacle. Un peu remis dans mon assiette, je portai les yeux sur le vaste panorama qui s'étendait à l'infini. Au nord, et presque à nos pieds, le Naïvacha aux îles nombreuses et dont les eaux brillantes vont frapper, à l'ouest, l'escarpement du Mau. Les teintes sombres de la falaise paraissent encore plus lugubres et plus sauvages sous les nuées chargées de foudre qui roulent sur leurs flancs ; çà et là, de longues traînées annoncent d'abondantes averses; des éclairs les déchirent, suivis de grandioses éclats de tonnerre. A l'est se dresse abruptement le plateau que nous venons de quitter, et, au-dessus des hautes bamboulaies du Mianzi-ni, montent les cimes maîtresses d'une superbe chaîne. Au sud, le désert de Doguilani et le cratère du Donyo la Nyouki, plus vaste, sinon aussi parfait de formes que celui du Longonot. Mais il faut se hâter; nous sommes très loin du camp. Mes observations indiquent une altitude de 2500 mètres; le point culminant du piton doit dépasser 2700.

Nous revenons sur nos pas aussi lestement que possible; le soleil est près de se coucher; je sais de reste que « le grand lion est par les sentiers » et, en plus, les Massaï. Courant plutôt que marchant, nous retrouvons Songoro et les autres; à mi-chemin la bruine nous pénètre de part en part; on n'avance plus que d'instinct. Deux heures après le coucher du soleil, nous rentrons au campement, accueillis par les cris de joie de la caravane; nos amis commençaient à s'inquiéter. Cette excursion m'éleva soudain dans l'estime des traitants, car, du sommet du plateau, à première vue du cône, j'avais déclaré être certain qu'on y trouverait une cavité profonde. Un de ses noms massaï est le mont du grand puits (Donyo Longonot). Les naturels assurent qu'on y trouve des serpents énormes et parlent d'un trou, dans le voisinage, où sont immédiatement suffoqués les animaux qui y tombent, sans doute par des vapeurs de gaz acide carbonique.

Le lendemain, et pour le reprendre au retour, les trafiquants ensevelirent en grand secret l'ivoire qu'ils avaient déjà recueilli; ils dépêchèrent au Mianzi-ni une escouade guidée par un Andorobbo qui se faisait fort de leur en acheter d'autres, et nous continuâmes notre marche vers le Naïvacha. Entre le Donyo Kedjabé (mont d'or) et le Donyo Longonot nous franchîmes la chaîne de hauteurs qui réunit les deux montagnes; le lac splendide se déroula en entier sous nos yeux. L'étape fut extrêmement dure; au coucher du soleil, une furieuse tempête de grêle vint s'abattre sur la caravane; nos gens, paralysés par le froid et par l'humidité, se traînaient à grand'peine sur la route; aussi se décida-t-on à camper dans un kraal désert, où quelques huttes, un peu moins ruinées que les autres, offraient un asile précaire. La nuit était déjà très avancée quand j'appris qu'un de mes hommes, absolument à bout, était resté en arrière. Impossible de l'aller chercher au milieu de ces épaisses ténèbres. Un détachement expédié dès la première aube finit par retrouver son corps, ou plutôt ses debris. Le malheureux avait dû succomber au froid, et les hyènes s'étaient empressées de tomber sur le cadavre.

Quelques heures de marche sur un gazon frais et vert nous amènent à la plaine qui s'étend entre le lac et l'escarpement du plateau. Les zèbres se montrent par milliers : nous cernons deux grandes hardes. Je réussis seul à envoyer une couple de balles à leur adresse. Quel merveilleux spectacle que ces animaux superbes galopant en larges escadrons, s'allongeant comme des chevaux de course quand ils passaient trop près de nous, puis se massant pour nous faire face, en agitant et en relevant la tête, trottant à une allure splendide, comme s'ils mettaient le chasseur au défi de les approcher! A une distance plus rassurante, ils se retournent soudain pour regarder leurs adversaires avec une expression de surprise indignée, accentuée par un cri, mi-aboi, mi-sifflement; ils ont l'air de se demander pourquoi l'on envahit leurs domaines.

Le lac lui-même est une surface mouvante de canards, d'ibis, de pélicans et d'autres oiseaux d'eau; nous en contournons la pointe nord-ouest pour entrer dans un bosquet d'acacias épineux. Sans perdre une seconde, chacun dépose son fardeau à la place indiquée; on se met en devoir de construire une boma, car nous voici dans un des lieux du plus mauvais renom de la route entière, et, quand les guerriers commencent à se montrer en nombre respectable, nous sommes en sûreté derrière une inexpugnable barrière d'épines. J'appris que, pour la seconde fois, je marchais sur les brisées du Dr Fischer, mais le voyageur n'avait pu dépasser le Naivacha. Après avoir acheté ici même une grande quantité d'ivoire, il s'était trouvé tellement affaibli par la maladie, qu'il lui fallut battre en retraite à quelques journées seulement de son but, le grand lac Baringo.

Certes il n'y a point de quoi s'en étonner, quand on connaît la vie atroce que vous font mener ces Massaï! Ils nous donnaient des ordres comme si nous eussions été leurs esclaves, et, chaque jour, il me fallait monter sur les tréteaux et jouer mon petit rôle pour leur bon plaisir : « Ote tes bottes! — Montre tes orteils! — Quels drôles de cheveux! — Quels vêtements ridicules! » Ils me tournaient et retournaient, passaient sur ma figure leurs pattes malpropres, leur « Shoré! (ami), donne-moi un cordon de perles! » résonnant à mes oreilles avec une persistance affolante. Afin que tous les el-moran de près et de loin eussent le temps de nous venir rançonner, nous dûmes prolonger de quatre jours notre halte, séparés par un cheveu d'un combat qui nous aurait anéantis, avalant nos couleuvres avec autant de bonne grâce que possible pour nous concilier Leurs Seigneuries. Effrayant le compte des marchandises qui y passèrent, bien petit le nombre de ceux que nous laissions partir sans les contenter! Chose étrange, tous ces ennuis ne m'empêchèrent pas de lier grande amitié avec quelques-uns des anciens, qui volontiers venaient causer avec nous, montrant une franchise et une absence de soupçon comme je n'en avais pas encore trouvé parmi les Africains. Les continuelles expéditions de pillage et les mœurs nomades de ces tribus leur avaient valu la connaissance d'une vaste étendue de pays, et ils répondaient sans réserve à toutes mes questions.

Les femmes nous apportaient du lait en quantité, secrètement, car il ne leur est point permis de trafiquer de cette précieuse denrée, qu'on garde pour les jeunes guerriers. Mais le beau sexe est le même sous toutes les latitudes, et d'aimables compliments, et l'exhibition de mes plus jolies perles nous gagnèrent leur cœur et des vivres à foison. Sous quelques rapports même, je commençais à me faire aux manières arrogantes des Massaï; tout incommodes et dominateurs qu'ils se montrent, leurs manières aristocratiques et la conscience de leur force les élèvent infiniment au-dessus des nègres que j'avais vus jusqu'alors. Quant aux jeunes filles, la galanterie m'oblige à dire qu'elles seraient sans défaut, si seulement elles échangeaient l'usage de l'argile et de la graisse contre celui de la savonnette : cette utile marchandise aurait autant de débit chez les Massaï que la cotonnade de Manchester parmi les populations du Congo.

A l'ouest du Naïvacha, et formant un éperon de l'escarpement du Mau, se profile la silhouette arrondie du Donyo Bourou (montagne des vapeurs). Désirant vivement m'assurer si ce nom est encore exact, et si, peu ou prou, les forces volcaniques sont toujours à l'œuvre dans cette intéressante région, je parvins à me glisser dans les bonnes grâces d'un Massaï de haut parage et lui fis une cour assidue; il consentit enfin à me servir de guide. Accompagnés de huit de mes gens, nous traversons, au nord du lac, une savane où de nombreuses hardes de zèbres bondissent et s'ébattent à quarante mètres de notre petite troupe, sans la moindre idée de danger : rien n'eût été plus facile que d'en tuer des douzaines, mais j'aurais eu honte de ne pas justifier leur confiance, et j'interdis à mes hommes de les effaroucher. Les Massaï ne mangent pas leur chair ; ils n'ont même jamais songé à les expulser de la plaine, quoique ces animaux broutent l'herbe de leurs pâtis.

Une couple d'heures nous amène, par un petit affluent du Naïvacha, au pied du Bourou, dont nous commençons incontinent l'ascension ; le long de la base, une grande coupure, semblable à une tranchée de chemin de fer, s'ouvre en pleine roche, celle-ci trachytique et criblée de bosses d'obsidienne du plus beau noir. Nous contournons un épaulement de la montagne : du côté du nord, nos regards parcourent au loin l'auge étroite que forme le resserrement des remparts du Doguilani, et, du côté du sud, la continuation de ces escarpements qui courent sur la droite et la gauche en lignes parallèles et se dressent à pic à une hauteur de 2800 mètres ; dans cette dépression, le lac étincelle, peuplé d'îles. frangé de papyrus et fermé au midi par les petits pitons du Lolbitat et le cratère du Longonot ; je distingue sur la face est de la « montagne au grand puits » un cône parasite de proportions parfaites. Au nord du Naivacha, la plaine vert pâle, puis une zone plus foncée de végétation buissonneuse, accidentée de chaînes irrégulières de collines ; plus loin un singulier assemblage de squelettes d'arbres, morts depuis des siècles et recouvrant ce que les gens du pays nomment Angata Elgek (la plaine du bois à brûler). Cette plaine révèle de nombreux témoignages de l'activité plutonienne : des cônes isolés en parsèment la surface, et, chose autrement étrange, une foule de lignes de fracture croisent la dépression d'un côté à l'autre, déterminant ainsi des proéminences qui rappellent les ouvrages en terre d'une place fortifiée ; plusieurs de ces cassures, se rencontrant sous deux des cônes mêmes, en ont fait un vrai dédale de parois, de dômes, de crevasses béantes. Au delà de cette plaine désolée, les eaux chatoyantes des lacs d'Elmeteita et de Nakouro forment un saisissant contraste avec les sombres remparts des plateaux voisins ; les monts Kamasia se dessinent vaguement à l'horizon ; je les regarde de tous mes yeux. car c'est à leur pied que dort le mystérieux Baringo. Au-dessus du plateau oriental, qu'on appelle ici Lykipia, se déploie une superbe chaîne de montagnes plus grandioses encore sous les nuées orageuses qui tourbillonnaient sur leurs flancs.

Ayant repris haleine et longuement joui de cet admirable spectacle, nous nous acheminons d'un bon pas et doublons le bastion nord du Bourou ; on passe près de deux cônes parasites formés surtout d'obsidienne. Peu à peu le but se rapproche ; des nuées de vapeurs s'élevant par bouffées intermittentes rappellent à s'y méprendre la fumée et le bruit d'une locomotive qui s'essaye au départ. Ici notre vénérable guide nous fait arracher des touffes d'herbe ; arrivés aux « trous », et pour nous concilier les esprits inquiets de la Terre, nous jetons ces offrandes dans une cavité profonde d'où s'élancent, avec une régularité singulière, des tourbillons de buées, accompagnés tantôt d'un gargouillement, tantôt d'un roulement comme celui du tonnerre. Plus loin, à la lisière d'une muraille de lave, l'emission des vapeurs est beaucoup plus abondante; elles sifflent à coups pressés, on dirait la soupape de sûreté d'une locomotive. Si chaude était cette roche que mes hommes n'y pouvaient marcher; sous l'influence de ces vapeurs, elle se décompose en une argile rouge cramoisi, à laquelle on attribue les plus grandes vertus curatives; nos gens s'empressent de se badigeonner des pieds à la tête : je me contente d'en écraser un petit morceau sur mon front. Ces fumerolles sont à 2270 mètres d'altitude. J'examine le sol avec soin; ces vapeurs ne me semblent point provenir des entrailles de la terre; je les crois tout simplement formées par l'eau qui filtre à travers le courant de lave bouillante encore à l'intérieur. Il faut de longues années, on le sait, avant qu'une coulée d'une certaine épaisseur ait perdu sa chaleur première; je n'ai pas trouvé de source thermale, mais seulement de l'eau produite par la condensation des vapeurs. La scène tout entière témoignait hautement de manifestations volcaniques très récentes, géologiquement parlant.

La montagne elle-même est une masse irrégulière de roches plutoniennes, mais le contour n'en rappelle nullement l'origine; l'étude la plus sommaire montre du reste qu'elle a souvent changé de foyer d'éruption; tant de cônes parasites se sont élevés çà et là, que, sous les amas de déjections, la forme typique du volcan s'est entièrement altérée. Le sommet du Bourou doit à peine atteindre 2800 mètres, mais le ciel était si menaçant que je renonçai à l'escalade du massif terminal.

Une rencontre inattendue vint me rappeler bientôt que nous étions en plein pays massaï : nous tombons tout à coup sur une troupe d'el-moran, cachés dans un ravin et se repaissant de viande. Ils se lèvent furieux, car les environs des « trous » sont considérés comme terre sacrée, et surprendre les guerriers quand ils mangent de la chair est la plus grave des offenses. Notre guide lui-même est saisi d'effroi ; mes hommes se mettent sur la défensive. « Que venez-vous faire ici? » crient-ils d'une voix formidable. Une idée lumineuse traverse le cerveau du vieillard : il avait caché, leur dit-il, des dents d'éléphant dans le voisinage et nous amenait pour lui aider à les emporter. Cette réponse paraît les calmer, mais, sans nos armes et notre air résolu, nous eussions passé un mauvais moment. Enchantés de leur tourner le dos, nous descendons le talus à grande hâte ; je ne regagnai le bivouac qu'à nuit close, précédant de trois heures les mauvais piétons de la troupe. J'étais resté onze heures sur mes jambes, à marcher ou à grimper avec acharnement, sans m'accorder un instant de repos.

Pendant la nuit les guerriers essayèrent en vain de provoquer une panique parmi les bestiaux ; il fallait toute notre patience pour ne pas en venir aux mains avec ces arrogants personnages. Encore sommes-nous au nombre des heureux ! Les traitants nous contaient comment ces jeunes héros emportent des ballots entiers de marchandises ou amènent au camp moutons et chèvres qu'il faut acheter et très cher, qu'on en ait besoin ou non ; comment ils soufflettent les porteurs et les traitent de lâches, ou, plantant leurs grandes piques en terre, les défient de s'y venir frotter. Avec nous ils n'osèrent point en arriver là, mais où notre caravane réussissait à se garer des échauffourées, une troupe plus faible eût été dépouillée sans merci.

Le lac Naïvacha couvre un carré irrégulier long de vingt-deux kilomètres et large de seize ; il est peu profond, autant que j'ai pu m'en assurer, et situé à une altitude de 1850 mètres. Les trois îlots qui en occupent le centre ne sont peut-être que des bas-fonds couverts de papyrus. Il est alimenté au nord par le Guaso Guili-guili et le Mouroundat, dont les apports doivent considérablement le réduire, à en juger par les couches épaisses d'alluvions qui forment la grande savane ; on y voit de nombreux hippopotames, mais pas du tout de poisson.

Le Naïvacha a été formé, sans doute, par l'amoncellement, en travers de la cuvette méridionale, de débris volcaniques qui ont endigué deux torrents descendant du plateau du Lykipia. Trois cônes (Lolbitat) se dressent à l'extrémité sud et sont dus évidemment à l'action plutonienne. La non-salure de ses eaux indique, ou une origine très récente, ou l'existence d'un émissaire souterrain.

Je mûrissais en ce moment un plan d'exécution assez difficile : ni plus ni moins que d'expédier ma caravane au lac Baringo, sous les ordres de Martin et de Jumba, tandis que, avec un noyau d'hommes éprouvés, je ferais une pointe rapide sur le mont Kénia et la chaîne superbe aperçue du Bourou.

Mes premières paroles à ce sujet furent accueillies par des sourires d'incrédulité, qui se changèrent en consternation quand on vit mon sérieux : « Quoi ! avec quelques hommes seulement, tu irais où nous n'oserions aller avec plusieurs centaines? Tu ferais avec une poignée d'engagés ce que Fischer n'a pu faire avec une armée? Sais-tu que, dans ce même district, une caravane de deux cents porteurs vient d'être anéantie? » Et sans cesse ni trêve, et à satiété, on me répétait ces discours; je ne répondais qu'une chose : « J'irai coûte que coûte, car dans mon pays tous veulent savoir ce qu'il en est du mont Kénia! » Au surplus, je commençais à connaître les Massaï et comptais bien que la renommée du lybon blanc le protégerait dans nombre de lieux où fusils et soldats lui seraient en mince assistance. Sadi et Mouhinna tombèrent dans des abîmes de désespoir; se jetant à mes genoux, les joues ruisselant de larmes abjectes, ils me conjuraient d'abandonner un projet qui devait les conduire à une mort certaine : je me sentais une envie folle de repousser à coups de pied ces misérables lâches, mais je jouissais encore plus de leur épouvante. Toutes ces prières d'ailleurs eurent l'effet qu'elles ont sur les gens aussi têtus que moi : je n'en fus que plus impatient de tenter l'aventure.

Le 4 octobre, après cinq jours de détention, nous reprîmes notre marche, nous esquivant dès l'aurore afin d'être déjà bien loin quand les Massaï sortiraient des kraals. A une courte distance on franchit le Mouroundat, qui s'ouvre dans les alluvions une profonde tranchée, plus tard on remonte les rives du Guaso Guili guili. Peu à peu le terrain se relève : une barrière de roche trachytique traverse la cuvette d'un bord à l'autre : le Guili-guili la coupe

Angata-Elgek (la plaine du bois à brûler)

par un défilé très profond. Nous descendons un long sentier qu'on dirait taillé de main d'homme : il a été usé sous les pas des milliers de bestiaux qui le parcourent depuis des siècles. Nous ne trouvons pas sur la berge le bois épineux nécessaire à une boma, et passons une nuit blanche, tenus sans cesse en alerte par les maraudeurs. Le fusil d'un de mes askari disparut et les traitants perdirent nombre d'effets.

Le lendemain nous continuons vers le nord, sur un terrain agréable, au milieu de buissons de leleshoua aux feuilles argentées. Le trait distinctif du pays est la quantité merveilleuse d'arbres secs qui le parsèment et dont la mort semble due à des causes naturelles. Lesquelles ? Je l'ignore ; mais elles ne me paraissent pas avoir agi de même sur toutes les essences ; je croirais à un changement dans les conditions météorologiques, à la diminution des pluies, par exemple. C'est la « plaine du bois à brûler » (Angata-Elgek) : les Massaï savent choisir les noms les plus caractéristiques.

Nous passons près de deux kraals énormes, séparés par une assez grande distance et qui ont pu contenir chacun plus de trois mille guerriers. Ils avaient, nous dit-on, servi de campement, le premier aux Massaï du Kinangop et du Kapté, le second aux Massai oua-kouafi du Lykipia, pendant une de leurs longues périodes de luttes acharnées : établis en face les uns des autres avec tout leur bétail, ils se battaient quotidiennement, jusqu'à ce que le parti le plus faible se déclarât vaincu.

Après une longue étape, la caravane arrive à une faille qui coupe l'auge de part en part et rappelle une marche gigantesque d'escalier ; nous la descendons pour camper dans une combe charmante de l'escarpement du Lykipia ; un joli torrent, le Ngaré-Kékoupé, se précipite des hauteurs et va se jeter plus bas dans le lac salé d'Elmeteita. Par suite de quelque action chimique, les roches de trachyte sur lesquelles il bondit se sont transformées à la longue en une pierre blanche et tendre, analogue à la craie comme poids, dureté et couleur. Les Massai s'en servent pour se badigeonner le corps et peindre les blasons de leurs boucliers. Ici nous dédoublons notre bivouac afin de ne pas perdre de temps le lendemain matin, Kékoupé étant le lieu où je devais quitter mes compagnons pour me diriger sur le Lykipia et le mont Kénia.

Il n'y avait point à se le dissimuler : cette course était des plus hasardeuses, et, dans l'éventualité d'une retraite précipitée, je ne pouvais emporter que le strict nécessaire. Je pris une trentaine d'hommes, les meilleurs de ma troupe :

pas un d'eux ne protesta. Quelques-uns des plus aventureux parmi les trafiquants demandèrent à me suivre jusqu'au mont Kénia, et j'en fus enchanté, car j'avais de moins en moins foi aux reliques de maîtres Sadi et Mouhinna : notre détachement finit par comprendre une soixantaine d'hommes résolus.

Le soir, Jumba et ses principaux confrères vinrent réciter et chanter des versets du Coran pour le succès de mon entreprise. Après cette pieuse expression de leurs souhaits ils préparèrent de menus sortilèges garantis irrésistibles et, suprême faveur, me remirent une de leur *komas*, la bannière sacrée qui devait flotter en tête de ma petite troupe. Ils ne pouvaient ignorer que je n'eusse pas donné un fétu de toutes ces *daouas*, mais c'était leur façon de m'exprimer leurs vœux, et je les acceptai avec la même grâce qu'ils mettaient à me les offrir.

Les pentes escarpées qui montent à plus de six cents mètres au-dessus de la combe de Kékoupé me remirent vivement en mémoire les souvenirs de l'Écosse, tant me semblaient européens ces talus et ces roches, ces pics coiffés de laves et les parois anfractueuses des précipices, chaque saillie desquelles porte des groupes ou des bosquets de genévriers et de podocarpus rappelant de si près les pins de notre patrie.

CHAPITRE IX

AU LAC BARINGO PAR LE MONT KENIA

Le 6 octobre, après une nuit sans sommeil, j'étais debout à l'aurore; j'avalai vite un déjeuner de côtelettes de zèbre et de bouillie de millet, arrosé de thé sucré de miel, puis m'élançai joyeusement à la conquête de l'inconnu.

Nous gravissons pendant une heure les pentes ardues et boisées du Kékoupé et traversons le torrent qui sautille à petit bruit; des vapeurs s'en élèvent; je mets la main dans l'eau : elle est en effet très chaude. Ma curiosité fort excitée, je continue à monter, et bientôt je suis ravi au delà de toute expression à la vue d'un cirque minuscule, entouré de précipices pittoresques et de blocs à demi cachés sous une végétation luxuriante. Les parois raboteuses et rudes se font riantes et ensoleillées sous leurs merveilleuses draperies de feuillée, de frondes et de fleurs. Mais le regard s'arrête bientôt sur le bassin âpre et grandiose au fond duquel bouillonnent les vivantes eaux du torrent; une buée argentée et chatoyante constelle de diamants les branches inclinées sur la vasque... je n'eusse pas été surpris de voir apparaître la nymphe des eaux ou d'entendre le chœur des ondines. Mais les extases poétiques ne durent pas longtemps en Massaie, et, me remémorant tout à coup que je suis le chef d'une mission de la Société royale de Géographie, je fais résonner les échos de la fontaine en criant à Songoro de m'apporter le thermomètre : la source a 40°,5.

La route à vol d'oiseau serait presque l'ouest vrai, mais le plus enragé des grimpeurs n'oserait s'attaquer à ces falaises : il faut donc marcher vers le nord sur une ligne secondaire de fracture, dans une des dépressions de laquelle le Kékoupé prend sa source. Nous rencontrons plusieurs de ces failles d'affaissement (de soulèvement, si l'on veut) qui produisent les effets les plus variés et les plus pittoresques, grâce à la couche de laves compactes couronnées de beaux arbres, qui recouvre le conglomérat grossier. A midi nous émergeons des flancs déchirés de l'escarpement, pour arriver sur la surface accidentée du plateau et à une altitude de 2600 mètres. On campe dans un grand bois de genévriers ; nous y trouvons un village désert, autrefois occupé par des Andorobbo. La possession de ce district, Dondolé, « la terre de tout le monde » ou plutôt de personne, fait l'objet de luttes perpétuelles entre les Massaï du Kinangop et ceux du Lykipia. Un troupeau de buffles se montre dans le voisinage, et, après une chasse assez périlleuse, je réussis à en abattre deux. un mâle et une femelle.

Le lendemain, au réveil, l'air me semble merveilleusement froid ; en dénouant la portière de ma petite tente, je suis tout étonné de me voir au milieu de la plus écossaise des brumes ; ses lambeaux passent comme des spectres au travers du bosquet et cachent le paysage. Enchanté comme il convient, à la vue d'un phénomène si rare en Afrique, je me mets en devoir de danser une gigue patriotique, les mains plongées au plus profond de mes poches, prenant en pitié ces pauvres ignorants qui, ne trouvant pas la chose drôle du tout, claquaient des dents, accroupis devant des feux énormes ; impossible de se lancer au milieu du brouillard : il faut attendre pendant trois heures que le soleil ait pris assez de force pour le dissiper.

L'étape du jour n'était pas sans me causer grand souci : je craignais quelque rencontre avec les Massaï au début même de notre entreprise, car le passage du *mlango* (porte) d'un district à un autre est ici chose fort délicate. Nous cheminions avec une prudence extrême ; il était de toute importance de gagner un bon lieu de campement avant que la nouvelle de notre voyage fût répandue par le pays. A notre grande surprise, la route était semée de cadavres de bestiaux; ils ne semblaient point avoir péri de mort violente; quelques parties seulement en avaient été entamées par les hyènes ou autres carnivores : une terrible épizootie devait ravager la contrée. On signale un kraal dans la direction à suivre; la marche se fait de plus en plus circonspecte; près du lieu redouté nous arrivons à un des ruisseaux qui forment le Mouroundat; en un rien de temps la redoute est prête. Une fois installés, je notifie notre présence par un coup de fusil. Nous apprenons, avec une vive satisfaction, que le susdit kraal est habité par la gent paisible des El-Moroua. Hélas! notre joie n'est pas de longue durée, car, dans le voisinage, un autre, et plus grand, sert de demeure à de nombreux elmoran, qui ne tarderont pas à réclamer leur hongo. Presque aussitôt, en effet, apparaît cette jeunesse toute bouffie d'orgueil. D'abord ils me saluent très cérémonieusement, et en quelques minutes ma main se recouvre d'une couche fétide d'argile et de graisse. L'étranger ne semblant point trop rébarbatif, on se lance à le questionner : « Où vas-tu? — D'où viens-tu? — Que veux-tu? — Pourquoi as-tu si peu de marchandises? » — « Je suis, leur répondais-je, le lybon blanc des Ladjomba (Oua-Souahéli); les traitants m'envoient pour découvrir par mes pouvoirs secrets les endroits où on leur vendrait de l'ivoire. » — Qu'était près de moi leur fameux Mbaratien! Qu'il montrât une peau blanche, des cheveux semblables aux miens! « Toi, là-bas! continuai-je, approche! je vais te sortir le nez et te le remettre ensuite! Tu vois mes dents? elles sont solides, n'est-ce pas? (et je les frappe du nœud de mes phalanges); pas de fraude, hein! attends que j'aie tourné la tête! — Regarde! elles n'y sont plus! » Toute l'assistance recule épouvantée. Je les rassure, me retourne encore; en un clin d'œil j'ai remis tout en ordre, et, m'inclinant avec grâce devant mes spectateurs pétrifiés de surprise, je tape

« Regarde elles n'y sont plus! »

de nouveau sur mes incisives. Ai-je besoin d'avouer, cher lecteur, — prière de ne point l'ébruiter, — que je possède une couple de dents artificielles qui m'ont valu bien au delà de leur pesant d'or? Et ces braves Massaï, n'ayant pas le moindre doute que je n'en pusse faire autant de leur nez ou de leurs yeux, reconnaissaient que nul de leurs sorciers n'oserait entrer en lutte avec le « lybon n'ebor », le grand magicien blanc.

En conséquence ils exigèrent des « médecines » avec la même importunité que des présents, ma renommée, par malheur, ne me dispensant pas de payer le hongo. Je n'avais plus une seconde à moi; mes oreilles étaient assourdies de leurs quémanderies incessantes : ils me tournaient et viraient, ils me tiraient par les bras, par les cheveux, ils m'enlevaient mon chapeau. Si je rentrais dans ma tente, tous s'y précipitaient avec moi, couvrant de graisse et de crasse mes pauvres appartenances, faisant mine de transpercer mes hommes pour se divertir bruyamment de leur folle terreur. Impossible de préparer le repas : il fallut se contenter d'un peu de maïs bouilli. Je demandai un guide pour le lendemain. — « Comment! dirent-ils avec un ricanement ironique, ne vois-tu pas que notre bétail crève par centaines? Tu es un grand lybon; tu resteras avec nous et tu chasseras la peste ! » Hélas ! hélas !

... En cuydant engeigner autrui,
Je m'étais engeigné moi-même.

Que répondre, en effet? J'attendis quarante-huit heures, torturant mon esprit à chercher des excuses plausibles, à leur expliquer comme quoi j'avais à répandre sur le pays tout entier les merveilles de mon infaillible science : le charme ne saurait opérer tant que le magicien resterait dans le voisinage; dix jours seulement après son départ, on verrait apparaître la guérison. Sans cesse et sans trêve j'avais à sortir et à remettre ces bienheureuses dents; nous montions la garde d'un bout à l'autre de la nuit : les tentatives de vol furent continuelles. Les naturels, il faut le dire, étaient tout dévoyés par la terrible peste qui menaçait d'anéantir leur bétail : autour de chaque kraal le sol était jonché d'animaux mourants ou morts et à toutes les périodes de décomposition. On n'en enfouissait aucun; on ne les traînait même pas plus loin : la puanteur était affreuse. Contredire ces malheureux eût pu provoquer leur fureur; je crois même qu'ils nous auraient tous massacrés sans la vague espérance que je réussirais à écarter le fléau. Du matin au soir ils chantaient incessamment la même litanie : « A-man Ngai-ai! A-man Mbaratien! » (nous invoquons Dieu! nous invoquons Mbaratien!) Les femmes, bizarrement peinturlurées, la figure enduite d'argile blanche, dansaient des rondes, implorant de leur côté le maître du ciel et le grand sorcier. Partout des lamentations, partout des cris de désespoir! Voyant à la fin qu'ils ne pouvaient plus m'extorquer le moindre fil de perles, et se persuadant qu'en effet ma présence nuisait à la réussite de mes sortilèges, ils nous donnèrent la clef des champs.

Nous entrons dans une région montueuse, aux contours mollement arrondis; les pentes plus raides se revêtent de bois au feuillage sombre; sur les sommets et dans les combes s'étend un tapis du plus luxuriant gazon : une étude de courbes gracieuses, de toutes les nuances imaginables de vert. La chaîne splendide qui traverse le plateau, dressant vers le ciel ses masses imposantes, ajoutait sa pittoresque grandeur à la richesse du paysage. Elle n'a point encore d'appellation générique, les naturels se contentant de désigner par des noms particuliers les diverses portions qui, pour une cause ou une autre, ont attiré leurs regards. Ainsi, au sud, une belle montagne, le Donyo Kinangop, porte celui du district qui s'étend autour de ses pentes occidentales; plus près de nous, une vaste coupole très boisée est le Soubouyou (vêtu de forêt) la Poron; un contrefort moins élevé et dirigé vers le nord est le Settima, nom que les géographes connaissent depuis longtemps; le Godjeta s'articule au versant ouest, etc. Il me semble donc permis de baptiser à ma guise cette superbe barrière : ce sera la chaîne des monts Aberdare. Quel plus digne parrain pourrais-je leur trouver que le président de notre Société de Géographie ! — L'altitude de leurs cimes varie entre 3700 et 4300 mètres; ils ont, du sud au nord, une longueur de 110 kilomètres.

Dans cette seconde étape sur le plateau du Lykipia je ne pouvais rassasier mes yeux de la beauté des arbres; les genévriers montent ici à plus de trente mètres et sont couverts de baies splendides. De chaque rameau tombent des lichens (*usnea*) qui s'agitent à la brise et donnent aux géants un aspect vénérable et presque surnaturel. — Les adianthes et d'autres fougères épanouissent leurs frondes dans tous les endroits favorables.

Le lendemain, en mettant le nez dehors, j'ai le plaisir indicible de contempler la plus authentique des gelées blanches. Ce phénomène — ils le voyaient pour la première fois — excite chez mes gens plus de curiosité que d'enthousiasme : les malheureux avaient passé la nuit entière à maudire le froid en termes peu mesurés, se grillant sur toutes les faces devant des feux énormes, sans réussir à fermer l'œil. Nous dûmes attendre une couple d'heures que le soleil vînt attiédir l'atmosphère : à un kilomètre de l'équateur je chauffais mes pieds bottés, les mains dans les poches et blotti sous mon pardessus.

Encore assez près du bivouac, un bruit frappe mon oreille, comme le mugissement étouffé d'un buffle; il me paraît descendre d'une pente escarpée et couverte de bois; les vivres étaient rares : je pars avec mon fusil. Arrivé presque au sommet, je regarde à droite et à gauche, cherchant partout mon gibier; un grondement sauvage s'élève d'un épais fourré de hautes herbes et de bambous; je me jette vivement en arrière : à quelques pas de moi, un beau léopard me montre ses dents féroces, pelotonné sur lui-même comme s'il allait bondir; je n'avais pas encore visé qu'il disparaissait dans la brousse; je m'élance sur la crête de la colline pour saluer d'une balle la retraite du fauve; le spectacle le plus inattendu vient me clouer sur place : devant moi, au premier plan, un mélange pittoresque de forêts et de savanes, de bois et de clairières qui descendent en gracieuses ondulations jusqu'aux plaines marécageuses de Kopé-Kopé. Au delà se dresse, escarpée et grandiose, la chaîne déserte des monts Aberdare. Mais plus loin, bien plus loin, au-dessus d'une brèche anguleuse et profonde de la grande barrière, s'élève dans l'azur un pic tout blanc de neige, comme taillé à facettes et scintillant au soleil avec la beauté souveraine d'un diamant colossal. On eût dit la pointe d'un brillant gigantesque; à la base de cette pyramide superbe, deux petites saillies; et, s'éloignant à un angle très obtus, une longue ligne d'un blanc éclatant, tranchant sur les masses noires des monts Aberdare et ressemblant à la lisière argentée de sombres nuées orageuses. Ce pic, cette nappe de neige, ce sont les sommets du Kénia! Mes plus chers désirs sont remplis. « Regarde ! » dis-je à Brahim en lui montrant du doigt la gemme étincelante — et je ne jurerais point que dans mes yeux ne brillât quelque chose ressemblant fort à une larme! Tandis que toute mon âme s'absorbait dans cette contemplation, la brise chargée de vapeurs vint entourer le pic et lui tisser un suaire : quelques instants après, le linceul de nuées s'étendait jusqu'aux cimes boisées du Settima. Mais j'avais eu ma vision : le ciel lui-même s'était entr'ouvert!

Des cris joyeux m'arrachent à ma rêverie : mes gens sont lancés pêle-mêle après deux étranges créatures. Je me secoue, je cours, mais pour n'arriver qu'à la mort : ce sont deux loutres énormes, mâle et femelle. Leur ténacité de vie est extraordinaire; écrasées par les *roungous* (casse-tête), déchiquetées par les simés, elles respiraient encore.

Nous campons au plus profond de l'épaisse forêt, dont la sombreur est ici diminuée par les orchidées qui d'un arbre à l'autre jettent leurs blanches guirlandes. Le temps est couvert; mes hommes ont très froid; ils tremblotent, ils claquent des dents; ils ont l'air tout à fait malheureux.

Le lendemain, au départ, on signale un troupeau de

buffles; je franchis une gorge profonde, et, sous le couvert de la forêt, je m'approche de façon à tirer de côté sur l'un de ces animaux; je croyais l'avoir manqué, mais l'œil de lynx de Brahim découvre sur ses traces quelques gouttes de sang; à pas de loup nous suivons ses empreintes sur près de deux kilomètres; soudain nous l'apercevons lui-même; il se tourne vers nous avec un grondement de mauvais augure et se prépare à nous charger : ma balle l'arrête court, il tombe sur ses genoux; se relevant avec difficulté, il fait de terribles efforts pour se ruer sur l'ennemi; ses yeux, embrasés de colère, lui sortaient presque de la tête; chaque muscle était tendu sous sa rage expirante; il semblait le démon même de la vengeance et de la fureur impuissante. Deux nouveaux projectiles l'atteignirent au cœur et l'achevèrent enfin. De ses cornes énormes et mesurant $1^m,20$ d'envergure, l'une était cassée, par malheur.

Nos hommes y viennent découper leur provision de viande, et nous entrons dans une forêt de superbes conifères par un sentier de bétail jonché de charognes en décomposition : leur nombre allait toujours augmentant; évidemment nous passions au large de quelque kraal. Une heure et plus de marche nous amène au grand Anganta Bous, vaste savane qui s'étend à perte de vue au pied du versant occidental des monts Aberdare et va rejoindre les bamboulaies du Kikouyou. Nous côtoyons fidèlement la lisière de la forêt pour arriver à une délicieuse clairière où court un ruisseau de cristal. Mes gens se hâtent de construire la boma. Comme d'habitude, les Massaï ne tardent pas à paraître et à se faire désagréables au possible.

Quoique cette fois les el-moran ne fussent pas en grand nombre, ils se mirent en tête de s'opposer à notre départ : ma petite pacotille diminuait à vue d'œil; les vivres étaient épuisés; j'avais compté gagner le Kénia en huit jours, et il me semblait maintenant aussi loin que jamais; l'opinion commençait à se répandre que le lybon lui-même apportait la maladie du bétail : jamais les naturels n'ont cherché une cause d'ordre physique aux fléaux de ce genre; ces malheureux flottaient sans cesse d'une idée à l'autre : étais-je l'auteur de la peste? avais-je, au contraire, le don de la guérir?

Le buffle nous dura deux jours; après cela, plus un atome de viande au bivouac. J'essayai d'acheter un bœuf ou une chèvre; les propriétaires refusèrent de vendre ceux qui étaient encore bien portants, mais, montrant une vache sur le point de trépasser, ils dirent que je pouvais prendre celle-là. La vue seule du malheureux animal eût suffi pour me mettre en fuite. Il est sévèrement interdit de chasser dans le voisinage des Massaï, mais les hommes mouraient de faim et je me décidai à tenter la chance; je blessai deux buffles, ils se réfugièrent dans des halliers impénétrables; autour de nous le troupeau faisait craquer les brousses sous son passage; nous nous empressâmes de déguerpir.

Le jour suivant, les Massaï se montrant irrités de mes coups de fusil, je dus rester au bivouac : il fallait vivre, pourtant! J'achète, pour un prix fou, un bœuf qui me paraît en bon état; on le tue, on l'ouvre : une horrible puanteur monte à nos narines; moins délicats que moi et sentant la faim leur tordre les entrailles, mes gens continuent l'opération. Le cœur, très hypertrophié, n'était plus qu'une masse informe de graisse jaunâtre et décomposée. Les régions du sternum et de l'épine dorsale semblaient absolument pourries; la plupart des os étaient tellement cariés qu'il suffisait de les pousser avec un bâton pour les voir tomber en miettes : la chair avait une couleur livide. Mes Souahéliens eux-mêmes détournent la tête avec force grimaces. Toutefois ils enlèvent les quartiers de derrière, peut-être un peu moins malsains. Mon estomac se révolta décidément quand je voulus goûter à la grillade que m'avait préparée Songoro. Le soir je réussis à en avaler un morceau, et le lendemain, la première répugnance surmontée, je ne m'en tirai pas trop mal.

Les nuits commençaient à être très froides; plusieurs fois, au matin, une gelée blanche couvrait le gazon, le thermomètre marquait zéro, et dans l'après-midi, huit heures après, nous avions 32 degrés !

Le 14 octobre, enfin, on daigne lever l'embargo. Au moment où la caravane s'ébranle, j'apprends qu'un de mes hommes est beaucoup trop malade pour se remettre en route ; ne l'ayant pas su souffrant, je crus d'abord à quelque simulation et commandai de le charger sur un âne ; les autres obéirent : je ne puis dire quelle fut mon épouvante en le voyant passer entre leurs mains. Mais, en Massaïe, le voyageur n'a point le loisir de se lamenter, et mon exclamation première de douloureuse surprise fut bientôt suivie de l'ordre : « Pour l'amour de Dieu, couvrez-le tout de suite, cachez-le promptement ! » En un clin d'œil, et avant que nul œil massaï eût pu l'apercevoir, on l'avait porté sous la brousse. La marche fut contremandée.

La raison que nous en donnâmes aux naturels, c'est qu'un signe venait de me montrer la journée tout à fait néfaste pour le voyage ; la cause véritable, c'est que les Massaï regardent la mort d'un Souahéli sur leurs terres comme un outrage personnel. Ils ne veulent pas permettre l'ensevelissement d'un cadavre : le sol en serait empoisonné ; crémationnistes et Africains s'entendraient parfaitement là-dessus. La découverte du corps aurait été désastreuse : après nous avoir rançonnés jusqu'à ruine complète, on nous eût certainement interdit de continuer notre route. — Le pauvre pagazi fut donc mis en lieu sûr ; puis, à nuit close, sans autre outil qu'une hache, mes gens creusèrent une tombe dans un fourré épais ; ils y étendirent respectueusement leur camarade et n'oublièrent pas d'effacer avec soin tout vestige de leur funèbre besogne.

En traversant l'Angata Bous pour gagner les rives de l'Ourourou, on signale une harde de zèbres ; à un kilomètre et demi, des bestiaux au pacage montraient que les Massaï n'étaient pas loin ; mais la faim parlait haut et me décida à risquer le tout pour le tout. Je m'approche avec les plus savantes précautions ; je tire, une bête tombe ; le troupeau s'ébranle ; une seconde balle arrive à son adresse.

Brahim bondit immédiatement sur les victimes, leur plonge son couteau dans la gorge, et, avant même que j'eusse compris ce qu'il faisait, il coupait une grosse tranche, qu'il dévorait toute crue.

Mes exclamations de dégoût furent arrêtées par des cris d'avertissement : mes hommes étendent la main dans la direction des kraals : des bandes nombreuses de guerriers arrivaient au pas de course et brandissaient leurs lances brillantes ; je bats en retraite sur ma troupe, Brahim n'oubliant pas d'emporter un gros quartier de zèbre ; mais les Massaï nous ont atteints, et, plantant leurs piques en terre, ils nous ordonnent de faire halte. De leur ton le plus rogue, les el-moran demandent des explications : « Est-ce la guerre que veut l'étranger blanc ? Pour eux ils sont toujours prêts ! » Prenant donc la plus contrite des physionomies et un air profondément chagrin : « Je suis au désespoir, leur dis-je, d'avoir ainsi désobéi à vos coutumes ; mais il me fallait absolument une certaine partie des entrailles d'un zèbre pour préparer une puissante médecine ! » La réouverture de mes ballots, si fâcheusement amaigris, les amadoua tout à fait, et ils nous laissèrent aller, le lybon blanc crachant généreusement sur Leurs Seigneuries pour prouver qu'il ne leur voulait point de mal. C'est de tout cœur, on peut le croire, que j'accomplis ce cérémonial.

Nous arrivons à l'Ourourou (tonnerre), ainsi nommé d'une chute splendide qu'il forme un peu plus loin. Au point où nous le passons à gué, il s'épand en un vaste palus, le Kopé-Kopé, à travers lequel nombre de ruisseaux rapides courent sur des lits encombrés de galets. Nous les franchissons, non sans peine, et la caravane se trouve en sécurité relative, les tribus massaï qui occupent les deux côtés du marécage ne vivant point en bons termes.

Les vivres tirant à leur fin, je pris mon fusil, tandis que les autres s'affairaient à la boma. Brahim m'accompagnait. Presque aussitôt un buffle se montre à l'orée d'une sente de la forêt : je me faufile à moins d'une quarantaine de mètres ; je tire et l'atteins au côté ; il prend la fuite en chancelant ; une seconde balle le frappe à la hanche au moment où il allait disparaître sous les arbres ; je me lance à sa poursuite ; un de ces animaux, le même, me semble-t-il, sort du couvert en courant ; emboîtant le pas après lui, je rasais un épais fourré lorsqu'un mugissement furieux retentit à mes oreilles : mon premier buffle arrivait sur moi, tête baissée. La gloire de me voir lancé dans les airs comme une fusée n'enflamma point mon courage, et, afin de « me garder vivant » pour d'autres triomphes, je détalai de toute la vitesse de mes jambes. Satisfait, sans doute, de m'avoir mis en désarroi, le taureau regagne à loisir les profondeurs du hallier.

Je crie à Brahim, qui avait imité son maître, d'interrompre sa course désespérée. Le garde-manger est vide ; le buffle, qui le remplirait si avantageusement, est là, dans la brousse, et déjà touché par deux fois ! Oui ! mais comment s'y prendre ? Suivre au milieu d'un semblable sous-bois un vieux taureau enragé par ses blessures sera mettre la tête dans la gueule du lion ! — Nous examinons le hallier : une seule coulée se présente, encore faudra-t-il s'y traîner à quatre pattes ; c'est la mort, à coup sûr, si nous nous laissons charger dans un pareil boyau ! Mais la faim nous poussait aux actes les plus téméraires. Nous respirons longuement, et, échangeant des regards qui disaient des volumes, nous nous courbons sur les genoux ; le fourré était si dense, si feuillu, si branchu que nous dûmes nous mettre à plat ventre : je m'introduis sur la foulée avec des précautions infinies, retenant mon souffle, l'oreille au guet, essayant de distinguer quelque chose dans la pénombre : je ne vois que le broussis taché de sang ; je n'entends que les battements de mon cœur. Je pousse d'abord mon fusil, ensuite ma personne. Pied à pied le péril s'accroît ; on franchit ainsi quelques mètres ; l'obscurité se faisait plus épaisse ; tous mes nerfs étaient tendus jusqu'aux extrêmes limites, les angoisses de l'attente devenaient insupportables ; nul ennemi ne paraissait. Soudain un frisson glacé me parcourt de la tête aux orteils : mon compagnon me saisissait nerveusement par la jambe; reprenant mes esprits, je tourne la tête; les yeux de Brahim brillent d'un éclat démoniaque; de grosses gouttes de sueur perlent sur sa peau basanée; je suis la direction de son regard : il est rivé sur un fouillis de branches : le taureau est certainement là, à moins de trois mètres! Mais j'ai beau écarquiller les yeux, je ne le vois pas. Je les reporte sur Brahim, qui, affolé par la peur et la surexcitation, me maudissait tout bas de toutes les forces de sa sauvage nature. Revenant à la brousse, je concentre sur elle toute l'intensité de mon regard, il me semble que mon cœur va se rompre; je finis par distinguer quelque chose de noir : est-ce la tête, est-ce la queue? Mais le moment était venu, et, allongeant à Brahim un coup de pied, lui décochant un coup d'œil pour l'avertir d'avoir à me laisser le passage libre, j'empoigne fiévreusement ma carabine; je la relève, et, sans oser respirer, je tire sur la masse sombre. La détonation résonne dans le silence avec un bruit formidable; je laisse tomber mon arme, et à quatre pattes, avec une célérité merveilleuse, je regagne la clairière, où je me redresse aussitôt. Presque simultanément les buissons craquent, s'entr'ouvrent et nous montrent un énorme taureau noir; je prends ma course vers la plaine, Brahim se sauve dans la forêt : par bonheur, c'est notre premier buffle; en terrain découvert je saurai bien me garantir de ses cornes, et je retrouve en même temps le souffle et le sang-froid.

Le buffle était blessé à mort, j'en étais sûr; il ne fallait pas qu'il fût perdu pour ma troupe : nous distinguons sans peine les traces de son sang dans le broussis moins épais; bientôt nous le voyons lui-même debout, l'œil en feu, prêt encore à charger l'ennemi. Il s'élance de nouveau; de nouveau nous fuyons à toutes jambes. Mais il semble ne s'aventurer qu'avec répugnance plus loin du couvert; pour la troisième fois il tourne tête sur queue et réintègre son abri; nous le suivons comme des limiers; il se dirige maintenant vers les profondeurs de la forêt : nous nous pressons en silence sur ses foulées; d'un coup d'œil, d'un mouvement du doigt, nous nous montrons une goutte vermeille, une empreinte toute récente. La première partie de la route était comparativement libre de sous-bois, nous marchions assez vite, mais au bout de deux heures de chasse, pendant lesquelles nous avions parfois serré de très près le gibier, nous arrivons à des fourrés épais; l'animal, très affaibli, s'y cantonnera sans doute pour reprendre haleine : les taches de sang sont tout à fait fraîches. Nous poursuivons notre route sinueuse, courbés en deux, souvent à quatre pattes. Dans un petit tunnel, ou plutôt à l'entrée de ce qui ressemblait à un tunnel, la position devint assez difficile : Brahim, cette fois, avait pris les devants; nous nous glissions sans bruit comme de noirs fantômes, quand je vis son corps se raidir, son oreille s'incliner légèrement, sa pose tout entière dénoter la plus profonde attention : je regarde, j'écoute, sans percevoir le moindre signe de la proximité du taureau; je me rendais bien compte que nul pouvoir humain ne saurait nous sauver si le buffle prenait ce moment pour nous courir sus. Brahim, enfin, donna signe de vie. Avec les plus minutieuses précautions il se coule en arrière, me laissant la place d'honneur et me disant des yeux que la bête n'était pas loin. Je me sentais terriblement surexcité. Où était le taureau? Devant? à droite? à gauche? — Pouce par pouce je rampais sur le sol, me préparant du mieux que le permettait ma posture : de temps à autre mes yeux essayaient de percer les ténèbres et la feuillée épaisse; j'écoutais le silence. Soudain, Brahim et moi, nous sommes pétrifiés : un son prolongé, comme d'un soupir de souffrance, arrive à mon oreille; mon cœur cesse de battre; à suffoquer, je retiens mon haleine pour tâcher d'entendre de nouveau ces vibrations de l'air. Encore! les voilà! — je ne réussis point à les « localiser », mais, je n'en doute pas, quelques pieds seulement me séparent de ce plus redouté des adversaires ; est-il en face de moi? debout à mes côtés? — Je n'osais plus bouger; tournant un peu la tête, je regardai Brahim, et le sourire lugubre que nous échangeâmes disait clairement notre opinion au sujet du guêpier où nous étions fourrés : cette courte minute nous sembla durer des heures. Il fallait pourtant se décider! J'écarte une petite branche; un mugissement me répond tout près; la brousse craque, le taureau se redresse; je me précipite au beau milieu d'un buisson pour me garantir du premier choc. Mais le bruit de rameaux cassés dans la direction opposée nous remet le cœur au ventre : on s'essuie le visage, on reprend haleine; nous voilà repartis!

Je commençais à croire mon honneur attaché au succès, et j'étais prêt à jurer par toutes les choses sacrées qu'il fallait ou périr ou rejoindre le buffle. Peu à peu nous nous en rapprochons encore; Brahim, dont l'ouïe et la vue ont une merveilleuse acuité, le signale derrière des broussailles épaisses; je parviens à distinguer la tête; je vise, je fais feu; dès que la fumée se dissipe, nous voyons le taureau s'élancer avec une impétuosité terrible au centre du fourré : je tire encore; il lutte de plus belle pour traverser le hallier; paralysé par ce spectacle, j'oublie de recharger ma carabine; mais la résistance du sous-bois, mais ses énormes cornes s'opposent à ses furieux efforts; il recule; sans doute il va tourner l'obstacle et arriver sur nous! Mais il vire de bord et s'éloigne à grands pas; je le salue d'un autre coup de feu dans le flanc, il pirouette sur lui-même; nous disparaissons derrière un arbre. Il reprend sa course, et nous après lui, une fois même presque à le toucher, mais au bout d'une demi-heure de ce nouvel exercice il fallut, à ma grande mortification, penser à regagner le bivouac, car la nuit allait tomber.

Si j'ai conté avec tant de détails une aventure de si minime importance, c'est pour donner au lecteur quelque idée de la ténacité de vie des buffles africains : je ne plaçai pas moins de six balles, dont quatre presque à bout portant, dans le corps de notre animal; pourtant, après quatre heures de poursuite, je dus revenir bredouille.

Le lendemain, n'osant acheminer ma caravane sur une route si peu connue, j'expédiai quelques hommes en éclaireurs, tandis que je descendais le cours de l'Ourourou pour en visiter la cascade. Elle m'impressionna vivement par le bruit formidable de ses eaux, dont la masse superbe plonge, par une chute de plusieurs centaines de pieds, au fond d'une gorge sinistre et noire. La roche est une lave très compacte, avec tendance à la disposition columnaire et formant, près de la cascade, de majestueuses falaises : à toutes leurs crevasses se suspendent de gracieuses draperies d'arbrisseaux et de lianes, nourries de l'humide poussière : on y voit des bananiers sauvages. La gorge et la cascade sont dues à l'érosion graduelle et constante de laves du Settima, qui, courant à quelque distance au nord, s'infléchissent ensuite vers l'ouest. L'aspect du vaste Angata Bous dit assez qu'un lac l'occupait autrefois, qui fut ainsi drainé par suite de l'usure progressive de sa barrière transversale. Le marais de Kopé-Kopé en est sans doute un vestige. Après avoir fait la photographie des chutes que je présente au public sous le nom de « cascade de Thomson », je reviens par la forêt, cherchant en vain quelque coup à tirer : le soir, la faim se lit sur toutes les physionomies, mais personne ne souffle mot. Les éclaireurs rapportent que les Massaï sont à une distance considérable; d'après la lenteur avec laquelle nous marchons, nous n'arriverons pas à leur kraal à la prochaine étape.

Nous n'avançons guère, en effet : rien comme un estomac vide pour couper les jambes. J'allais en tête, bien décidé à tuer quoi que ce soit, poil ou plume : un buffle s'élance de la brousse; je saisis vivement mon fusil; ma balle lui brise un os du bassin: cependant il parvient à regagner le couvert; cette fois, la faim parle plus haut que la prudence, et, après quelques formidables charges, il passe de vie à trépas. Outre le premier projectile dans le pelvis, il en avait reçu deux dans le crâne, un à la corne, un à l'omoplate. un dans l'estomac, deux au cœur ! Tout autre qu'un buffle en fût mort une demi-douzaine de fois. Les cornes avaient 1ᵐ, 20 de courbe à courbe et plus de 1ᵐ, 80 de longueur totale.

Une courte étape nous conduit à une charmante gorge toute revêtue d'arbres ; mes gens y tuèrent un autre taureau. et moi un minuscule waterbock. Nous savourâmes à fond notre festin, quoique la chair de buffle soit tendre et juteuse tout autant que de vieilles bottes.

Le lendemain, et nous dissimulant le plus possible sous l'ombre amie de la forêt, nous arrivons près des pâturages massaï. On nous signale bientôt ; de tous côtés les guerriers accouraient, seuls ou par couples, plus insolents que jamais et se dispensant même des salutations coutumières de la peuplade. Ils s'attachaient à nos pas, montrant des exigences insensées ; à ma grande surprise, tous me semblaient court d'haleine et respirant avec difficulté. Sadi m'apprit que cette jeunesse venait de se gorger de viande au fin fond de la forêt, entraînement préalable à une grande razzia qu'on allait faire chez les Souk, au nord du lac Baringo. En se gavant ainsi de chair de bœuf, ils pensent devenir plus braves, plus féroces, et ce courage, ils se l'ingurgitent avec une assiduité qui bientôt les empêche de courir et leur permet à peine de souffler.

Bref, quelle qu'en fût la cause, leur arrogance ne connaissait pas de bornes : appuyant leurs piques sur ma poitrine, ils réclamaient à grands cris des paquets de rassade, puis, comme des hyènes, se battaient pour leur possession : les fils se rompaient. les perles s'égrenaient sur le sol. Escortés de leurs troupes, et le cœur plein d'inquiétude, nous traversâmes une contrée bien arrosée, les pentes inférieures de l'épaulement nord des monts Aberdare, pour camper sur les rives du Ngaré Sougounoi.

Les Massaï étaient ici en fort grand nombre, impudents, nauséabonds à nous rendre fous : ils se jouaient de nous comme le rat de la souris, et le dénouement eût été le même, je pense, sans la crainte inavouée que le lybon blanc leur

Cascade de Thomson, formée par l'Ourourou

inspirait. Sans cesse il me fallait m'asseoir sur la sellette, serrer leurs mains sales, exhiber mes dents, cracher généreusement sur eux.

La dernière et coriace tranche de buffle avait disparu, nous n'avions plus d'autre ressource que la viande gâtée; la peste faisait toujours rage, mais, depuis des semaines, les guerriers se rassasiaient de bêtes grasses, tandis que les autres, hommes et femmes. succombaient à la famine. Ces jeunes héros me demandèrent une « médecine » afin de les rendre braves et de leur assurer la victoire. Donc je fis leur photographie, la plus puissante de mes daouas; excellente, unique occasion d'enrichir ma collection de la portraiture d'un certain nombre de Massaï.

Médecine aussi contre la peste : pour ce, j'ouvre ma petite boîte à médicaments, laissant voir la rangée de fioles; je mets une paire de gants de chevreau conservés par je ne sais quel hasard, et qui produisirent une profonde impression; faisant ensuite semblant d'examiner les flacons avec le plus grand soin, je choisis deux d'entre eux, j'en verse le contenu dans un verre, puis, des « sels d'Eno » sous la main, je marmonne une incantation quelconque; ma voix, qui n'est point des plus douces, fait admirablement pour celle d'un sorcier. Brahim ayant épaulé son fusil, je laisse tomber le sel dans le mélange, Brahim tire : ô prodige! le gaz acide carbonique monte dans l'eau en milliers de petites bulles et s'élance en sifflant dans les airs : les naturels reculent épouvantés. Puis je plonge dans le liquide de petits bouts de journal, je crache à la ronde sur tous les spectateurs et leur distribue les papiers : remède infaillible et garanti comme ne ratant jamais.

Troisième médecine, cette fois pour le lybon du lieu, messire Lekıbès, qui veut devenir plus puissant; quatrième pour accroître la fécondité des femmes, car le pays se dépeuple rapidement par suite des guerres et des famines. Les dames au teint brun, les matrones et celles qui demandent à l'être défilent devant moi, et, avec toute la grâce dont je suis capable, je crache sur chacune d'elles, à l'aide de quelques gorgées d'eau.

En dépit de ces triomphes à la Cagliostro, ma grandeur ne me rend pas heureux : impossible de prendre congé; impossible même d'aller en chasse ; il faut se contenter de la plus écœurante des nourritures et me voir dépouillé presque jusqu'à mon dernier fil de perles. Les Massaï qui habitent plus loin ne veulent pas nous livrer passage avant d'avoir longuement discuté le pour et le contre de la chose. Quelques milles seulement me séparent de la base du mont Kenia, mais ces quelques milles, nous les laisseront-ils franchir?

Enfin, après quatre jours de geôle, on lève notre écrou. Nous traversons une chaîne d'où le regard s'étend sur la grande montagne ; vers midi la caravane atteint le Ngare Gobit, qui descend du Poron ; nous en suivons le cours pour pénétrer dans une combe profonde, toute brillante de magnifiques calodendrons et d'arbustes aux fleurs exquises, le *mourdjou* entre autres, « l'arbre à poison » du pays. L'air est saturé de parfums.

Après le Ngaré-Sougounoï nous étions rentrés dans l'aire de récente activité volcanique : les laves composant la masse du Kapté et du Lykipia sont plus anciennes que celles de la région basse avec ses monts énormes, le Kilima-Ndjaro, le Donyo Longonot, le Donyo la Nyouki, le Bourou. En approchant du Kénia, les roches trachytiques et d'autres indices analogues nous montrent aussi que, sur le côté occidental du Lykipia, les forces souterraines ont dû agir pendant une période géologique contemporaine de la formation du Kilima-Ndjaro, de la plaine du Doguilani et de la longue dépression où se trouvent les lacs Naïvacha, Elmeteita, Nakouro et Baringo.

Au Ngaré Gobit, le sol devient plus léger, plus friable et plus sec : nous redescendons à 1800 mètres, et la végétation se transforme en conséquence ; au lieu des genévriers, podocarpus, bambous et bruyères du district de Dondolé, on voit les calodendrons, les arbustes à fleurs et les autres plantes qui caractérisaient le Ngongo a Bagas.

Nous longeons toujours le ruisseau; les Oua-Souahéli qui m'escortent saisissent ici leur koma et le déploient en tête de la caravane, pour savoir si nous n'aurons rien à craindre des Massaï ou des Andorobbo. A peine le pavillon s'agitait-il sous la brise, qu'à gauche de la troupe un *mtembera*, sorte de martin-pêcheur, lançait dans les airs ses notes charmantes. Ils ne doutèrent plus que tout ne fût pour le mieux, et leur joie devint de l'extase quand un autre de ces oiseaux reprit la jolie chanson qu'ils croyaient un message de paix et de succès.

A l'orée de la vallée du Gobit, dans les plaines du Guaso Nyiro, nous faisons halte près d'un village andorobbo. Nous dûmes y passer un jour; le lendemain, le cœur débordant de gratitude et d'orgueil, je donne l'ordre de camper dans un coude du Guaso Nyiro : je ne voyais point encore le Kénia, mais j'en avais enfin atteint la base; je savais que derrière le banc de nuages reposait la montagne dans sa paisible majesté, cachée aux rayons trop vifs du soleil et aux mortels insoucieux.

Comme le pieux musulman qui surveille l'apparition de la nouvelle lune ou le coucher du soleil pour commencer ses oraisons, j'attendais que le voile se soulevât et me permît de rendre hommage à la superbe montagne. Plus que jamais les Massaï bourdonnaient autour de nous, mais leur importunité me laissait indifférent : le soleil descendit sur l'horizon; à mon tour j'allais tristement rentrer dans ma tente, quand soudain, bien haut dans le ciel, les nuages se déchirent; le pic, d'une blancheur éblouissante, se dore sous les dernières flèches de l'astre et resplendit d'une beauté merveilleuse, aérienne, divine; il semble séparé par une incommensurable distance de tout contact avec notre globe grossier. Le soleil s'éteignit; la blanche apparition, semblable à un esprit céleste s'attardant à la prière du soir, rayonnait d'un éclat « doux comme l'atmosphère des rêves » et en harmonie avec les mourantes lueurs du crépuscule. La splendeur du jour se fondait dans les teintes pâlies et les molles clartés d'une nuit de clair de lune; la montagne, jusque-là perdue dans les profondeurs de l'éther, laissa tomber ses voiles et parut tout entière dans ses austères contours et sa chaste beauté : magnifique récompense de tant de journées de cuisants soucis, de tant de nuits où l'anxiété m'arrachait au sommeil! A ce moment le Kénia était pour moi ce que la pierre sainte de la Mecque est au fidèle hadji, qui, parti des plus lointaines contrées, a surmonté périls et souffrances pour voir et baiser le caillou sacré!... puis mourir, si c'est la volonté d'Allah!

Nous sommes maintenant à une altitude de 1700 mètres, qu'on peut considérer comme l'élévation moyenne de la plaine au milieu de laquelle se dresse le Kénia. Le mont lui-même est évidemment d'origine ignée et la contrepartie du pic Kimaouenzi du Kilima-Ndjaro; mais ici les forces volcaniques n'ont pas changé de foyer, et le cône est resté simple et parfait de formes. Jusqu'à la hauteur de 4600 mètres, 2900 au-dessus de la base, l'angle d'inclinaison est extrêmement obtus : 10 à 12 degrés; les laves vomies ont dû être beaucoup plus liquides qu'au Kilima-Ndjaro, où elles ne purent s'écouler très loin de l'orifice.

A 4600 mètres environ, le cône jaillit soudain à une hauteur qui dépasse 1000 mètres. On distingue à la base deux petits renflements, et, plus au nord, une bosse massive. Comme celui du Kimaouenzi, le grand pic est sans doute la dernière colonne de matières en fusion, celle qui mit fin à la vie du volcan, en emprisonnant au-dessous les esprits inquiets de la Terre. Le cratère, probablement composé de cendres et de couches de lave, se sera délité peu à peu, et maintenant le jet formidable reste seul, digne couronnement de la puissante montagne. Ainsi qu'au Kilima-Ndjaro, la nature a paré son front sévère d'un diadème de neiges éternelles dont l'éclat frais et calme contraste étrangement avec l'histoire burinée par le feu en traits ineffaçables. Les flancs de la pyramide supérieure sont tellement escarpés, qu'en plusieurs endroits la neige ne s'y peut maintenir; çà et là les roches noires semblent percer le

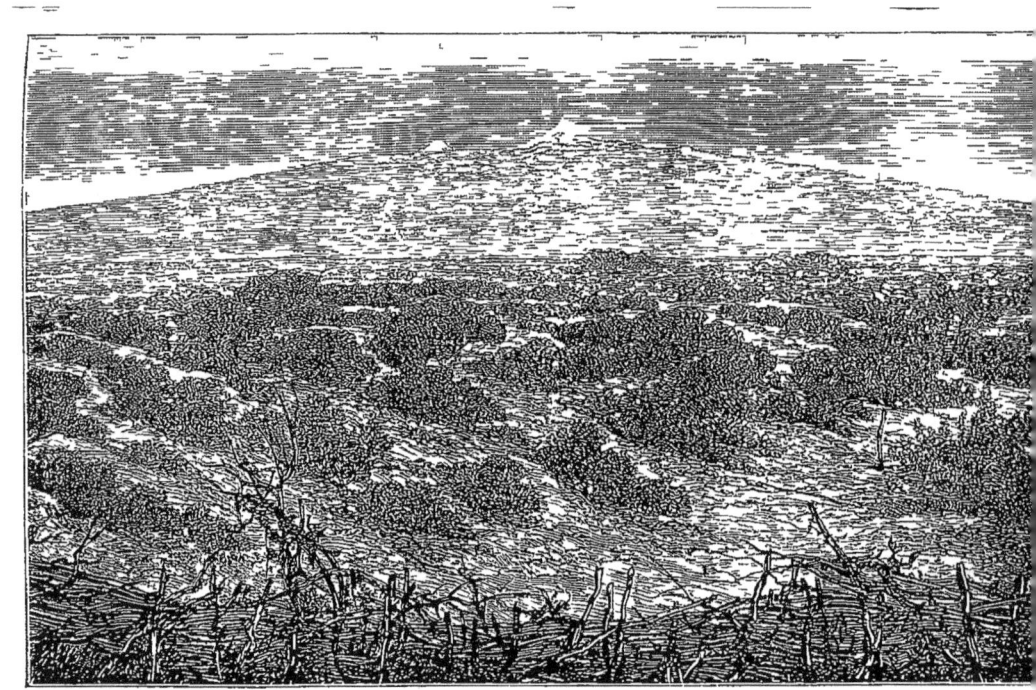

Le mont Kenia vu de l'ouest

blanc manteau, d'où son nom massaï de Donyo Eguéré (mont gris ou tacheté). A part ces légères déchirures, il recouvre le pic tout entier et s'étend à quelque distance au delà, y compris la protubérance arrondie du nord ; on dirait une énorme stalagmite blanche posée sur un large soubassement noir dont les flancs vont se perdre dans le vert intense des forêts étendues à ses pieds.

Le versant ouest, le côté d'où nous regardons le Kénia, est complètement inhabité. Seuls les Andorobbo errent dans les forêts à la poursuite du buffle et de l'éléphant, leur principale nourriture ; ils vendent l'ivoire aux traitants et se procurent ainsi les perles et le fil de métal dont ils aiment à se parer. Les pentes méridionales sont occupées par les Oua-Kikouyou, les pentes orientales par les Oua-Daicho, tribu dangereuse et de difficile abord dans ses forêts épaisses : des Oua-Kikouyou revus et considérablement empirés.

Au nord du Kénia, un contrefort peu élevé court dans une direction septentrionale, séparé du grand mont par le Guaso Nyiro : c'est le Donyo Endika ; traduction libre : « en queue de cochon », de la façon dont il s'éloigne du Kénia et qui rappelle aux Massaï les mèches très tordues de la chevelure de leurs guerriers.

Quelques méchants ruisselets sourdent à l'est et au nord ; mais, comme au Kilima-Ndjaro, il s'en écoule du versant méridional un très grand nombre qui portent un énorme volume d'eau au Kilaloumi ou fleuve Dana : celui-ci prend sa source sur la lisière des hautes terres du Kikouyou, au-dessus du lac Naïvacha.

Règle générale : le Kénia reste tout le jour caché derrière les nuages et ne se dévoile que le soir, ou le matin de très bonne heure. Comme pour son colossal voisin, le Kibo, on en voit encore la cime, que la base a depuis longtemps disparu.

Le Guaso Nyiro, sur le bord duquel nous campions, est un torrent assez considérable qui égoutte presque en entier le district du Lykipia, les monts Aberdare, le nord et l'ouest du Kénia et coule vers le nord-est dans le pays des Gallas jusqu'au Lorian, que les uns disent être un lac, les autres un pays.

Je fus surpris de voir dans les environs un assez grand nombre de chameaux, capturés chez les Gallas du nord-est. Les Massaï n'ont pas l'idée de s'en servir comme bêtes de somme, mais ils ne se font pas scrupule d'en manger. Ils connaissent le cheval, auquel ils donnent le nom de *bourta*.

J'étais donc arrivé au pied même de la glorieuse montagne, mais je dus renoncer à tout espoir de la gravir. Mes marchandises étaient à bout, et, par suite, les guerriers absolument réfractaires; les poudres effervescentes n'avaient plus le charme de la nouveauté, mes deux fausses dents ne leur suffisaient point : ils voulaient me voir accomplir la même opération sur mon nez; un des guerriers s'aventura même à le saisir, croyant qu'il allait céder sous sa main : je pris une physionomie sévère, indignée, menaçant le coupable de la colère des dieux; il s'empressa de déguerpir, et moi d'enlever la marque graisseuse de ses doigts. Leur razzia projetée les occupait beaucoup; ils parlaient d'y emmener le grand lybon. Mais on venait de m'apprendre que le pays est désert entre le mont Kénia et le lac Baringo : une fois hors de leurs griffes, nous n'aurions plus rien à craindre.

Impossible de retarder le départ : les traitants qui m'avaient suivi jusque-là s'étaient arrangés avec les Andorobbo pour disparaître dans la forêt, où ils seraient en sûreté; ils tâcheraient ensuite de regagner Mianzi-ni et d'y attendre le passage de Jumba. J'avais eu le bonheur de trouver au Guaso Nyiro un frère de mon excellent ami El-Héri. Il me conseilla, pour peu que je tinsse à la vie ou à ma liberté, de ne pas rester un jour de plus, mais de m'esquiver la nuit même, promettant, pour l'amour de son frère, de me conduire une partie du chemin. Nous partîmes à l'heure dite; mais l'obscurité était si épaisse, le sentier tellement encombré de plantes épineuses, qu'arrivés à une certaine distance nous dûmes faire halte jusqu'aux premières lueurs de l'aube. Ma petite troupe, alors, s'éparpilla un peu, pour ne pas laisser de traces trop distinctes, et nous arpentâmes le terrain à longues enjambées. La matinée était excessivement froide, circonstance des plus favorables, car les Massaï ne quittent pas leurs kraals avant que le soleil soit levé depuis quelques heures : quand il commença à faire chaud, nous avions passé la contrée découverte et enfilions un sentier de forêt, où nous reprîmes haleine, sans pourtant oser nous arrêter. Nous fîmes ainsi, d'une traite, une quarantaine de kilomètres, jusqu'à un petit ruisseau ou plutôt un chapelet de petites mares, Elguéjo lé Sikira (le ruisseau des cauris), le mieux approprié des noms, ces minuscules étangs rappelant fort bien un cordon de ces coquillages. Nous y rencontrâmes deux rhinocéros, une femelle et son nourrisson; après avoir mis la mère en fuite, on s'empara du petit, qui nous divertit énormément par son humeur batailleuse : il renversa plusieurs de nos hommes en chargeant tête baissée sur leurs jambes. Ici je dus prendre congé de mon généreux guide, qui s'en alla d'un autre côté, en visite chez des parents, afin de faire perdre sa piste aux gens de la tribu.

Il nous laissait dans une position singulière. A travers une contrée déserte, infestée par les batteurs d'estrade, nous nous dirigions presque au hasard vers le lac Baringo, que, la veille, notre ami nous avait vaguement indiqué du doigt, « là-bas », dans le lointain. La forêt n'offrait pas de sentiers; nous n'avions absolument rien à nous mettre sous la dent. Mais l'idée seule d'avoir échappé à ces terribles Massaï suffisait à nous tenir en joie. Le gibier ne manquerait pas, les aiguades non plus : le pays était un lacis de ruisseaux clairs. On riait, on chantait, on faisait des bons mots; les échos répétaient nos cris d'allégresse. Les buffles relevaient leur museau et s'ébrouaient d'étonnement; les rhinocéros, ainsi que de noirs génies mis en fuite par un exorciste, détalaient en soufflant à grand bruit.

Notre troisième étape nous amena au Guaso N'Erok

(rivière noire, de l'apparente couleur de l'eau qui court sur des débris de laves et de pierres volcaniques) Cette rivière est l'Ourourou, dont j'avais déjà fait connaissance et qui change de nom au-dessous de la gorge où se précipite la cascade de Thomson. Elle coule ici dans une vallée profonde, flanquée à l'est par une région élevée et montueuse, continuation des hautes terres du Dondolé.

La marche du lendemain fut terrible. Pendant six heures de pluie battante, et sans prendre un instant de repos, nous cheminons sur un pays très accidenté, couvert de la plus épaisse des forêts, du plus inextricable des sous-bois. Nulle autre route que des sentes de buffle, qu'on enfile au risque continuel de trébucher sur un de ces dangereux animaux; souvent, dans les coulées, il faut se traîner à quatre pattes au milieu de la fange. A midi nous arrivons à la petite et marécageuse vallée de Marmoset; après quoi, le chemin est un peu meilleur.

A l'étape suivante, nous descendons le versant ouest du plateau du Lykipia : l'espoir me revient au cœur à la vue d'un petit ruisseau et de sa vallée, qui, évidemment, vont nous conduire au lac Baringo, le Guaso Tiin, sans doute. Buffles, zèbres, élans et rhinocéros en quantités étonnantes.

Puis une très rude journée, quoique, pour sûr, elle mérite d'être marquée d'un caillou blanc. Nous dévalons d'abord l'étroite gorge par laquelle le Tiin s'échappe de sa combe; puis nous en trouvons une seconde, coupant la première à angle droit, et dans laquelle le torrent se précipite d'une hauteur de 120 mètres, par une série des plus jolies cascatelles qui soient au monde. Hélas! nous ne pouvons sauter comme lui! Nous finissons, à ma très grande joie, par découvrir une sorte de casse-cou, que la troupe entière réussit à dégringoler. L'escalade de la falaise opposée est aussi périlleuse et ardue. Mais *Nil desperandum* a toujours été ma devise : nous arrivons sains et saufs au sommet, après avoir, en quatre heures, gagné juste quatre cents mètres.

Je marchais en avant avec Mouhinna, dans l'espérance de

voir enfin briller ces eaux que, depuis deux jours, je cherchais à l'horizon avec la plus vive anxiété; deux buffles se montrent soudain; je m'empare du snider de Mouhinna, je tire : un de ces animaux tombe; l'autre reste pétrifié à l'ouïe de ce bruit étrange; j'introduis à la hâte une nouvelle cartouche, il mord la poussière à son tour : deux superbes taureaux, touchés l'un et l'autre à l'épaule. Tout d'un coup ils nous aperçoivent, et, ne voulant pas périr sans vengeance, ils essayent de se remettre sur leurs pieds. Leurs corps trapus se tordaient, se ramassaient, s'allongeaient, comme animés d'une furie diabolique; leurs yeux sortaient de la tête, brûlant de douleur et de rage. Nous frissonnions à ce spectacle. Brahim, hors d'haleine, accourt avec ma carabine. J'en appuie le canon sur la tête de l'un d'eux; mais, quoique mon arme soit de première qualité (un express, 577), la balle à cœur d'acier n'abat point le taureau; elle ne l'étourdit même pas, le cerveau est resté intact!

Ces buffles d'Afrique, on le voit, ne sont pas de commerce agréable. Une des paires de cornes mesurait. d'une courbe à l'autre, près de 1^m, 20; elles sont aujourd'hui en Écosse.

Un peu plus loin, le Kénia apparaît un instant; puis, avec une joie sans bornes, la petite troupe émerge subitement de l'épaisse forêt et se retrouve sur le rebord même de « l'auge » que nous avions quittée à Kékoupé. Le Baringo miroite presque sous nos pieds, mais à plus de 1000 mètres de profondeur.

Il m'a été donné de voir de nombreux paysages lacustres en Afrique : des montagnes du nord j'ai contemplé le Nyassa, et le Tanganyika du sud, de l'est et de l'ouest; le lac Léopold des monts de Fipa. Mais aucun n'approche, comme beauté, variété et grandeur, du panorama qui se déroule devant nous. Au premier plan, la longue dépression dont j'ai si souvent parlé et dont le fond se trouve déjà à mille mètres au-dessus du niveau de la mer; large ici d'une quarantaine de kilomètres, elle est bordée de remparts formidables montant à une hauteur de 2700 mètres ; au centre, les eaux du lac scintillent sous les feux du soleil tropical, autour d'une île pittoresque et de quatre jolis îlots, émeraudes serties dans un chaton d'argent bruni.

L'ovale irrégulier de cette belle nappe s'encadre dans une bordure vert pâle de végétation marécageuse ; une large bande beaucoup plus foncée, la cime de forêts d'acacias, s'étend jusqu'aux montagnes. Cet enchevêtrement de longues parois à pic, de raides contours, d'arêtes vives, forme un ensemble peut-être unique au monde et parle eloquemment de la puissance des forces ignées ; le terrain est bouleversé partout ; des failles nombreuses s'y croisent à angle droit ; mille traits nous disent que le relief de la contrée n'a pas été modelé par les agents extérieurs ou superficiels : tous ces accidents sont de date récente ; le temps, qui semble abhorrer la ligne droite, n'y a pas encore touché.

Tels le lac et ses alentours ; plus loin, les montagnes formant le rebord opposé de la cuvette constituent le Kamasia, chaîne étroite et dentée en scie qui s'éloigne sous un angle assez aigu de l'escarpement de Mau, celui-ci la vraie contre-partie des hauteurs d'où nous le regardons aujourd'hui. Sous le nom d'Elgueyo, le Mau se prolonge derrière le Kamasia comme une seconde ligne de circonvallation colossale ; puis il monte encore et forme un vaste et puissant bastion, les massifs du Maragouet et du Khibkharagnani, qui s'articulent à angle droit sur la chaîne primitive. L'auge étroite au fond de laquelle brille le Baringo s'évase considérablement vers le nord ; pourtant, à quelque distance, la pittoresque barrière des monts Souk semble la fermer presque entièrement. Au nord du lac se montrent nombre de collines moins apparentes ; là-bas, dans l'horizon lointain, se dessinent divers groupes isolés qu'on m'a dit être les monts du Tourkan (Elgoumi), du Nyiro, du Lorian.

Il ne me restait plus qu'à descendre au Baringo : deux

heures y suffiraient, pensais-je. Hélas! à nos pieds la
falaise plongeait à pic; nous suivons la lisière du précipice
et, après une heure de recherches, découvrons une ligne
sinueuse et à peine marquée, le passage de quelque animal
se rendant à l'aiguade. Brahim, Songoro et le cuisinier

L'escarpement du plateau du Lykipia, vu du lac Baringo

m'accompagnaient. Je leur donne l'ordre d'attendre Makatoubo et les autres retardataires et je pars en avant pour
explorer le sentier : la descente fut extrêmement hasardeuse, je réussis à atteindre le fond sans accident. Makatoubo me héla du sommet, et je crus comprendre à ses
signes qu'ils avaient trouvé une autre route.

J'étais seul et sans armes, mais parfaitement tranquille,
car je m'attendais à recueillir mes hommes un peu plus
loin, au bas de quelque coulée de bête sauvage : la marche
était horriblement dure, par-dessus des blocs mobiles aux

tranchantes arêtes et cachés à demi sous des plantes épineuses, aiguillonnées, effroyables. Je m'escrimai sur ce dangereux terrain pendant plus d'une heure et commençais à me sentir fort mal à l'aise, ainsi perdu dans l'immense désert peuplé de buffles et de rhinocéros; à plusieurs reprises il en partit tout près de moi. J'avais beau appeler mes camarades; l'écho railleur répondait seul; ma fortitude s'écoulait peu à peu; tout espoir de rencontrer Makatoubo s'était évanoui, et je retournai en toute hâte sur mes pas; peut-être, après tout, mes trois compagnons m'avaient-ils suivi! Je pousse des cris avec un renouveau d'énergie; je n'y gagne que de redoubler mon excitation nerveuse. Mourant de faim et très las, car depuis dix heures j'étais sur mes pieds à arpenter le terrain le plus mauvais que j'eusse jamais rencontré, escaladant les précipices, m'ouvrant un passage au milieu des halliers, trébuchant sur les pierres branlantes, m'écorchant à ces abominables épines, je me voyais égaré pour tout de bon, sans moyen de défense, sans une poignée de farine pour apaiser ma faim. Je cherchais des yeux quelque arbre où je pusse me brancher pour la nuit. Avant de m'y décider, pourtant, je réunis toutes mes forces pour pousser un formidable ohé! L'un après l'autre les échos du lac me rapportent les vibrations de ma voix. J'écoute, j'écoute longtemps: sous ce grandiose silence je sens le cœur me manquer.... Un coup de fusil résonne à mes oreilles comme la plus douce des musiques; tout joyeux, je m'élance dans la direction du bruit. Une autre détonation frappe l'air, et, quelques minutes après, grimpé sur une éminence, j'appelais éperdument Brahim, Songoro, le cuisinier, que je venais enfin d'apercevoir: ils avaient suivi le même sentier que moi; mais, je ne sais comment, nous ne nous étions pas retrouvés.

Quoique très fatigués et les pieds en sang, nous donnons encore un coup de collier dans l'espoir de sortir de cette combe étroite et de gagner la plaine du Baringo. Nous franchissons un ressaut; nous suivons un torrent qui, de toute évidence, porte ses eaux au lac et entrons avec lui dans un défilé profond et sauvage au delà de toute description; chaque motte de terre, chaque débris où il fût possible de mettre le pied se hérisse de la plus impénétrable des brousses épineuses; à chaque instant il faut se traîner sous les tunnels ouverts par le gros gibier et qui croisent et recroisent perpétuellement le ruisseau. La nuit était

Notre campement a Adjemps (voy p 262).

venue; le pluie tombait en lourdes ondées; force nous fut de faire halte dans la cluse. Rhinocéros et buffles partageaient notre asile, nous en étions trop certains. En tâtonnant çà et là, nous parvenons à amasser des branches mortes; mais l'herbe est toute mouillée et il ne nous reste que trois allumettes. Avant de les aventurer, on se réunit en conseil . qui est assez adroit pour se charger de la manœuvre? — Brahim! — Dans ces ténèbres, épaisses comme de la poix, sous les grands sycomores, au milieu des halliers hantés par les bêtes sauvages, nous nous groupons près de lui, le cœur palpitant. Le torrent se brisait sur les roches anfractueuses; le vent soupirait sur les pentes de la montagne ou nous apportait les plaintes étranges qui s'élevaient de la cluse au-dessous. La première allumette part : une faible lueur, puis tout retombe dans la nuit. Brahim la lance au loin avec une imprécation furieuse, que « chacun selon son espèce » se hâte de reprendre à la ronde. Second essai : anxiété encore plus poignante; même résultat. Troisième : succès complet! Avec autant de respect que je l'eusse fait de la flamme sacrée de l'autel, je l'alimente des feuilles de mon carnet; on réussit enfin à allumer quelques bûchettes. Peu de minutes après, nous nous séchions devant un feu superbe, et, quand nous avons eu mâché la petite provision de grains de maïs reçue, au Guaso Nyiro, des mains d'un généreux Massaï, la situation nous semble des plus divertissantes. La pluie cesse; on place une sentinelle, et nous nous endormons d'un sommeil qu'interrompt par intervalles l'approche de quelque grosse bête dont les promenades nocturnes sont troublées par les lueurs du bûcher.

Le lendemain nous repartons dès l'aube, espérant à chaque minute sortir enfin du défilé. Pendant deux heures et plus, nous nous traînons sur cet affreux casse-cou, déchirant nos habits et notre peau, traversant et retraversant le torrent une trentaine de fois pour nous trouver juste à l'ouverture d'un précipice : nulle autre ressource que d'escalader une des parois de la gorge; mais elle était tout embroussaillée d'épines, et sans le sabre de Brahim, qui nous y trancha une voie, nous n'eussions jamais pu grimper. Six heures de marche très ardue sur le terrain le plus difficile que j'aie vu de ma vie nous amènent pourtant dans les herbages des Oua-Kouafi de Ndjemps, où des pâtres nous indiquent la route. Traversant un joli cours d'eau par un pont de construction primitive, nous arrivons à Ndjemps Mdogo (le petit), et Mouhinna s'abouche avec d'anciennes connaissances. Une heure après, nous approchions des confins de Ndjemps Mkouboua (le grand). On tire notre dernière cartouche, nous passons le Guaso Tiguirish et faisons enfin notre entrée dans le campement de la caravane. A l'ombre fraîche d'un sycomore s'élève une jolie cabane construite par mes engagés. Martin et ses hommes sont dispos et bien portants, et si heureux de voir se dissiper leurs cruelles inquiétudes sur notre compte! Depuis trente-quatre heures nous n'avions rien mangé. On nous servit des plats copieux de « vase animée » (ce que dit Burton de certains poissons peut bien s'appliquer à ceux du Baringo), et de la bouillie de farine d'une espèce particulière de millet. Quel délicieux régal après les biftecks de buffle, coriaces et secs comme des semelles de bottes, et les rosbifs plus juteux que ragoûtants du bétail à demi pourri dont il fallait se contenter depuis un mois ! Quant à Makatoubo et à ses trente hommes, égarés dans la solitude et presque morts de faim, s'épuisant en efforts pour tâcher de descendre au lac, ils ne nous rejoignirent que deux jours plus tard : en cherchant à me rejoindre, ils s'étaient fourvoyés dans une impasse.

CHAPITRE X

LA MASSAÏE ET LES MASSAÏ

Après tant de semaines de fatigues, de dangers et d'ennuis, je savoure un repos bien et dûment gagné ; nous sommes au milieu d'indigènes dont l'honnêteté, l'absence de toute prétention et les mœurs paisibles me rappellent les Arcadiens du Taveta, leurs cousins éloignés : il nous manque seulement la forêt délicieuse et l'abondance qui y règne. Je vais et viens sans fusil, sans escorte ; je m'endors sous les sycomores ombreux, bercé par le babil du Guaso Tiguirish ; j'ouvre un livre de poésie ; j'essaye de capturer « les craintifs habitants des humides profondeurs ». Quelle joie d'errer au loin dans le négligé qu'on peut se permettre au centre de l'Afrique, de s'étendre dans un hamac, contemplant vaguement la pointe de ses pieds, ou, les yeux perdus dans l'espace, de s'abandonner au « dolce far niente », en se disant qu'après tout un voyage au Continent noir a bien ses charmes !

Parfois, dans ces longues rêveries, je m'imagine planer en ballon au-dessus du pays et tâche de me rendre compte de sa physionomie générale, ou j'essaye de sonder les curieux problèmes que nous posent les mœurs étranges de la peuplade qui l'habite. Le lecteur voudra bien me permettre de lui donner ici le résumé de cette étude.

La Massaïe est nettement partagée en deux régions absolument distinctes : au sud, le désert ; au nord, le plateau. Le premier, comparativement bas, quoique l'altitude en

Femmes de Ndjemps

varie entre 900 et 1200 mètres, est stérile à l'extrême; non que le sol y soit ingrat, mais les pluies y sont rares : à peine si pendant trois mois elles permettent à quelques touffes d'herbe de verdir; l'acacia et le mimosa croissent seuls dans ces tristes plaines, sauf au pied des mornes et des terres hautes, d'où filtrent de petits ruisseaux bientôt perdus dans les sables arides. Nulle rivière ne le traverse ; des surfaces immenses s'y recouvrent d'incrustations nitreuses laissées par l'évaporation des sources salées : tels la plaine du Ndjiri et le formidable désert du Doguilani.

Qu'on n'aille pas se figurer cependant une monotone et plate étendue : le colossal Kilima-Ndjaro y monte au delà des nuages, et le mont Mérou, au superbe cône. Autour, et comme les gradins d'un amphithéâtre, les collines du Guelei et du Guaso N'Ebor s'avancent à la rencontre des masses métamorphiques du Ndapdouk et du Donyo Erok. Plus à l'ouest et au nord apparaissent d'anciens volcans, le Donyo Engaï, le Donyo la Nyouki, le Donyo Longonot et la chaîne moins élevée du Ngourouma-ni.

En résumé, cette région basse a la forme d'un vaste triangle dont le sommet, dirigé vers le nord, atteint à une cinquantaine de kilomètres de l'équateur; là elle s'évase de nouveau et s'étend jusqu'au Baringo par une dépression profonde et irrégulière. La contrée tout entière est presque inhabitée. Certains endroits favorables seulement, tels que la base du Kilima-Ndjaro, des monts Mérou, Ndapdouk, Guelei, Kisongo, l'ouest du Mérou, le Donyo Engaï et la lisière de la plaine au pied des hautes terres bordières du Mau et du Kapté, sont occupés par les Massaï d'un bout à l'autre de l'année.

Le grand plateau nord du pays des Massaï commence de chaque côté à 1500 mètres environ, pour culminer au centre à plus de 2700. C'est précisément sur cette ligne de plus haute altitude que le désert du Doguilani se continue en une dépression profonde où s'égrènent les lacs charmants de Naïvacha, d'Elmeteita, de Nakouro, de Baringo :

autour de ce dernier elle s'élargit notablement, et finit par offrir tous les caractères du plat pays méridional.

Dans la moitié orientale du plateau ainsi partagé se dressent, nous l'avons vu, le pic neigeux du Kénia et la chaîne pittoresque des monts Aberdare, celle-ci presque parallèle à la ligne de dépression. Il n'y a peut-être pas, dans toute l'Afrique et même en Abyssinie, de plus admirable région. Quoique à une altitude moyenne de 1800 mètres, ce n'est pas encore la montagne, mais une suite d'ondulations harmonieusement rythmées. Rien n'y manque de ce qui peut constituer les plus gracieux des paysages, massifs d'arbrisseaux fleuris, bouquets de grands arbres, traînées de forêt ; tantôt on traverse un vaste parc dans les clairières duquel errent des hardes de gibier, tantôt de riches pâturages où de grands troupeaux de bœufs, chèvres et moutons plongent jusqu'au genou dans l'herbe savoureuse. L'œil s'arrête sur des groupes de conifères semblables à nos pins ; on cueille des rameaux de bruyère, du trèfle au parfum délicat, des anémones et tant d'autres fleurs familières : en vain on y cherche le palmier toujours présent dans les tableaux africains qu'imaginent les voyageurs de coin de feu. Toute la contrée est enserrée dans un lacis de ruisseaux limpides, de ruisselets babillards : ceux du Lykipia forment le mystérieux Guaso Nyiro ; ceux du Kikouyou, le Dana, qui coule vers l'océan Indien par le pays des Gallas ; plus au sud, les eaux réunies des torrents du Kapté prennent le nom d'Athi et, à travers l'Ou-Kambani, vont rejoindre le Sabaki.

Le Kikouyou occupe les plus hautes terres de la moitié occidentale du plateau, qu'il coupe diagonalement au sud même de l'équateur. A l'est du Naïvacha notamment, et entre celui-ci et les monts Aberdare, quelques-unes des régions moins élevées se recouvrent de bamboulaies épaisses.

La majeure partie et la plus fertile du Lykipia est entièrement dépeuplée ; peu à peu les Massaï se retirent des districts du nord, trop dangereusement voisins des Oua-Souk.

Ce que l'on appelle proprement le pays des Massaï s'étend en longueur sur l'espace compris entre le premier degré de latitude nord et le cinquième de latitude sud. La largeur en est très irrégulière; je l'évalue en moyenne à 170 kilomètres, en y comprenant quelques enclaves habitées soit par des Oua-Kouafi agriculteurs, rejetons de la grande peuplade, soit par des tribus qui lui sont tout à fait étrangères.

Sur la plus grande partie de cette vaste région, la hauteur annuelle des pluies est extrêmement minime. Pendant les quatorze mois où je courais le pays, nous n'avons pas eu en route une dizaine d'averses, tandis qu'à mon voyage dans les contrées du sud les ondées se succédaient sans relâche durant des semaines entières. Ici les pluies sont presque inconnues en dehors des mois de fevrier, mars et avril. Le reste de l'année, et malgré la fertilité merveilleuse de leur sol, les plaines se transforment en arides déserts. On n'y rencontre pas un seul de ces marécages où, en même temps que les exhalaisons pestilentielles, on respire les fièvres et la mort. L'air est sec et salubre; en dépit de l'ardeur du soleil, les brises rafraîchissent le voyageur; la température très basse, parfois même le froid piquant de la nuit, le remettent des fatigues d'une journée de marche sous l'éclat flamboyant du ciel : à l'aube on se lève tout grelottant; autour de la tente, l'herbe est pailletée de gelée blanche; quelques heures après, et fondant en eau sous le plus léger des costumes, on se réfugie au plus épais d'un fourré, le thermomètre montant au-dessus de 32°. Mais l'atmosphère est tellement sèche que ces brusques écarts de la température ne m'ont jamais nui; mes hommes ont couché à la belle étoile sans un brin de défroque, et mon instrument marquait zéro.

Sur les parties élevées du plateau, les orages de grêle sont fréquents, surtout dans le voisinage des monts Aberdare. Mainte caravane en marche a ainsi été mitraillée et les hommes ont succombé en grand nombre, car le froid humide est singulièrement funeste aux naturels de la côte : sous son influence ils tombent comme paralysés. On les bâtonnerait à tour de bras, qu'ils mettraient simplement la tête entre leurs genoux, en gémissant un pitoyable « Si ouezi! » (je ne peux pas!). Pendant une halte de notre voyage de retour, une de ces tempêtes fondit sur la contrée, accompagnée de coups de tonnerre et d'éclairs et vraiment épouvantable; la grêle bombarda le sol des heures entières; tout le pays se recouvrit d'un tapis blanc et resta ainsi jusqu'au matin. Si nous n'avions pu nous blottir sous des huttes, je n'eusse peut-être pas sauvé une dizaine de mes hommes. Même sous leur abri, l'humidité glacée de la température les réduisait à un tel état de prostration, qu'ils laissaient éteindre les feux et que nous dûmes les contraindre à se donner un peu de mouvement.

Voilà pour le pays; passons à ceux qui l'occupent.

De l'étude de leur langue — et cette théorie me semble correcte, — de savants philologues infèrent qu'elle appartient à la famille chamite, comme celles des tribus du Nil et du nord de l'Afrique. Les Massaï, en tout cas, ne sont ni nègres, ni alliés aux peuplades bantou avec lesquelles nous ont familiarisés les récits des grands voyageurs africains. Le développement de leur crâne, non moins que leur langage, les sépare nettement des naturels des régions centrale et méridionale et leur assigne une place beaucoup plus élevée dans la série humaine.

La tribu des Massaï est partagée en une douzaine de clans, ayant chacun ses subdivisions. Tous n'occupent pas le même rang dans la « société » du pays : les Ngadjé-Massaï, par exemple, les Molilian, Lyséré et Leteyo ont plus de « sang bleu » et sont tenus pour avoir conservé la pureté de la race. Leur développement physique est plus harmonieux, et chez eux la tête est sans contredit beaucoup mieux faite; le nez est moins déprimé, les lèvres sont moins épaisses. Sauf une légère tendance au prognathisme, et une obliquité des yeux, une saillie des pommettes, qui rappellent le type mongol, sauf la nuance brun chocolat de la peau et la disposition des cheveux à friser, on pourrait vraiment les prendre pour de respectables Européens d'un type assez ordinaire. Les Ngadjé-Massaï occupent le sommet de cette hiérarchie ; on les trouve principalement dans les environs du Kilima-Ndjaro ; le clan physiquement le plus

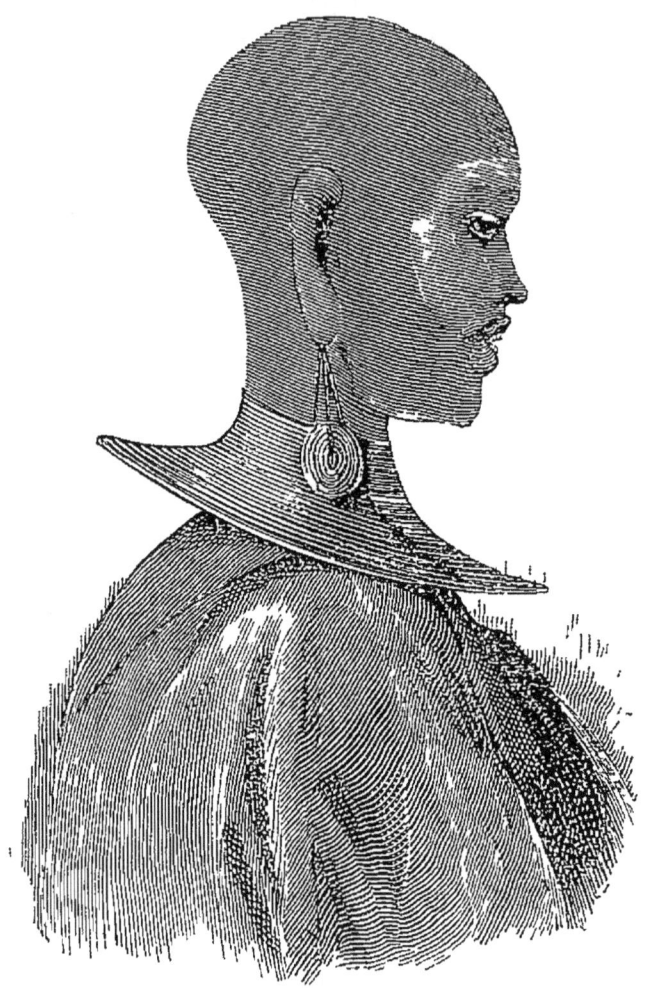

Femme mariée du Ndjiri

dégradé est celui que les traitants de la côte connaissent sous le nom d'Oua-Kouafi. Ceux-ci paraissent être croisés de sang nègre : on en pourra juger en comparant une photographie d'habitants du Lykipia (page 229) et celle d'une dame de haut parage du Ndjiri.

Le pays lui-même se divise en une dizaine de districts

principaux, Siguirari, Ndjiri, Matoumbato, Kapté, Doguilani, Lykipia, Guas'Nguishou, etc., dont le nom s'applique généralement à tous les Massaï qui y ont pris naissance ; divers clans peuvent occuper le même canton, mais alors ils habitent des kraals distincts. On dit : les El-Massaï du Matoumbato, les El-Massaï du Kapté. Chaque district est en outre distingué par les figures héraldiques peintes, avec beaucoup d'art et d'adresse, en noir, rouge, blanc ou jaune sur les boucliers des guerriers. Les diverses sous-tribus de la Massaïe n'ont pas la moindre cohésion : la guerre est fréquente entre les unes et les autres ; mais, tant qu'elle n'est pas déclarée. les naturels vivent dans les termes les plus amicaux.

De ces luttes intestines, aucune n'a été si désastreuse ou ne s'est plus souvent renouvelée que celle qui a duré près d'un demi-siècle entre la masse principale des Massaï et les Oua-Kouafi : ceux-ci ont eu pour première patrie le vaste district que les Massaï nomment Mbaravoui et qui s'étend entre le Kilima-Ndjaro, l'Ougono et le Paré à l'ouest, et, à l'est, le Teita et l'Ousambara. Il y a quelque cinquante ans, les Oua-Kouafi y vivaient, nombreux et forts, en état de repousser n'importe quel adversaire. Mais vers 1830, à ce que j'ai pu comprendre, une série d'infortunes vinrent fondre sur eux : lors d'une grande expédition de pillage chez les Oua-Gogo du sud, ils furent battus et presque tous leurs guerriers massacrés ; même revers quelque temps après dans une razzia contre leurs frères du Kisongo. Un malheur n'arrive jamais seul : la nature se hâta de seconder les hommes ; des nuées de sauterelles s'abattirent sur le pays et broutèrent jusqu'à la dernière feuille d'arbre, jusqu'au dernier brin de gazon ; les bestiaux périrent. Les Massaï des terres occidentales se hâtèrent d'accourir et passèrent les Oua-Kouafi au fil de l'épée, se vengeant en une fois de toutes les avanies que leur avait fait subir le plus puissant de leurs clans. Ceux qui survécurent à cet égorgement ou à la famine causée par la perte de leur bétail durent chercher refuge au milieu de peuplades méprisées jusqu'alors. Les uns trouvèrent un asile dans les forêts du Taveta et du Kahé, et sur les pentes inférieures du Mérou (Arisha-oua-djouou). D'autres, courant vers le sud, se jetèrent parmi les Oua-Zegouha, avec lesquels ils se sont mélangés peu ou prou. Ce sont ces tribus hybrides qu'ont visitées dernièrement deux courageux missionnaires, MM. Last et Baxter, et sur lesquelles les annales de la Société royale de Géographie donnent de si intéressants détails. D'autres encore furent chassés dans l'ouest, où ils forment les colonies de Nderserria-ni et de Ngourouma-ni. Ces stations sont un très grand bienfait pour la contrée : partout elles deviennent des centres de commerce où la vie et les marchandises des traitants sont en sûreté, et je ne connais point de meilleur exemple des bons résultats amenés par un changement complet d'habitudes, que cette germination imprévue de mœurs paisibles et de travail honnête.

Tous les Oua-Kouafi cependant ne furent pas dispersés au loin : une portion du clan parvint à s'ouvrir un passage au travers du Kikouyou et à gagner le Lykipia. Une seconde troupe franchit la dépression médiane pour se réfugier sur l'autre moitié du plateau. Trouvant dans ces deux districts des pâturages superbes, ils s'y établirent à l'abri des incursions et s'accrurent rapidement. Redevenus plus forts, ils songèrent à se venger de leurs anciens voisins et descendirent les attaquer : il y a quelque quinze ans, les deux partis s'installèrent vis-à-vis l'un de l'autre dans de grands kraals retranchés d'où ils sortaient fréquemment pour se livrer à des luttes furieuses, les femmes debout près des guerriers et les excitant au combat; des milliers d'hommes succombèrent dans ces rencontres corps à corps : les Massaï eurent d'abord le dessous, et, malgré l'opiniâtreté désespérée avec laquelle ils défendaient le territoire, leurs assaillants finirent par les expulser du Naïvacha et du Kinangop et portèrent même la guerre dans le Kapté. Puis la fortune changea de face; les Massaï des régions plus au sud se réunirent pour marcher au secours de leurs frères. Les Oua-Kouafi durent reculer à leur tour; on en massacra un grand nombre; on razzia une partie du bétail, la famine emporta le reste; ils furent réduits à la terrible nécessité de vendre leurs enfants. Plusieurs se réfugièrent à Ndjemps et au Nyiro, où il leur fallut se résigner à cultiver le sol. La guerre dura plusieurs années, puis la poignée d'Oua-Kouafi qui occupait encore le Lykipia réussit à conclure la paix. Moins heureux ceux du Guas'Nguishou. Les Massaï balayerent la contrée du nord au sud, égorgeant tous les hommes; ceux qui avaient échappé à la lance ou à l'épée s'enfuirent au Kavirondo. Aujourd'hui tous les clans massaï semblent renoncer à ces luttes fratricides, et leurs divers kraals vivent en bon voisinage.

De la peuplade entière passons aux unités qui la composent; mais, au lieu de les décrire en manière de catalogue, je vais prendre un guerrier massaï à sa naissance et le suivre à travers les diverses phases de sa vie.

Il y a nombre d'années, une matrone du pays approchait du dénouement de ce que l'on est convenu d'appeler une « position intéressante ». Son installation laisse fort à désirer sous le rapport du luxe ou seulement du confort; son lit, une peau tannée, est placé sur la terre nue; la hutte qui la protege contre l'ardeur du soleil ou le froid des nuits n'eût pas supporté l'examen d'une commission sanitaire. Longue de 3 mètres, large à peine de $1^m, 50$, elle n'atteint pas $1^m, 10$ de hauteur; les parois sont faites de branches croisées et entrelacées qu'on courbe et qu'on relie dans le haut de manière à former un toit plat et à coins arrondis : une couche de bouse de vache, plaquée d'une main généreuse, en exclut l'air et le vent. Cela suffit pour la saison sèche; pendant les pluies on y ajoute des peaux de bœuf. La porte, des plus étroites, s'ouvre en façon de porche sur le grand côté de la case. Celle-ci fait partie de l'enceinte au milieu de laquelle on parque le bétail la nuit, vaste espace qu'on n'a jamais nettoyé et dont l'imagination peut se représenter l'état. Son odeur rappelle celle d'une cour de ferme mal tenue. Une forte palissade d'épines défend le kraal de l'invasion des bêtes sauvages ou d'un coup de main de l'ennemi — Revenons à la hutte, en ce moment remplie de commères, autant du moins que le permet la présence des veaux et des chèvres. Dans un coin, des calebasses; dans un autre, une grande marmite de terre grossière; les puces sautillent par milliers : des

Un kraal massai, le mont Longonot à l'arrière-plan.

myriades de mouches cherchent à cultiver l'intimité particulière des visiteuses.

L'événement s'est heureusement passé; l'affaire, du reste, n'est pas considérée comme bien importante, sauf par la mère qui vient d'apprendre avec une joie profonde que « c'est un garçon ». Les filles ne sont pas en hausse là-bas; l'offre en dépasse de beaucoup la demande, et il y a beau temps que l'espèce en serait perdue, si Mère Nature consultait les intéressés. En Massaie on ne tient pas de registre d'état civil : il me serait donc impossible de dire à quelle date précise notre héros a vu le jour; nulle cérémonie particulière n'a célébré sa naissance, et le lendemain la dame vaque, comme de coutume, aux devoirs du ménage, portant sur le dos son mioche, chaudement blotti sous la peau de bouvillon dont s'habillent ici les femmes.

Notre futur guerrier passe ses deux premieres années comme tous les autres bambins du globe : il tette le sein de sa mère; il parle ; il trouve ses jambes. Le voilà lancé dans le monde; il lui faut maintenant autre chose que du lait : on lui donne, pour s'exercer les dents. une grosse chique de chair de bœuf, fâcheuse gâterie peut-être; ne serait-ce pas la cause de cette saillie de la bouche, un des traits communs à toute la race massaï? Les gencives sont encore molles, la viande est dure comme cuir, la ferveur du marmot extrême : les incisives se déjettent en dehors, se séparent les unes des autres et ressemblent bientôt à des crocs; les gencives prennent une teinte bleu très foncé. Tout cela, il faut le dire, passe pour autant de beautés.

Notre Moran — pour lui donner tout de suite son titre de futur guerrier — est, au moins quand il ferme la bouche, un garçonnet superbe, un vrai petit diablotin. Armé d'une flèche et d'un arc minuscules, il déserte déjà la jupe de sa mère et s'efforce de singer les grands. Nul risque de se salir les habits; s'il rentre couvert de boue, la mère se contente d'en rire : jamais elle ne lui inflige le supplice d'un récurage à l'eau froide et au savon. Parfois, dans un accès d'orgueil et dûment convaincue qu'un jour ou l'autre son fils se fera un nom comme casseur de têtes et « razzieur » de bestiaux, elle l'enduit d'une odoriférante mixture de graisse et d'argile, et il sort de ses mains brillant de la splendeur chère à tout cœur massaï. Il se carre alors, dans toute l'innocente gloriole d'un de nos gamins à sa premiere culotte.

Ainsi passent les années de l'enfant : il monte d'un degré dans la vie et s'enrichit d'un arc réel, de flèches pour de bon; un carré de peau de brebis flotte sur son épaule gauche, laissant le corps entièrement nu; il commence à cultiver non sa moustache, mais les lobes de ses oreilles : il les étire, il les étend, il les distend tellement qu'il pourrait presque passer le poing par l'ouverture dont ils sont percés; peu à peu ils arrivent à lui toucher l'épaule. D'abord il y a inséré un fétu, puis un mince bâtonnet, remplacé par de plus gros, jusqu'à ce qu'un cylindre d'ivoire de 0ᵐ,15 pour le moins puisse y être introduit dans le sens de la longueur, en étrier, pour ainsi dire, de façon à tenir les deux montants écartés.

En attendant l'heureux jour où il entrera dans la classe des guerriers, notre héros mène paître chèvres et brebis; il apprend la géographie pratique de la contrée, car les Massaï sont presque nomades et vont de lieu en lieu en quête de pâturages pour leur bétail. Les ânes portent les pénates de la famille; la mère suit, à peu près aussi chargée et ayant, en outre, à construire la hutte quand on arrive. Avec eux, dans la saison sèche, il transhume des plaines au pays haut, et du pays haut aux plaines à la saison des pluies. Il apprend quelque chose des mystères de l'univers en écoutant les anciens hurler continuellement leurs prières à quelque être invisible, le Ngaï (Dieu, ou le ciel); on lui dit qu'il habite parmi les neiges éternelles du Kılima-Ndjaro, et que les coups de tonnerre du Donyo Engaï (volcan encore en activité) font entendre sa puissante voix. Durant cette paisible période, Moran n'a d'autre besogne que de se coucher paresseusement sous l'ombrage, ou de muser tout le jour, debout au milieu de la savane, un pied appuyé sur le genou et le corps soutenu sur son arc. le troupeau paissant autour de lui. Sans doute il a demandé à son père de lui expliquer l'origine de sa race, et voici, entre autres légendes, celle que l'el-moroua a pu lui raconter : le premier ancêtre des Massaï fut un certain Kidenoï, qui habitait le Donyo Eguéré (mont Kénia); il était tout poilu et avait une queue. Tourmenté du démon des voyages, il quitta ses parents et marcha vers le sud. Les gens du pays, lui voyant agiter quelque chose dans une calebasse, en éprouvèrent tant d'admiration, qu'ils lui firent cadeau d'une épouse. Il en eut des enfants glabres et sans queue, d'où sont descendus les Massaï.

Notre jouvenceau s'essaye au maniement de la lance et tue, en imagination, des ennemis innombrables; mais il ne lui est encore permis de s'escrimer que contre les buffles et les antilopes. Malgré le profond mépris qu'elle lui inspire, il est obligé de se contenter de la pitance des vieillards, des femmes et des enfants, lait caillé, maïs, millet, pâtes insipides.

Il court maintenant sur ses quatorze ans et commence à se donner une physionomie féroce et sanguinaire : au lieu de fumer un cigare en dépit des nausées, ou d'étudier dans le miroir sa lèvre supérieure, comme chez nous tout fils de bonne mère, Moran veut se montrer farouche, il fronce le sourcil, prend des airs de matamore et bientôt devient le modèle et l'envi de tous les « léon » (adolescents) du district, la coqueluche de toutes les « ditto » (jeunes filles).

Enfin l'enfant se fait homme et la circoncision lui confère la dignité de guerrier : désormais c'est un vrai el-moran. Son père, un homme cossu, veut l'équiper suivant toutes les règles; ils se rendent ensemble à quelque station d'Andorobbo, des gens de rien, qui chassent pour gagner leur vie et sont, en conséquence, tenus en piètre estime par les Massaï, leurs aristocratiques cousins : la vue de leurs nobles parents les fait trembler dans leurs sandales; ils leur présentent quelque superbe bouclier de peau de buffle, admirablement travaillé, de forme elliptique, garanti soutenir le choc des lances. — Le prix? — Le vendeur assure que c'est à peine si un taurillon gras le défrayerait du temps mis à parfaire ce chef-d'œuvre, mais il lui faut se contenter d'un mouton maigre et d'un coup de pied. Les Massaï ne fabriquent eux-mêmes ni bouclier ni épée. quoiqu'il n'y ait rien au monde dont la possession les enorgueillisse davantage.

Puis nos gens retournent au kraal et mandent un el-konono. Ce sont de misérables ilotes tenus en dure servitude par la tribu, qui les emploie à forger ses armes. Ils ne vont jamais à la guerre et ne peuvent se marier dans la caste supérieure. Tous parlent la langue massaï. Un de ces malheureux à mine famélique paraît, portant toute une collection de formidables engins. Moran les examine avec un soin minutieux et se choisit une sorte de lance ou hallebarde dont le fer a plus de 0^m,75 de long, sur une largeur à peu près uniforme de 0^m,05 ou 0^m,6 jusqu'au sommet, où il se termine en pointe très obtuse; on le tient par une hampe de bois de 0^m,40, à l'extrémité inférieure de laquelle s'emmanche une pique longue de 0^m,45. Une épée et le terrible casse-tête complètent la liste de ses armes.

Ces importantes emplettes terminées, notre héros s'occupe de se costumer d'une façon digne de son nouveau caractère : il tortille d'abord toute sa chevelure en cordons très serrés, ceux qui retombent sur le front coupés plus court que le reste. Au lieu de l'extenseur en ivoire dont il se contentait pour ses lobes d'oreilles, il y passe un ornement plus crâne, un gland de chaînette de fer; autour de son cou il met un large rouleau de fil de métal; autour de ses poignets, de très jolies manchettes de perles; à ses chevilles, une bande de fourrure de *colobus*; une brillante couche de graisse et d'argile recouvre sa tête et ses épaules, puis il revêt son manteau ou plutôt son petit collet, une peau de chevreau très proprement chamoisée, de dimensions fort exiguës, qui abrite le haut du torse et descend à peine au-dessous de la ceinture. Voici notre moran passé

> ... franc militaire,
> Prêt à l'amour, prêt à la guerre.

Il ne lui reste qu'à franchir le pas le plus important de la vie d'un Massaï. Jusqu'à présent il habitait avec son père et sa mère dans le kraal des gens mariés, où on le regardait comme un jouvenceau sans conséquence. Aujourd'hui on le dirige sur une station éloignée, occupée seulement par la jeunesse des deux sexes. Pour tenir son rang et lui donner de quoi vivre, son père le pourvoit d'un certain nombre de bouvillons. Bientôt il fait son entrée dans son nouveau séjour au milieu d'une foule de jeunes sauvages aux formes les plus belles qui soient au monde.

Règle générale — je parle ici d'un des clans supérieurs, — aucun des el-moran n'a moins de 1^m, 80. Leur aspect ne semble pas annoncer une tres grande vigueur physique; ils n'ont point les muscles charnus et en corde à nœuds de l'athlète; c'est plutôt le type apollonien, une mollesse de contours qu'on pourrait trouver efféminée. La plupart ont le nez bien en saillie et d'un dessin tout aussi ferme que les Européens; il passe au profil nègre seulement dans les sous-tribus inférieures, les Oua-Kouafi par exemple. De même pour la bouche, depuis les lèvres minces et bien formées jusqu'aux lippes épaisses et épanouies. Les yeux sont brillants, à sclérotique plus blanche que d'ordinaire en Afrique, à fente un peu étroite, obliquant comme ceux des Mongols. Les mâchoires sont rarement prognathes; la chevelure tient le milieu entre celle de l'Européen et celle du nègre : elle est parfois séparée en épis, plus souvent répartie sur tout le crâne. De poil ou de barbe, presque jamais. Pommettes très proéminentes; tête étroite en haut et en bas. J'ai déjà parlé des dents, oubliant pourtant de dire qu'on arrache les deux incisives médianes de la mâchoire inferieure. Point de tatouages, sauf cinq ou six raies tracées au feu sur la cuisse.

Tels sont les traits principaux des el-moran; passons aux damoiselles qui bientôt vont faire les yeux doux à notre héros.

Je n'ai certes pas vu de plus belles filles en Afrique. Elles sont véritablement distinguées de manières et de tournure; minces et bien découplées, elles n'ont pas le développement anormal de la région des hanches, si caractéristique des négresses; malheureusement leurs dents sont aussi mal rangées, leurs gencives aussi bleues que celles de leurs frères ou cousins. La tête, toute rasée, laisse voir un péricrâne reluisant. Leur costume est très décent; la robe est tout simplement une peau de bœuf tannée dont on a enlevé le poil avec soin; elle passe sous l'aisselle gauche et vient se fixer sur l'épaule droite; un baudrier perlé la retient autour du corps, laissant ainsi un des bras nu; parfois on l'ajuste à la taille, et elle devient une sorte de jupon découvrant entièrement la poitrine. Leurs atours mériteraient une description moins sommaire : des fils de métal, de la grosseur de ceux du télégraphe, sont enroulés en spires serrées depuis le genou jusqu'à la cheville : la belle marche avec difficulté et ne saurait courir ; elle ne peut se lever ni s'asseoir comme les autres femmes. Même ornement pour les bras, au-dessus et au-dessous du coude ; autour du cou encore, mais, cette fois, les tours des fils s'étalant sur un plan horizontal ; on dirait que la tête est posée sur un plat. La dame ainsi attifée doit l'être pour longtemps, car il faut bien des journées du plus pénible des labeurs pour tourner et mettre en place toute cette armature. Les femmes se l'infligeant presque depuis l'enfance, le mollet ne peut se développer, et la jambe conserve un diamètre uniforme de la cheville au genou : des échasses vivantes. Le poids total de ces brassards, cuissards et carcans varie suivant les moyens de celle qui les porte et dépasse souvent une douzaine de kilogrammes, sans compter les quantités énormes de perles et de chaînettes de fer disposées d'autre façon autour du cou.

Toute cette jeunesse vient entourer Moran, qui, en qualité de « béjaune », se verra exposé à de nombreuses brimades; mais il ne se laisse pas troubler, et bientôt le kraal des guerriers n'a plus de mystères pour lui. En entrant, il a dû se soumettre à un régime très strict de viande ou de lait. Tabac à priser ou à chiquer, bière et spiritueux, légumes et grains de toute sorte, la chair de tous autres animaux que bœufs, moutons ou chèvres lui sont absolument interdits ; en introduire la moindre bribe dans sa bouche serait aussitôt perdre caste ; nulle offense plus sanglante que de lui en offrir. Et cette viande qui lui est permise, il ne doit jamais la manger dans le kraal, ni sous aucun prétexte la mêler avec le lait. Quand le besoin de nourriture animale devient par trop irrésistible, il se rend avec une demi-douzaine de camarades dans quelque lieu désert, emmenant un de ses bœufs ; une ditto les suit pour faire la cuisine. Au moyen d'un purgatif très énergique ils s'assurent d'abord que leur estomac ne contient plus une parcelle de lait, puis ils tuent le taurillon d'un coup de roungou ou en lui plongeant leur lance dans la nuque; ils ouvrent une veine et boivent le sang chaud : coutume aussi sage que répugnante, car ce sang fournit à l'économie des éléments qui lui sont nécessaires, les Massaï ne se servant jamais de sel pour assaisonner leurs mets. Après s'être largement abreuvés à cette rutilante cascade, ils se gorgent de chair du matin au soir, ne laissant jamais à la ménagère le temps de se croiser les bras. En quelques jours l'animal tout entier y passe, et ils retournent au kraal, reprendre leur diete lactée.

Sauf cette réglementation sévère en matière de nourriture, tout le reste est permis, tout le reste est licite, et un kraal de jeunes guerriers pourrait, comme tel village des Etats-Unis, se réclamer du nom de « cité des libres amours ». Quoiqu'il ne soit nullement tenu à toujours porter ses attentions sur le même « objet », en général chacun se choisit une amie; quelquefois une jeune fille a plusieurs galants, et, chose surprenante, la légende ne parle ni de jalousie ni de querelles : la plus parfaite égalité règne entre les el-moran et les ditto; les rixes sont inconnues.

Donc, jusqu'à ce qu'on organise quelque coup de main, notre néophyte n'a d'autre souci que de lier connaissance avec ses camarades et de se divertir de son mieux. Son bétail est soigné par quelque misérable el-konono, et, quoique le kraal soit situé à peu de distance de voisins non moins belliqueux, il est rare qu'on en vienne aux coups. Ces nids de guerriers n'ont point de clôture, ce qui les oblige à la plus stricte surveillance. Moran monte la garde à son tour et se met au fait des devoirs d'une sentinelle. Le jour, après ses divers exercices militaires, il s'exerce les muscles par les danses laborieuses, semblables à celles que nous avons décrites lors de notre visite au Taveta. Sous certains rapports même, sa façon de vivre pourrait passer pour austère. Les Massaï ne connaissent pas les amusements bruyants, les sauteries au clair de lune, les chansons joyeuses, les tambours retentissants qu'affectionnent les tribus nègres : ils n'ont pas d'instruments de musique, pas d'autres chants que leurs invocations au Ngaï ou ceux qu'on entonne au retour d'une razzia fructueuse ; dès que les ténèbres s'abaissent, on place les veilleurs, on s'occupe de traire les vaches, puis le silence règne au campement.

Peu de temps après son entrée dans cette nouvelle vie, Moran est appelé à donner son vote pour l'élection d'un *lytounou* et d'un *lygonani*. Le lytounou est le grand juge des grosses querelles, le guerrier choisi par plusieurs kraals comme chef ou capitaine avec pouvoir de vie et de mort. Il dirige la bataille, mais de loin, et, comme le général d'une armée civilisée, il se tient à part pour surveiller les phases du combat, que le lygonani commande directement. Si les hommes perdent pied, il s'élance à la rescousse, suivi de ses gardes du corps.

Cette dictature, le lytounou la conserve tant qu'il satisfait tout son monde ; on le dépose sommairement dès qu'il a cessé de plaire. Chaque district de guerre élit son lytounou. Les lygonani, personnages tout différents, sont les parleurs en titre, les avocats généraux de leurs kraals respectifs ; ils président à tous les débats. Les Massaï, ces sauvages batailleurs et arrogants, sont les plus beaux diseurs, les orateurs les plus remarquables qui se puissent imaginer. Non pas que ces talents soient toujours utilement appliqués, car, dans leur persistance indéfinie à traîner la même question sur le tapis, ils en remontreraient à tous nos obstructionnistes. Ils restent des jours entiers à discuter la plus futile des mesures ; le plus léger incident ouvre passage à des flots de palabres.

Le lytounou et le lygonani sont élus ; on décide une razzia vers la côte : un mois entier s'écoule en préparatifs. Par petites escouades, les guerriers se retirent dans la forêt et se gorgent de bœuf, dans l'espoir d'emmagasiner ainsi la plus grande provision possible de muscle et de férocité. Les mangeries terminées, le jour du départ choisi, les jeunes filles du kraal sortent avant l'aurore, portant des touffes d'herbe trempées dans de la crème de lait. Elles dansent en l'honneur du Ngai, elles l'implorent pour l'issue favorable de l'entreprise, puis jettent les brins de gazon dans la direction du pays ennemi. De leur côté, les jeunes gens passent de longues heures à leurs dévotions, braillant de temps à autre, comme des chanteurs de rue : « Aman Ngai-Ai! Aman Mbaratien! » (Nous invoquons Dieu! nous invoquons Mbaratien!) Avant cette cérémonie, du reste, ils avaient envoyé à ce dernier personnage, lybon en chef des Massaï, une députation pour lui demander de puissantes médecines et son avis au sujet d'un jour faste. Au retour des messagers, la troupe entière se rassemble. C'est un curieux spectacle que de voir, prêts à s'élancer sur le sentier de la guerre, ces jeunes brigands, tout gonflés de leur récentes ripailles. La gravure placée en tête du volume aidera le lecteur à se faire une idée de leur étrange accoutrement: nous allons d'ailleurs assister à la toilette de notre héros. Une ditto enthousiaste le seconde dans cette tâche : d'abord elle lui fixe au cou, de manière qu'il puisse flotter au vent dans toute sa longueur, le *naiberé*, la pièce de cotonnade décrite plus haut et que traverse une bande vivement colorée. Sur les épaules il met une cape bien fournie de plumes de milan; la mante de peau de chevreau qui lui couvre ordinairement le torse est étroitement pliée et passée autour de la taille en guise de ceinture, lui laissant les bras libres; la chevelure se partage en deux cadenettes, l'une tombant sur le front, l'autre sur le dos; des plumes d'autruche plantées dans un bandeau de cuir forment une sorte de coiffure elliptique qui fait le tour du visage, du sommet du crâne au-dessous de la lèvre inférieure, et cache les oreilles; aux jambes, des bandes flottantes de fourrure de colobus, qui, pendant la course, ressembleront à des ailes déployées. Le guerrier se barbouille ensuite d'une épaisse couche d'huile; il fixe solidement sur le flanc *droit* sa fidèle simé et passe à sa ceinture le redoutable casse-tête. Le vaste bouclier à la main gauche, la lance à la main droite complètent l'équipement. Figurez-vous là-dessous le galbe de l'Apollon du Belvédère, les traits d'un démon incarné, et vous aurez le beau idéal du guerrier massaï.

Moran et ses camarades se dirigent alors, avec une étonnante audace, vers la terre des Souahéli : en dépit des fusils et du nombre des habitants, le bétail y est plus facile à enlever que partout ailleurs, tant est complète chez les peuplades de la côte l'absence de tout ce qui pourrait ressembler au patriotisme. « Pourquoi, dit-on au voisin, pourquoi me ferais-je tuer pour que tu gardes ton bétail? m'en donnes-tu le lait ou la chair? » Connaissant à merveille les moindres recoins de la région, les guerriers massaï enfilent des sentiers dont seuls ils savent l'existence, passent sur les lisières de la forêt du Taveta, traversent le Nyika. Arrivés près de la côte, ils se dissimulent dans les broussis, tandis que les plus braves de la troupe s'avancent en éclaireurs : la seule vue de l'un d'entre eux suffit pour mettre en fuite une centaine d'Oua-Nyika ou d'Oua-Digo. Sadi assure avoir rencontré à Mombâz, au milieu de la nuit, quelques-uns de leurs espions : je me permets d'en douter; mais on a vu des Massaï à Bagamoyo, sur la côte opposée à Zanzibar.

La razzia a réussi; nos jeunes héros retournent en triomphe; il faut partager le butin. On commence par prélever tant de têtes de bétail, la part du lybon dont les conseils ont été si précieux et les médecines si efficaces; l'attribution du reste occasionne des rixes sanglantes : les matamores, les bretteurs, ne consultant que leur avidité, s'emparent des bestiaux à leur convenance et défient les camarades de les leur enlever; la règle est que, si, envers et contre tous, ils réussissent à défendre leur prise trois jours durant, elle ne sera plus disputée. C'est alors que se livrent les vraies batailles de la campagne : il succombe plus de guerriers dans ces échauffourées que pendant la course en terre ennemie. Mais tuer de cette façon est chose

permise; les *vendettas* sont inconnues : tout homme
n'a pas su garantir sa peau ne mérite que l'oubli, sa
pourtant le cas où il aurait péri par suite de quelque tra
son : le meurtrier doit alors payer quarante-neuf bouvillo
Moran, qui gagnait ses éperons, se contente de l'honne
et de la gloire de cette première aventure · il a le bon go
de ne point se mesurer avec des guerriers habitués au h
nais. Du reste, le bétail ainsi capturé ne reste point la pr
priété de celui qui s'en empare : un el-moran n'a le dr
de rien posséder : tout son butin appartient au père.

Les derniers bœufs ont été emmenés; on s'occupe d
devoirs à remplir envers ceux qui ont péri dans la ca
pagne : les braves qui s'élancent au combat et tomben
la tête de leurs camarades sont seuls dignes des honne
funèbres; aux morts de maladie l'ignoble sépulture
donnent les vautours. On crie, on saute, on se trémous
on bat des entrechats à la mémoire des héros.

Moran prenait part à toutes les luttes; nombreuses fure
les pointes qu'il poussa dans l'Ou-Kambani, la terre d
Gallas, la région de la côte, chez les Souk, au Kavirond
chez les Elgoumi et les Nandi, les deux tribus les pl
récalcitrantes de la contrée, la première à cause de l'i
portance de sa population, et la seconde à cause de
bravoure.

Puis vint la guerre civile : il eut à marcher au secou
de ses frères du Naïvacha, durement pressés par les Ou
Kouafi. Ces luttes intestines sont menées avec certains m
nagements; on ne s'y permet point d'attaques soudaines
inattendues; les préliminaires sont réglés à l'avance, l
enjeux établis. On désigne un lieu voisin du champ
bataille; les guerriers des deux districts s'y rendent av
leur bétail et leurs jeunes ménagères. La querelle se pr
longera peut-être : on proclame une trêve afin de constru
des kraals dans les campements rivaux.

Tout est prêt pour le combat : un certain nombre
braves s'avancent de chaque côté et s'attaquent comme d
gladiateurs dans l'arène, soutenus par les cris et les cl

meurs des femmes. Cette fois, les Oua-Kouafi sont victorieux et tous les bestiaux tombent entre leurs mains; ils expulsent leurs frères de presque toute la région : notre ami et les siens vont se fixer ailleurs.

Pour faire diversion à ces nobles travaux, Moran se divertit à tirer la laine aux caravanes qui se glissent humblement au travers de la contrée. Les tours qu'il joue à ces « bourricots » — les Massaï nomment ainsi les porteurs, bêtes de somme s'il en fut — servent d'amusement au kraal, et de longues fusées de rire accueillent les récits du guerrier : comment il avait épouvanté l'un d'eux à lui faire perdre la tête, embroché le second avec sa grande lance, écrasé le crâne d'un troisième ; puis il partage entre ses bonnes amies les perles et le senengé extorqués aux traitants.

Ainsi, entre la gloire et l'amour, sa vie s'écoule triomphante et heureuse. Son port devient plus majestueux, sa physionomie plus féroce, en dépit d'une hauteur aristocratique vraiment imposante. Tout, jusqu'à la curiosité, est grave et digne chez lui ; rarement il s'abandonne à de vulgaires éclats de gaieté.

Une vingtaine d'années s'envolent de cette façon. Un jour, un messager vient lui dire que son père est en train de trépasser : on mande l'héritier. Le vieillard succombe, événement prévu et qui n'a besoin d'être marqué d'aucune cérémonie : Moran charge le cadavre sur ses épaules et va le jeter en dehors du kraal. Le lendemain, il fera la grimace en poussant du pied des os fraîchement dépouillés et suivra de l'œil les hyènes qui s'éloignent en sourdine, escortées de cigognes marabouts, tandis que les vautours battent lourdement des ailes.

A l'aîné les troupeaux du père ; aux cadets pas même une des nombreuses têtes de bétail par eux capturées dans les razzias ; à partir de ce jour seulement le butin fait à la guerre leur appartiendra en propre. Moran eût mieux aimé continuer la vie libre et joyeuse du kraal... hélas ! il vieillit ; la dose purgative qui prélude aux mangeries commence à le fatiguer : décidément son estomac baisse. Il jeté sa gourme : il ne lui reste qu'à prendre femme et devenir un respectable el-moroua.

Il cherche autour de lui, se choisit une épouse à sa con venance et paye le nombre requis de bouvillons. Le voil fiancé. Le mariage, du reste, n'aura lieu que dans l saison où naissent les veaux : boire du lait à cœur joi étant une des conditions essentielles de la lune de miel En attendant, la belle laisse croître sa chevelure, et bientô son crâne ressemble à une vieille brosse à souliers tou imprégnée de cirage. Autour de la tête elle place u diadème de cauris d'où pendent nombre de cordons, le voil nuptial de là-bas.

Enfin le grand jour arrive : les deux conjoints ôtent leur boucles d'oreilles de métal et y substituent un double disqu de fil de cuivre tourné en spirale. La dame rase à nouvea sa chevelure, quitte sa robe de ditto pour la remplacer pa deux peaux tannées, dont elle suspend l'une autour de épaules, l'autre autour de la ceinture. Usage très bizarre et sans doute établi pour notifier à tous présents qu' échange la lance contre la quenouille, l'époux doit porte un mois durant le costume des jeunes filles. Il serait beau dans notre chère Écosse, si digne et si collet-monté, de voi un jeune marié affublé des nippes que sa femme a aban données pour revêtir les merveilles de son trousseau !

Désormais l'occupation seule et unique du brillant guer rier d'autrefois sera d'élever le plus grand nombre possibl de jeunes voleurs de bétail. Qu'il y en ait beaucoup à l case, cela lui suffit ; il ne sera pas trop curieux des voies (des moyens. Point jaloux, point faiseur de questions indi crètes, il n'a pas d'espions à ses gages. Si un ami vient lı rendre visite, il se montre hospitalier à un point qui nou semblerait dépasser toutes bornes. Nous imiterons ici so exemple : les affaires de son ménage pourraient bien n pas supporter un examen minutieux.

Il est devenu un tout autre homme : qu'on me montr du reste, celui que le mariage ne transforme pas ! Il ne v plus de régime et se repose parfois du lait et de la viande de ses troupeaux par les légumes et les grains que sa femme va quérir chez les tribus agricoles du voisinage. Il se permet certains luxes : il a sa tabatière pour le tabac à priser; pour le tabac à chiquer — jamais là-bas on ne

Pendants d'oreilles d'une femme mariée

fume — il a sa boîte d'ivoire ou de corne de rhinocéros et en râpe lui-même le contenu, toujours mélangé de nitre, avant de le passer aux amis; il lui plaît par-dessus tout de boire gaiement avec ses voisins coupe sur coupe de bière ou d'hydromel.

Cette transformation de son mode de vivre amène un changement analogue dans sa manière de juger les choses. Il aime à causer avec les traitants que naguère il se glorifiait de percer de sa lance ou d'accabler d'avanies; il pointe sur eux des jets de salive nombreux et abondants, politesse que les autres lui rendent de tout cœur. Sa conversation démontre une intelligence bien supérieure à celle de n'importe quel indigène appartenant aux familles bantou. Il ne se défie plus de personne, il confie à qui veut l'entendre ses affaires, ses opinions, ses croyances. Il va jusqu'à exercer une tutelle amicale sur les trafiquants de passage, et plus d'une fois ses avis judicieux ont pu prévenir un désastre. Il donne à main ouverte, et souvent plus qu'il ne reçoit. On l'a vu secourir des porteurs égarés ou soigner des malades que les caravanes avaient laissés sur leur route.

L'adoucissement de ses mœurs réagit sur sa physionomie ; son habituel froncement de sourcils disparaît peu à peu. Ses pensées auraient maintenant tout loisir de se reporter sur l'étrange mystère de la vie. Hélas! pour le Massaï, l'idée de « l'au delà » n'est guère consolante! Il croit à l'existence d'un Être suprême et cependant n'a pas la moindre idée d'une vie future. Différant en cela des races bantou, il ne se préoccupe ni des esprits, ni des fantômes, ni même de ses rêves, tandis que le nègre s'imagine réellement passer par toutes les aventures que lui montrent ses songes et se persuade que son « moi », délivré de la prison du corps, se donne du bon temps et court la pretantaine. Moran n'a foi en aucune de ces choses : quand il fermera les yeux, tout sera fini ; son cadavre servira de pâture aux hyènes, aux vautours et aux marabouts.

Mais ils admettent certainement l'existence d'un grand dieu et d'une divinité de grade inférieur, le Neiterkob, un Esprit de la Terre, autant que j'ai pu comprendre. Ils croient à la sorcellerie, quoique pour eux la puissance du lybon ne soit pas innée en sa personne et résulte seulement de son intercession auprès du Ngaï, qui agit par les mains du sorcier et donne des vertus magiques à tel ou tel objet. Leur conception du divin semble merveilleusement vague. Le voyageur blanc était Ngaï ; Ngaï aussi ma lampe ; Ngaï s'agitait sous les fumerolles du Donyo Bourou : sa demeure est au milieu des neiges éternelles du Kilima-Ndjaro. Leurs oraisons à l'Être suprême sont incessantes ; rien ne s'entreprend sans des heures de hurlements pieux : on prie pour éloigner un fléau ; on prie pour connaître le lieu où il fera bon massacrer l'ennemi. Ce qu'ils tiennent en plus grande vénération est certainement un brin d'herbe.

Porté dans la main ou fixé en touffe au vêtement, le gazon est leur principal symbole de paix et de bienvenue ; le jeter sur une personne, c'est invoquer la bénédiction du ciel sur elle ; le déposer dans quelque endroit mystérieux, c'est présenter au Ngai l'offrande la plus agréable. Le lait occupe le second rang ; avec lui nul n'oserait se permettre la moindre liberté. On le trait dans des calebasses spécialement consacrées à cet usage et auxquelles l'eau imposerait une ineffaçable souillure ; pour les récurer — et quel nettoyage ! — on les frotte de cendre de bois. Faire bouillir le lait est un crime qui crie vengeance ; des caravanes ont été égorgées pour beaucoup moins : les mamelles des vaches seraient taries à tout jamais. On n'ose traire que la nuit.

Moran, il est permis de le croire, trouva la vie conjugale infiniment fastidieuse après les belles campagnes de sa jeunesse, et, pour se remémorer le bon temps, il suivit une ou deux expéditions de guerre. A part ces courtes promenades, son existence est maintenant vouée à d'interminables palabres sur les plus triviales questions et à parcourir de longues distances pour visiter ses amis, tandis que la femme reste à traire les vaches ou, de temps à autre, va acheter du grain chez les tribus du voisinage. Rien ne vaut pour la dame le passage d'une caravane : elle y trouve le double plaisir de nouer quelque intrigue et de recevoir des cadeaux de perles et de fil d'archal.

Quand elle est devenue vieille et laide, Moran la dépouille sans pitié de tous ses ornements de métal et en revêt une plus jeune épousée. L'échéance fatale arrive enfin pour tous les deux ; l'un après l'autre, leurs cadavres sont salués par le rire atroce des hyènes. Ces horribles créatures, puis les vautours et les cigognes déchiquettent leur chair sous les clartés de la lune. Quand le soleil se lève au-dessus de la plaine, rien ne reste d'eux que leur crâne grimaçant et quelques os dépouillés ; les gamins du kraal les repoussent du pied ou se les lancent à la tête dans leurs jeux.

Avant de terminer ce chapitre, disons quelques mots de la tribu des Andorobbo (les Oua Ndorobbo des Oua-Souaheli). Elle se compose d'un petit nombre de gens dispersés çà et là et qui trouvent dans la chasse leurs moyens d'existence ; ils ne cultivent point la terre et ne possèdent pas de bétail. L'antilope, le buffle, l'éléphant leur donnent la chair dont ils vivent ou qu'ils échangent avec les produits des peuplades agricoles voisines. L'éléphant semble être leur nourriture préférée, et de fait on ne voit d'Andorobbo que dans les lieux où ces grands pachydermes abondent, les épaisses forêts du Kénia et du Kikouyou, par exemple, les revêtements boisés du rempart de Mau, les cimes de l'Elgueyo, du Maragouet, du Khibkharagnani, du Bourou, du Dondolé. Placés à de si grandes distances et habitant de très petits hameaux, ils ne connaissent plus la vie commune de la tribu : les Massaï, pour lesquels leurs relations avec les trafiquants de la côte sont une source continue de richesse, leur accordent une sorte d'immunité, tout en s'arrangeant de façon à se faire une part considérable dans la récolte d'ivoire. Les Andorobbo servent d'intermédiaires pour procurer aux el-moroua les grains et les légumes à leur usage. Ce trafic est si important en certains lieux, que, sur le plateau à l'est du Naivacha, le Mianzi-ni des traitants, un de leurs plus gros villages, a entièrement renoncé à la chasse pour ne vivre que de la revente aux Massaï ou aux caravanes des denrées que ses habitants achètent aux Oua-Kikouyou.

Le dialecte andorobbo est apparenté à la langue massaï. Ces naturels se construisent de véritables villages et, sous le rapport physique, rappellent les clans inférieurs de la grande tribu. Ils fabriquent les superbes boucliers de cuir des guerriers et les marmites grossières dont les femmes font usage pour la cuisine. Ce sont des serfs, en somme, et traités comme tels.

Pour les chasses à l'éléphant, les Andorobbo emploient une arme particulière qui rappelle de loin le refouloir d'un canon ; la lourde tête en sert pour augmenter par son poids la force de projection. On place dans la tige une sorte de flèche épaisse et courte, longue de 0ᵐ,37 et dont la pointe est enduite du poison mortel du *mourdjou*. La lance tout entière a près de 2ᵐ,45. Avec ce javelot le chasseur attaque presque corps à corps le formidable gibier ; il lui plonge la pique dans les chairs ; le trait, n'étant pas solidement fixé au manche, reste dans la plaie lorsqu'on retire la lance ; on le remplace par un autre et l'on recommence l'opération. L'éléphant, paraît-il, ne survit pas longtemps à de telles blessures, et des troupeaux entiers sont anéantis par ces hommes adroits et téméraires. On se contente de l'arc et des flèches pour les animaux de plus petite taille.

CHAPITRE XI

AU NYANZA PAR LE KAVIRONDO

L'étude des Oua-Kouafi de Ndjemps pourrait jeter quelque lumière sur l'origine des diverses petites tribus qui peuplent l'Afrique. De race massaï, comme on sait, mais violemment séparés de leurs frères, ils ont été forcés de rompre avec d'antiques coutumes pour se vouer à la culture du sol; en un laps de temps relativement fort court, ce changement d'occupations a développé parmi eux une manière de vivre toute différente de l'ancienne.

Je dois dire que la modification présentée par leur apparence physique ne saurait être revendiquée à l'appui des doctrines végétariennes : ils ont évidemment dégénéré de leur souche primitive et ne pourraient plus entrer en lutte avec leur aristocratique parenté, les Massaï mangeurs de chair du Lykipia. Les femmes, surtout, ont échangé leur galbe élégant et pur contre les lignes grossières et mal proportionnées de la négresse, sauf peut-être les très jeunes filles, dont quelques-unes sont bien découplées et ont des manières fort agréables.

Cette colonie se compose de deux villages, Ndjemps du Guaso Tiguirish, près duquel nous campions, et Ndjemps du Guaso na Nyouki. Les cases, très petites et mal construites, sont en forme de meule de foin; le « plancher » est au-dessous du niveau du sol. On les entoure d'une double palissade d'épines, qui, dans ce climat absolument dépourvu d'humidité, sèchent comme de l'amadou et s'enflammeraient en un clin d'œil. Si l'assiegeant s'avisait de mettre le feu sur plusieurs points à la fois, les assiégés seraient bien vite rôtis.

Ils essayent vaguement encore de conserver quelque distinction entre les gens mariés et ceux qui ne le sont pas :

Le mont Lobikouc, chaîne du Kamasia

on n'exige guère de travail des jeunes hommes; chacun d'eux se choisit sa belle avec l'aimable laisser-aller permis en Massaie, mais ils n'ont plus de kraal distinct, et ils ne pourraient se nourrir exclusivement de chair : pour peu qu'il en paraisse au village, ils savent pourtant s'attribuer la part du lion, et le bouillon traditionnel sert à leur donner du cœur avant le départ pour la maraude.

L'existence de ces Oua-Kouafi est assez misérable; ils

vivent sous le coup des menaces de leurs puissants cousins, qui ont déjà razzié leur bétail et balayé nombre de leurs villages. Le sol marneux et très gras, descendu de la montagne avec les torrents qui l'ont étalé au sud du lac, pourrait se prêter à n'importe quelque culture, sans l'extrême sécheresse de l'air et la très petite quantité de pluie, restreinte à une couple de mois. Pour y remédier autant que possible, les naturels ont établi un système d'irrigation merveilleusement ingénieux. Ils barrent par des digues le lit très encaissé du Guaso Tiguirish et élèvent ainsi le niveau de ses eaux ; un vaste lacis de rigoles les répand sur leurs champs de millet et de melons. Si la viande se fait par trop rare, on ne dédaigne point les rats, qui compteraient ici par milliers et dix milliers. Ils pullulent dans tous les alentours, et rien n'échappe à leur dent féroce. Souvent, « dans la nuit silencieuse, » montaient vers le ciel des imprécations trop bien justifiées, quand cette abominable engeance m'éveillait en sursaut, me mordillant le nez ou trottinant sur mes orteils. Ils dévoraient mes livres ; les balles mêmes de mes cartouches n'étaient point au-dessus de leurs facultés digestives. Il fallait garder toutes mes hardes sous clef ou les suspendre sous les hangars.

Ainsi que les Oua-Taveta, les Oua Ndjemps sont singulièrement probes et dignes de toute confiance. On remet sous leur garde des marchandises coûteuses et des vivres non moins précieux. Rien ne me surprenait davantage que l'absence chez leurs jeunes filles de toute frayeur de l'homme blanc, la foi inébranlable qu'elles avaient en lui. Elles prirent possession de mes quartiers avec un sans-gêne absolu, se couchant sur le plancher comme une nichée de petits chiens, ou, curieuses comme des singes, furetant à l'envi parmi toutes mes appartenances. D'aucunes, sans le moindre scrupule, venaient se percher sur mon genou afin de me séduire par leurs caresses juvéniles : il s'agissait pour elles de me faire sans cesse ni trêve sortir et remettre mes fausses dents, à leur étonnement toujours nouveau et toujours accompagné des marques les plus flat-

Mes petites amies de Ndjemps.

teuses de leur admiration. Martin, désireux de gagner à son tour les attentions du beau sexe, voulait leur persuader que, non moins habile que le grand Iyon, se couper un doigt et le replanter ensuite était pour lui l'affaire d'un instant. Une des jeunes filles le prit au mot, et, sans l'avertir, au moment où il étendait le doigt pour le montrer à l'assistance, faillit le lui trancher d'un coup de couteau.

Après l'intérêt qu'elles portaient à mes dents, venait le plaisir de se regarder au miroir. Elles surent bientôt le consulter pour voir si colliers et pendants d'oreilles étaient à la place voulue. Je leur montrai des photographies de leurs charmantes sœurs d'Europe ; elles les prirent pour des êtres vivants, et, quand il m'ennuyait de les leur exhiber, je n'avais qu'à leur dire que mes amies dormaient ou mangeaient une côtelette.

Au milieu de ces gens simples le temps passait bien vite, coupé par des parties de chasse, dans l'une desquelles je fus assez heureux pour abattre deux antilopes beisa (*oryx beisa*) que je voyais pour la première fois, ainsi que le moins grand des coudou (*strepsiceros kudu*) : les waterbocks ou singsings sont très nombreux près du lac.

Avant mon arrivée au Baringo, mon ami Jumba kimameta était parti pour le pays des Engobot, à deux cents kilomètres environ dans la direction du nord-nord-ouest ; mais il avait laissé au camp plusieurs vieillards, beaucoup de vivres, des ânes qu'il devait reprendre lors de son retour au sud ; il m'octroyait même, en qualité de guide, un vieux réjoui, toujours de bonne humeur, mais qui n'en savait pas plus que moi-même sur la région à parcourir : on pense si je voulus m'en embarrasser.

Car il me restait à tenter la dernière partie du voyage, la plus incertaine et la plus difficile : les trois précédentes caravanes avaient perdu par mort violente chacune plus d'une centaine de ses membres ; la plus récente de ces catastrophes datait seulement de l'année dernière, et cependant j'allais traverser cette contrée avec moins de cent hommes ! Comme pour le voyage au Lykipia, les traitants soutenaient que j'y laisserais ma peau. Quant à mes engagés, ils avaient appris à me connaître, et pas un n'osa élever la voix. Sadi, quoique très contraire à ce projet, se remonta soudain dans mon estime en se déclarant prêt à me suivre. Mouhinna fut moins brave : fixé maintenant sur l'inutilité de ses larmes et de ses supplications, il se mit à gémir comme en proie à la plus extrême souffrance, ne paraissant devant ma case que courbé sur son bâton et poussant de pitoyables soupirs : le bonhomme Misère en personne! Mieux que tout autre, je lisais dans son jeu; mais je savais ce fourbe capable de nous jouer quelqu'un de ses plus mauvais tours; aussi fis-je semblant d'être dupe : il demeura à Ndjemps. Pourtant, à l'exception de son frère Mansimba, un être à peu près imbécile, il était le seul de ma caravane qui connût le Kavirondo.

L'époque du départ une fois fixée, j'enfouis secrètement tous les objets inutiles au voyage, moins par crainte des voleurs que par celle d'un incendie possible. Les hommes faibles ou malades furent soigneusement éliminés et confiés à un des « Immortels » de Stanley.

Près de six semaines auparavant, un des Panganiens s'était planté une grosse épine dans la cheville; jamais il ne me permit d'user de ma lancette pour l'enlever, et la marche lui devint bientôt impossible : triste et découragé, il restait dans sa hutte, située presque à toucher la boma. Une hyène qui rôdait dans les alentours ne tarda pas à découvrir la présence du blessé : elle se faufila à travers la palissade, se saisit du patient et le traîna dans l'ouverture qu'elle s'était pratiquée : elle l'avait engagé au beau milieu de l'estacade avant que les cris du malheureux eussent attiré les porteurs, qui, par les détonations de leurs mousquets, mirent en fuite l'affreuse bête. Le lendemain matin le pauvre diable mourait des effets de son mal et de sa terreur. C'est le seul exemple, à ma connaissance directe, d'une hyène s'emparant d'un homme encore en vie.

Avant notre départ, je dus encore « faire à Rome comme font les Romains », c'est-à-dire assister gravement à la fabrication de sortilèges et au choix d'un jour faste pour notre mise en route. Mouinyi-Kombo, un des serviteurs de Jumba, était chargé de la besogne. D'abord, il fondit une balle magique dans une sorte de moule oblong renfermant un verset du Coran : à une heure précise de l'après-midi, je la plaçai dans ma carabine et tirai dans l'orientation exacte du sud. La susdite balle avait pour mission de traverser le cœur de quiconque projetait de me nuire : cet acte meurtrier a pu me convaincre du très petit nombre de mes ennemis, car je n'ai point appris que quelqu'une de mes connaissances ait ce jour-là trépassé de mort violente. Une heure après, une plaque d'acier, préparée tout exprès et enveloppée de drap rouge, fut jetée dans le feu par Martin, qui, en même temps, énonçait des souhaits pour notre heureux voyage : la flamme monta, vive et claire ; je l'éteignis avec de l'eau, en exprimant le désir charitable de voir nos adversaires anéantis de même. Les gens de Zanzibar, moins portés que ceux de la côte à la vénération, riaient immodérément. On sacrifia ensuite une chèvre, et, après que les vieillards l'eurent dûment dévorée, il se trouva que onze heures du matin, le vendredi, était l'instant décrété par les Pouvoirs d'En-Haut et qu'il nous faudrait emmener un bouvillon.

Donc le 16 novembre nous étions, dès l'aurore, plongés dans le remue-ménage qui m'est si agréable. A onze heures précises, nous franchissons le Guaso Tiguirish ; bientôt après, on traverse un village situé sur une rivière voisine : nous marchons vers l'ouest-nord-ouest dans la direction du Kamasia. Au pied du plus bas des larges gradins de la chaîne, nous campons sur le Tiguirish, près du point où il s'échappe de la terrasse par une étroite et profonde cluse taillée dans des laves crypto-cristallines d'origine récente.

L'après-midi, je pêchai, en très peu de temps, trois douzaines et demie de superbes poissons. Le lendemain, la caravane fait l'ascension de la première des terrasses, puis s'escrime de son mieux sur l'abominable plateau encombré d'épines féroces et de blocs aux arêtes aiguës : au delà du second gradin on descend dans le lit du Guaso Kamnyé, petit torrent qui n'arrive au Baringo que dans la saison des pluies : nous le remontons pour pénétrer dans une combe pittoresque qui traverse le troisième gradin et nous conduit au cœur même de la chaîne du Kamasia.

L'apparition de la caravane est annoncée de colline en colline par les cris des naturels, qui, vivant dans des huttes isolées, perchées sur les flancs des monts, n'ont d'autre moyen de se faire savoir les nouvelles : j'ai vu un homme converser au dessus d'une profonde vallée avec un autre qu'on distinguait à peine ; il n'avait pourtant pas l'air de projeter sa voix plus que si son interlocuteur eût été placé à quelques mètres. La réponse du second arriva, étonnamment distincte. J'avais déjà remarqué ce singulier mode de communication parmi les montagnards de l'Oukinga, au nord du Nyassa. A la suite de ces appels, hommes et femmes descendent en troupes de tous côtés, les uns pour lever le hongo, les autres pour nous vendre chacune son petit lot de vivres.

Ces naturels ont la physionomie générale des Massaï, dont ils sont les parents éloignés. Ils portent la lance particulière au Souk, longue de plus de deux mètres ; on l'emploie comme arme de jet ou pour lutter corps à corps ; ils ont aussi l'arc et les flèches. Le costume des hommes consiste en un carré de peau de chevreau qui leur pend sur la poitrine, pas plus grand qu'une bavette ; les femmes mariées sont vêtues de deux longueurs de cuir souple, l'une autour des épaules, l'autre de la ceinture. Ils cultivent le millet et surtout le grain connu sous le nom de *uùlizé* (éleusine). Celui-ci demandant chaque année un sol nouveau, on commence — très dur labeur — par couper les souches de quelque épaisse brousse ; on laisse sécher branches et bûchettes, puis on les brûle en place pour que les cendres fertilisent la terre. L'existence des Oua-Kamasia est absolument liée à leurs petits torrents, aussi vénérés que l'herbe chez les Massaï ; il est rare qu'un naturel traverse le plus humble ruisseau sans cracher sur une touffe de graminée, qu'il lance ensuite dans le courant.

Le lendemain matin nous quittons notre camp du Mkouyou-ni (lieu des sycomores), et nous gagnons le col par un dangereux casse-cou enchevêtré du plus abominable broussis. A nos pieds, la vallée que nous venons de quitter se creuse entre deux versants que leur végétation buis-

Val du Guaso kamnye.

sonneuse recouvre d'un sombre manteau : peu à peu ces teintes foncées font place au vert bigarré des terrasses de lave; celui-ci, à son tour, va s'évanouir dans la plaine de Ndjemps, jaune et brûlée. Au nord-ouest miroite le lac Baringo, ses charmantes petites îles découpées en vigueur sur la silhouette fantastique des monts du Souk et du Lykipia, qui transparaissent au loin dans la brume. Au sud-ouest le sommet de la combe, puis un déploiement pittoresque de pics et de masses anfractueuses, de chaînes aux profils anguleux et dentées en scie, et dont les flancs rayés de cicatrices rappellent des limes gigantesques ; tout cela revêtu d'une riche verdure sur laquelle chatoie le plus vaporeux des voiles, un tissu d'air et de légers fils d'argent.

Après avoir photographié l'entrée de la combe, je descends dans la gorge profonde qui partage le Kamasia en deux chaînes latérales ; nous gravissons l'autre versant, et je ne saurais décrire l'émotion presque religieuse qui me saisit à la vue des monts Elgueyo dressant à pic leurs roches sourcilleuses à plus de 2400 mètres au-dessus de la vallée de l'Ouei-Ouei, qui nous sépare de ce mur grandiose.

Pendant toute cette étape nous fûmes sans cesse tenus en haleine par les cris presque surnaturels qui se croisaient et se recroisaient sur nos têtes, s'échangeant entre des lieux en apparence inaccessibles. Nous dûmes nous arrêter quatre fois, afin de préparer le hongo. La route était « barrée » par de petites touffes d'herbe placées en travers du sentier : franchir ces symboles vénérés sans en avoir reçu la permission expresse aurait suffi pour jeter les naturels dans une excitation des plus dangereuses. Nous campons sur le talus occidental et, le lendemain, descendons la montagne par une pente moins âpre et moins rocailleuse que celle du versant est.

Le Kamasia, dont les pics les plus élevés montent de 2400 à 2700 mètres, est un rameau de l'escarpement du Mau qui, sous le nom d'Elgueyo, court vers le nord en ligne presque parallèle. Le Kamasia est excessivement abrupt sur sa face orientale ; la déclivité s'accuse beaucoup moins sur l'autre revers ; partout il se recouvre de broussailles épaisses, qui deviennent forêts dans les parties les plus hautes : malgré sa stérilité relative, il nourrit une assez nombreuse population, que les périodes de sécheresse exposent à de terribles famines.

Le jour suivant, nous traversons l'étroite vallée qui sépare les deux grandes chaînes et où courent les eaux supérieures de l'Ouei-Ouei, rivière qui, après avoir filé au nord vers les monts du Souk, en baigne l'extrémité nord-est et s'ouvre une voie vers le Sambourou.

A Elmeta, la caravane s'arrête un jour, afin de se procurer des vivres pour la marche à travers l'Angata-Nyouki (plaine rouge) du Guas'Nguishou. Vu d'ici, l'Elgueyo est merveilleusement escarpé : la partie supérieure est comme taillée à pic ; le reste présente un aspect très différent ;

Escarpement volcanique de l'Elgueyo

c'est un assemblage singulier de saillies longitudinales qui, moins irrégulières et moins pittoresques, rappelleraient les cannelures d'une colonne. En remontant le petit torrent qui bondit sur les flancs de la montagne, je trouve l'explication du problème dans les masses énormes de sanidine porphyritique absolument semblables à celle qu'on voit au sud du Kilima-Ndjaro. Ces blocs sont de dimension à faire douter qu'ils aient jamais quitté leur place primitive ; pourtant ils ont croulé de la falaise supérieure, une nappe de lave surjacente, aux roches métamorphiques.

En dépit d'une rude journée d'efforts, nous ne pûmes réussir qu'à grimper aux trois quarts de la montagne; nous campons à la base même du précipice : une cascade bondit de la cime et tombe d'une hauteur de plus de trois cents mètres; nous sommes sur une sorte de terrasse qui s'étend au pied même de la muraille protectrice; au milieu des roches buissonneuses se blottissent de jolies huttes et se montrent de petites plantations. Je ne me trompais pas au sujet de la formation des falaises : entre celles-ci et les strates presque verticales des roches métamorphiques j'ai pu constater l'existence d'un dépôt très épais de débris volcaniques dont la facile érosion laisse sans appui la lave beaucoup plus compacte qui les surmonte : de vastes pans finissent ainsi par perdre leur équilibre et croulent dans la vallée, exposant de nouvelles surfaces à l'air extérieur.

Reprenant notre escalade, nous nous ceignons les reins pour gravir la masse formidable et sombre qui se dresse presque à pic au-dessus de nos têtes. Conduits par un guide, pantelants, hors d'haleine, nous cramponnant en désespérés à toutes les branches, nous grimpons, nous grimpons toujours. Au moment où j'allais me déclarer battu, une fissure se montre dans ces roches qui nous semblaient inexpugnables : on y rampe, on s'y hisse pied à pied. Près du sommet je suis saisi de surprise à l'ouïe d'un grand mugissement, comme d'une tempête courbant les arbres de la forêt; les nuages courent à l'est avec une vitesse effrayante; près de nous cependant, à peine si un souffle d'air agite les pédicelles des feuilles. Nous montons encore; des brises légères descendaient maintenant le long de la falaise. Peu à peu elles devenaient plus fortes, et, à l'instant où ma tête dépassait l'arête du rempart, je reçus en plein visage une bouffée violente, un véritable soufflet, sous lequel je sentis s'enflammer mes joues : un terrible ouragan balayait le plateau, et nous dûmes nous traîner à quatre pattes au delà du rebord, afin de n'être pas précipités dans l'abîme.

Comme au Doudolé, nous nous trouvâmes au milieu

du plus gris, du plus humide des brouillards : bientôt nous fûmes trempés jusqu'aux moelles. La cime de l'Elgueyo est couronnée d'une forêt de genévriers touffus, au sous-bois presque impénétrable. Des bancs de brumes épaisses semblent reposer continuellement sur ces hautes régions.

Un sentier de chasseur nous conduisit en une demi-heure sur l'autre lisière de la forêt : devant nous s'étendaient les vastes savanes de la plaine rouge du Guas'Nguishou. Mes hommes, paralysés par le froid, ne pouvaient marcher davantage : par bonheur, le bivouac qu'avait occupé la précédente caravane, dirigée sur le Kavirondo, était sous notre main; quelques charges d'herbe coupée suffirent à le rendre habitable; je fis allumer des feux énormes, et nos gens se reprirent à la vie.

Le temps semblait se débrouiller; je gravis à tout hasard une petite éminence : quel spectacle inattendu ! A une centaine de kilomètres dans l'ouest-nord-ouest se dressait une superbe montagne, aussi haute, aussi massive que le mont Kénia, moins le pic couronné de neiges éternelles. C'est l'Elgon ou Massaoua, renommé pour ses cavernes, et que j'avais cru jusqu'alors une colline insignifiante. Au nord, la chaîne imposante du Khibkharagnani qui court à angle droit sur l'Elgueyo et dont l'autre extrémité touche presque à l'Elgon. A l'ouest vrai, la plaine du Guas'Nguishou s'estompant mollement au loin et allant mourir au pic conique du Sourongai, limite du Kavirondo; de l'autre côté de cette barrière s'épandent, je le savais, les eaux du grand lac que j'étais venu chercher.

Cette région de beaux pâturages fut le séjour de nombreux Oua-Kouafi. Il y a quelques années, les Massaï les en ont chassés jusqu'au dernier, et maintenant le buffle, l'elan, le hartebeest, le rhinocéros la parcourent sans être troublés, sauf par le passage de rares caravanes ou par quelque chasseur andorobbo.

Le 24 novembre on pliait ma tente et nous allions partir, quand une pluie horriblement froide, fouettée par un vent furieux, vint rendre toute marche impossible et nous força, par une température de 15 degrés environ, de rester blottis devant les feux, derrière un coin de forêt. Vers dix heures du matin, le temps fit mine de s'éclaircir; nous levâmes aussitôt le camp, car il y avait à traverser la partie la plus exposée pour arriver à une dépression où nous trouverions des arbres et de quoi nous chauffer. Comme à l'ordinaire, je marchais en tête avec mon avant-garde, allongeant le plus possible le pas dans les hautes herbes qui me montaient au genou, quand les cris de « Kifarou! Kifarou! » me firent soudain tressaillir; mon équanimité fut quelque peu troublée à la vue d'un rhinocéros énorme qui courait sur nous, à quarante mètres tout au plus. Mes vaillants camarades s'éparpillent comme des biches effarouchées; jusqu'à Brahim, qui me montre le dos! Il emportait mon fusil; je lui vocifère de me le retourner en toute hâte; à peine le lui arrachais-je des mains, que le rhinocéros arrivait à dix pas; je tire droit sur son mufle. Ce fut assez, sinon pour l'abattre, du moins pour le faire obliquer : il passe. soufflant bruyamment. A la distance de trois mètres, une balle l'atteint au cou; il tombe comme une masse, poussant des grognements qui me parurent singulièrement comiques, tant ils me rappelaient ceux du porc. Mon guide andorobbo reste un instant immobile, pétrifié par la surprise; puis il se met en devoir de fuir le plus loin possible de cette arme redoutable. Mes gens, qui depuis nombre de jours n'avaient vécu que de leur mauvais et sempiternel millet, s'arrachent les tranches de rhinocéros, se battent comme des hyènes; un d'entre eux reçoit au bras une vilaine estafilade.

Plus loin, je tue trois hartebeests (*alcelaphus caama*) d'une espèce que je ne connaissais pas encore : ceux qu'on trouve plus au sud (*A. Cokii*) portent le nom du colonel Coke, qui, le premier, en a tué quelques individus.

Nous traversons de nombreux et jolis ruisseaux qui tous s'écoulent vers le grand lac; au coucher du soleil, ma caravane gagne un ancien campement, où nous avons la chance de trouver un coin abrité et un peu de bois sec. La vue s'étend sur la haute région forestière du Nandi, qui semble être la contre-partie même du Kikouyou ; elle apparaît au sud comme un long et sombre rempart orienté du sud-est au nord-ouest. Les Oua-Nandi ont à peu près le langage et les coutumes des Oua-Kamasia et des Oua-Elgueyo, mais ils

Cornes de hartebeest (*alcelaphus caama*).

sont autrement braves et amis des combats. Leur caractère indomptable rappelle celui des Oua-Kikouyou ; les caravanes de la côte n'y ont pas plus pénétré par la séduction de leurs marchandises que les Massaï par la force des armes. Dans le nord. et au plus lointain horizon, se montre le très haut pic conique du Donyo la Kakissera, qu'on dit parfois strié de neige.

Avant d'arriver au camp, j'avais été très surpris à la vue d'une sorte de mur circulaire en argile, percé çà et là d'ouvertures et offrant une singulière ressemblance avec un retranchement romain. C'est tout simplement, à ce qu'on m'apprit, un ancien kraal massaï dont les huttes, faute des branches employées d'ordinaire, avaient été construites en pierres et en boue ; pauvres amoncellements de cailloux et d'argile, percés au sommet d'un trou que, pendant la saison des pluies, on aveuglait avec des peaux de bœuf, et si peu élevés que les habitants devaient s'y accroupir comme les oiseaux dans les nids.

Le lendemain, à l'approche des collines occidentales,

le pays se fait plus mouvementé et se déroule en molles ondulations émaillées d'arbrisseaux en fleur. Du gibier à foison : j'abats un sanglier à verrues (phacocère), excellent manger, mais dont les jeunes gens de la mission seuls voulurent prendre leur part; plus loin je tue un élan, puis un hartebeest, et, au campement, trois de ces antilopes. Nous vîmes des buffles en grand nombre, mais je me gardai de troubler leur digestion.

Nous entrons ensuite dans une contrée montagneuse, où nous eûmes l'agrément de traverser trois fois la même et large rivière. Les pâtis sont couverts d'innombrables quantités d'animaux de toute sorte, des buffles surtout; par trois fois, le passage de leurs troupeaux faillit débander ma caravane : je dus tirer à diverses reprises, mais notre temps était trop précieux pour le dépenser à courir sus aux blessés, d'autant plus que nous marchions tout à fait au hasard, le guide nous ayant quittés depuis deux jours.

Le campement établi, je chargeai Makatoubou et Mansimba de battre les alentours : il s'agissait maintenant de ne pas nous laisser surprendre. Le rapport un peu vague de nos éclaireurs me fit présumer que nous arriverions le lendemain à la partie peuplée du Kavirondo.

De bon matin, nous gravissons la chaîne de collines qui nous barrait la route; puis viennent une vallée étroite et une nouvelle rangée de montagnes basses; escorté de trois hommes, je descendis dans le fond pour reconnaître le pays : il ne me parut remarquable que par la hauteur des herbes et par le nombre de petits ruisseaux courant au nord vers la rivière Nzoia. Un splendide *protée* croît dans ce vallon et le marque dans mon souvenir. Au sommet de la seconde chaîne, nous avons enfin la joie de voir le Kavirondo s'étendant à nos pieds. Les colonnes de fumée qui montent vers le ciel, des carrés de différents verts nous parlent d'habitants et de cultures. Nous retournons sur nos pas pour recueillir le gros de la troupe; puis, avec les précautions les plus minutieuses, la caravane franchit la seconde arête et dévale le talus, au pied duquel nous nous hâtons de construire une solide boma.

Le lendemain matin, 28 novembre 1883, nous nous acheminions vers le village de Kabaras, entouré de plantations charmantes et pittoresquement campé sur le versant d'une colline parsemée de blocs erratiques : ce n'était pas sans une certaine émotion que je me préparais à affronter ces Oua-Kavirondo qu'on m'avait dépeints comme si sanguinaires. Mais, à mesure que mes hommes émergeaient de la jungle, je fus très agréablement surpris de les entendre accueillir de tous côtés par le « Yambo » (comment va?) des gens de la côte, si familier à mes oreilles. Le blanc parut alors, et la scène changea comme par enchantement. Saisis d'étonnement et d'effroi, les naturels battirent aussitôt en retraite derrière les murs de terre qui défendent le village, et, s'y sentant plus en sûreté, montèrent sur le sommet pour demander une explication. Nous pouvions voir, à l'intérieur, les hommes courir de hutte en hutte au milieu d'un remue-ménage général et reparaître aussitôt en manteau de guerre, la lance à la main et prêts pour le combat. J'ordonnai à mes gens de faire halte, et, posant ma carabine, je m'avançai avec un des miens et leur dis qui j'étais et ce que je venais faire dans leur pays. Un brouhaha d'étonnement s'éleva de l'assistance : je me rassurais peu à peu à la vue des femmes qu'amenait sur le rempart l'ingouvernable curiosité de leur sexe. Mes protestations eurent l'effet désiré; un certain nombre de vieillards, presque tous des Andorobbo fixés dans le village, s'aventurèrent en dehors des poternes. Ils reconnurent Mansimba, et, en réponse à leurs exclamations rassurantes, hommes, femmes et enfants sortirent en foule pour contempler le phénomène.

Ce fut à mon tour d'être embarrassé, gêné, ébaubi, en me trouvant au beau milieu d'une nuée de jeunes damoiselles, dont toute la toilette se réduisait à un cordon de perles. J'eus fort à faire pour conserver mon sérieux et oser seulement regarder autour de moi; mais, m'accoutumant par degrés à ma nouvelle position, je cessai de bayer aux étoiles, et bientôt il me parut que se vêtir — se dévêtir, veux-je dire — de cette façon est la chose la plus naturelle du monde; pour la première fois, je compris dans toute sa portée la phrase : « parée seulement de ses charmes ». Dès le début, la caravane fut dans les meilleurs termes avec les indigènes : on nous conduisit dans le village; on m'y assigna un lieu pour planter ma tente, tandis que nos hommes s'installèrent sous les pignons des cases ou dans les cases mêmes, partout où ils trouvaient un abri à leur guise. Je m'assis sur mon pliant et savourai ma tasse de thé, tout en travaillant à m'habituer au grand « invêtu » et à familiariser ces enfants de la nature avec ma remarquable personne.

Les Oua-Kavirondo n'ont point la haute mine et le galbe apollonien du Massaï : la tête surtout appartient chez eux à un type décidément inférieur : œil terne et chassieux, mâchoires quelque peu prognathes, bouche fendue jusqu'aux oreilles, lèvres épaisses, en saillie et retournées, la tête du vrai nègre, en un mot; la forme du corps est un peu moins incorrecte, les très jeunes filles rappellent même de loin l'élégance de leurs belles voisines; mais, chez les femmes mariées, le ventre, grossièrement tatoué de lignes irrégulières, se projette en avant de la façon la plus disgracieuse. Elles, du moins, ont quelque idée de la décence et portent un essai de costume : puisant leurs inspirations dans la nature, elles font pendre au bas de leurs reins une houppe de cordelettes; cette queue ridicule est le principal article de leur vêtement; le reste se réduit à une frange de ficelles d'un décimètre carré. Les hommes vont absolument nus; ils sont remarquables par leur carrure athlétique et surtout par une disproportion bizarre entre le torse et les jambes. Leurs armes suffiraient pour prouver que les Oua-Kavirondo ne sont pas une peuplade guerrière; leurs lances, très rudimentaires et à pointe fort petite, ont une hampe de $2^m,40$ au moins, comme s'ils ne se souciaient pas de serrer l'ennemi de trop près. Ils ont des boucliers de toute

Village de Kabuas dans le Kavirondo

forme et de toute grandeur; le type dit *kavirondien* est énorme de dimensions et de poids. C'est une peau de buffle presque entière, longue et large de 1^m,20, et courbée de

Matrones kavirondiennes

manière à former une sorte d'angle qui abrite toute la face antérieure du guerrier : quand il s'avance pour l'attaque, sa tête seule paraît. Si lourd et si incommode est ce rempart ambulant, que, sauf au moment même du combat, on le porte attaché sur le dos : on s'empresse de le jeter lorsqu'il s'agit de prendre la fuite.

Les Oua-Kavirondo mettent leur orgueil à se parer des coiffures les plus bizarres. Cornes d'antilope, plumes de coq, ouvrages de cuir ou de rotin, tout est combiné de façon à porter l'épouvante dans l'âme de l'ennemi. Leurs huttes, genre ruche d'abeilles, ont un toit à peine relevé comme à Kabaras, ou conique et très pointu. La propreté de l'intérieur est en raison inverse de la richesse des propriétaires. Chez les pauvres, qui n'ont ni chèvres ni bétail, le sol est uni, soigneusement battu d'argile ; on a un foyer construit exprès ; nulle ordure n'y traîne, nul débris de ménage. Ce qui attire le plus l'attention, c'est une formidable rangée de pots de *pombé*, dont la taille varie de quelques centimètres à près d'un mètre ; la base en étant de forme conique, on les pose chacun sur son socle d'argile creusé au milieu. Presque toutes les cases ont leurs abeilles, et la ménagère peut faire sa récolte à volonté : une poutre évidée dont un des bouts traverse la paroi laisse entrer et sortir les infatigables travailleuses ; quoique la hutte soit fréquemment remplie de fumée et que le miel y prenne une couleur noire et un goût détestable, elles ne semblent point en être incommodées.

Quant aux paillotes cossues, on ne saurait en approcher que le nez protégé par un mouchoir arrosé d'eau de senteur. Une couple de vaches, trois ou quatre brebis, un chien, des coqs et des poules sur les solives ; la dame de la maison, son seigneur quand il lui plaît de la venir visiter, une masse d'enfants y vivent dans l'union la plus touchante. Le feu est allumé au milieu de la case ; la fumée pourrait bien sortir par la porte, mais on garde celle-ci scrupuleusement barrée. Les charmes de ce séjour, que n'a pas encore contaminé « la lèpre de la civilisation », sont rehaussés par la présence de légions de poux, de myriades de puces, etc., etc.

Les Oua-Kavirondo, comme on voit dans les deux photographies de Kabaras et de Massala, protègent leurs villages par de fortes murailles de boue, ceintes à l'intérieur d'un fossé sans eau. La décomposition du granit donne une terre argileuse qui, en se séchant, acquiert une cohésion et une dureté surprenantes.

Quel souper que celui qui suivit notre arrivée dans ce

Murs et porte de Massala

pays de cocagne! La maigre chère de nos trois semaines de route fut bien vite oubliée, tandis que nous nettoyions les os des volailles grasses et que disparaissaient les uns après les autres les plats d'arachide, de maïs, de patates douces. Avec quel appétit glorieux nous nous appliquâmes à savourer ces mets exquis, jusqu'à ce que des soupirs de satisfaction vinssent nous dire que même l'élasticité des organes digestifs a des bornes! Je pris mon repas sous les regards d'admiration des naturels, puis à la fraîcheur du soir on me servit le café devant la porte de ma tente.

Des jeunes filles dansaient à quelques pas; je fis miroiter

à leurs yeux des fils de perles brillantes; elles vinrent exécuter devant nous et m'amusèrent fort par la façon dont elles comprennent « la poésie du mouvement ». Graves, timides, sans doute rougissant sous leur peau bronzée, les deux mains rapprochées à la hauteur de la ceinture, elles marchaient à la mesure indiquée par les chants de la foule ou le claquement de deux paumes frappant l'une contre l'autre. Chacune à son tour jeta un pied en avant, puis vint une secousse soudaine des épaules comme si une balle de dynamite eût fait explosion sous leur omoplate. Cette figure fut répétée avec une rapidité croissante, culminant en un trémoussement grandiose; bras et épaules semblaient sur le point de prendre la volée, si merveilleuse était la vitesse avec laquelle s'agitaient les muscles de la partie supérieure du corps. Nous bissions avec enthousiasme; je jetai largesses sur largesses aux chorégraphes; il y eut bientôt lutte acharnée pour les honneurs et les émoluments attachés à la fonction de divertir le généreux étranger; ces belles accomplissaient leur tâche en toute conscience :

> Amusettes, ruses et badinages,
> Clignements et gestes furtifs,
> OEil qui sourit sous les vertes guirlandes,

rien ne manquait à notre délectation; mais la nuit tombait, et, après quelques paroles de bonne amitié, chacun se retira dans ses quartiers.

Le lendemain matin on m'apporte un grand bol de lait : comme je levais à mes lèvres le rafraîchissant breuvage, il me semble percevoir une odeur extraordinaire ; je fronce le sourcil et flaire de nouveau : ma figure se contracte, le vase échappe de mes mains ; je les porte sur mon estomac et cours me réfugier sous ma tente; bientôt on eût pu entendre des sons bien connus à bord des paquebots qui traversent la Manche en gros temps. Ayant repris mon équilibre, j'institue une enquête : les Kavirondiens rehaussent la saveur et augmentent le volume du lait par un autre liquide animal que je ne sache point avoir encore été utilisé chez nous pour des coupages de ce genre. Au préalable, on conserve quelques jours ledit liquide, afin d'en développer le « corps et le bouquet », puis on le verse dans le lait. Autre découverte non moins charmante : nos hôtes traient leurs vaches dans des vases enduits de bouse à l'intérieur : ces fils de la nature aiment les boissons de haut goût.

« Qui veut voyager loin ménage sa monture » : nous nous arrêtâmes donc à Kabaras une journée entière. Je photographiai le village et pris des observations astronomiques ; entre-temps je mettais en branle filles et garçons, et répandais d'une main prodigue mes perles au milieu d'eux : cette halte permettait aux nouvelles de l'arrivée du blanc de le précéder au loin et de faire connaître à tous sa générosité et ses intentions pacifiques.

Nous reprenons notre marche vers Koua-Soundou, la principale ville du Kavirondo supérieur. La contrée, onduleuse et fertile, est arrosée d'un nombre étonnant de ruisselets. Nous quittons le plateau herbeux du Nguishou, dont la pente à peine marquée s'incline doucement vers l'ouest, et abandonnons les coulées de lave pour entrer sur une aire plus tourmentée et caractérisée géologiquement par des porphyres granitiques. Sous l'action des intempéries, ceux-ci se sont décomposés en argile rougeâtre, laissant subsister des noyaux énormes formés de parties moins aisément désagrégées. La contrée est encombrée de ces roches colossales.

Je fus surtout surpris du nombre considérable de villages et de l'air de bien-être de la population. Mon voyage ressemblait à une marche triomphale et l'était en effet, car j'approchais rapidement du but de mes espérances, le Victoria Nyanza. A peine un pied carré de terrain qui ne fût en culture. Les gens semblent connaître quelque chose de la rotation des récoltes et utilisent les jachères pour faire paître leurs troupeaux.

Nous cheminions au milieu d'une véritable haie de naturels, tous portant des paniers d'œufs, de volailles, de fèves, du lait, du miel qu'ils mouraient d'envie de troquer contre nos verroteries. Le lendemain nous faisons notre entrée dans la bourgade du chef Sakoua, un des hobereaux du pays ; elle a donné asile à nombre d'Oua-Kouafi, levain des plus fâcheux au milieu de ces populations paisibles. Ils y vivent en parasites, ne s'occupant qu'à pousser les chefs les uns contre les autres ; ils n'ont pas manqué d'initier leurs hôtes aux charmes du hongo, et, comme les traîtres de tragédie, on les voit toujours prêts à donner les plus funestes conseils.

Ils essayèrent bien de trancher de leurs rodomonts avec le voyageur blanc, mais je leur fis vite entendre que les avanies que je m'étais résigné à endurer des Massaï, je ne les tolérerais d'eux à aucun prix. Au fait, je n'étais point fâché de donner de l'air à mes désirs de vengeance comprimés depuis si longtemps, et ce ne fut pas sans une certaine satisfaction que je rembarrai ces coquins ou que je laissai éclater ma colère quand ils étaient trop impudents. Mes hommes, on peut le croire, renchérissaient d'autant ; ils se délectaient à parler en maîtres à ces lâches et à exciter leur terreur.

Sakoua lui-même mettait le plus grand zèle à courir sus à ceux de ses sujets qui se montraient indiscrets ou incommodes, les chassant à coups de poing et ne dédaignant pas de ramasser des cailloux pour les lancer sur les fuyards ; les jeunes coqs de la ville surent profiter d'une de ces bousculades pour tomber sur les curieux accourus des bourgs voisins et s'emparer des vivres qu'ils apportaient.

Le 3 décembre nous arrivions à Koua-Soundou. Sous le gouvernement du père du présent souverain, cette ville était importante et très peuplée ; depuis sa mort elle a déchu considérablement, et ses murs renferment moins de huttes que de pâturages ou de champs de matamma. Sujets d'un prince efféminé, les habitants n'ont plus le privilège d'être redoutés de leurs voisins et aiment mieux vivre dans les petits villages à proximité de leurs plantations. Koua-Soundou est assise sur une hauteur qui domine le Nzoïa.

Cette superbe rivière porte au lac Nyanza toutes les eaux du plateau et celles qui descendent de l'Elgon et du Khibkharagnani.

Le chef actuel est un jeune homme aimable et doux avec lequel je fus bientôt en excellents termes. Il se divertit fort à voir mes photographies et s'enthousiasma tellement des charmes d'une jeune dame penchée sur un tournesol, la fleur esthétique du jour, que, à deux défenses d'éléphant par tête, il me commanda tout un convoi de beautés taillées sur le même modèle. Je promis de faire mon possible....

Le Kavirondo est loin d'occuper la place qu'on lui assignait jusqu'à présent, c'est à-dire la partie moyenne de la rive orientale du Nyanza. Il se trouve à l'angle nord-est du lac, et s'étend sur une centaine de kilomètres, coupé au milieu par l'équateur. Les mêmes cartes marquent comme couverte par les eaux une portion considérable de son territoire. Koua Soundou serait, d'après elles, à sept ou huit kilomètres seulement au nord de la rive, et cependant, grimpé sur une haute colline, je ne voyais qu'une vaste étendue d'ondulations cultivées : nul indice de lac. On m'apprit que la route la plus courte se dirige vers l'ouest; en continuant vers le sud-sud-ouest, au contraire, nous n'y arriverions pas avant quatre jours, environ soixante-dix kilomètres.

Au premier abord, les Kavirondiens semblent être un peuple homogène, ayant mêmes coutumes et mêmes mœurs. Toutefois mes observations et mes demandes me donnèrent la certitude qu'ils parlent deux langues absolument dissemblables. Les habitants des régions riveraines du lac, que nous nommerons le bas Kavirondo, se servent d'un idiome rappelant pour la construction et le vocabulaire ceux des tribus du Nil; dans le haut pays, au contraire, on fait usage d'un dialecte bantou si proche voisin du ki-souahéli que mes gens le comprenaient sans difficulté; il est encore plus rapproché du ki-ganda. Les indigènes du bas Kavirondo révèlent encore leurs affinités de race par un ornement de pierre qui traverse la lèvre supérieure ou se balance au-dessous.

Les coutumes et les croyances religieuses de ces peuplades diffèrent à peine de celles qu'on regarde comme caractéristiques des nègres de l'Est africain. Ainsi les naturels du haut Kavirondo ne manquent pas de jeter des bûchettes, des cailloux, du gazon dans tel ou tel lieu, les limites d'un territoire, par exemple, afin de se concilier le mauvais esprit qui en a la garde; avec le temps, ces objets forment des monceaux. Cet usage se retrouve partout au sud jusqu'au lac Nyassa.

J'eus l'occasion d'assister aux funérailles d'un enfant : un matin, près de ma tente, un petit garçon mourut. Pendant de longues heures, le père et la mère poussèrent une plainte continue que coupaient de temps à autre des hurlements ou des cris aigus. Les amis, les passants y ajoutaient leur voix ou exprimaient leur sympathie par une danse funèbre. Dans l'après-midi, on creusa une fosse devant l'ouverture même de la hutte, sous les larmiers; puis le pauvre mignon fut porté dehors, et chacun vint le regarder pour la dernière fois. Tous sanglotaient, tous se pâmaient, quand le père le saisit avec une énergie convulsive et le déposa dans la tombe; la mère se jeta sur le sol, se roulant dans les angoisses du désespoir. Le père, à peine moins affecté et gémissant tristement, fut interrompu soudain par les reproches indignés de quelques barbes grises : il avait couché le corps dans une position néfaste ! Il répond qu'il a suivi la bonne coutume; les cris de douleur font place à une violente querelle sur le point en litige : la face du mort doit-elle être, ou non, tournée vers la case? A la fin, il reconnaît son tort et déplace le petit cadavre. On lui met une feuille d'arbre au-dessous du lobe de l'oreille, une autre sur l'ourlet supérieur, dans la main une touffe d'herbe; les hurlements grandissent et deviennent une tempête, pendant que le père et la mère font pleuvoir, avec une activité frénétique, les mottes de terre sur le pauvre petit corps nu. Puis un long mugissement d'adieu, puis une danse, et les assistants se séparent jusqu'au lever de la lune, où, leur chagrin entretenu par des libations de *pombé*, ils recommencent leurs trémoussements d'épaules, afin d'adoucir la douleur des parents et de consoler l'ombre du défunt.

Le premier qui trépasse dans une hutte neuve est enterré à l'intérieur; le second, en dehors.

Les Oua-Kavirondo, je ne veux point oublier de le dire, justifient éloquemment une assertion fort contestée : la moralité n'est point une question de toilette. Nulle tribu de la région n'a de mœurs plus régulières; les femmes sont des anges de pureté en comparaison des matrones massaï au costume si convenable pourtant, et parmi lesquelles le vice règne et gouverne.

A Koua-Soundou les vivres sont à très bas prix et semblent inépuisables : un fil de perles me donnait de la farine pour quatre hommes ou des patates douces pour huit. Un mouton vaut quinze fils, une chèvre vingt. Le poisson du Nzoïa variait notre menu. J'aurais pu y ajouter de la chair d'hippopotame, car j'en tuai plusieurs dans la rivière et me divertis fort à voir les naturels se battre par centaines à qui emporterait les morceaux.

Mais, tant que je n'aurais pas vu le lac, la vie me semblait à charge; aussi, ne m'attardant qu'une couple de jours à Koua-Soundou, je partis avec cinquante hommes, laissant les autres sur les ordres de Makatoubou. La contrée à traverser passait pour fort dangereuse, les naturels étant moins accoutumés aux traitants. Mansimba s'en rendait bien compte, car il s'arrangea de façon à disparaître au moment du départ.

Nous franchissons le Nzoïa par un gué long de cent mètres et profond de trois pieds : les eaux courent sur le lit rocheux avec une impétuosité terrible. Nous dirigeant vers l'ouest, nous approchions d'un village, quand soudain le cri de guerre vint nous faire tressaillir. Mon guide grimpe aussitôt sur une fourmilière où je me hâte de le rejoindre : notre vue calme les frayeurs des plus proches; mais l'appel avait été repris par les travailleurs des champs et transmis aux autres villages ; nous entendions les signaux s'échanger au loin. La contrée tout entière semblait donner naissance à des multitudes d'hommes, les uns courant à leurs bourgades, les autres en sortant déjà armés en guerre. Des centaines d'indigènes nous environnèrent bientôt ; je les rassurai sans peine, mais pendant plusieurs heures encore nous vîmes accourir des troupes nombreuses se précipitant vers l'ennemi supposé comme si la mort fût à leurs trousses. Je ne m'étonne plus que les caravanes aient si souvent été détruites dans une région où, en un clin d'œil, on peut ainsi réunir des milliers de guerriers. Le soir, nous campons au petit village de Mouofou, et je gagne le cœur des gens en distribuant des perles pour les faire danser.

Tout le pays est pauvre en arbres ; à peine si chaque hameau en possède quelques-uns ; l'ombre est très rare et le combustible très cher ; de ce côté du Nzoïa, on ne trouve guère que de grands euphorbes. Nous traversons de superbes pâturages où le bétail abonde.

Au village où nous fîmes halte le second jour, le sultan du lieu nous octroya un bœuf de boucherie, que je lui payai en fil de laiton : nous eûmes soin de ne pas l'abattre tout de suite. Au matin, les fils du chef font irruption dans nos quartiers : s'ils ne touchent pas aussi leur cadeau, ils reprendront l'animal ; à mon tour, et comme de juste, je redemande le senengé. Le vieillard accourt : il me supplie d'emmener la bête, et nous nous hâtons d'évacuer le village ; mais les jeunes gens, ivres de colère et de fureur, se précipitent sur le bœuf et tâchent de s'en emparer : leurs camarades s'assemblent aussitôt, heureux de se dégourdir la main : les coups vont pleuvoir. Pendant quelques instants je réussis à garder mon calme, me contentant de hausser les épaules à leurs menaces, mais, quand ils commencèrent à me serrer de trop près, ma bile s'échauffa, et, me saisissant brusquement du principal agitateur, je l'étendis de tout son long sur le dos. Il eût fallu voir la rage démoniaque exprimée par ses traits quand il se releva sur ses pieds : il brandissait sa lance, gambadait comme un fou à droite et à gauche, essayant de se débarrasser de son père, qui s'était mis devant lui pour l'empêcher de m'atteindre. Les miens avaient préparé leurs fusils. Brahim, armé de ma carabine, visait le jeune guerrier. Des centaines de naturels n'attendaient qu'un signal pour fondre avec leurs lances sur ma petite troupe. Moi, je les regardais, bras croisés et riant ironiquement, manière d'agir qui a toujours eu sur les sauvages une influence décisive : ils en tiraient la conclusion que je disposais à mon gré des puissances surnaturelles. Enfin le vieillard réussit à emmener son fils, à ma satisfaction fort grande, car, en dépit de mon attitude héroïque, je ne me sentais guère à l'aise. Nous restions maîtres du champ de bataille, et j'en profitai pour décamper prestement.

La densité de la population excitait de plus en plus ma surprise. Les gens accouraient par milliers pour contempler l'homme blanc, poussant des cris de joie et nous assourdissant de leurs acclamations. D'abord je me brûlai l'encens de croire qu'ils applaudissaient ainsi au succès de mon voyage; mais, quand ils firent mine de nous barrer la route, je regardai ces foules d'un œil moins satisfait. La colère m'envahissait peu à peu; je cheminais fiévreusement en tête de ma petite troupe, que Martin couvrait en arrière. Deux hommes d'un district voisin avaient demandé à profiter de mon escorte; des guerriers tout flambants sous leur costume de combat se jetèrent sur eux, enlevèrent leurs marchandises et les auraient égorgés si je ne me fusse jeté dans la mêlée pour sauver les pauvres diables. Puis l'affluence devint moins nombreuse et nous respirâmes en paix.

Un peu plus bas, nous campons au village de Seremba, où sont établies de nombreuses fonderies alimentées par du minerai provenant d'une chaîne de montagnes située plus au nord; on le prépare dans des fourneaux à ciel ouvert, où le charbon est amoncelé contre une muraille basse; au fond, un trou et un canal par où s'écoulent les scories. Le courant d'air est assuré par un double soufflet, qu'un homme manœuvre debout et avec une dextérité surprenante. Toute une journée de travail est nécessaire pour produire une masse pesant de sept à huit kilogrammes. Dès qu'on la croit en état, on la retourne, et, aussi promptement que possible, on la coupe au moyen de haches maniées avec une vigueur herculéenne. Ce fer est de première qualité. Les Oua-Kavirondo, ceux du Samia surtout, savent en tirer un excellent parti. Ils le martellent admirablement, non pas en fil rond, comme le senengé de la côte, mais en tiges tétragones d'un doux éclat argenté. Les élégants du pays les portent autour du cou, des bras, des jambes, à la façon des femmes massaï ; seulement on ne le dévide pas en spires continues ; il est disposé en anneaux distincts, qu'on rive ensuite les uns aux autres. Leurs armes et leurs outils sont en usage dans tout le Kavirondo. Je regardai leurs marteaux avec le plus vif intérêt : des pierres pour les travaux plus grossiers ; puis, une fois la première façon donnée — à une bêche, par exemple, — ils prennent une sorte de lourde flèche et frappent avec le rebord de la pointe ; pour le fil carré, ils tapent avec l'extrémité d'un cylindre en fer, comme l'outil précédent.

À l'heure que j'avais fixée pour le départ, le village entier s'assemble : « Pourquoi traversais-je leur pays sans leur congé, avec mon cri de Nyanza ! Nyanza ! Que voulais-je à ce lac ? Sans doute y accomplir quelque œuvre d'outchaoui ! (magie noire). » Ces braves gens avaient la prétention de nous mettre en quarantaine et de nous faire subir une période d' « observation ». Pour faire diversion à mon impatience, je descendis au Nzoïa et tuai trois hippopotames, ce qui mit les naturels en meilleure humeur et détendit nos rapports. Voici la photographie de la rivière, et, dans un de ses coudes, une troupe de « chevaux de fleuve ».

Le lendemain, j'avais regagné les bonnes grâces du public en lui payant un bal ; mais, le chef et ses satellites s'opposant encore au départ, dans l'espoir de nous pressurer un peu plus, je me décidai à lever moi-même l'ecrou. La porte était gardée par une bande de guerriers ; je rassemblai mes hommes, et, suivi de mes plus braves askari, je donnai tête baissée au milieu des sentinelles ; elles s'éparpillèrent à droite et à gauche, tandis que le reste de mes gens arrachait les barrières et les jetait dans

Le Nzoia, près de Seremba

le fossé : puis ils occupèrent l'ouverture, et je m'affairai à sortir les bagages. Les guerriers se précipitaient sur nos ballots et nous les disputaient becs et ongles ; il fallait se mettre à plusieurs pour leur faire lâcher prise. Par bonheur, il n'y eut pas effusion de sang ; mes hommes reçurent bien quelques coups de bâton assenés en traîtrise, mais nous remportâmes la victoire et je me hâtai de démarrer

Une demi-heure après, nous arrivons au sommet d'une chaîne de petites collines : je suis enfin au terme de mon pèlerinage ! Une baie du grand lac étincelle au soleil, entourée de plages basses, close au sud par plusieurs îles et mollement voilée par la brume. Le bassin de ce petit golfe ne saurait passer pour très pittoresque avec ses pentes arides revêtues d'euphorbes et allant mourir dans la rive boueuse; mais l'ensemble est certainement agréable. Cette scènerie contrastait d'une étrange façon avec toutes celles des lacs africains qu'il m'avait été donné de voir. Partout ailleurs j'avais contemplé d'une altitude d'au moins 2000 mètres les abîmes s'ouvrant à quelques milliers de pieds au-dessous de moi : ici c'était d'une éminence insignifiante qui glissait peu à peu sous la vaste nappe des eaux.

Mais je n'eus pas la patience d'étudier un à un tous les détails du paysage : il me fallait prendre possession du lac lui-même et poser le pied sur ses bords. Une heure de marche ou plutôt de course fiévreuse nous amenait sur la plage du Victoria Nyanza ; je me désaltérai à ses eaux, pendant que les hommes y entraient jusqu'au genou, tiraient des coups de fusil, éclaboussaient les ondes comme des insensés. Ils semblaient plus joyeux que moi, quoique sûrement l'adage, avec sa variante anglaise, eût été ici de mise : « Rien de plus profond que l'eau qui dort! »

Quand mon escorte eut donné libre cours à son enthousiasme, tous vinrent se grouper près de moi, et ces braves camarades, me voyant maintenant au but de mes efforts, me serrèrent la main avec une joie si franche, une cordialité si parfaite que les larmes me vinrent aux yeux. Ayant recouvré mes esprits, je leur fis, comme il convenait, une petite allocution d'un style moins connu au centre du Continent noir qu'à un banquet municipal ou dans une « société d'admiration mutuelle ». Puis nous allâmes camper au village du second chef du Samia, le district où nous nous trouvions présentement.

Je consacrai la journée suivante à me reposer de mes fatigues, heureux et fier d'avoir accompli ma grande œuvre. Le lendemain, et pour n'être pas en reste de bonne grâce avec mes hôtes, je mets de côté ma réserve habituelle : Haut le pied, mes amis! Nous organisons des danses, et, à la fraîcheur du soir, mon lieutenant et moi donnons aux populations assemblées le spectacle de la chorégraphie en usage à Malte et dans notre pays. Martin essaye d'initier les jeunes filles aux charmes mystérieux de la valse; je leur enseigne les évolutions fantastiques et rapides d'une

Le lac Victoria (Kéreoue Nyanza), vu de Massala

gigue écossaise. Rentré dans mes quartiers et musant au clair de lune, je voyais déjà les Oua-Kavirondo marcher à grands pas sur la route de la civilisation.

Ces conclusions, je les basais sur l'enthousiasme de l'assistance pour mes trémoussements; quelques heures après, elles me semblèrent un peu prématurées. — A minuit, en dehors de la tente, je m'occupais avec Martin à prendre la hauteur de la lune pour déterminer la longitude, quand un homme passa, courant à toutes jambes; d'autres suivirent, lancés comme lui à grande vitesse; pensant qu'on avait dérobé les frusques de quelque porteur, j'allai aux informations. La chose était autrement grave ! Ces héros venaient de s'introduire dans la hutte de mon cuisinier et l'avaient complètement dévalisée : pas un couteau, pas une cuiller ne restait de ma précieuse cantine ! Devant moi se déroulait une fâcheuse perspective de planches de bois pour assiettes et de baguettes chinoises, si je ne savais me résigner à la fourchette du père Adam. Je pousse notre cri de guerre : « Boundouki ! » (aux fusils !) En un clin d'œil mes gens sont sur pied ; chacun roule sa natte à dormir et la porte dans ma tente. J'y place des sentinelles, et, à la tête du reste de la troupe, je cours vers les portes, devant chacune desquelles j'établis une garde. Les autres reviennent s'armer de brandons enflammés, puis me suivent à la demeure du chef. Toute la population se précipitait hors des huttes, croyant la ville prise, les ennemis en train de tout massacrer. Les femmes poussaient des clameurs désespérées, les hommes s'appelaient à grands cris. Ils couraient comme des fous d'une porte à une autre pour rencontrer partout des sentinelles, le fusil braqué sur eux. Il y avait bien dans la bourgade quatre cents naturels en état de porter les armes : mon audacieux coup de force leur faisait perdre la tête, je conservais toute la mienne. Montrant du doigt mes gens et leurs flambeaux, je fis connaître mon ultimatum : « Qu'on rende les choses volées, ou ils vont mettre le feu à la ville ! » J'avais d'autant moins de remords à leur causer cette salutaire épouvante, que la population tout entière était complice de nos larrons : Massala, le grand chef lui-même, n'avait pu cacher sa convoitise au sujet de certains articles de ma batterie de cuisine. Les askari venaient de s'emparer d'un homme qui emportait des assiettes, et, pour montrer à l'assistance que je ne plaisantais pas, je fis administrer au délinquant une bastonnade bien sentie : « L'affaire terminée, ajoutai-je, on le fusillera ! » « L'affaire terminée ! mais on allait donc brûler les cases ? une minute de délai pouvait amener l'incendie de la ville ! » Aiguillonnés par la terreur, ils se mirent aussitôt en quête des objets manquants, et j'avais récupéré presque tout au moment où le soleil se montrait au-dessus de l'horizon.

Chose curieuse! cette aventure me plaça fort haut dans

Les filles du chef de Massala

l'estime des naturels, et, dans l'après-midi, nous étions en si bons termes, qu'ils m'accordèrent gracieusement la permission de les photographier. Les jeunes filles sont grandes et bien découplées; leurs hanches me paraissent un peu étroites.

Nous n'étions plus qu'à soixante-quinze kilometres du Nil : je n'eusse pas mieux demandé que d'aller faire ma visite au grand fleuve; mais l'incident de la nuit m'avait donné la fièvre; ma pacotille était déplorablement réduite; nous nous trouvions maintenant sur les frontières occidentales du Kavirondo, et les tribus limitrophes étaient en guerre avec les habitants du pays. Cette fois, comme tant d'autres, je compris que prudence est mère de sûreté. Pour allonger mon voyage d'une quarantaine de milles, je courais le risque imminent de sacrifier tous les résultats obtenus. Il fallut se résoudre à reprendre la route de la côte : mon espoir et mes pas allaient se diriger vers l'Écosse lointaine.

CHAPITRE XII

AU LAC BARINGO PAR L'ELGON

Les plages basses et les roselières du grand lac ne présentaient aucun intérêt spécial, et ma résolution fut bientôt prise de repartir immédiatement pour Koua-Soundou. La réception qu'on nous avait faite sur la route du Nyanza ne m'encourageant guère à retourner par Seremba, je préférai couper à travers la chaîne voisine. Les villages déserts abondent : les guerriers de M'Tesa [1] y ont passé, dans quelqu'une de leurs fréquentes incursions sur la côte du Samia. À l'ouest, l'État voisin d'Akola venait de tomber victime de la politique « impériale » du potentat. Plus d'une fois on nous prit pour des Oua-Ganda [2] ; l'alarme se répandait aussitôt, les cris de guerre couraient de proche en proche.

Le 13 décembre on boucle les fardeaux ; nous nous diri-

---

1. Voir les Tables du *Tour du Monde*.
2. Dix-huit mois après le passage de M. Thomson au Kavirondo, l'évêque anglican Hannington quittait Rabaï (23 juillet 1885), pour aller visiter la mission de l'Ou-Ganda. Accompagné d'une cinquantaine de porteurs, il franchit le pays des Massaï, puis le Kavirondo et arriva le 6 octobre à Sakouas, dans l'Ou-Soga, au nord du Kéréoué-Nyanza (lac Victoria), et presque sur les bords du Nil Victoria (Kivira). Le chef du district se saisit de la petite troupe, et, huit jours après, Mouanga, successeur de M'Tesa, le « grand roi » des Oua-Ganda, envoyait l'ordre de mettre à mort tous les prisonniers : l'évêque, sur sa demande, fut fusillé avec sa propre carabine ; on tua les hommes à coups de lance ; quatre seulement réussirent à s'enfuir et portèrent la nouvelle aux missionnaires de l'Ou-Ganda. (*Note du traducteur.*)

geons au nord, vers Mzemba, la ville d'Ouchen, le principal chef du Samia. — A notre grande surprise, il se trouve que Mabrouki, mon ânier, est le propre frère d'Ouchen. Il avait été capturé encore tout petit et vendu aux traitants de la côte. Sa famille reçut à bras ouverts l'enfant perdu et retrouvé; mais, avant qu'il lui fût permis de franchir les murs de la bourgade, on dut sacrifier une chèvre et asperger de son sang la porte et les linteaux.

Le 14 je gisais sur ma couchette, en proie à un accès paludéen et me sentant près de délirer. Il me restait pourtant assez de mémoire pour me rappeler qu'il n'est contre la fièvre remède plus efficace que de « la faire marcher ». Donc, le lendemain, je fournis sans broncher une étape de six heures. Des tourbillons de cendres soulevées par le vent au-dessus des jungles récemment brûlées augmentaient les difficultés de la route : j'étais noir comme un ramoneur. Vers midi nous entrions dans une sombre forêt au milieu de laquelle coule un ruisseau : en choisissant un terrain pour le bivouac, je faillis tomber sur un python, que tuèrent mes gens; il mesurait $3^m,65$ de longueur sur $0^m,37$ de « tour de taille »; c'est le *tchato* des Oua-Souahéli. Une fois sous ma tente, je m'affaissai comme une machine montée pour faire un certain nombre de tours et qui s'arrête quand le ressort est détendu.

La marche suivante fut très pénible, vu le nombre de ruisseaux marécageux qu'il fallut traverser. Deux fois on nous prit pour des bandes en maraude, et nous eûmes ainsi l'occasion de voir les indigènes en équipement de guerre.

Le village où nous passâmes la nuit est noté dans mon carnet pour son excessive propreté d'abord; ensuite, parce que nous y vîmes certaine demoiselle en costume d'Ève et qui avait bien sept pieds de haut (2 m. 135). Un de mes hommes, dont la taille mesure six pieds trois pouces (1 m. 905), semblait un nain à côté d'elle; la belle n'avait pas encore trouvé de parti : au Kavirondo, comme ailleurs, pas trop ne faut d'une bonne chose.

Le lendemain, nous repassions le Nzoïa et arrivions à

Koua-Soundou dans la matinée. Makatoubou et ses gens étaient en parfaite santé; ils avaient acheté quantité de vivres pour notre voyage à travers le désert.

La fièvre me tenait encore, mais je m'étais promis de prendre une série d'observations astronomiques et de déterminer l'exacte position du lieu. En conséquence, je dus me lever à toutes les heures de la nuit, ce qui n'aidait guère à me remettre.

Le chef me persécutait sans relâche : il voulait de la pluie, le pays en avait besoin. Or ma conscience ne me permet ces simagrées que dans les cas de nécessité absolue, et je renvoyais de jour en jour l'exhibition de mes talents en ce genre : « Ne vois-tu donc pas, finis-je par lui dire, que, toutes les nuits, armé de mes instruments, je cherche les secrets des cieux? » Et, coïncidence bizarre, le soir même qui suivit ce discours, un terrible orage survint, accompagné de lourdes averses, qui m'assurèrent un prestige immense et des applaudissements sans nombre.

Le 24 décembre, mes observations terminées et moi-même un peu remonté, j'entreprends la première étape de notre marche de retraite. En sus de sa charge, composée principalement de grains, chaque homme porte pour douze jours de vivres. Nous en avons, en somme, à peu près pour un mois.

Je désirais vivement visiter les cavernes de l'Elgon ; nous prîmes donc la route du nord. Il fallut gagner l'autre rive du Nzoia. Le passage nous coûta deux heures, mais s'accomplit sans accident.

Nous marchâmes d'abord au milieu d'une contrée absolument déserte, une « vraie terre sans maître » (no man's land). A notre rentrée dans les cultures, je fus très surpris de la terreur évidente des naturels à la vue des étrangers; ils se sauvaient vers leurs villages, en barricadaient les ouvertures, se cachaient dans les huttes ou derrière les remparts. Jusqu'alors, dans tout le Kavirondo, les populations accouraient à notre rencontre avec des acclamations et des rires, ne demandant qu'à nous attirer dans les bourgades pour nous faire payer le hongo. Ici, au contraire, ils refusèrent obstinément d'ouvrir leurs portes, et nous dûmes camper dans un village à demi construit. Certes les pauvres gens étaient à bon droit effrayés. De précédentes caravanes avaient perdu dans le Massaoua — c'est le nom du district, le Ketosh des Massaï — un petit nombre d'hommes, assassinés peut-être. Les traitants résolurent de s'en venger et de *tenguenézé* (mettre à la raison) les naturels. Cinq ans environ avant notre passage, ils réunirent leurs troupes à Koua-Soundou et, partageant en escouades leur effectif de quinze cents engagés, pénétrèrent dans la région par des points différents et la traversèrent d'un bout à l'autre, dévastant les villages, massacrant des milliers d'indigènes et commettant d'atroces barbaries; ils ouvraient le ventre aux femmes grosses, allumaient de grands feux et y jetaient les nourrissons; ils emmenèrent en esclavage les enfants des deux sexes. J'ai causé avec nombre de gens qui avaient pris part à cette battue; rien de plus révoltant que la complaisance avec laquelle ils racontaient ces horreurs, pour eux les plus naturelles du monde. Il n'existe pas de monstre plus férocement sauvage que le traitant souahéli quand se réveille le démon endormi au fond de son être.

Nous étions les premiers à nous aventurer dans le pays après que les trafiquants y eurent ainsi fait la paix (amani); il m'était bien permis de craindre des représailles. Mais les Souahéli avaient exécuté leur œuvre en toute conscience; les populations, plus que décimées par eux, s'enfuyaient, éperdues de terreur. Les moins démoralisés passaient la tête à travers les barreaux de la porte du village : impossible d'entrer en affaires et d'acheter d'autres vivres.

Donc, aucun festin ne vint marquer la fête de Noël. N'importe! ma coupe de joie était remplie jusqu'aux bords!

Le 26 nous arrivions aux frontières du Massaoua; il y avait guerre entre les habitants et leurs voisins de l'Elgon, et personne ne voulut me servir de guide. La semaine même qui suivit notre départ de cette portion merveilleusement peuplée du district, les Massaï y firent une descente et razzièrent tout le bétail.

Le lendemain, la caravane se remit en marche; notre bonne étoile nous conduisait seule à travers les dédales de la forêt où viennent mourir les pentes inférieures de l'Elgon. Quoique très affaibli par la fièvre et ne tenant ma carabine qu'avec la plus grande difficulté, je tuai une vieille femelle de buffle. Si la bête eût songé à me courir sus après ma première balle, j'aurais été perdu, car, dans ma hâte à refouler la seconde cartouche, je m'y pris si gauchement qu'elle s'arrêta à mi-chemin : je crus devenir fou, tant me semblaient des heures les secondes passées à réparer ma maladresse.

Nous étions à midi au pied de la montagne et campions sur un tributaire du Guaso Lodo. Nul indigène ne paraissait. Après avoir inutilement tiré les trois coups de fusil de rigueur, j'envoyai en avant Makatoubou et quelques hommes; ils vinrent me dire qu'autour d'un épaulement du mont, sur l'autre versant d'une petite vallée, on voyait de la fumée sortir d'un trou noir; plusieurs orifices semblables se montraient à la base d'une ligne de falaises.

Le lendemain matin, escorté de Sadi et de quelques-uns de mes meilleurs engagés, je partis à mon tour, dans le double but d'examiner les cavernes et de nous procurer un guide. Nous suivions la base du mont colossal; les couches énormes de conglomérat dont il est composé alternent avec des nappes de lave et témoignent hautement de son origine ignée. S'il était terminé par une pointe aiguë, je croirais revoir le Kénia : il forme, comme celui-ci et le Kilima-Ndjaro, ce qu'on peut appeler un des postes avancés du vaste champ de lave central du pays des Massaï.

Après avoir contourné un bastion de la montagne, nous distinguons quelques indigènes perchés sur la cime de roches qui, d'en bas, paraissent inaccessibles. Nous découvrons enfin un sentier qui conduit aux grottes par le plus escarpé des raidillons; à mi-chemin on fait la rencontre de quelques vieillards; Sadi jette le grappin sur eux, et, moyennant de judicieux cadeaux, nous parvenons à les amadouer.

Après de longs pourparlers, ils nous permettent même de les suivre ; nous gagnons une sorte de banquette et je me trouve en face d'un énorme trou béant ; je m'escrime par-dessus les roches pour grimper à l'entrée, défendue par une forte palissade de troncs d'arbres ; je me hisse sur la barrière : à travers une brèche volcanique très compacte s'ouvre une vaste salle, longue de trente mètres, large de huit, haute de dix, l'issue peut-être de quelque excavation plus profonde ; au centre, nombre de vaches et plusieurs de ces petites huttes en forme de ruches d'abeilles et qui servent à serrer le grain ; au fond, une rangée d'ouvertures, semblables à celles d'un colombier, donnent accès à des habitations dont on ne voit que les portes ; des enfants entrent et sortent ou trottinent çà et là. Les hommes me rappellent les indigènes du Kamasia et de l'Elgueyo ; leur langage paraît être quelque dialecte voisin.

Je leur demandai qui avait creusé ces grottes curieuses. « C'est l'œuvre de Dieu ! dirent-ils. Comment, avec ces petits outils (et ils me montrèrent un joujou de hache, leur seul instrument de fer outre leurs armes), ferait-on un trou comme celui-ci, qui n'est rien en comparaison d'autres que tu peux voir tout autour de la montagne, là-bas, et là-bas, et là-bas ! Il y en a de si grands, de si profonds, qu'ils pénètrent bien loin, dans les plus noires ténèbres ; il y en a dont nous n'avons jamais vu le bout. Quelques-uns renferment des villages entiers et de nombreux troupeaux de bœufs. Et tu demandes qui les a faits ? Ils sont l'œuvre de Dieu ! »

Ils n'ont aucune tradition au sujet de ces cavernes. « Nos pères y ont vécu avant nous, et leurs pères avant eux », était leur seule réponse à toutes mes questions. Un très simple examen des parois montre pourtant que l'origine n'en est pas plus naturelle que surnaturelle ; elles ont été, sans conteste, taillées par la main de l'homme. Dans quel but ? — Je ne sais. Il semblerait absurde que de si énormes excavations, pratiquées dans une roche très dure, qui s'etendent dans les entrailles de la montagne et se bifurquent sous les ténèbres, jamais hautes de moins de quatre ou cinq mètres, que ces excavations, dis-je, eussent été creusées seulement pour servir d'habitation, voire même de forteresse. Il est matériellement impossible que des indigènes semblables à ceux-ci et usant des mêmes instruments aient évidé une seule de ces grottes; et ces grottes, on les trouve en nombre suffisant pour abriter une tribu entière; tout le pourtour de l'Elgon en est criblé.

Chose qui jetterait, à mon sens, quelque lueur sur ce sujet, elles occupent toutes le même niveau et sont toutes creusées dans la brèche compacte : on n'en voit aucune dans les coulées de lave immédiatement au-dessus.

Tout bien considéré, voici ma conclusion : à une époque déjà lointaine, quelque race très puissante, très avancée dans les arts et la civilisation, aura foré ces profondes galeries pour l'extraction de pierres fines ou de métaux précieux. Par malheur, quoique je n'aie pas eu un instant de doute au sujet d'une origine artificielle, l'idée de carrières ou de mines ne traversa point mon esprit pendant que j'étais à l'Elgon; en conséquence, je n'y cherchai nulle preuve de l'existence de gemmes ou de minerais rares. On me dira que les Égyptiens ne sont probablement pas venus si loin vers le sud! Mais quelle autre race aurait pu tailler ces grottes si extraordinaires?

Mon éloquence fut en pure perte près des Oua-Elgon; je ne pus leur persuader de me procurer un guide pour l'Elgueyo, et je redescendis fort à contre cœur. Tout le temps que nous restâmes au niveau du conglomérat, nous passions devant de nombreuses cavernes, évidemment inoccupées. L'une d'entre elles était très fortement barricadée de troncs d'arbres, quoique déserte aussi. Cette circonstance m'ôta tout scrupule à y pénétrer par effraction. J'entrai dans une très vaste chambre, haute de plus de quatre mètres, sans compter une couche de plusieurs pieds de bouse sèche ; dans la partie la plus rapprochée de l'ouverture, une reproduction absolument fidèle du kraal massaï :

des huttes en forme de corbeille à linge entourant un espace circulaire; seulement, vu les conditions locales, les cases n'avaient pas de toit. La salle est fort irrégulière ; de distance en distance, des blocs uniformes soutiennent la voûte en façon de piliers, mais placés au hasard plutôt que par suite d'un plan quelconque. J'aurais vivement désiré en connaître l'étendue, mais, au bout d'une centaine de mètres, il me fallut retourner sur mes pas; l'obscurité était complète et je posais le pied à l'aventure. Les abords de la caverne sont assez difficiles; une cascade pittoresque lui fournit de l'eau en abondance, et dans les guerres entre indigènes elle devait être inexpugnable. La journée s'avançait, je me sentais trop las pour continuer mes recherches, et nous dûmes regagner le camp.

Je n'eusse pas mieux demandé que de les reprendre le lendemain, mais l'explorateur est esclave de la situation. Souvent, sur le seuil même de la plus enivrante des découvertes, le sort le repousse en arrière. Ainsi fut-il ce jour-là. Sans autre guide qu'une boussole et de très vagues renseignements. nous avions à traverser une contrée que ne sillonne aucun sentier. Pour retrouver le fil d'une aussi vieille histoire, il eût fallu inspecter minutieusement les lieux et pratiquer des fouilles dans les débris, toutes choses impossibles pour le quart d'heure; je dus remettre l'étude du problème à des circonstances plus favorables.

La puissante montagne est habitée, sur son versant sud seulement, par un misérable résidu de peuplade en lutte continuelle avec les Oua-Kavirondo.

L'étape suivante nous fit contourner la base de l'Elgon : des ouvertures de cavernes trouaient partout la brèche volcanique. La caravane franchit quatre torrents profonds : une végétation touffue en rendait les abords difficiles.

En établissant leur bivouac, nos hommes eurent l'imprudence de mettre le feu à la savane — sous le vent, il est vrai, — mais la brise tourna, les flammes accouraient sur nos derrières avec des mugissements effroyables. Nous faillîmes tout perdre, les tentes et les vivres, car l'herbe était haute et sèche et le vent très violent. Les hommes, après avoir, d'abord, mis leurs propres appartenances en lieu sûr, attaquèrent bravement l'incendie à grands coups de ramée, et réussirent à l'éteindre avant qu'il atteignît nos quartiers.

Le lendemain, je tuai deux buffles, excellente aubaine pour mes gens, heureux d'ajouter un peu de « cuisine » à leur pitance de très mauvais grain. La caravane m'avait à la fois pour chasseur et pour guide, et la seconde de ces besognes n'était pas une sinécure : il fallait ouvrir une voie à travers les herbes longues et drues.

Le dernier jour d'une année qui s'était montrée pour moi prodigue d'encouragements et de sourires, devait être marqué par un incident des plus graves. Afin de célébrer dignement les dernières heures de 1883, j'avais promis à ma troupe une pièce de gibier, si coriace fût-il, et je marchais en avant, escorté de Brahim. Au bout de trois heures, je découvre une couple de buffles, paissant à quelque distance. Nous nous glissons à une cinquantaine de mètres. Je tire et atteins l'un d'entre eux au côté gauche ; pas au cœur, malheureusement, car l'animal décampe à grands pas ; je me faufile à sa suite, le serrant toujours de plus près. Une nouvelle balle de mon express lui traverse l'épaule, mais, grâce à la ténacité de vie si caractéristique de cette espèce, il continuait à marcher. Je visai encore, la tête cette fois. Mon troisième projectile toucha le cerveau, car, après s'être débattu convulsivement pendant quelques secondes, le buffle se coucha, évidemment pour mourir. Mais j'eus l'inexcusable imprudence de troubler ses derniers abois. Impatient de prendre possession de ma conquête, je m'avance, l'air dégagé, la carabine sous le bras. Brahim, plus avisé, m'avertissait de tirer au large. Vraiment, si je n'eusse eu un instant de folie — les gens les mieux portants ont leurs accès de fièvre, — je n'aurais point oublié un fait connu de tous : tant qu'il reste un souffle de vie à ces brutes, il leur reste aussi la volonté de se venger et la force de vous jouer quelque méchant tour. Le buffle ne pouvait nous voir ; il tenait encore la tête haute et fière, mais tournée d'un autre côté. Sans prêter attention aux signes de Brahim, je marche sur la bête pour lui donner à bout portant le coup de grâce. J'étais à moins de six mètres, et cependant elle ne m'apercevait point ; je rampais sans bruit dans les herbes. Un ou deux pas ; je frôle quelques feuilles sèches ; le buffle tourne la tête ; le beuglement féroce qui soudain me glace le sang dans les veines me fait comprendre en un clin d'œil que l'ennemi va fondre sur moi : il se dresse sur ses jarrets. Absolument saisi par la surprise, sans pensée, sans pouvoir de réflexion et poussé seulement par l'instinct, je fais un demi-tour et commence à battre en retraite. Si ma mémoire est fidèle, je ne sentais aucune frayeur : il me semble même que je courais fort à loisir, plutôt comme par divertissement. Brahim, il m'en souvient, fendait les airs à toute vitesse.... Puis un bruit derrière moi, comme d'un écrasement de branches ; quelque chose me touche à la cuisse et je suis lancé dans les airs ainsi qu'une fusée.

Après, je me rappelle m'être trouvé par terre, contusionné, étourdi, avec la sensation indéfinie de quelque chose d'inaccoutumé, avec la vague idée qu'il me fallait prendre garde : à quoi? je ne le savais plus ; lentement et péniblement, je rouvre les yeux : la bête colossale est à moins de trois mètres : elle surveille sa victime, mais semble dédaigner de charger un ennemi sans mouvement.

J'étais étendu dans les herbes, la tête tournée vers lui. Chose étrange! en ce moment, et pour ainsi dire dans les bras mêmes de la mort, je n'éprouvais pas la moindre angoisse ; seulement, une idée jaillit à travers mon cerveau comme une décharge électrique : « S'il se jette encore sur moi, je suis un homme perdu! » On eût dit que le buffle lisait dans ma pensée. Voyant quelques signes de vie dans un corps immobile jusque-là, il fit entendre un ébrouement formidable et se ramassa sur lui-même pour se ruer contre moi. Brisé, paralysé comme je l'étais, je ne pouvais songer à défendre ma vie : je cachai ma figure dans l'herbe, espé-

Lancé dans les airs.

rant vaguement que, de cette façon, elle ne serait pas mise en capilotade. Tout d'un coup la détonation d'une carabine ébranle la forêt, je relève la tête : à ma joyeuse surprise, le buffle me présentait maintenant la queue. Profitant instinctivement de cet éclair de grâce et rassemblant mes forces avec une énergie désespérée, je parviens à me traîner un peu plus loin.

Ma main, par hasard posée sur ma cuisse, perçoit quelque chose d'humide et de chaud; une exploration plus précise permet à mes doigts de pénétrer dans un trou profond. Puis j'entends une volée de coups de fusil, et le taureau tombe, bien mort cette fois.

Alors, une sensation de calme, comme s'il m'était permis enfin de trépasser en paix, s'empare de tout mon être; mes yeux se voilent, je vais m'évanouir. Mais l'idée veille en moi que mon sang coule toujours, et, par des efforts presque surhumains, je réussis à baisser mon pantalon et à bander étroitement de mon mouchoir la profonde blessure; puis je souris à Martin pour le rassurer et me laisse doucement aller dans ses bras. Un moment après je reprends mes esprits, ce qui relève merveilleusement ceux de mes camarades; l'hémorragie a beaucoup diminué; ils retirent mes bottes pleines de sang. Pour leur montrer que l'accident n'aura point de portée, j'essaye de marcher un peu : tout danse, tout tourne et je m'étends de nouveau sur le sol. Plus tard on m'apprit que j'avais été lancé vers le ciel de la façon la plus correcte possible, mon chapeau tombant d'un côté, ma carabine de l'autre, comme si, voltigeant dans les airs, je faisais pleuvoir des cadeaux sur les bancs de quelque hippodrome. J'avais dû m'abattre sur le côté, car j'étais sérieusement contusionné à l'une des joues et sur une des faces de la poitrine; les premiers jours, je pensais même avoir une ou deux côtes rompues : il n'en fut rien, par bonheur. Et je ne me souviens nullement de ce voyage dans l'espace ni de la chute qui suivit. Pour cette non conscience absolue de frayeur quand l'animal, fou de rage, se précipitait sur moi, je l'explique par une sorte de fascination magnétique, un état nerveux analogue à celui de Livingstone sous le lion.

Ma plaie était peu douloureuse : la corne avait pénétré de quinze centimètres dans les chairs, rasant l'os et venant effleurer l'épiderme au-dessus. La blessure ressemblait moins à une déchirure qu'à une section des tissus par un instrument tranchant : avec mon excellente constitution je n'avais rien à craindre, du moins si les cornes ne sont pas venimeuses, comme d'aucuns le soutiennent. Je pus admirer à loisir mes trophées en offrant à l'année qui partait mes excuses — plus polies que sincères — de ne la point escorter dans le sombre passage ; les veilles de cette nuit sans sommeil ne me semblèrent pas trop longues, et, me représentant notre réunion de famille là-bas, dans la lointaine Écosse, je pensais qu'au prochain jour de l'an j'en aurais gros à conter ; pour le moment je riais de bon cœur de nos positions respectives : eux, dans la maison paternelle, se prélassant autour d'une table bien servie et, sans nul doute, parlant du voyageur, tandis que celui-ci buvait à leur santé un potage fourni par l'animal qui, peu d'heures auparavant, avait failli l'expédier dans l'autre monde!

Ainsi finit l'année 1883, et en souvenir de ce jour je présente au lecteur le portrait de ces cornes, massives et superbes ; la courbe en est d'une grâce exquise, et d'une extrémité à l'autre elles mesurent 1^m,12 en ligne droite.

L'aube du nouvel an me trouva ne valant guère mieux qu'une bûche animée ; moins encore, car mon corps était devenu merveilleusement sensible à tout contact extérieur ; une nuit à la belle étoile après un semblable accident avait déterminé de vives douleurs rhumatismales dans les épaules, les hanches, le genou : impossible de remuer sans aide ; on dut même me faire manger. Mais il fallait à tout prix franchir les immenses solitudes où nous nous trouvions engagés. Martin me construisit une sorte de litière, et, pour la première fois de ma vie, je me soumis à l'humiliation d'être charroyé comme un ballot. Peu à peu je me fis à ma nouvelle position ; je riais des saillies de mes gens qui se disputaient l'honneur de me porter. Quel changement depuis le jour où je les avais ramassés, les balayures de Zanzibar, depuis le temps où on ne pouvait les mener que comme une caravane d'esclaves! C'étaient maintenant des « hommes », des « frères »; on devait même modérer l'ardeur avec laquelle ils chargeaient sur leurs épaules la rivière de « nos dollars », tel est le sobriquet dont ils

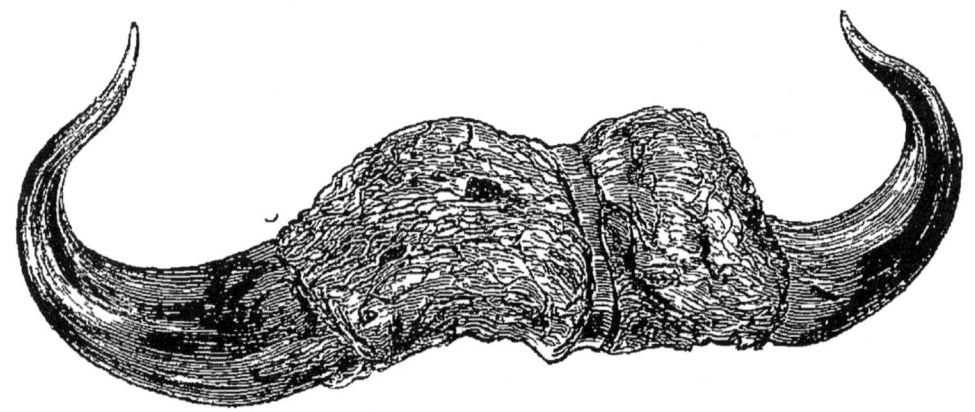

Les cornes de mon buffle

m'avaient affublé. Je m'amusais souvent des libres propos qu'ils échangeaient entre eux en soulevant le brancard : « Allons, à nos dollars! Toi, là-bas, fainéant, voudrais-tu laisser notre sac d'argent dans le désert? » Parfois ce mot de dollars amenait un pli sur mon visage, car l'incident auquel ils faisaient ainsi allusion n'est point à l'honneur du nom anglais, rarement terni jusqu'alors dans l'Est africain : au cours d'une récente exploration, la mort du chef de la mission a entraîné pour les pagazi la perte entière de gages gagnés honorablement et par un très rude labeur.

J'avais eu l'intention d'escalader la grande chaîne du Khibkharagnani pour me faire une idée du pays qui s'étend au nord, vers l'Elgoumi. Tout cela était maintenant hors de question : on avait à me transporter comme un colis, et un colis fort lourd, car, tout amaigri que j'étais par mes récentes fièvres, je représentais encore un poids respectable. Nous dûmes nous contenter d'en longer la base, besogne très pénible, vu le nombre de torrents qui s'écoulent vers le Nzoïa.

Ma blessure se fermait rapidement, sans autre remède que l'eau fraîche. Le 4 janvier au soir, je pus même boitiller quelque peu.

Le 7 nous atteignîmes la zone des forêts qui couronnent le rebord du plateau du Guas'Nguishou. Traverser ces bois épais et sombres où ne s'ouvre aucun sentier me semblait impossible, à moins de consacrer plusieurs jours à pratiquer une trouée pour arriver sur l'arête des falaises de l'Elgueyo ; nous savions déjà qu'il n'existe que deux passes par où la descente puisse être effectuée et désirions gagner celle qui conduit dans le district du Maragouet. Quelle fut notre joie de rencontrer un chasseur andorobbo qui promit, moyennant salaire, de nous mener à destination! Je fis pleuvoir sur lui perles et senengé, et la caravane, en grande liesse, emboîta le pas après lui. Le pays était si accidenté, la sente si étroite, que je fus obligé d'enfourcher mon âne Dick, *Nil desperandum*, de son nom le plus ambitieux : par malheur, notre guide s'éclipsa bientôt, et nous nous trouvâmes dans un cul-de-sac.

Les anathèmes dont je chargeai le coquin ne remédièrent point à la situation : je jetai les rênes sur le cou des circonstances, et, forcés de courir les aventures, nous marchions vers le nord dans le vague espoir que quelque heureux accident nous sortirait d'embarras. Pendant de longues heures on vague presque au hasard ; à la fin nous rencontrons les vestiges d'un routin qui semble continuer dans la direction requise : la caravane s'y plonge aussitôt, une douzaine de sapeurs en tête, abattant les branches, sabrant les lianes, tandis que je reste sur mon bourriquet à jouer le rôle de roi soliveau. Le sentier ne se termina pas brusquement, comme nous l'avions craint, mais j'attrapai sur mon coursier de rudes secouées, et maintes fois, sous les rameaux surplombants, je faillis renouveler l'aventure d'Absalon ; plus tard, dans un casse-cou glissant, mon âne fut assailli par des fourmis qui l'affolèrent tout à fait ; deux hommes durent le saisir par la tête, deux autres par la queue, en combinant leurs efforts pour arrêter sa course frénétique et me donner le temps de descendre.

A midi nous sommes au bord de l'escarpement et commençons à le dévaler : quelle route, grands dieux ! A une heure on atteint la limite supérieure des cultures ; la caravane campe dans une bananeraie, près d'un ruisseau babillard. J'appris, à mon extrême joie, qu'Al-Héri, mon ami de Mombâz, et son confrère Hamis achetaient de l'ivoire dans les environs. Nous gagnons leur bivouac le lendemain, et j'y reste deux jours pour donner à ma blessure le repos nécessaire. A la reprise des marches, quel labeur que la descente des flancs de la montagne par un talus presque vertical, au milieu de blocs à peine équilibrés ! Les naturels arrosent leurs plantations encore mieux qu'au Teita et savent diriger leurs canaux avec une surprenante adresse sur les lieux les plus imprévus. Nous réussîmes à débarquer sans encombre près d'un de ces étroits aqueducs, qui amenait l'eau d'une fort grande distance : c'était, comme Samson, se jeter dans les mains mêmes des Philistins, car les indigènes s'amassèrent en foule afin de nous extorquer un énorme hongo ; nous voyant hésiter, ils s'empressent de nous couper l'eau, tout simplement en poussant de côté le conduit qui l'emprunte aux pentes supérieures : la mesure a tout son effet ; humblement je verse les perles requises, et, comme sous la baguette d'un nouveau Moïse, le ruisselet reprend son gazouillis.

Nous quittons le Maragouet et suivons la base de l'escarpement à travers la plus acérée des brousses épineuses ; mon pantalon est bientôt en loques ; mes jambes saignent à grosses gouttes : au bout de six heures de marche nous faisons halte près de l'Ouei-Ouei.

La caravane se dirige ensuite vers le versant occidental du Kamasia. Un de nos hommes faillit s'asseoir sur un serpent des plus venimeux ; il s'en aperçut, par bonheur, et sauta de côté avec la prestesse d'une fusée. Je tuai le reptile ;

ses crochets, longs de cinq centimètres, étaient recourbés et se terminaient par une pointe aussi fine qu'une aiguille.

L'étape suivante nous conduisit à notre ancien campement du Kapté. J'y laissai Makatoubou, avec ordre de n'en point bouger avant de s'être procuré pour chaque porteur une charge de vivres et dix jours de rations personnelles; puis je me remis en route pour le lac Baringo : il me tardait de savoir ce qu'était devenu le noyau de ma caravane.

Une première marche nous fait traverser la montagne; la seconde nous amène à mon quartier général, où, sauf la mort d'un des porteurs, tout s'était bien passé pendant mon absence.

Les chasseurs laissés par Jumba avaient éprouvé deux accidents graves, dont l'un se termina fatalement : dans les deux cas, l'éléphant blessé se saisit de son adversaire et le secoua dans les airs comme un terrier fait d'un rat, puis le lança au loin déjà presque sans souffle : chose surprenante, jamais on ne retrouva le fusil du mort, quoique ses camarades eussent passé plusieurs jours à chercher cet article de prix; on finit par penser que l'éléphant l'avait emporté aux montagnes. Somme toute, la campagne était bonne; certaines des défenses conquises pesaient chacune plus de cinquante kilogrammes.

La température, maintenant très chaude, annonçait l'approche de la saison humide; mais il ne pleuvait pas encore; l'herbe roussie s'effritait sous les pas; le riche terrain d'alluvion s'étoilait de fentes profondes qui augmentaient les périls de la chasse; les nuits s'agrémentaient de moustiques; à l'arrivée des pluies, ces maudites bestioles rendent la contrée presque inhabitable : les Oua-Kouafi contaient que, ne pouvant dormir, ils passent alors les nuits à danser autour de grands feux. Je ne mets point la chose en doute, car, une ou deux fois, m'aventurant en quête de gibier sur les plages marécageuses du lac, je me trouvai battant de vigoureux entrechats au son du plus exaspérant des orchestres.

Je passai plusieurs jours à constater la longitude et la

latitude du lieu, quoique, si je restais longtemps assis, ma blessure, à demi refermée, ne me laissât guère le calme exigé par les calculs astronomiques. Mais à la fin du mois j'étais à peu près remis ; de ma rencontre avec le buffle je gardais seulement une raideur qui n'augmentait guère l'élégance de ma démarche. La chasse ne me fatiguait pas trop, et un certain nombre de waterbocks vinrent suppléer à notre disette. Impossible d'acheter des vivres au Kamasia ou à Ndjemps : les gens du pays souffraient encore plus que nous et s'estimaient heureux de se nourrir de rats ou autres bêtes immondes. Ils avaient préparé leurs *chambas* pour les semailles prochaines, mais il leur fallait de l'eau.

Une nuit, je fus réveillé par des chants et des danses, comme si la joie était à son comble de l'autre côté de la rivière, dans le village même : sans doute, me disais-je, il y a eu quelque mort et on va jeter le cadavre aux hyènes ; je me retournai donc pour dormir encore, mais le tumulte se porta bientôt sur la berge même du Tiguirish. Les naturels firent halte et, une heure durant, hurlèrent leurs oraisons au Ngaï ; puis les anciens haranguent l'assistance ; tous traversent le torrent et en remontent le cours. Ces chants avaient pour objet une prière au Dieu du ciel avant leur départ pour la montagne, où ils allaient barrer le cours supérieur de la rivière. La construction de la digue les occupa plusieurs jours, mais leurs efforts furent couronnés de succès, et l'eau vivifiante emplit toutes les rigoles.

J'eus la bonne fortune de voir plusieurs membres d'une tribu du nord, les Oua-Souk, gens à forte ossature, assez laids en somme, mais pas négroïdes d'une façon marquée. Ils vont absolument nus, si j'en excepte un très petit morceau de peau de chevreau brodée de perles, que l'un d'eux avait sur la poitrine comme une bavette ; un ornement de laiton plat pendait de leur lèvre inférieure, embarrassant, sans nul doute, et douloureux à porter. Mais leur coiffure est surtout remarquable. Au moyen de quelque procédé que je ne pus découvrir, ils arrangent leur chevelure en une sorte de sac un peu pointu en arrière; un long « bigoudi » de corne en fait le tour et se relève sur le sommet du crâne; une préparation glutineuse colle les cheveux en une masse solide qui les fait ressembler à un éclat de bois d'ébène brut. L'ouverture de cette façon de cornemuse est en dessous; la main s'y introduit en remontant derrière le dos; ils y placent divers petits objets, leur verroterie, etc., etc.

Les Oua-Souk sont, dit-on, fort batailleurs et en remontreraient aux Massaï; ils ont même forcé ces guerriers intraitables à se retirer des parties septentrionales du Lykipia. Leurs clans occupent une superbe et pittoresque chaîne de montagnes qui traverse la grande dépression longitudinale à quelque cinquante kilomètres au nord du Baringo; ils élèvent bétail, moutons. chèvres et cultivent aussi le sol. Les Oua-Kouafi prétendent que ces gens ne se construisent pas de huttes, à moins qu'on ne donne ce nom à une enceinte de pierres assez grande pour contenir deux personnes; s'il pleut, on s'accroupit dans ces bouges sans toit, s'abritant sous des peaux de bœufs tannées.

Au delà du pays de Souk on trouve l'Engobot, ouvert au trafic de la côte depuis quelques années seulement; viennent ensuite environ cent trente kilomètres de forêt inhabitée par les hommes, mais où, paraît-il, des troupes nombreuses d'éléphants vivent dans la plus profonde paix; leur ivoire pourrit sur le sol, car les gens de la région avoisinante n'ont aucune relation avec les traitants et ne connaissent pas la valeur de ce précieux article : une défense vendue en Europe 3000 ou 4000 francs coûte là-bas la peine de la ramasser ou les deux sous de verroterie qu'on octroie aux naturels.

Jumba Kimameta, nous l'apprîmes plus tard, traversa le premier ce pays inconnu et gagna l'Elgoumi, qu'il trouva extraordinairement populeux : les habitants lui vendaient des ânes pour quelques fils de perles, une chèvre pour un seul, une défense d'éléphant pour deux ou trois, de grandes corbeilles de vivres à des prix analogues. Les naturels ont des atours de perles différentes de celles que vendent les traitants, et qui doivent avoir été importées à une période fort ancienne; les femmes mettent un minuscule tablier de peau, les hommes, une étroite ceinture de verroterie. Près du point le plus éloigné qu'atteignit Jumba, on lui parla d'un très vaste lac salé où voguent des bateaux;

Naturels du Souk en visite à Ndjemps

on lui dit que, de ce côté-là, les guerriers se servent de fusils. — Les naturels lui fournirent de la farine de dattes.

Divers renseignements me donnèrent à croire que l'escarpement de l'Elgueyo s'étend fort loin au nord ou plutôt au nord-ouest, délimitant ainsi l'est du bassin du Sobat et de tributaires moins importants du Nil.

D'autres Oua-Kouafi qui vinrent du Sambourou pendant mon séjour au Baringo m'apprirent que la chaîne, ou, pour mieux dire, le rempart du Lykipia continue aussi au nord-est, au delà du Nyiro, et forme probablement le côté oriental du grand lac Saumbourou. Cette belle nappe d'eau est entourée, paraît-il, de montagnes hautes de plusieurs milliers de pieds, mais n'en baigne pas tout à fait la base ; les rives sont occupées par des Oua-Kouafi. Elle est salée et contient des quantités surprenantes d'énormes poissons blancs, de crocodiles et d'hippopotames. Les naturels n'ont point de canots.

Sans aucun doute, ces montagnes s'étendent beaucoup plus loin vers le nord et vont rejoindre celles de l'Abyssinie méridionale ; elles doivent constituer la ligne de faîte qui circonscrit les eaux du Djeb, ce grand courant encore mystérieux. La dépression lacustre du Naïvacha et du Baringo continuerait donc bien au delà de l'équateur, s'évasant par degrés pour devenir cette vaste plaine du Souk et de l'Elgoumi, où brillent le Sambourou et un autre grand lac. De puissants massifs volcaniques s'y dressent probablement, et des chaînons isolés donnant naissance à de nombreux torrents qui abreuvent les parties inférieures et s'y absorbent, ou vont alimenter les lacs avoisinants. En dehors des montagnes. j'évalue l'altitude moyenne de la contrée entre 1200 et 1500 mètres, et, comme plus au sud la plaine des Massaï, je ne lui crois aucune communication avec les bassins limitrophes, celui du Djeb par exemple, ou ceux des affluents du Nil.

Quelques mots sur le Baringo, ce lac si longtemps mystérieux. Depuis nombre d'années, les géographes d'Europe discouraient sur son compte avec la conviction et la prolixité coutumières à ceux qui se laissent conduire par le parti pris ou les théories préconçues. Les uns lui assignaient la superficie du Nyanza, les autres en niaient jusqu'à l'existence. Nomade sur nos cartes, tantôt on le confondait avec le Victoria Nyanza, tantôt on l'en écartait fort loin, tantôt on réunissait les deux nappes d'eau par un étroit canal. Après avoir été lancé d'un coin à l'autre comme un volant, le Baringo se trouve être un lac isolé d'assez modeste étendue, mais exquis et charmant avec ses îles gracieuses, semblables, dans leur chaton d'argent bruni, à des topazes autour d'une grosse émeraude ; sous ce soleil de feu, il sourit à ses sombres aïeules, les montagnes du Kamasia et du Lykipia : leurs cimes, toujours perdues dans les nuées, absorbent les vapeurs et recueillent les pluies pour les lui rendre en cascatelles irisées.

Le Baringo a trente kilomètres de long sur seize de large : le fait le plus considérable qui se rattache à ce lac est sans doute la très grande quantité d'eau qu'il reçoit, même dans la saison sèche, sans changer notablement son niveau, sans qu'on lui connaisse d'émissaire. Au temps le plus chaud de l'année, cinq larges torrents s'y déversent, et deux de plus, si ce n'est trois, à la saison des pluies : à peine si les énormes masses liquides qui s'y jettent alors font monter la surface d'une soixantaine de centimètres. Ce phénomène serait énigmatique si l'on n'admettait l'existence d'un effluent souterrain. Autre élément du problème : l'eau n'a pas la moindre salure et nourrit un nombre incalculable de poissons, quelques crocodiles (d'où peuvent-ils bien venir?) et des hippopotames.

Kirouan, l'île centrale, est habitée par des Oua-Kouafi qui cultivent le sol et possèdent des bœufs, des brebis et des chèvres. Ils vont et viennent dans de petits canots de forme absolument parfaite. Ces jolies nacelles ne peuvent contenir qu'un homme ou deux gamins; pour les construire, on amarre les uns aux autres, et sans les équarrir, les troncs d'une mimeuse aussi légère que le liège et qui croît dans les marais voisins. J'eusse fort désiré visiter l'île, mais les naturels croyaient que je la voulais ensorceler, et chacun refusa carrément de me prendre à son bord.

Le Baringo ne me semble pas formé, comme le Naïvacha entre autres, par un barrage de débris accumulés en travers de l'auge longitudinale, et me paraît plutôt provenir d'une dépression, d'un effondrement secondaire. Je l'ai vu plusieurs fois des sommets environnants, et la pensée m'est toujours venue que l'île Kirouan avait dû être jadis la partie supérieure d'un cône de volcan qui s'est abîmé au-dessous des pays avoisinants, creusant ainsi le bassin qui en reçoit toutes les eaux.

Au nord, le terrain, tout parsemé de roches ignées, un des plus raboteux que j'aie jamais parcourus, est une preuve indiscutable de l'activité récente des forces plutoniennes. Les arêtes des blocs, les cassures des scories paraissent de si fraîche date qu'on les croirait produites par une éruption d'hier. J'ai gravi le Vésuve, j'en ai vu s'épancher les laves; les débris et les pierres se sont empilés devant moi : la ressemblance des lieux est merveilleusement frappante. De même, à l'extrémité méridionale, de nombreuses sources chaudes parlent d'une action volcanique presque contemporaine.

Le Baringo devait s'étendre autrefois de quinze ou dix-huit kilomètres plus loin vers le sud. Il se comble peu à peu, probablement par suite des énormes quantités de terre descendues des montagnes. Une aire considérable est aujourd'hui transformée en marécages nourris par les torrents et les sources nombreuses qui versent leurs eaux dans le lac.

CHAPITRE XIII

NOS CHASSES AU BARINGO. — LE RETOUR A LA CÔTE

Makatoubou revint du Kamasia à la fin de janvier, avec beaucoup moins de vivres qu'il ne nous en eût fallu. Ma blessure était bien guérie, et je ne demandais qu'à partir, mais comment abandonner les vieux traitants que Jumba avait laissés à Ndjemps? Ils commençaient à être fort inquiets de la longue absence de leur chef; de sinistres rumeurs couraient la contrée, et je me vis forcé d'attendre encore, malgré l'épuisement de nos pacotilles et provisions.

Donc, je me décidai à visiter la région nord du district et à prendre, si possible, un peu de bon temps à la chasse. Nos préparatifs furent ralentis par la difficulté grande de nous trouver un guide : il est de règle, là-bas, de ne goûter d'aucune chair, sauf de celle du buffle, de l'éléphant, des poissons, entre l'époque où on lâche les eaux dans les rigoles et l'épiage des céréales. Quiconque oserait alors manger de l'antilope ou du zèbre serait déshonoré, honni ; on l'expulserait du village comme un pestiféré.

Je découvris enfin un jeune homme sans feu ni lieu, prêt à narguer toutes les excommunications tant que je lui assurerais une bonne paye et tiendrais les médisants en respect. Nous nous dirigeâmes à l'est, vers la base des monts Lykipia, et gravîmes trois grandes marches évidemment formées par autant de failles courant en lignes parallèles à l'orientation maîtresse de l'escarpement. L'herbe avait été brûlée depuis peu : un immense drap funéraire recouvrait le sol ; nulle tache verte ou jaune ne reposait les yeux. Pour nous faire mieux savourer les délices de ce paysage, le reste de l'étape fut une succession d'amoncellements de blocs de lave aux tranchantes arêtes. Six heures de la plus éreintante des marches nous amenèrent à une vaste banquette où le terrain est moins tourmenté, moins aride, bien arrosé, et peuplé de gibier. Je comptais exclusivement sur la chasse, et nous n'avions pas emporté de vivres : en trente minutes deux zèbres et une girafe tombaient sous mon fusil, et bientôt leurs os jonchaient le pourtour du petit bivouac.

Le lendemain matin, on signale un troupeau de buffles; je n'eusse pas demandé mieux que de satisfaire ma rancune, mais il me parut plus sage de les éloigner en tirant à distance respectueuse. Je montrai d'abord la même prudence à l'égard d'un rhinocéros; mais il se permit de nous courir sus et le paya de sa vie; son camarade, à son tour, reçut une balle dans le cœur ; un troisième, traversant notre route, fut salué de la même façon; le croyant bien mort, Brahim sauta sur lui, et en un clin d'œil son couteau disparaissait dans la gorge du colosse; mais, juste à l'instant où le sang jaillissait en un torrent vermeil, la bête se releva brusquement et, d'un coup de tête, se débarrassa de son bourreau. — Nous nous éparpillons à corps perdu; elle s'assure sur ses jarrets et nous charge, le cou entièrement ouvert, mais sa vie s'écoulait avec son sang, et ce fut fini en quelques minutes. Ces trois rhinocéros succombèrent en moins d'une demi-heure; le gibier foisonne tellement dans ces parages, que nous pûmes voir à la fois des zèbres, des girafes, des antilopes et trois énormes troupeaux de buffles. Un autre et plus formidable degré nous conduit à un nouveau rebord : là s'étend sous nos yeux le plus morne des paysages; un val étroit et pierreux, sans un brin de verdure, sillonné de *noullahs* et flanqué à l'est par une dernière marche qui monte enfin au plateau. Le grand rempart du Lykipia n'est plus ici, comme au sud, une haute muraille se dressant à plusieurs milliers de pieds :

l'escarpement est coupé par une série de failles formant un escalier gigantesque. J'aperçus de loin une antilope, différente de toutes celles que j'avais rencontrées jusqu'alors — probablement le plus petit des coudous ; avant de camper, on signale des élans et des antilopes beisa.

Le tonnerre, la pluie, un orage violent vinrent égayer notre nuit ; par bonheur, le ciel s'éclaircit après l'aube et nous reprîmes la marche, nous traînant à grand'peine sur le sol pierreux, traversant à grand labeur des gorges arides et profondes. Vers dix heures je tuai un vieux buffle. Les cornes, quoique pas très larges de courbure à courbure, étaient certainement les plus massives et les plus raboteuses que j'eusse jamais vues ; elles dépassaient même sous ce rapport ma conquête du Kimanguelia.

A cent mètres plus loin, j'en tirai un second, qui faillit me donner un nouvel et sérieux avertissement : j'étais presque entre les cornes de l'animal altéré de vengeance, que je regardais encore ailleurs, prenant pour ma victime un autre buffle qui détalait à toutes jambes.

Nous campons près d'une source, au fond d'une gorge ; nous n'avons pas encore aperçu d'éléphants ; le guide, il est aisé de le voir, ne connaît pas mieux le pays que moi-même. Après avoir dîné de côtelettes de zèbre, je pars avec Brahim et Bédoué pour chercher quelque lieu plus favorable au séjour de la grosse bête : nous suivons des passées de gibier sur le contrefort que nous avions parcouru tout le jour : au sommet se présente une autre vallée ou plutôt une dépression latérale, flanquée par une troisième ligne de hauteurs ; le paysage, quoique un peu moins désolé, ne promettait pas encore d'éléphants, mais je voulais en avoir le cœur net, et, en dépit de mes pieds meurtris, je me décidai à pousser jusqu'à ces montagnes.

Nous n'étions pas arrivés à leur base, que Brahim attirait mon attention sur ce qu'il appelait un rhinocéros : à la fin des fins, je tenais mon éléphant ! Mais comment l'approcher : ni arbre, ni fourrés dans le voisinage du noble animal ! Il avait la tête au vent, et la position n'était pas trop mauvaise : nous nous dirigeons de son côté, profitant d'une ravine où nous pouvons gagner du terrain sans risquer d'être vus. Elle se termine brusquement à moins de cinquante mètres de la bête : ici commencent les difficultés réelles. L'éléphant broutait sans se presser, toujours à notre vent, mais de temps à autre il se tournait à demi pour tondre quelque arbrisseau : nous nous aplatissions sur le sol pour nous relever ensuite et nous glisser en avant, prêts à nous dissimuler encore quand il faisait mine d'allonger le cou de notre côté. Mes sensations devenaient de moins en moins agréables : je me trouvais sur un terrain découvert, à quelques mètres seulement du Goliath des quadrupèdes, sachant que, s'il se retournait tout à fait, il nous verrait certainement.

Dix mètres! nous étions à la distance voulue : non sans une certaine trépidation je pose un genou en terre, je relève mon fusil; enfin. la bête fait le mouvement que j'attendais et se présente presque à angle droit. Une balle de mon 8-bore l'atteint, un peu diagonalement, car elle manque le cœur. L'animal pousse une sorte de grognement et s'éloigne d'un trot rapide; je lui dépêche le contenu du second canon, puis je saisis ma carabine express, dont je tire les deux coups. Au quatrième, l'animal fait entendre un cri éclatant comme celui de la trompette; il vire de bord et s'élance de notre côté. « Cette fois, c'est pour tout de bon! » me dis-je; pourtant il me reste assez de présence d'esprit pour tomber derrière une touffe d'herbe, et, d'une voix tour à tour furieuse et suppliante, j'intime à mes compagnons l'ordre de faire de même, car ils se mettaient en devoir de prendre la fuite, ce qui les eût voués à une mort certaine. Brahim avait rechargé mon fusil avec des cartouches, oubliant d'abattre le levier. Rectifiant cette dangereuse méprise, je me tortille dans une position convenable pour viser, quand viendrait le moment.

On s'imaginera plus aisément que je ne puis décrire mon émotion à la vue de ce monstre avançant avec une vitesse terrible, animé du désir de la vengeance. La gorge douloureusement contractée, je comptais tous ses pas, faisant appel à mon énergie pour m'empêcher de tirer, tant je serrais convulsivement la carabine. Toutes les chances se montraient contre nous : même à bout portant, je le savais, les balles n'arrêtent point la course d'un de ces animaux ; et, quoique celui-ci dût être grièvement blessé, il lui restait évidemment assez de force pour nous écraser tous. Soudain un rayon d'espérance traversa mon cerveau : l'éléphant paraissait ne pas nous voir ; il semblait plutôt chercher l'ennemi que charger quelque objet déterminé — autrement il fût arrivé sur nous, poussant son cri de bataille et relevant sa trompe. N'importe ! il ne pouvait tarder à nous découvrir. L'espace qui nous séparait de lui s'amoindrissait avec une effroyable rapidité ; une transpiration profuse découlait de mon front et me voilait les yeux, et cependant je devenais plus calme à mesure que s'accroissait le danger.

Une seule chose me préoccupait maintenant : faut il attendre ? — L'éléphant approchait toujours ; il grandissait de plus en plus dans mon champ de vision : cinquante mètres, trente, vingt.... Mes gens me suppliaient de faire feu ; je repondis par un coup de pied qui leur défendait de bouger. Mon fusil était épaulé, mon regard glissait le long du canon. Dix mètres ! A l'instant même où j'allais presser la détente, l'éléphant obliqua un peu de côté. Il ne nous avait pas vus, grâce à Dieu ! Nous étions sauvés ! Il passa tout près de nous, et je me préparais à tirer, quand une main étreignit nerveusement ma jambe, une voix étranglée par la terreur me conjura de n'en rien faire, prière à laquelle je ne fus point marri d'obtempérer, car, même en ces premières secondes de soulagement, je me sentais ébranlé, étourdi. Notre anxiété avait été terrible, courte aussi, par bonheur ; il s'écoula à peine deux minutes entre mon premier coup de feu et le retour de l'éléphant.

L'animal blessé disparut dans le lit desséché d'un torrent : rassemblant mes esprits par un puissant effort de volonté, j'ordonnai à mes hommes de le rejoindre avec moi. Je ne voulais point perdre mon gibier ; ainsi que tout chasseur en semblable occurrence, je le croyais blessé à mort et sur le point de succomber. Mais, avant que nous eussions gagné la *noullah*, l'éléphant l'avait quittée, et nous n'eûmes plus qu'à le suivre à l'aventure, trébuchant parmi les roches, tombant dans les trous, déchirant nos hardes aux épines. Rien ne ralentissait notre zèle ; haletants, les yeux fixés sur la bête, nous arpentions le désert.

D'abord l'éléphant remonte la vallée, puis il attaque le versant oriental des collines ; nous essayons de lui barrer la route, mais pour arriver à la cime rompus, hors d'haleine et le voir trotter encore en se dandinant à droite et à gauche, un peu moins vite, pourtant, comme si les forces commençaient à l'abandonner. Cette remarque nous rendit le courage ; mais, précisément ce jour-là, je portais des bottes neuves et très lourdes, j'avais les pieds douloureusement excoriés : nous étions depuis dix longues heures sur le terrain le plus mauvais qui se puisse concevoir. Je me laissai donc distancer par Bédoué et Brahim. L'éléphant ne trottait plus ; il marchait, mais d'un pas vif et soutenu qui les obligeait à allonger le leur. Nul couvert pour courir sur une ligne parallèle ; il fallait suivre en queue tant que nous ne trouverions pas de forêt. Nous gravîmes un degré, puis un autre pour descendre dans une vallée et grimper une nouvelle chaîne : j'étais absolument rendu et finis par perdre de vue le gibier et les chasseurs.

Le soleil se coucha ; je me trouvais à plus de seize kilomètres du camp, sans armes, dans un district où abondent les lions. L'obscurité tombait rapidement : je me sentais tout étrange, un peu troublé même, quand un coup de carabine retentit dans les broussis lointains. L'éléphant avait donc reçu le coup de grâce ! Bientôt, à ma très grande joie, je vis deux formes humaines se dessiner aux dernières lueurs du crépuscule. Brahim et Bédoué avaient tiré presque à bout portant sur l'animal, mais la nuit les contraignit à abandonner la partie.

Sans autre guide que les étoiles, et les pieds en fort

mauvais état, nous battîmes en retraite par monts et par vaux, marchant presque au hasard dans l'obscurité, sur un terrain tellement âpre que, si la lune n'avait daigné se lever, nous eussions dû gagner quelque arbre et nous y brancher jusqu'au matin. On voyait des hardes de buffles traverser les vallées en sombres bataillons, ou, dès qu'ils nous éventaient, détaler avec un bruit de tonnerre du milieu des halliers. Quelque rhinocéros solitaire découpait sa silhouette sur le ciel de la nuit, et, maintes fois, la basse des lions se mêla au sifflement, à l'aboiement indigné plutôt, qui est le cri du zèbre. Enfin, après la plus rude des courses, nous arrivâmes au camp. Nous étions restés sur nos jambes quinze heures consécutives.

Le matin, je me décide à reprendre la piste de la veille. Brahim avait vu, d'ailleurs, trois autres éléphants. Chemin faisant, je tuai un rhinocéros; vers midi nous entrions dans une gorge pittoresque au fond de laquelle coule un ruisseau formé de plusieurs sources chaudes. Je me ressentais encore des fatigues de la journée précédente, aussi me contentai-je d'expédier Bédoué et deux ou trois autres à la recherche des traces de la vêprée. Presque aussitôt, un d'entre eux accourt, hors d'haleine : ils ont signalé des éléphants. Mon ardeur se réveille, et, m'équipant à la hâte, je m'élance vers l'endroit désigné.

Ils étaient trois, le mâle, la femelle, un petit. Je ne pouvais qu'admirer ces majestueux animaux poursuivant à loisir leur marche, d'un air satisfait et digne; la mère en tête, le rejeton de leur noble race emboîtant le pas derrière ses parents. Craignant qu'ils ne vinssent à nous éventer, je me glissai un peu plus bas; mais les hommes partis les premiers étaient restés en arrière, et il me fut impossible de communiquer avec eux. Aussi, juste à l'instant où les éléphants se présentaient en bonne position, ils aperçurent les chasseurs. La femelle fit entendre son bruyant clairon et s'achemina de notre côté, comme si elle nous eût découverts. Je m'affaissai sur le genou derrière un buisson, sans souffle, m'attendant à être broyé; mais elle se remit à crier et se tourna à angle droit dans la plus favorable des attitudes : par malheur, je n'étais pas encore dégagé des épines, qu'ils couraient vers un épais hallier, où ils disparurent bientôt.

Mais nous réussîmes à en suivre la piste : une demi-heure après, nous les avions presque rejoints dans la brousse, sous laquelle nous avancions avec des précautions infinies. On comprenait, au bruit, qu'ils étaient remis de leur alerte et broutaient paisiblement la ramée à quelques mètres de nous; pourtant je ne pouvais les voir. Il me sembla bientôt qu'ils se dirigeaient de mon côté et je m'empressai de leur laisser la voie libre. En tournant autour d'un fourré, j'en vis un à trois mètres : je fis feu et me glissai prestement sous un buisson ; d'abord, les oreilles étendues, l'animal courut droit sur moi ; j'allais lui expédier le contenu de l'autre canon, quand, apercevant mes vaillants camarades qui s'enfuyaient à toutes jambes, il parut, lui aussi, contracter la même panique et, pirouettant sur lui-même, rentra sous le hallier : je m'élançai pour le suivre, croyant, d'après le bruit de branches écrasées, qu'il continuait de l'avant. Quelle fut mon épouvante quand, m'extrayant à grand'peine d'un épais buisson, je me trouvai presque sur lui ! un seul mouvement de sa queue eût pu me lancer à terre sans connaissance. Ayant retrouvé mon aplomb, je vis l'animal assis, oui, assis sur son séant, dans une posture pleine de dignité : mais je ne m'arrêtai point à contempler cet étrange spectacle, et dépêchai une balle dans la colonne vertébrale de l'éléphant, qui, solennel jusqu'au bout, s'affaissa peu à peu, les pieds de devant repliés. Pour moi, fier comme Nemrod, je me redressai pour me mettre aussi en scène dans ce tableau grandiose. Le premier projectile aurait suffi : l'animal tomba à moins de dix mètres de l'endroit où il l'avait reçu. Les défenses, quoique de petite taille, étaient admirablement belles et pesaient ensemble une quinzaine de kilogrammes.

Le lendemain matin on en fit l'extraction, et, après avoir tué un zèbre et pourvu ainsi à la nourriture de mes gens, je partis pour une nouvelle course. Partout se montraient des traces de gros gibier. En gagnant une combe qui entaille profondément la montagne, nous fûmes grandement frappés par la foulée ou plutôt le très large sentier qu'ont formé les éléphants en montant et descendant : ils doivent être ici en nombre considérable. Nous prenons cette route et traversons un étroit défilé, pour gravir le versant par une forêt d'arbrisseaux dont les fruits nourrissent des myriades de pigeons noirs. Du sommet on voyait se dérouler au loin une vaste étendue vert clair qui se relevait ensuite en une seconde chaîne de collines. Un joli chemin découvert, ressemblant aux sentes de bétail du Ngongo, nous fait passer au milieu d'arbustes élancés et branchus. Soudain, à gauche de ma troupe, un bruit d'éléphants attire notre attention : retournant en arrière pour que ces animaux ne nous éventent point, nous entrons sous la feuillée et reprenons notre marche dans le plus grand silence. J'aperçois bientôt un des colosses : je tire, à moins de dix mètres; quelque branche intermédiaire fait dévier la balle; elle frappe pourtant, et l'éléphant décampe. Je m'élance à sa poursuite; sa blessure saignait abondamment; un second projectile l'atteint dans le flanc opposé, mais, à l'instant même où je tirais, j'entends à ma gauche, et presque à me toucher, un écrasement de sous-bois : il semble qu'on me verse un seau d'eau froide dans le dos; vivement je me retourne : la tête d'un éléphant sort du hallier; le colosse entre dans ma petite clairière; je tombe prestement derrière un méchant broussis, me disant que j'en ai tout au plus pour cinq minutes de vie. Je n'étais abrité que par un buisson desséché; de bas en haut je contemplais l'énorme bête, dont la trompe me surplombait presque; à droite s'enfuyait un autre éléphant; quatre ou cinq brisaient les branches derrière moi; à gauche, je ne sais combien; de fait, je me trouvais au beau milieu d'un troupeau, tous, il est vrai, tirant au large, sauf celui-ci, qui regardait à la ronde d'un air stupide, comme pour demander ce que signifiait tout ce tapage. Il ne me voyait pas : j'étais trop immédiatement au-dessous. Mais je tenais mon fusil braqué, visant une des dépressions du front, et, s'il avait fait un pas de plus, mon projectile se logeait dans quelque coin de son crâne. J'étais courbé en avant, immobile comme une statue; pas un de mes muscles ne bougeait; dans une anxiété indicible, j'attendais l'occasion d'agir : brusquement l'éléphant se tourne; ma balle lui traverse le cœur. Il beugle, il hurle plutôt un long cri d'agonie et disparaît dans le fourré. Quelques instants après accouraient mes compagnons, qui m'avaient bel et bien planté là au moment du danger. J'en pris un ou deux et me remis à suivre la trace de la première de mes victimes; le sang, jaillissant des deux côtés, avait aspergé les buissons d'une rosée vermeille; à un certain endroit, le sol en était rougi sur une surface considérable : l'éléphant, étourdi sans doute, avait dû plusieurs fois tourner sur lui-même; peu à peu les taches se montrèrent plus espacées et moins visibles; les halliers se faisaient plus épais; les quantités étonnantes de fumées fraîches nous conseillaient de prendre garde : nous eussions pu nous trouver à la merci de quelque troupe nombreuse. Pendant une heure je pousse ainsi en avant, me rappelant les impressions analogues que j'avais ressenties sous les halliers du Lykipia à la poursuite d'un buffle. Pas plus que les cornes de celui-ci, les défenses de cet éléphant ne devaient figurer au nombre de mes trophées; pourtant les empreintes de ses pas montraient des traces de fatigue : le malheureux animal n'avait plus la force de relever les pieds. Tout à coup j'entends une volée de coups de fusil.

Les gens restés dans la clairière n'auraient pas osé chasser sans moi! sont-ils attaqués par les naturels? — Je rebrousse vivement chemin; l'alerte était fausse, et j'ouvre sur mes hommes un feu roulant d'imprécations : ils voulaient simplement me signaler la découverte du cadavre du second éléphant à cinquante mètres du lieu où je l'avais tiré.

Le soleil descendait sur l'horizon, le camp était fort loin,

De bas en haut je contemplais l'énorme bête

et je dus battre en retraite après avoir extrait les défenses de ma victime. Le lendemain, nous nous acheminons droit vers la région forestière supérieure : à peine en route, on signale une femelle de rhinocéros accompagnée de son petit ; m'approchant à quarante mètres, je fais feu de ma carabine express et la touche à l'épaule, un peu trop haut cependant. Avant qu'elle ait pu recouvrer ses esprits, je l'atteins une seconde fois au cou ; une troisième, au côté ; elle reprend ses sens, et apercevant son nourrisson, qu'elle semble croire la cause de son mal, se rue stupidement sur lui ; le pauvre innocent, éperdu de surprise et d'anxiété, présentait un spectacle aussi piteux que comique. Sans doute la mère finit par comprendre l'absurdité de son idée, car elle renonça à faire voyager sa progéniture dans les airs et s'enfuit précipitamment. Je courais après quand un bruit vint m'électriser ; croyant reconnaître le clairon d'un éléphant, je laissai le rhinocéros à mes hommes et m'élançai à la poursuite de plus noble gibier : c'était un buffle, dont je me gardai bien de troubler le repos.

Un troupeau d'éléphants parcourait la partie supérieure du plateau ; je manque l'un d'entre eux ; la nuit va tomber, d'ailleurs, et nous regagnons le bivouac, tuant deux zèbres en route ; ma balle à noyau d'acier traversa le cœur d'un de ces animaux et frappa la terre au delà ; nous le croyions échappé sans blessure : il fit quelques mètres au galop et soudain s'abattit raide. Au souper la venaison abonde, coriace, il est vrai, et sans saveur.

Le lendemain, les éléphants ne se laissent pas approcher ; pourtant, pendant cinq jours consécutifs, on en signalait à toute heure ; mais le sous-bois est tellement épais qu'on n'y distingue rien au delà de six mètres, et nous passons près des colosses sans en soupçonner la présence ; la seule chose qui les trahisse est l'écrasement des branches quand ils sont occupés au viandis.

Notre bivouac — le cratère même d'un ancien volcan — était des plus mal choisis pour les chasses en forêt vierge : arriver à celle-ci nous prenait un bon tiers de la journée ; les éléphants avaient alors terminé leur repas et faisaient la sieste au plus épais des halliers : au bout de trois heures à peine, il fallait se remettre en route pour regagner le camp. Nous restions, en moyenne, une dizaine d'heures sur pied ; mes hommes se sentaient fort las ; je dus établir un système de roulement et ne les employer que par escouades. Les épreuves de cette façon de vivre n'etaient pas non plus sans retentir sur ma constitution. Bref, je me décidai à retourner à Ndjemps, abandonnant à regret une partie qui, organisée dans la forêt même, aurait pu me procurer pour vingt cinq mille francs d'ivoire.

Marchant droit sur l'est par monts et par vaux, nous descendons rapidement sur un des gradins inférieurs du rempart : j'y tue un vieux buffle, puis un jeune, ce dernier très féroce et combattant avec la farouche énergie de sa race. Assailli de tous côtés, une jambe brisée, il chargeait avec furie ; un coup de feu que je lui tirai dans les yeux ne fit que l'exciter à nous courir sus plus impétueusement encore ; il semblait ne vouloir quitter la vie qu'avec une nombreuse escorte. Des zèbres, des elans en grandes hardes ; la nuit, on entendit les rois du désert.

Nous arrivons au lac le lendemain, par une route très difficile ; je tuai une antilope d'espece nouvelle pour moi, peut-être aussi pour la science ; les zèbres, par centaines, gambadaient joyeusement près de nous.

Ce jour-là, avant de gagner le bivouac, je m'escrimais péniblement au milieu des pierres et des épines, sans armes, mon porteur de fusil était assez loin en arrière ; soudain mes yeux s'arrêtent sur un spectacle bien fait pour me glacer le sang dans les veines : un lion superbe etait couché, à une cinquantaine de mètres au plus, s'abandonnant aux douceurs de la sieste. Je regarde autour de moi ; mes hommes sont à peine en vue ! Il me faut ma carabine, pourtant, et, m'allongeant dans les herbes, je commence à me couler en arrière, gardant toujours mon œil sur la royale bête ; lentement, pied à pied, je finis par rejoindre mes gens, qui, d'après mes gestes et mon exaltation, devaient me croire insensé. Je me saisis d'un snider ; en proie à la fièvre des « glorieuses attentes », je me vois déjà racontant la mort du lion à une assistance palpitant d'émoi ; je lui exhibe la robe du roi des animaux.... Revenu à mon premier point d'observation, je constate avec bonheur que Sa Majesté sommeille encore, et je me glisse vers elle, armé du stoïcisme d'un fakir indien. Les épines avaient beau pénétrer dans ma chair, ma peau être enlevée des mains et des genoux, rien ne m'arrachait une plainte, rien ne détournait mes regards de ma future conquête. Pouce par pouce, je m'en approchais, mon espoir, ma surexcitation grandissant à chaque seconde : l'émotion me serrait à la gorge. La distance n'était plus que de trente, de vingt mètres ; l'animal ne bougeait pas. Voici le moment ! — Je tire : un terrible tapage... du fusil, pas du lion. Il me souvient qu'en même temps mon genou reculait vivement au contact d'une grosse épine. Je m'attendais à voir ma victime bondir dans les airs avec un effroyable rugissement d'agonie ; elle ne remua pas. « Tué raide ! pensai-je, mais assurons-nous-en ! » — et je tire de nouveau. — « Rien ! il est bien mort ! Hourrah ! Un lion !! » — Je me relève, je le crie à mes hommes ; ils accourent, remplissant les airs de leurs acclamations, tandis que je m'avançais vers ma proie. A peine avais-je franchi quelques mètres, que je recevais en plein une terrible douche... mentale. Ah dieux ! quel âne stupide !! Oui, le lion était mort et bien mort : j'avais fait feu sur une roche !! Je ne m'arrêtai point à expliquer l'affaire à mes suivants étonnés et m'esquivai prestement : une petite plaisanterie, leur dis-je plus tard, pour les distraire des ennuis de la marche.

Inutile de décrire la terrible étape du lendemain, les grimpades de roches glissantes, les descentes sur des blocs anguleux et branlants entre lesquels poussent des épines qui nous happaient au passage. Après quatorze heures de cet exercice, et à demi morts de fatigue, nous finîmes par retrouver le quartier général, sous une pluie battante et par une nuit noire comme de la poix. Ainsi finit cette tournée : pendant les dix jours qu'elle dura, j'avais tué six zèbres, quatre rhinocéros, quatre buffles, trois éléphants, une girafe et une antilope.

Point de nouvelles de Jumba ; le spectre de la famine se dressait devant nous ; à Ndjemps, comme au Kamasia, on n'avait plus de vivres à vendre. Je regrettais vivement d'abandonner les hommes laissés en arrière par notre ami, mais plus impérieux encore étaient mes devoirs envers ma propre caravane, en présence des dangers que la diminution constante de nos marchandises allait nous faire courir pendant la retraite.

Je décidai de partir le 17 février ; mais le guide ndjemps de Jumba fit soudain son apparition et nous consterna par ses récits : il revenait, disait-il, seul de toute la caravane ; les autres, jusqu'au dernier, avaient été massacrés dans l'Elgoumi. Il racontait ces événements avec tant de détails, il sut leur donner une telle couleur de vérité, que j'y fus pris, tout le premier. Le sort en était jeté : il me fallait rapatrier le reste des trafiquants, et je mandai à Al-Héri et à Hamis, encore dans le Kamasia, que nous nous en irions tous ensemble.

Le 12 février je quittais ma petite hutte à l'ombre du sycomore du Guaso Tiguirish ; nous nous arrêtâmes à Ndjemps de Guaso na Nyiouki pour attendre Al-Héri, qui était en retard. Il arriva le lendemain ; quelques heures après, un indigène qui revenait du pays des Souk vint nous faire visite et nous assura que le récit de l'autre au sujet de Jumba était un tissu de mensonges. Je penchais à croire le premier messager ; les traitants avaient foi au second. Mais, dans le conseil qui s'ensuivit, je les avertis carrément que, sous aucun prétexte, je ne m'attarderais à vérifier le bien ou le mal fondé de ces bruits, mes gens étant déjà à demi-ration et ma pacotille à peu près épuisée. De leur côté, les marchands, je le dis à leur très grand honneur, se montrèrent résolus à ne pas abandonner leur patron ni à forfaire à la confiance qu'il leur avait témoignée. Ils attendraient, au risque d'être tués par la faim ou par quelque parti de maraudeurs. Hamis seul décida de nous suivre, et nous nous chargeâmes de quelques ballots d'ivoire. Comme ils avaient vidé tous leurs magasins, je dus leur fournir, de mes très minimes ressources, de quoi les empêcher de mourir de misère.

Le 24 février nous reprenons notre marche vers le lac Naïvacha, par une route orientée au sud-sud-est, jusqu'à l'endroit où la plaine d'alluvion se termine en une pointe dirigée au sud. Cette pointe est occupée en majeure partie par une lagune qu'alimentent deux ruisseaux et nombre de sources à la température de 32°. On passe ensuite dans une vallée resserrée, une sorte de cluse à travers laquelle coule le Ngaré-Rongei (rivière étroite), charmant cours d'eau formé, lui aussi, par des fontaines chaudes qui sourdent en bouillonnant le long d'une ligne de fracture. A en juger par le travertin déposé sur leurs bords, elles doivent contenir beaucoup de calcaire en solution.

Gravissant rapidement la combe, qui, à gauche, s'abaisse en précipice, et, à droite, se relève en colline, nous atteignons un lieu plus ouvert, une lagune abreuvée par les sources supérieures du Guaso Rongei; on y établit le bivouac; nous dûmes nous contenter de boire de l'eau chaude.

Depuis quelques jours, certains symptômes dysentériques, causés sans nul doute par mon mauvais régime des deux derniers mois, commençaient à m'inquiéter; à notre départ du Ngaré-Rongei, je me trouvai si faible et si malade qu'il fallut m'y prendre à deux mains pour procurer des vivres à ma troupe : à peine si je pouvais soulever ma carabine; je réussis, par bonheur, à tuer deux waterbocks. Après une couple d'heures, je me vis forcé d'enfourcher une bourrique; mais les difficultés du terrain, les épines m'obligeaient sans cesse à descendre; pourtant j'abattis un rhinocéros, et Brahim un autre; un troisième faillit nous coûter cher. Je chevauchais en tête, escorté de Mouhinna et du cuisinier; mes fusils étaient à l'arrière-garde. Soudain nous fûmes bouleversés à la vue d'un rhinocéros sortant de la brousse et chargeant à toute vitesse sur notre petit groupe. Je saute à bas de *Nil desperandum*, je me saisis de la carabine de Mouhinna; elle n'était pas chargée; avec une hâte fiévreuse, j'y fourre une cartouche et, de mes mains débiles, je fais feu quand la bête n'est plus qu'à trois mètres. La balle pénètre dans l'épaule; le rhinocéros oblique et poursuit au large sa course furieuse. Après une étape de huit heures, sans eau, je me trouvais fort mal, et ne pus ni manger ni dormir.

La journée suivante, mes souffrances augmentèrent. D'énormes troupeaux de buffles pâturaient l'herbe nouvelle et succulente qui couvrait les plaines plus basses. En dépit de ma faiblesse, mon bonheur à la chasse ne faisait que croître et embellir; je tuai trois buffles, chacun à plus de 150 mètres et d'une seule balle. Nous traversâmes les lits de deux laquets desséchés, pour nous arrêter, à midi, sur les bords d'un large affluent du Guaso na Nyiouki. Près du camp j'abattis un zèbre à la distance de 200 mètres.

Le 27 la marche m'était tout à fait impossible; mais il fallait aller de l'avant; nous arrivâmes à un kraal où des el-moran de haute mine habitaient avec leurs ditto; cette fois, ils se montrèrent bons princes. La nature de mon mal ne faisait plus de doute; j'avais une dysenterie de la pire espèce, et, pour la combattre, pas le moindre remède; nul autre médicament « européen » que du thé; tout avait disparu, jusqu'au sel de cuisine.

Le lendemain, mon abattement était tel, que je fus presque heureux quand, au bout d'une heure à peine de marche, d'autres el-moran nous obligèrent à faire halte près de leur kraal. Ici nous étions presque à l'est vrai de la courbe septentrionale du lac salé du Nakouro.

Nous n'atteignîmes notre campement, au nord du lac El-Meleita, qu'après quatre heures de terrible course, sous un soleil torride : on devait me soutenir sur mon âne. Jonché de squelettes à peau desséchée qui ne parlaient que de maladie et de mort, le pays tout entier offrait le plus désolant spectacle. La peste, descendue du plateau, s'y était propagée et avait à peine laissé une tête de bétail. On nous montra le lieu où, quelques années auparavant, et par suite de la plus futile des querelles, une caravane de Mombâz fut complètement anéantie par les Massaï.

L'étape suivante nous conduit à Kékoupé, par les rivages de l'El-Meteita ; de grandes surfaces du lac semblaient revêtir une teinte rosée sous la multitude de flamants qui les couvraient.

Plus mort que vif, étançonné sur l'âne plutôt comme un cadavre que comme un être vivant, on m'emporta de Kékoupé ; une seule pensée courait dans mon cerveau en façon de refrain : « Arrivons au Naïvacha, le lait me guérira ! » et, malgré nos souffrances, malgré l'ardeur du soleil, je pressais la marche des hommes. Un d'entre eux mourut de la dysenterie ; on n'avait pu le cacher aux Massaï, et il fallut, en conséquence, abandonner le cadavre aux hyènes. Mon brave Martin était au désespoir : « Il va aussi claquer ! que ferai-je de lui ? » lisait-on dans ses yeux ; mais je n'étais pas encore résolu à sauter le pas, et la volonté, après tout, a son mot à dire dans l'affaire !

Le 4 mars nous regagnions notre ancien campement de Mseguina, au nord du Naïvacha ; là je me laissai entièrement aller : je ne pouvais plus me tenir ni debout ni assis ; mon estomac ne supportait même pas le lait : je redoutais une perforation du côlon, qui eût amené un prochain dénouement. mais le repos fit merveille. La lumière de la lampe tremblota quelque peu, puis devint moins vacillante. D'ailleurs je ne perdis jamais espoir et ne me permis pas un seul instant de penser que mon corps servirait de pâture aux bêtes sauvages.

Depuis sept jours je n'avais eu pour me sustenter que quelques tasses de potage maigre ; par suite de l'épizootie on ne pouvait acheter de bétail sain à quelque prix que ce fût. Par bonheur, Martin et ses hommes tuèrent trois zèbres et se procurèrent deux bœufs à moitié pourris.

Pendant notre séjour au Naïvacha, les débris d'un parti de guerriers revinrent du Nandi, près du Kavirondo, où ils avaient été battus à plate couture : ceux qui échappèrent au massacre rentraient au pays par un et par deux, quelques-uns sans épée, beaucoup sans bouclier. Me trouvant un peu moins mal après deux jours de complet repos, je décidai que nous nous rendrions à la bamboulaie du plateau, pour entrer en communication avec les Oua-Kikouyou et essayer de nous procurer des vivres ; on me hissa dans un hamac amarré à une perche ; nous contournâmes un des coins du lac, et bientôt la caravane gravit les pentes qui conduisent au Mianzi-ni.

Le soir, un autre de mes gens mourut de la dysenterie et, comme le premier, dut être jeté aux hyènes. Martin, qui prévoyait un sort semblable pour son maître, ne m'apprit la nouvelle que bien des jours après.

A la troisième marche nous franchîmes le dernier gradin de l'escarpement ; le plus grandiose des spectacles se déroulait devant nous ; une immense savane, à peine accidentée, s'étendait au loin, fermée à l'est par la magnifique chaîne des monts Aberdare, où se détachait le massif pittoresque du Donyo Kinangop. Dans l'échancrure d'un col étincelait le pic neigeux du Kénia ; au sud-est, les hauteurs boisées du Kikouyou, avec leur premier plan de forêts ; au sud-ouest, le cratère béant du Donyo Longonot et la vasque charmante du Naïvacha ; au sud, les mornes déserts du Doguilani ; à l'est, les sombres remparts du Mau. Je me fis soulever pour admirer ce paysage superbe, peut-être sans rival en Afrique, et, tout faible et presque mourant que j'étais, je contemplai ce glorieux panorama avec une joie profonde, mélangée de recueillement.

Peu après, nous entrions dans la forêt de bambous ; nous y apprîmes, à notre grand étonnement, que les traitants restés avec les Andorobbo du Kénia avaient trouvé le moyen de se réfugier au Mianzi-ni, où ils se cachaient parmi les chasseurs, n'osant regagner seuls la côte, et n'ayant plus d'espoir que dans le passage de la caravane de

Jumba. Notre arrivée releva leurs esprits ; ils se hâterent de reparaître et de se joindre à nous.

Le Mianzi-ni est à une altitude de 2750 mètres ; nous nous trouvions dans des quartiers aussi misérables que possible. Le froid était excessif, notre déconfort augmenté au delà de toute expression par l'humidité, par une pluie presque quotidienne : un climat à faire regretter les côtes orientales de l'Écosse au début du printemps. Le vent d'est soufflait

Le Mianzi-ni, vu du sud, un kraal massai au premier plan.

tout le jour, par bonheur s'éteignant la nuit ; tout était mouillé, trempé ; il grêlait très souvent.

Pendant les premières quarante-huit heures je me sentis un peu mieux ; le repos, quelques remèdes et une bonne nourriture m'eussent remis sur pied en moins d'une quinzaine, mais notre potage de viande infecte et horriblement dégoûtante ne convenait guère à un convalescent : une rechute survint et des plus graves.

Voici ce que je trouve dans mon carnet, à la date du 12 mars : « Trois journées des plus critiques, où je chancelais sur les bords de la tombe : j'ai réussi à faire un saut en arrière et à narguer la Camarde ; l'appétit revient, et, après une quinzaine de famine, je puis manger quelque peu ! » Suit un « blanc » de six semaines, qui tient lieu de tout commentaire.

Le 13 on m'avait transporté de ma tente dans une hutte faite de simples paquets d'herbe. Immédiatement après, une terrible tempête de tonnerre et de grêle se déchaîna sur le Mianzi-ni. Pendant des heures entières, de gros boulets de glace mitraillèrent le sol, au milieu des roulements de la foudre et du jaillissement des éclairs. Le pays était blanc de grêlons, du moins dans les lieux découverts : on eût dit un paysage d'hiver en Angleterre. Pour mon compte, je fus trempé de part en part.

Le résultat en fut une crise nouvelle, et dans les plus misérables conditions. Six semaines durant, comme je viens de le dire, je restai gisant aux portes de la mort : jamais je n'eus quinze minutes de sommeil de suite. Ma case — de méchantes bottes de graminées — était sans fenêtres, et le froid obligeait à tenir la porte fermée. Impossible d'allumer du feu, nous n'avions point de suif pour fabriquer des chandelles et je passais toutes mes heures dans une complète obscurité. Martin, pauvre garçon ! était trop inquiet de mon sort pour être un camarade agréable ; moi-même je n'avais pas la force de parler, et plus d'une fois je crus toucher à mes derniers moments. Pendant les longues et lugubres heures d'insomnie où le vent gémissait à travers la bamboulaie, comme je remerciais Dieu quand le coq (nous en avions emporté un du Kavirondo), quand le coq, dis-je, jetait aux échos sa première fanfare ! Alors je reprenais patience et je prêtais l'oreille pour entendre le gazouillis des oiseaux s'éveillant les uns après les autres, jusqu'à ce que, par les interstices du paillis, on pût voir filtrer de faibles faisceaux de lumière : une autre et triste journée avait commencé ! Songoro apparaissait avec le potage ; un peu plus tard, Martin et ses questions anxieuses. — Je devins affreux à contempler ; mes yeux s'enfonçaient au plus profond de leurs orbites, un sac de peau tiré sur un squelette et renfermant les organes indispensables à la vie pourrait

Massai tuant un porteur.

seul représenter mon individu; par bonheur, mes souffrances étaient rarement aiguës, sauf quand je m'essayais à avaler la plus légère bribe de nourriture solide. Mais laissons ces tristes souvenirs!

Les Massaï du pays environnant étaient exaspérés par la persistance de l'épizootie qui décimait leurs troupeaux et de la sécheresse qui, rendant les plaines inhabitables, les retenait malgré le froid dans le haut pays. « Que faites-vous ici? demandaient-ils à mes hommes. Vos marchandises sont épuisées; vous ne pouvez donner à nos jeunes guerriers les présents habituels; la pluie ne vient pas; l'herbe n'a pas poussé; tous nos bœufs meurent les uns après les autres. C'est votre maître qui en est la cause! » On leur cacha ma maladie, sans quoi ils nous eussent immédiatement expulsés. Mes gens assuraient que le grand lybon préparait des médecines infaillibles; il était en conférence avec les dieux, et nul œil mortel ne le devait troubler.

Un jour, un de nos porteurs ayant déclaré que toute sa rassade etait épuisée, un guerrier lui démontra qu'un être si misérable n'avait pas droit à la vie, en l'embrochant d'abord de sa terrible lance, puis en lui ouvrant le crâne. Ceci se passait aux portes mêmes du campement, et, pour comble, nous dûmes payer une indemnité aux Massaï, en compensation du sang qui avait souillé leur territoire.

Vers la fin d'avril, à notre très joyeuse surprise, Jumba Kimameta et les siens arrivèrent sains et saufs, chargés de l'ivoire qu'ils rapportaient de régions où jamais n'avaient pénétré les caravanes de la côte.

Les semaines s'écoulaient ainsi, dans des alternatives d'espoir et de découragement; parfois la mort m'eût semblé une délivrance. Comprenant enfin que jamais je ne recouvrerais la santé sur ce plateau humide et froid, je me décidai à essayer, du moins, de regagner la côte. Donc mes gens m'emportèrent plus mort que vif, et, à la sueur de leurs fronts, me dévalèrent du haut en bas de l'escarpement; nous campâmes derrière le Donyo Kedjabé. Là enfin je trouvai du lait en quantité suffisante. Jumba me rejoignit le lendemain, et nous nous rendîmes à notre bivouac du Guaso Kedong; la *cache* d'ivoire était restée intacte, quoiqu'on eût construit un kraal au-dessus. Toute la nuit les guerriers nous tinrent en éveil par leurs incessantes tentatives de pillage; ils finirent par s'emparer d'un assez grand nombre d'ânes : au matin ils voulaient nous offrir la bataille, mais nous parvînmes à nous esquiver sans échauffourée.

Deux jours après, nous arrivions à Ngongo-a-Bagas, où campait déjà une caravane de douze cents hommes; elle nous reçut avec la plus généreuse hospitalité, chaque traitant s'imposant une taxe à notre bénéfice; toute caravane montant vers le haut pays est tenue d'assister *gratis* ceux qui descendent à la côte; on les suppose chargés d'ivoire et démunis de vivres au point de mourir de faim; la dernière partie de cette proposition s'appliquait certainement à nous.

Jumba et la caravane entière combattaient mon dessein de traverser le Kapté et de me rendre à Mombâz par l'Ou-Kambani et le Teita. Ils voulaient m'emmener à Pangani avec eux et me contèrent d'effrayants récits de massacres et de pillages. Je n'écoutai personne; et, voyant que ni mensonges ni vérités n'avaient prise sur mon obstination, Jumba me fit très généreusement cadeau d'assez de cotonnades, de verroterie, de fil de métal pour fournir à nos besoins pendant quelques jours. Quoique ayant sa bonne part de presque tous les vices caractéristiques de sa race, Jumba Kimameta est certainement un des meilleurs camarades que j'aie rencontrés, et je considère les cent livres (2500 fr.) que je laissai pour lui aux mains de sir John Kirk comme une bien faible rémunération de ses services.

Le 7 mai nous leur dîmes adieu pour entrer dans la plaine du Kapté; elle déroule ses vastes savanes jusqu'aux montagnes ou-kambaniennes sans qu'à peine une ondulation vienne en varier la monotonie. Nous atteignîmes en deux étapes les limites orientales de la terre des Massaï : les guerriers étaient déjà descendus dans le bas pays; les seuls incidents de la route furent la débandade de la caravane devant un rhinocéros et ma tentative impuissante pour tirer un superbe lion.

En quittant le Kapté, nous entrons dans le district montagneux d'Oulou, fertile, bien cultivé, bien peuplé, possédant de nombreux troupeaux. Quelques journées assez rudes nous firent traverser cette contrée paisible, où je me reprenais à la vie, où je rêvais de nouveau de la patrie et des amis. J'allais mieux, décidément; le seul obstacle à une convalescence rapide était le manque de toute nourriture facile à digérer.

Puis nous franchîmes à marche forcée les solitudes affreuses du désert qui s'étend vers le Kikoumbouliou; nos marchandises étaient épuisées, mais les hommes, réduits à demi-ration, ne faisaient entendre aucune plainte; nul reproche ne sortait de leurs lèvres; bravement, presque gaiement, ils arpentaient le sol depuis la fraîcheur de l'aube jusqu'à la rosée du soir, la gorge contractée par la soif, la faim leur tordant les entrailles; mais ils voyaient, au bout de la course, reluire les dollars d'argent, et courbaient avec bonheur leurs épaules sous le poids de celui qui représentait leurs espérances. Mon vœu se trouvait accompli : je les avais ramassés à Zanzibar l'écume de la basse pègre, je les ramenais hommes, délivrés de leurs plaies physiques et morales, les qualités ayant décidément pris le dessus. Ils se raillaient de leurs souffrances et faisaient des mots sur leurs ventres vides.

Nous retrouvons le Nyika et ses horreurs inévitables; le Kikoumbouliou décimé par la faim; le Tzavo, puis Ndi du Teita. Ici, à mon très vif regret, les deux ânes blancs qui m'avaient suivi depuis la côte s'empoisonnèrent je ne sais comment et trépassèrent le même jour. Nos vivres étaient tout à fait épuisés; à une étape nous nous procurions à grand'peine quelques poignées de grains; à une autre, pas un atome. La famine dévastait toute la contrée. Le 21 mai, nous arrivions au N'dara. Ému de pitié à la vue de mes misères, M. Wray me donna une petite quantité de sel marin et du riz plein une tasse : nous n'y restâmes qu'un jour; partout on bramait la faim : mes hommes ne purent y glaner que des cannes à sucre, nourriture fort agréable assurément, mais qui ne donne guère de jambes.

Trois jours après, nous épouvantions les habitants de Rabaï par les volées de coups de fusil dont nous les saluâmes; la panique fut bientôt dissipée quand on me vit traverser le village pour aller serrer la main au révérend Shaw et à sa charmante femme : c'était la première fois que je marchais depuis tantôt trois mois, et je fus trop heureux de trouver enfin un lit.

Inutile de raconter notre retour à Zanzibar, où mon vieil ami sir John Kirk avait repris son poste; ses bons soins me rétablirent complètement. Le sultan me donna, sur un de ses vapeurs, passage libre jusqu'à Bombay, d'où je regagnai l'Écosse *via* Brindisi.

Je terminerai par un mot à la louange de James Martin. Il me serait impossible de parler en termes trop élogieux de ce jeune marin, intelligent, empressé, toujours gai, et, quoique n'ayant pas reçu d'éducation, possédant un tact admirable. Il ne se targua jamais de la haute estime en laquelle je le tenais; jamais il ne me fatigua de ses avis, chose qu'un chef d'expédition africaine sait apprécier à sa juste valeur. Le fait seul que, du commencement à la fin, nous avons vécu en constante harmonie et sans la moindre querelle, en dit plus que des volumes.

NOTE

SUR LES ORNEMENTS EN MÉTAL RAPPORTÉS DE L'EST AFRICAIN PAR M. JOSEPH THOMSON ET SOUMIS A L'EXAMEN DE M. RICHARD SMITH, DE L'ÉCOLE ROYALE DES MINES, A LONDRES.

A. Le premier spécimen est assez volumineux, en forme de croissant et presque orbiculaire. Le poids total en est de 3343,8 grains (205 gr. 51) ou un peu moins d'une demi-livre *avoirdupois*. La teinte, d'un jaune pâle, rappelle celle du laiton ; la surface en est moins polie, moins grisâtre de ton que le deuxième échantillon. La cassure est un peu terne, irrégulière, granuleuse.

L'analyse chimique donne les résultats suivants :

Cuivre..........................	81,15 p. 100
Zinc............................	17,792
Étain...........................	0,43
Plomb..........................	0,33
Bismuth........................	(Traces)
Fer.............................	0,28
Argent..........................	0,018
Or..............................	(Très faibles traces)
	100,00 p. 100

B. Plus petit et de forme analogue. Poids, 983,9 grains (63 gr. 42); pesanteur spécifique, 8,692. La surface en est brillante, polie, jaune pâle comme le laiton. Cassure terne, granuleuse, irrégulière.

Analyse chimique :

Cuivre	81,75 p. 100
Zinc	16,792
Étain	0,44
Plomb	0,55
Bismuth	(Traces.)
Fer	0,45
Argent	0,018
Or	(Faibles traces.)
	100,00 p. 100

Le métal de ces ornements est donc un alliage de cuivre et de zinc. On trouve fréquemment de minimes quantités de fer et de plomb dans le cuivre et le zinc; le cuivre est généralement mélangé de faibles parcelles d'argent. L'étain peut avoir été ajouté au laiton en vue d'en modifier le caractère; il est possible aussi qu'il existât déjà dans le cuivre. Cet alliage, à mon sens, est d'origine européenne, et les traitants l'auront fourni aux peuplades qui en font usage. Pour fabriquer ces bijoux, on martelle le métal à l'état solide, ou bien on jette l'alliage dans un moule et on le travaille ensuite au marteau. Je ne crois pas qu'aucune des tribus de l'Afrique connaisse les méthodes d'alliage du cuivre et du zinc, soit par la fusion simultanée des deux métaux, soit par la cémentation du cuivre, qu'on plonge dans un mélange de minerai de zinc et de charbon. De nos jours on se sert généralement du premier procédé pour la fabrication d'un laiton analogue à celui de ces échantillons et pour d'autres variétés de cet alliage; le second était usité bien des siècles avant que le zinc fût connu comme un métal distinct; dans les temps anciens on employait une sorte d' « airain » semblable à celui-ci et obtenu, je pense, par la cémentation. Voici l'analyse faite, il y a longues années, par M. J.-D. Phillips :

Grande médaille de la famille des Cassius, an 20 avant J.-C.; métal de couleur jaune :

Cuivre	82,86
Zinc	17,31
Fer	0,35
	99,92
Pesanteur spécifique	8,52

Grande médaille de Néron, 60 après J.-C.; métal d'une brillante couleur jaune.

Cuivre....................................	81,07
Zinc......................................	17,81
Étain.....................................	1,05
	99,93
Pesanteur spécifique................	8,59

De nouveaux explorateurs auront à rechercher si quelque peuplade africaine fabrique elle-même son laiton, et les procédés qu'elle emploie; mais comment s'assurer si les naturels en avaient connaissance avant leurs relations avec les Européens ou les traitants étrangers?

Je n'ai que quelques mots à ajouter à cette note :

Ces ornements proviennent du Kilima-Ndjaro, où les naturels s'en servent pour allonger par leur poids le lobe des oreilles, ou en parer leurs poignets ou leur cou.

Tous s'accordaient à déclarer qu'ils recueillent ce métal en pépites, dans le lit des torrents desséchés après la saison des pluies, et le façonnent ensuite au marteau.

L'hypothèse de l'importation me paraît inadmissible, pour les raisons que voici :

1° Les traitants de la côte, aussi bien que les naturels, assurent qu'on trouve ce métal dans la montagne même.

2° Ils achètent ces bijoux aux Oua-Tchagga et les revendent ensuite aux tribus plus éloignées.

3° Trompés eux-mêmes plusieurs fois par le poids et la couleur, ils en ont emporté à la côte, le prenant pour de l'or.

4° Les Oua-Tchagga préfèrent le fer et le cuivre purs à cet alliage, qu'ils troquent avec empressement contre ces deux métaux.

5° Je n'ai pas vu deux de ces spécimens qui aient la même densité; le poids de ceux qu'on emploie pour le cou et les poignets diffère très peu de notre laiton ordinaire.

6° Aucune autre tribu ne fabrique de semblables objets.

Je ne vois à ces faits que deux explications : ou bien l'importation de cet alliage remonte à une époque très reculée, ou bien, comme le disent les indigènes, on le trouve en effet à l'état natif, chose, ce me semble, encore inconnue pour la science.

TABLE DES MATIÈRES

Préface de l'auteur.................................... v
Introduction.. 1
Chapitre   I. — En reconnaissance................... 8
Chapitre   II. — De Zanzibar au Taveta............... 35
Chapitre   III. — Quinze jours en forêt............... 65
Chapitre   IV. — Au seuil de la Massaïe.............. 84
Chapitre   V. — Nouveaux préparatifs................ 115
Chapitre   VI. — En marche de nouveau................ 142
Chapitre   VII. — Du Kimanguelia au Kikouyou.......... 173
Chapitre VIII. — Le lac Naïvacha..................... 206
Chapitre   IX. — Au lac Baringo par le mont Kénia.... 226
Chapitre   X. — La Massaïe et les Massaï............ 264
Chapitre   XI. — Au Nyanza par le Kavirondo.......... 294
Chapitre   XII. — Au lac Baringo par l'Elgon.......... 333
Chapitre XIII. — Nos chasses au Baringo. — Le retour
          a la côte................................... 357
Note.. 385

Coulommiers. — Typog. P. BRODARD et GALLOIS.

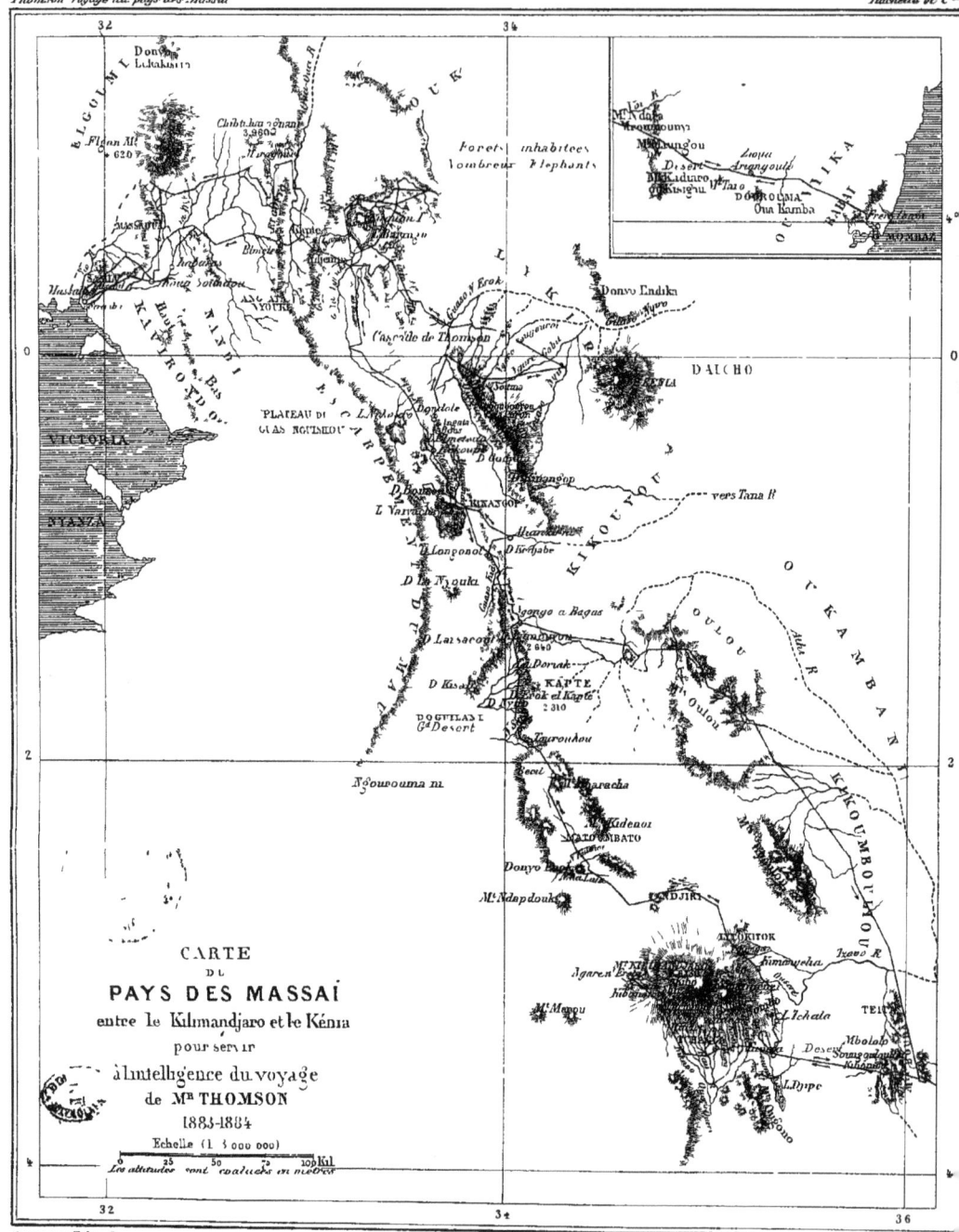

DIVISIONS DU CATALOGUE

I. Publications périodiques.
    Le Tour du Monde.. 3
    Nouvelle géographie universelle, par Elisée Reclus........ 4
    Nouveau dictionnaire de géographie universelle, par Vivien de Saint-Martin et L. Rousselet................ 5
    Atlas universel de géographie, par Vivien de Saint-Martin et Fr. Schrader... 6

II. Atlas manuel de géographie moderne................... 7

III. Carte de France au 1/1.250.000........................... 8

IV. Dictionnaires et atlas.. 9

V. Nouvelle carte de France au 1/100.000 dressée par le service vicinal par ordre du Ministre de l'Intérieur..... 10

VI. Collection des Guides Joanne............................ 15

VII. Voyages... 18

VIII. Géographie et ouvrages divers 24

IX. Ouvrages d'enseignement. — § 1. Livres classiques....... 26
      —   § 2. Atlas................ 27
      —   § 3. Cartes murales....... 29

I
PUBLICATIONS PÉRIODIQUES

LE
TOUR DU MONDE

NOUVEAU JOURNAL HEBDOMADAIRE DES VOYAGES

PUBLIÉ SOUS LA DIRECTION DE M. EDOUARD CHARTON

ET TRÈS RICHEMENT ILLUSTRÉ PAR NOS PLUS CÉLÈBRES ARTISTES

Les vingt-cinq premières années sont en vente (1860-1884).
Les années 1870 et 1871 ne formant ensemble qu'un seul volume, la collection
se compose actuellement
de vingt-quatre volumes, qui contiennent plus de 14,000 gravures.

CONDITIONS DE VENTE ET D'ABONNEMENT

Un numéro comprenant 16 pages in-4, plus une couverture réservée aux nouvelles géographiques, paraît le samedi de chaque semaine. — Prix du numéro : 50 centimes. — Les 52 numéros publiés dans une année forment 2 volumes qui peuvent être reliés en un seul. Prix de chaque année brochée en un ou deux volumes, 25 fr. Prix de l'abonnement pour Paris et pour les départements : un an, 26 fr.; six mois, 14 fr. — Prix de l'abonnement pour les pays étrangers qui font partie de l'Union générale des postes : un an, 28 fr.; six mois, 15 fr. — Les abonnements se prennent du 1er de chaque mois.

Le cartonnage en percaline se paye en sus : en 1 volume, 3 fr.; en 2 volumes, 4 fr. — La demi-reliure chagrin, tranches dorées : en un volume, 6 fr.; en 2 volumes, 10 fr. — La demi-reliure chagrin, tranches rouges semées d'or : en 1 volume, 7 fr.; en deux volumes, 12 fr.

Une table analytique et alphabétique des 24 premiers volumes est en préparation.

NOUVELLE GÉOGRAPHIE UNIVERSELLE
LA TERRE ET LES HOMMES
PAR
ÉLISÉE RECLUS
15 volumes grand in-8 avec cartes et gravures.

EN VENTE
GÉOGRAPHIE DE L'EUROPE
complète en 5 volumes.

Tome I : **L'Europe méridionale** (*Grèce, Turquie, Roumanie, Serbie, Ital Espagne et Portugal*). 1 vol. avec 4 cartes tirées a part et en coule 174 cartes dans le texte et 75 gravures.

Tome II : **La France**. 1 vol. avec une grande carte de la France, 10 ca tirées à part et en couleurs, 218 cartes dans le texte et 87 grav.; nouvell edition, revue et corrigée.

Tome III : **L'Europe centrale** (*Suisse, Autriche-Hongrie et Empire d'Al magne*). 1 vol. avec 10 grandes cartes tirées à part et en couleurs, 210 car dans le texte et 78 gravures.

Tome IV : **L'Europe du Nord-Ouest** (*Belgique, Hollande, Iles Britan ques*). 1 vol. avec 6 cartes tirées a part et en couleurs, 205 cartes dans l texte et 81 grav.

Tome V : **L'Europe scandinave et russe**. 1 vol. avec 9 cartes tirées à p et en couleurs, 200 cartes dans le texte et 76 gravures.

GÉOGRAPHIE DE L'ASIE
complète en 4 volumes.

Tome VI : **L'Asie russe**, (*Caucasie, Turkestan, Sibérie*). 1 vol. avec 8 tirées à part et en couleurs, 182 cartes dans le texte et 89 gravures.

Tome VII : **L'Asie Orientale** (*Empire chinois, Corée, Japon*). 1 vol. av 7 cartes tirées à part et en couleurs, 182 cartes dans le texte et 90 grav

Tome VIII : **L'Inde et l'Indo-Chine**. 1 vol. avec 7 cartes tirées à part et e couleurs, 203 cartes dans le texte et 84 gravures.

Tome IX : **L'Asie antérieure** (*Afghanistan, Belouchistan, Perse, Tur d'Asie, Arabie*). 1 vol. avec 1 carte d'ensemble, 5 cartes tirées à part e en couleurs, 155 cartes dans le texte et 85 gravures.

GÉOGRAPHIE DE L'AFRIQUE

Tome X : **L'Afrique septentrionale**. Première partie : Bassin du (*Soudan égyptien, Ethiopie, Nubie, Egypte*). 1 vol. avec 3 cartes tirées à part et en couleurs, 111 cartes dans le texte et 57 gravures.

Prix de chacun des volumes I à IX : broché, 30 fr.; richement relié, avec fers spécia tranches dorées, 37 fr.

Prix du tome X, 1re partie, broché : 20 fr.; richement relié, avec fers spéciaux, tran dorées, 27 fr.

Il a été tiré 15 exemplaires sur papier de Chine des tomes I à X.

Conditions et mode de la publication :

La *Nouvelle géographie universelle* de M. Elisée Reclus se composera d'environ 900 li sons, soit 15 beaux volumes grand in-8. Chaque volume, comprenant la description d'une de plusieurs contrées, formera pour ainsi dire un ensemble complet et se vendra séparém

Les souscripteurs, selon leurs ressources ou leurs études, pourront donc se procurer isol ment les parties de ce grand ouvrage dont ils auront besoin, sans s'exposer au regret de posséder que des volumes dépareillés.

Chaque livraison, composée de 16 pages et d'une couverture, et renfermant au moins u gravure ou une carte tirée en couleurs, et généralement plusieurs cartes insérées dans le t se vend 50 centimes.

Il parait régulièrement une livraison par semaine depuis le 8 mai 1875.

NOUVEAU DICTIONNAIRE
DE
GÉOGRAPHIE UNIVERSELLE

CONTENANT

1º LA GÉOGRAPHIE PHYSIQUE :

Description des grandes régions naturelles, des bassins maritimes et continentaux, des plateaux des chaines de montagnes, des fleuves, des lacs, de tous les accidents terrestres ;

2º LA GÉOGRAPHIE POLITIQUE :

Description circonstanciée de tous les États et de toutes les contrées du globe ; tableau de leur province et de leurs subdivisions ; description des villes et en particulier de toutes les villes de l'Europe ; vaste nomenclature de tous les bourgs, villages et localités notables du monde ; population d'après les dernières données officielles ; forces militaires ; finances, etc., etc. ;

3º LA GÉOGRAPHIE ÉCONOMIQUE :

Indication des productions naturelles de chaque pays, de l'industrie agricole et manufacturière ; du mouvement commercial, de la navigation, etc. ;

4º L'ETHNOLOGIE :

Description physique des races ; nomenclature descriptive des tribus incultes, études sur les migrations des peuples, la distribution des races et la formation des nations ;

5º LA GÉOGRAPHIE HISTORIQUE :

Histoire territoriale des États et de leurs provinces ; description archéologique des villes et de toutes les localités notables ;

6º LA BIBLIOGRAPHIE :

Indication des sources générales et particulières, historiques et descriptives ;

PAR

M. VIVIEN DE SAINT-MARTIN

Président honoraire de la Société de géographie de Paris.

ET L. ROUSSELET

Mode et conditions de la publication :

Le *Nouveau Dictionnaire de géographie universelle* formera quatre magnifiques volumes in-4, même format que le *Dictionnaire de la Langue française de M. Littré*, imprimés sur trois colonnes. Chaque volume contiendra environ 100 feuilles, soit 800 pages.

La publication a lieu par fascicules de 10 feuilles (80 pages). — Chaque fascicule se vend 2 fr. 50 c. — Il paraît environ 4 fascicules par an depuis 1877. Vingt-huit fascicules sont en vente.

Le tome Ier, comprenant 11 fascicules (lettres A-C), forme un volume in-4. — Prix, broché : 27 fr. 50 c. ; relié : 32 fr 50 c.

Le tome II comprenant 13 fascicules (lettres D-J) forme un volume in-4. Prix : broché, 32 fr ; relié, 37 fr.

ATLAS UNIVERSEL
DE GÉOGRAPHIE

MODERNE, ANCIENNE ET DU MOYEN AGE

CONSTRUIT D'APRÈS LES SOURCES ORIGINALES ET LES DOCUMENTS
ACTUELS, VOYAGES, MÉMOIRES, TRAVAUX
GÉODÉSIQUES, CARTES PARTICULIÈRES ET OFFICIELLES

AVEC UN TEXTE ANALYTIQUE

PAR M. VIVIEN DE SAINT-MARTIN

Président honoraire de la Société de géographie de Paris,

ET FR. SCHRADER

Environ 110 cartes in-folio

GRAVÉES SUR CUIVRE PAR NOS MEILLEURS ARTISTES SOUS LA
DIRECTION DE MM. Et. COLLIN ET DELAUNE

Conditions et mode de la publication :

L'Atlas universel de géographie moderne, ancienne et du moyen âge est publié par livraisons. Chaque livraison contient trois cartes accompagnées de notices sur les documents qui auront servi à leur construction et se vend 6 francs.

Le prix de chaque carte prise séparement variera selon l'importance des frais de fabrication. — Ce prix, en aucun cas, ne sera inférieur à 2 fr. 50.

Les cinq premières livraisons qui sont en vente comprennent les cartes suivantes :

1re LIVRAISON

Carte du ciel................	2 50
Turquie d'Europe.............	2 50
Region polaire arctique.......	2 50

2e LIVRAISON

Géographie astronomique......	2 50
Suisse........................	4 »
Grèce........................	3 »

3e LIVRAISON

Iles Britanniques (1re feuille, Angleterre)................	3 »
Iles Britanniques (2e feuille, Ecosse, Irlande)............	3 »
Monde connu des Grecs avant Alexandre................	2 50

4e LIVRAISON

Région polaire antarctique.....	2 50
Russie occidentale et Roumanie.	3 »
Mexique......................	3 »

5e LIVRAISON

Pays-Bas, Suède et Norwège (feuille méridionale), archipels de la Polynésie. — Chaque carte séparement.........	2 50

D'autres livraisons sont sous presse.

II

OUVRAGE COMPLET

ATLAS MANUEL

DE GÉOGRAPHIE MODERNE

CONTENANT 54 CARTES IMPRIMÉES EN COULEURS

Un volume in-folio, relié.................... 32 fr.

LISTE DES CARTES COMPOSANT L'ATLAS MANUEL
(Les cartes doubles sont précédées du signe *.)

1. Système planetaire. — Lune.
*2. Terre en deux hémispheres.
3. Volcans et coraux.
4. Pôle antarctique.—Archipels de Polynésie.
*5. Pôle arctique.
6. Ocean Atlantique.
7. Grand Ocean.
*8. Europe politique.
9. Europe physique hypsometrique. — Massif du Mont-Blanc.
10. Côtes mediterraneennes de la France.—Bassin de Paris.
*11. France physique hypsometrique.
12. France. (Partie Nord-Ouest.)
13. France. (Partie Nord-Est.)
*14. France politique.
15. France. (Partie Sud-Ouest.)
16. France. (Partie Sud-Est.)
*17. Grande-Bretagne et Irlande.
18. Pays-Bas.
19. Belgique et Luxembourg
*20. Allemagne politique.
21. Danemark.
22. Suède et Norvege.
*23. Suisse.
24. Italie du Nord.
25. Italie du Sud.
*26. Espagne et Portugal.
27. Méditerranée occidentale.
28. Mediterranee orientale.
*29. Presqu'île des Balkans.
30. Grece.
31. Hongrie.
*32. Monarchie Austro-Hongroise.
33. Alpes Franco-Italiennes.
34. Caucasie.
*35. Russie d'Europe.
36. Pologne.
37. Asie Mineure et Perse.
*38. Asie physique et politique.
39. Chine et Japon.
40. Indo-Chine et Malaisie.
*41. Asie centrale et Inde.
42. Palestine.
43. Region du Nil.
*44. Afrique physique et politique.
45. Algerie.
46. Senegambie. — Côte de Guinee. Afrique du Sud.
*47. Amerique du Nord.
48. Amerique du Sud. (Feuille septentrionale.)
49. Amerique du Sud (Feuille mérid.)
50. Etats-Unis d'Amerique.
*51. Etats-Unis. (Partie occidentale.)
52. Etats-Unis. (Partie orientale.)
53. Australie et Nouvelle-Zelande.
54. Amerique centrale et Antilles. — Isthme de Panama.

III

CARTE
DE FRANCE

A L'ÉCHELLE DE 1/1,250,000

COMPRENANT LE RELIEF DU SOL
LES VOIES DE COMMUNICATION, CHEMINS DE FER
ROUTES ET CANAUX
LES DIVISIONS ADMINISTRATIVES, ETC.

DRESSÉE

D'APRÈS LES DOCUMENTS OFFICIELS

SOUS LA DIRECTION

DE

VIVIEN DE SAINT-MARTIN

4 FEUILLES COLORIÉES

Prix : 15 francs.

La même, collée sur toile avec gorge et roulean et vernie.
Prix : 20 fr.

IV
DICTIONNAIRES
ET ATLAS

Bouillet : *Dictionnaire universel d'histoire et de géographie*, contenant : 1° l'histoire proprement dite ; 2° la biographie universelle ; 3° la mythologie ; 4° la géographie ancienne et moderne. Ouvrage revu et continué par M. A. Chassang, inspecteur général de l'Université ; 28° édition entièrement refondue. 1 vol. grand in-8 de 2084 p. à deux colonnes, pouvant se diviser en deux parties, br. 21 fr.

Le cartonnage en percaline gaufrée se paye en sus 2 fr. 75 c. ; la demi-reliure en chagrin, 4 fr. 50 c.

Voir pour l'*Atlas* qui fait suite au Dictionnaire, page 27.

Joanne (P.) : *Dictionnaire géographique, administratif, postal, statistique et archéologique de la France, de l'Algérie et des colonies*, contenant pour chaque commune la condition administrative, la population ; la situation géographique, l'altitude ; la distance des chefs-lieux de canton, d'arrondissement et de département ; les bureaux de poste, les stations et correspondances des chemins de fer et le bureau de télégraphie ; la cure ou succursale ; l'indication de tous les établissements d'utilité publique ou de bienfaisance ; tous les renseignements administratifs, judiciaires, ecclésiastiques, militaires, maritimes, le commerce, l'industrie, l'agriculture ; les richesses minérales ; la nature du terrain ; enfin les curiosités naturelles ou archéologiques ; les collections d'objets d'art ou de sciences ; avec la description détaillée de tous les cours d'eau, de tous les canaux, de tous les phares, de toutes les montagnes, et des notices géographiques, administratives, statistiques sur les 86 départements, une introduction sur la France, etc. Nouvelle édition, entièrement refondue (*en préparation*).

Joanne (P.) : *Petit Dictionnaire géographique de la France*, ouvrage abrégé du précédent ; nouvelle éd. 1 v. in-16, cart. en percal. gauf. 6 fr.

Vivien de Saint-Martin : *Nouveau dictionnaire de géographie universelle*, contenant : 1° la Géographie physique ; 2° la Géographie politique ; 3° la Géographie économique ; 4° l'Ethnologie ; 5° la Géographie historique ; 6° la Bibliographie.

L'ouvrage formera quatre magnifiques volumes in-4, format du *Dictionnaire de la langue française de M. E. Littré*, imprimés sur trois colonnes. Chaque volume contiendra environ 100 feuilles, soit 800 pages.

La publication a lieu par fascicules de 10 feuilles (80 pages). — Chaque fascicule se vend 2 fr. 50 c. Il en paraît environ 4 par an.

En vente : les vingt-huit premiers fascicules.
Tome Ier (lettres A-C), 1 vol. comprenant 13 fascicules, broché. 27 fr. 50
Relié. 32 fr. 50
Tome II (lettres D-J), 1 vol. comprenant fascicules, broché. 32 fr
Relié. 37 fr'

— *Atlas universel de géographie moderne, ancienne et du moyen âge*, construit d'après les sources originales et les documents actuels, mémoires, voyages, travaux géodésiques, cartes particulières et officielles, avec un texte analytique. Environ 110 cartes in-folio gravées sur cuivre, sous la direction de MM. Et. Collin et Delaune, et publiées par livraison. Chaque livraison contiendra 3 cartes et se vendra 6 fr. Les cinq premières sont en vente. Le prix de chaque carte variera selon l'importance de la fabrication. Ce prix, en aucun cas, ne sera inférieur à 2 fr. 50.

Voir, pour plus de détails, p. 6.

V

NOUVELLE CARTE DE FRANCE

AU 1/100,000

DRESSÉE PAR LE SERVICE VICINAL
Par ordre du Ministre de l'Intérieur

Cette carte formera environ 600 feuilles de 28 centimètres sur 38.

L'échelle adoptée se prête à une évaluation prompte des distances.

L'emploi de quatre couleurs, le rouge pour les voies de communication et la population, le bleu pour les cours d'eau, le vert pour les bois et les forêts, le noir pour les autres indications, permet de faire ressortir avec une grande netteté les nombreux renseignements que l'on est en droit de demander à une carte à grande échelle.

Il est essentiel, pour qu'un pareil document ne perde pas de sa valeur au bout d'un certain temps, qu'il représente toujours fidèlement et complètement l'état actuel des voies de communication, en lacunes ou construites. L'organisation du personnel du service vicinal, composé de 5,000 agents répartis sur tout le territoire de la France, permet d'assurer la *mise à jour constante* de la carte au 1/100,000.

Un tableau d'assemblage, tenu à la disposition des personnes qui en feront la demande, indique l'état actuel d'avancement de la carte. 197 planches sont actuellement en vente. D'autres feuilles paraîtront à bref délai et la publication suivra un cours régulier.

Chaque feuille se vend séparément 75 centimes.

On peut se procurer, au prix de 5 francs, un carton spécialement établi pour renfermer les feuilles de la Carte.

LISTE DES FEUILLES PARUES AU 1ᵉʳ OCTOBRE 1885

AIN	....
AISNE	*Chauny, — Château-Thierry, — Fismes, — Guise, — Laon, — Saint-Quentin, — Soissons, — Vervins.*
ALLIER	....
ALPES (BASSES-)	....
ALPES (HAUTES-)	....
ALPES-MARITIMES	....
ARDÈCHE	....
ARDENNES	*Château-Porcien, — Givet, — Hautes-Rivières, — Mezières-Charleville, — Rethel, — Sedan, — Vouziers.*
ARIÈGE	....
AUBE	*Aix-en-Othe, — Arcis-sur-Aube, — Bar-sur-Aube, — Brienne, — Nogent-sur-Seine, — Romilly, — Troyes.*
AUDE	....
AVEYRON	....
BELFORT (territoire de)...	*Belfort, — Guebviller.*
BOUCHES-DU-RHONE	....
CALVADOS	*Bayeux, — Douvres-La Délivrande, — Vire.*
CANTAL	....
CHARENTE	*Confolens, — Mansle, — Ruffec.*
CHARENTE-INFÉRIEURE..	*Aulnay, — Oléron (île d'), — Ré (île de), — Rochefort, — Rochelle (La), — Royan.*
CHER	*Aubigny.*
CORRÈZE	....
CORSE	....
COTE-D'OR	*Beaune Est, — Châtillon-sur-Seine, — Dijon, — Is-sur-Tille, — Montbard Est.*
COTES-DU-NORD	....
CREUSE	*Aubusson, — Bourganeuf, — Souterraine (La).*
DORDOGNE	*Nontron.*
DOUBS	*Audincourt, — Baume-les-Dames, — Montbéliard, — Pontarlier.*
DROME	....

Eure..................	Andelys (Les), — Bernay, — Conches, — Evreux, — Gisors, — Pont-Audemer— Verneuil.
Eure-et-Loir.........	Bonneval, — Chartres, — Châteaudun, — Dreux, — Illiers, — Nogent-le-Rotrou.
Finistère.............	....
Gard..................	....
Garonne (Haute-).....	....
Gers..................	....
Gironde..............	....
Hérault..............	....
Ille-et-Vilaine........	....
Indre.................	Aigurande, — Blanc (Le), — Châtillon-sur-Indre, — Valençay.
Indre-et-Loire........	Amboise, — Chinon, — Loches, — Sainte-Maure, — Tours.
Isère.................	Voiron.
Jura..................	Dôle.
Landes...............	....
Loir-et-Cher..........	Blois Ouest, — Romorantin, — Salbris, — Vendôme.
Loire.................	....
Loire (Haute-)........	....
Loire-Inférieure......	Nantes, — Pornic.
Loiret................	Beaugency, — Ferté-Saint-Aubin (La), — Gien, — Pithiviers.
Lot...................	....
Lot-et-Garonne.......	....
Lozère................	Florac.
Maine-et-Loire.......	Angers, — Cholet, — Doué-la-Fontaine, — Durtal, — Saumur.
Manche...............	Saint-Lô.
Marne................	Châlons-sur-Marne, — Montmirail, — Reims Nord, — Reims Sud, — Sainte-Menehould, — Suippes, — Vertus, — Vitry-le-François.
Marne (Haute-).......	Chaumont, — Langres Est, — Langres Ouest, — Nogent, — Saint-Dizier, — Wassy.

Mayenne................	Evron, — Mayenne.
Meurthe-et-Moselle...	Baccarat, — Château-Salins, — Longuyon, — Lunéville, — Metz, — Nancy, — Sarrebourg, — Pont-à-Mousson, — Thionville.
Meuse.................	Bar-le-Duc, — Commercy, — Montmédy, — Stenay, — Vaucouleurs, — Verdun.
Morbihan..............	....
Nièvre................	....
Nord..................	Avesnes, — Cambrai, — Cateau (Le).
Oise..................	Crépy-en-Valois, — Senlis.
Orne..................	Alençon, — Argentan, — Domfront, — Laigle, — Mortagne.
Pas-de-Calais.........	....
Puy-de-Dome...........	....
Pyrénées (Basses-)....	....
Pyrénées (Hautes-)....	....
Pyrénées-Orientales ..	....
Rhone.................	....
Saone (Haute-)........	Champlitte, — Gray, — Jussey, — Luxeuil, Vesoul.
Saone-et-Loire........	....
Sarthe................	Bonnétable, — Château-du-Loir, — Flèche (La), — Mans (Le) Nord, — Mans (Le) Sud, — Sablé, — Saint-Calais.
Savoie................	....
Savoie (Haute)........	....
Seine.................	Paris Est, — Paris Ouest.
Seine-Inférieure......	Dieppe, — Fécamp, — Havre (Le) Nord, — Havre (Le) Sud, — Pavilly, — Rouen, — Yvetot.
Seine-et-Marne........	Château-Landon, — Fontainebleau, — Meaux, — Melun, — Montereau, — Provins.
Seine-et-Oise.........	Dourdan, — Etampes, — Mantes, — Pontoise.
Sèvres (Deux-)........	Bressuire, — Mothe-Saint-Héraye (La), — Niort, — Parthenay.
Somme.................	....
Tarn..................	....

TARN-ET-GARONNE.......	....
VAR.....................	....
VAUCLUSE...............	....
VENDÉE.................	*Challans, — Chantonnay, — Fontenay-le-Comte, — Herbiers (Les), — Luçon, — Montaigu, — Noirmoutier (Ile de) Nord, — Noirmoutier (Ile de) Sud, — Roche-sur-Yon (La), — Sables-d'Olonne (Les), — Saint-Gilles-sur-Vie, — Yeu (Ile d').*
VIENNE.................	*Châtellerault, — Lussac-les-Châteaux, — Mirebeau, — Montmorillon, — Poitiers Est, — Poitiers Ouest.*
VIENNE (HAUTE-).......	*Bellac, — Limoges, — Rochechouart, — Saint-Yrieix.*
VOSGES................	*Darney, — Épinal, — Gérardmer, — Mirecourt, — Neufchâteau, — Saint-Dié.*
YONNE.................	*Sens, — Tonnerre.*

ATLAS
DU DÉPARTEMENT DE L'AISNE
ET DE SES ABORDS

Composé de 16 feuilles de la Nouvelle carte de France. 1 vol. in-4, cartonné... 15 fr.

ATLAS
DU DÉPARTEMENT DE LA VENDÉE
ET DE SES ABORDS

Composé de 17 feuilles de la Nouvelle carte de France. 1 vol. in-4, cartonné... 15 fr.

CARTE
DES ENVIRONS DE PARIS
D'APRÈS LA CARTE DE FRANCE AU 1/100,000e

Une feuille en couleur... 1 fr.
La même collée sur toile et pliée avec cartons............... 3 fr.

VI

COLLECTION DES GUIDES JOANNE

LES VOLUMES SONT CARTONNÉS EN PERCALINE GAUFRÉE ET CONTIENNENT UN GRAND NOMBRE DE CARTES ET DE PLANS

(Ceux dont le titre n'est pas suivi du nom de l'auteur sont de M. Joanne.)

I. GUIDES DIAMANT

POUR LA FRANCE ET L'ÉTRANGER

FORMAT IN 32

FRANCE

Aix-les-Bains, Marlioz et leurs environs. par le Dr *Maximin Legrand* et *P. Joanne*. 1 vol. 2 fr.
Biarritz et autour de Biarritz, par *Germond de Lavigne*. 1 vol. 2 fr.
Bordeaux, Arcachon, Royan, Soulac-les-Bains. 1 vol. 2 fr.
Boulogne-sur-Mer, Berck, Calais, Dunkerque, par *Michelant*. 1 vol. 2 fr.
Bretagne, avec un appendice sur les îles anglaises de Jersey et de Guernesey. 1 v. 4 fr.
Dauphiné et Savoie. 1 vol. 6 fr.
Dieppe et le Tréport (Ault. — Cayeux-sur-Mer — Le Crotoy — Saint-Valery-sur-Somme). 1 vol. 2 fr.
Eaux minérales des Vosges (Vittel) — Contrexeville — Plombières — Bains — Luxeuil — Bourbonne — Gerardmer), par *Am. Bouloumié*, 1 vol. 3 fr.
Environs de Paris. 1 vol. 2 fr. 50
France. 1 vol. 6 fr.
Le Havre, Étretat, Fécamp, Saint-Valery-en-Caux, Yport. 1 vol. 2 fr.
Lyon et ses environs. 1 vol. 2 fr.
Marseille et ses environs, par *Alfred Saurel*. 1 vol. 2 fr.
Mont-Dore (Le) et les eaux mirales d'Auvergne (La Bourboule — Châtelguyon — Royat — Saint Nectaire—Saint-Alyre). 1 vol. 2 fr.
Normandie. 1 vol. 4 fr. 50
Paris. 1 vol. 5 fr.
Paris, en anglais. 3 fr. 50
Pyrénées. 1 vol. 5 fr.
Stations d'hiver (les) de la Méditerranée. 1 vol. 5 fr.
Trouville et les bains de mer du Calvados (Trouville—Deauville—Honfleur — Villerville — Villers-sur-Mer — Houlgate — Beuzeval — Dives — Cabourg — Lion-sur-Mer — Langrune—Saint-Aubin — Courseulles — Asnelles — Arromanches — Port-en-Bessin). 1 vol. 2 fr.
Vals et le Vivarais, par *Chaballier* 1 vol. 2 fr.
Vichy et ses environs, par *L. Piesse*, 1 vol. 2 fr.
Vosges, Alsace et Lorraine. 1 vol. 5 fr.

ÉTRANGER

Belgique. 1 vol. 5 fr.
Espagne et Portugal, par *Germond de Lavigne*. 1 vol. 5 fr.
Hollande et Bords du Rhin. 1 vol. 5 fr.
Italie et Sicile. 1 vol. 6 fr.
Londres et ses environs, par *Louis Rousselet*. 1 vol. 5 fr.
Rome et ses environs. 1 vol. 6 fr.
Suisse. 1 vol. 6 fr.
Autriche-Hongrie, Tyrol, Bavière méridionale. 1 vol. 6 fr.

II. GRANDS GUIDES
POUR LA FRANCE ET L'ÉTRANGER

FORMAT IN-16

FRANCE ET ALGÉRIE

Itinéraire général de la France, par *Ad.* et *P. Joanne*. 15 vol. qui se vendent séparement :

- **Paris illustré**. 1 vol. — 15 fr.
- **Environs de Paris illustrés**. 1 vol. — 10 fr.
- **Jura et Alpes françaises**. 1 vol. — 15 fr.
- **Provence**. 1 vol. — 7 fr. 50
- **Corse**. 1 vol. — 5 fr.
- **Auvergne, Morvan, Velay**. 1 vol. — 10 fr.
- **La Loire**. 1 vol. — 7 fr. 50
- **De la Loire à la Gironde**. 1 vol. — 7 fr. 50
- **Pyrénées**. 1 vol. — 15 fr.
- **Gascogne et Languedoc**. 1 vol. — 7 fr. 50
- **Cévennes**. 1 vol. — 7 fr. 50
- **Bretagne**. 1 vol. — 10 fr.
- **Normandie**. 1 vol. — 12 fr.
- **Nord**. 1 vol. — 9 fr.
- **Champagne et Ardennes**. 1 vol. — 7 fr. 50

Guide du voyageur en France, par *Richard*. 1 vol. — 12 fr.
Fontainebleau, son palais, ses jardins. 1 vol. — 3 fr.
De Paris à Bordeaux. 1 vol. — 4 fr. 50
De Paris à Lyon. 1 vol. — 5 fr.
De Lyon à la Méditerranée, par *P. Joanne* et *J. Ferrand*. 1 vol. — 5 fr.
De Paris à la Méditerranée, comprenant de Paris à Lyon, par *P. Joanne*, et de Lyon à la Méditerranée, par *P. Joanne* et *J. Ferrand*. 1 vol. — 9 fr.
Atlas du Chemin de fer de Marseille à Gênes. 1 vol. petit in-8, avec 27 gravures, cartes ou plans, broché. — 1 fr. 50
Algérie, Tunisie et Tanger, par *L. Piesse*. 1 vol. — 15 fr.

ÉTRANGER

Espagne et Portugal, par *Germond de Lavigne*. 1 vol. — 18 fr.

Europe (Guide aux bains d'), par *Ad. Joanne* et le docteur *A. Le Pileur*. 1 vol. — 12 fr.

Italie et Sicile, par *A. J. Du Pays* et *P. Joanne*. 3 vol. qui se vendent séparément :
- *Italie du Nord*. 1 vol. — 12 fr.
- *Italie du Centre*. 1 vol. — 12 fr.
- *Italie méridionale et Sicile*. 1 vol. — 15 fr.

Orient, par le Dr *E. Isambert* et *Ad. Chauvet*. 3 vol. qui se vendent séparement :
- *Grèce et Turquie d'Europe*. 1 vol. (Epuisé, en réimpression).
- *Malte, Egypte, Nubie, Abyssinie, Sinaï*. 1 volume. — 30 fr.
- *Syrie et Palestine*. 1 vol. et un atlas. — 36 fr.

Suisse, Mont-Blanc, Chamonix et vallées italiennes. 2 vol. — 15 fr.

III. GUIDES ET CARTES

POUR LES VOYAGEURS PAR DIVERS AUTEURS:

Besson : *Évian-les-Bains*, guide du baigneur et du touriste. 1 vol. in-16, br.   2 fr.

Carte de France, dressée sous la direction de M. *Vivien de Saint-Martin*, à l'échelle de 1/1 250 000, indiquant le relief du sol, les voies de communication, les chemins de fer, les routes et canaux, les divisions administratives, etc. 4 feuilles gravées sur cuivre.   15 fr.

La même carte, collée sur toile et pliée dans un étui.   20 fr.

Carte des chemins de fer français (1885) 1 feuille de 80 cent. de hauteur sur 1 mètre 5 cent. de largeur, collée sur toile.   7 fr.

La même carte, imprimée sur calicot. 5 fr.

Cartes des départements de la France, par *Joanne*. 86 cartes imprimées en couleur; prix de chaque carte pliée et cartonnée,   50 c.

Les mêmes, en feuilles.   25 c.

Carte des environs de Paris, collée sur toile pliée et cartonnée.   3 fr.

Carte des environs de Paris (est) pliée et cartonnée.   1 fr.

Carte des environs de Paris (ouest), pliée et cartonnée. 1 fr.

Carte des environs de Rouen, pliée et cartonnée,   2 fr.

Ces 4 cartes sont extraites de la carte de France au 1/100000e dressée par le service vicinal, sous la direction de M. *Anthoine*, ingénieur.

Carte de la forêt de Fontainebleau et de ses environs, dressée par le service vicinal de la carte de France au 1/100,000e, collée sur toile pliée et cartonnée.   2 fr. 50

Carte des plages de Normandie, de Cabourg à Yport, dressée par le service vicinal de la carte de France au 1/100,000e, collée sur toile pliée et cartonnée.   3 fr.

Carte de l'Algérie, dressée à l'échelle de 1/1,000,000e, par le commandant *Niox*, d'après les documents publiés par le ministre de la guerre, et des travaux inédits. 1 feuille.   2 fr.

Carte des Pyrénées centrales, avec les grands massifs du versant espagnol, par *Fr. Schrader*, collée sur toile et cartonnée.   3 fr.

Carte de la Suisse, dressée par M. *Vivien de Saint-Martin*, donnant l'altitude des principaux passages et sommets. 1 feuille gravée sur cuivre, collée sur toile, pliée et cartonnée   6 fr.

Carte de la Syrie, dressée par M. *Thuillier*, dessinateur-géographe sous la direction de MM. Rey et Chauvet, 2 feuilles collées sur toile, qui se vendent séparément, chacune.   10 fr.

I. *Carte du Nord de la Syrie*. 1 feuille de 92 centimètres de hauteur sur 64 centimètres de largeur.

II. *Carte de la Palestine et du Liban*, comprenant en outre les régions situées à l'est de l'Anti-Liban, du Jourdain et de la mer Morte. 1 feuille de 1m,04 de hauteur sur 75 centimètres de largeur.

IV. GUIDES DIAMANT
DE LA CONVERSATION

FORMAT IN-32

Chaque guide contient deux petites grammaires et deux petits vocabulaires des mots les plus usuels.

Français-allemand. 1 vol.   3 fr.
Français-anglais. 1 vol.   3 fr.
Français-italien. 1 vol.   3 fr.
Français-espagnol. 1 vol.   3 fr.

FORMAT PETIT IN-32

Français-anglais. 1 vol.   1 fr. 50

VII
VOYAGES

§ I. NOUVELLE COLLECTION FORMAT IN-16
AVEC GRAVURES ET CARTES

Chaque vol. : broché, **4 fr.** — Relié en percaline, tr. rouges, **5 fr. 50**

About (Ed.): *La Grèce contemporaine*; 8e édition. 1 vol. avec 24 gravures.

Albertis (d'): *La Nouvelle-Guinée*, traduit de l'anglais par Mme Trigant. 1 vol. avec 64 gravures et 2 cartes.

Amicis (de): *Constantinople*, traduit de l'italien par Mme J. Colomb; 3e édition. 1 vol. avec 24 gravures.
— *L'Espagne*, traduit par la même; 3e édition. 1 vol. avec 24 gravures.
— *La Hollande*, traduit par F. Bernard; 3e édit. 1 vol. avec 24 grav.

Belle (H.): *Trois années en Grèce*. 1 vol. avec 32 gravures et 1 carte.

Cameron (V.-L): *Notre future route de l'Inde*. 1 vol. avec 29 gravures.

Cotteau (E.): *De Paris au Japon à travers la Sibérie* Voyage exécuté du 6 mai au 7 août 1881. 2e édit. 1 vol. avec 28 gravures et 3 cartes.
— *Un touriste dans l'extrême Orient*. Japon, Chine, Indo-Chine. 2e édit. 1 vol. avec 38 grav. et 3 cartes.

Daireaux (E.): *Buenos-Ayres, la Pampa et la Patagonie*; 2e édition. 1 vol. avec 24 gravures et 1 carte.

David (l'abbé): *Journal de mon troisième voyage d'exploration dans l'Empire chinois*. 2 vol. avec 32 gravures et 3 cartes.

Fonvielle (W. de): *Les affamés du pôle Nord*, récit de l'expédition du major Greely, d'après les journaux américains. 1 vol. avec 19 grav. et 1 carte.

Garnier (F.): *De Paris au Tibet*. 1 vol. avec 30 gravures et 1 carte.

Hübner (baron de): *Promenade autour du monde*; 7e édition. 2 vol. avec 48 gravures.

Lamothe (de): *Cinq mois chez les Français d'Amérique*. Voyage au Canada et à la Rivière Rouge du Nord, 2e édition. 1 vol. avec 24 gravures et une carte.

Largeau (V.): *Le Pays de Rirha-Ouargla*. Voyage à Radames. 1 vol. avec 12 gravures et une carte.

Largeau (V.): *Le Sahara algérien; les Deserts de l'Erg*; 2e édition. 1 vol. avec 17 gravures et 3 cartes.

La Selve (E.): *Le Pays des nègres* Voyage à Haïti 1 vol. avec 24 gravures et une carte.

Leclercq (J.): *Voyage au Mexique; de New-York à Vera-Cruz par terre*. 1 vol. avec 36 grav. et 1 cart.

Marche (A.): *Trois voyages dans l'Afrique occidentale*. Sénégal, Gambie, Casamance, Gabon, Ogooué; 2e édition 1 vol. avec 24 gravures et une carte.

Markham. *La Mer glacée du pôle; souvenirs d'un voyage sur l'Alerte (1875-1876)*, traduit de l'anglais par Frédéric Bernard. 1 vol. avec 32 gravures et 2 cartes.

Montano (Dr): *Voyage aux Philippines*. 1 vol. avec gravures et carte.

Montégut (E.): *En Bourbonnais et en Forez*; 2e édit. 1 vol. avec 24 grav.
— *Souvenirs de Bourgogne*; 2e édition. 1 vol. avec 24 gravures.

Pfeiffer (Mme): *Voyage d'une femme autour du monde*, 5e édition. 1 vol. avec 42 gravures et une carte.
— *Mon second voyage autour du monde*; 4e édition. 1 vol. avec 32 gravures et une carte.
— *Voyage à Madagascar*. 1 vol. avec 24 gravures et une carte.

Piétri (le capit.): *Les Français au Niger*. 1 vol. avec 28 gravures.

Reclus (A.): *Panama et Darien. Voyages d'exploration (1876-1878)*. 1 vol. avec 60 gravures et 4 cartes.

Reclus (E.): *Voyage à la Sierra-Nevada de Sainte-Marthe. Paysages de la nature tropicale*, 2e édition. 1 vol. avec 21 gravures et 1 carte.

Simonin (L.): *Le Monde américain*; 3e édition. 1 vol. avec 24 gravures.

Taine (H.), de l'Académie française : *Voyage en Italie ;* 4ᵉ édition. 2 vol. avec 48 gravures.
— *Voyage aux Pyrénées ;* 10ᵉ édition. 1 vol. avec 24 gravures.
— *Notes sur l'Angleterre ;* 7ᵉ édition. 1 vol. avec 24 gravures.

Weber (de) : *Quatre ans au pays des Boërs.* 1 vol. avec 25 gravures et une carte.
Wey (Fr.) *Dick Moon en France.* 2ᵒ édition. 1 vol. avec 24 gravures.

§ II

FORMATS DIVERS

Abbadie (Arnaud d') : *Douze ans de séjour dans la Haute-Éthiopie* (*Abyssinie*). Tome Iᵉʳ. 1 vol. in-8. 7 fr. 50

Agassiz (M. et Mᵐᵉ) : *Voyage au Brésil,* traduit de l'anglais, par F. Vogeli et abrégé par J. Belin de Launay. 1 vol. in-16, avec 16 gravures et 1 carte. 2 fr. 25
Le même ouvrage, avec 4 gravures. 1 vol. 1 fr. 25

Amicis (de) : *Constantinople.* 1 vol. gr. in-8, avec 183 gravures. 15 fr.
— *Le Maroc.* 1 vol. in-4, avec 200 gravures. 30 fr.
— *Souvenirs de Paris et de Londres,* 1 vol. in-16. 3 fr. 50

Augé : *Voyage aux sept merveilles du monde.* 1 vol. in-16, avec 21 gravures. 2 fr. 25

Aunet (Mᵐᵉ L. d') : *Voyage d'une femme au Spitzberg.* 1 vol. in-16, avec 34 gravures. 2 fr. 25
Le même, avec 4 grav. 1 vol. 1 fr. 25

Baines (Th.) : *Voyages dans le sud-ouest de l'Afrique,* traduits et abrégés par J. Belin de Launay. 1 vol. in-16, avec 22 grav. et 1 carte. Prix. 2 fr. 25
Le même, avec 4 gravures 1 fr. 25

Baker (W.) : *Découverte de l'Albert N'yanza,* traduit de l'anglais par Gustave Masson 1 vol. in-8, avec 8 gravures et 2 cartes.
Épuisé, sera réimprimé.
Le même ouvrage, abrégé par J. Belin de Launay. 1 vol. in-16, avec 16 gravures et 2 cartes. 2 fr. 25
Le même, avec 4 gravures. 1 fr. 25
— *Ismaïlia.* Récit d'une expédition dans l'Afrique centrale pour l'abolition de la traite des noirs, traduit par H. Vattemare. 1 vol. in-8, avec 56 grav. et 2 cartes. 10 fr.

Baldwin : *Du Natal Zambèse.* (1861-1866.) Récits de chasse. Traduction de Mᵐᵉ Henriette Loreau, abrégée par J. Belin de Launay. 1 vol. in-16, avec 14 grav. et 1 carte. 2 fr. 25
Le même avec 4 gravures. 1 fr. 25

Blunt (Lady) : *Voyage en Arabie.* Pèlerinage au Nedjed, berceau de la race arabe. Tome Iᵉʳ. 1 vol. in-8, avec 60 gravures. 10 fr.

Bousquet : *Le Japon de nos jours et les échelles de l'Extrême Orient* 2 v. in-8, avec 3 cartes. 15 fr.

Burton (le C.) : *Voyage aux grands lacs de l'Afrique orientale,* traduit de l'anglais par Mᵐᵉ H. Loreau. 1 vol. in-8, avec 37 gravures.
Épuisé, sera réimprimé.
— *Voyages a la Mecque, aux grands lacs d'Afrique et chez les Mormons,* abrégés par J. Belin de Launay. 1 vol. in-16, avec 12 gravures et 3 cartes. 2 fr. 25
Le même, avec 4 gravures. 1 fr. 25

Cameron (le commandant) : *A travers l'Afrique.* Voyage de Zanzibar à Benguela, trad. de l'anglais par Mᵐᵉ Loreau. 1 vol. in-8, avec 139 grav., 1 carte et 4 fac-similé. Prix. 10 fr.

Crevaux (Dʳ) : *Voyages dans l'Amérique du Sud,* 1 volume in-4, avec 253 gravures, 4 cartes et 6 fac-similés. 50 fr.

Dixon : *La Russie libre,* traduit de l'anglais par Em. Jonveaux. 1 vol. in-8, avec 75 grav. et 1 carte. 10 fr.

Dixon: *La Conquête blanche*, traduit par H. Vattemare. 1 vol. in-8, avec 118 gravures. 10 fr.

Du Camp: *Le Nil; Egypte et Nubie*. 1 vol. in-16. 3 fr. 50

Duveyrier (H.) : *La Tunisie*. 1 vol. in-8. 2 fr.

Estournelles de Constant (d') : *La Vie de province en Grèce*. 1 volume in-16. 3 fr. 50

Gallieni (le commandant) : *Voyage au Soudan français* (Haut Niger et pays de Ségou; 1879-1881). 1 vol. avec 140 gravures, 2 cartes et 15 plans. 15 fr.

Garnier (F.) : *Voyage d'exploration en Indo-Chine*. 2 vol. in-4, contenant 158 gravures sur bois, avec 1 atlas in-folio cartonné, renfermant 12 cartes, 10 plans, 2 eaux-fortes, 10 chromo-lithographies, 4 lithographies à 3 teintes et 31 lithographies à 2 teintes. 200 fr.
— *Voyage d'exploration en Indo-Chine* effectué par une commission française présidée par le capitaine de frégate Doudart de Lagrée. Relation empruntée au journal *Le Tour du Monde*, revue et annotée par Léon Garnier. 1 vol. avec 211 grav. et 2 cartes. 15 fr.
Le même ouvrage, sur papier de Chine 80 fr.

Gobineau (comte de) : *Trois ans en Asie* (1856-1858). 1 vol. in-8. 3 fr.

Gourdault (J.) : *Voyage au pôle nord des navires la Hansa et la Germania*, rédigé d'après les relations officielles. 1 vol. in-8, avec 80 gravures et 3 cartes. 10 fr.
— *L'Italie*, description de toute la péninsule depuis les passages alpestres exclusivement, jusqu'aux regions extrêmes de la grande Grèce. 1 beau vol. in-4, avec 400 gravures. 50 fr.
— *La Suisse*. Etudes et voyages à travers les 22 cantons. 1re partie : cantons de Genève, Vaud, Valais, Berne, Unterwalden, Lucerne, Zug, Schwyz et Uri. 1 vol. in-4 avec 450 gravures. 50 fr.
— 2e partie : Cantons d'Appenzell, Argovie, Bâle, Fribourg, Glaris, Grisons, Neuchâtel, Saint-Gall, Schaffouse, Soleure, Tessin, Thurgovie et Zurich. 1 vol. in-4 avec 375 gravures. 50 fr.
Ouvrage couronné par l'Académie française.

Gourdault (J.) : *La Suisse pittoresque*. 1 vol. in-8, avec gravures. 3 fr.
— *L'Italie pittoresque*. 1 vol. in-8, avec gravures. 3 fr.
— *Rome et la campagne romaine*. 1 vol. in-8 avec gravures. 3 fr.

Grandidier : *Histoire physique, naturelle et politique de Madagascar*. Environ 28 vol. grand in-4, avec 500 planches en coul. et 700 planches en noir. En cours de publication, par livraisons.
Demander le prospectus.

Hayes (le Dr) : *La mer libre du pôle*, voyage de découvertes dans les mers arctiques (1860-1864), traduit de l'anglais par M. F. de Lanoye. 1 vol. avec 70 gravures et 3 cartes. Epuisé, sera réimprimé.
Le même ouvrage, abrégé par J. Belin de Launay. 1 vol. in-16, avec 14 grav. et 1 carte. 2 fr. 25
Le même, avec 4 gravures. 1 fr. 25
— *La terre de désolation*, excursion d'été au Groënland, trad. par J.-M.-L. Reclus. 1 vol. in-8, avec 430 gravures et 1 carte. 10 fr.
Le même ouvrage, sur papier de Chine 25 fr.

Hervé et de Lanoye : *Voyage dans les glaces du pôle arcticque*. 1 vol. in-16, avec 40 gravures 2 fr. 25

Hübner (le baron de) : *Promenade autour du monde* (1871). Nouvelle édition. 1 vol. in-4, avec 316 gr. 50 fr.

Hugo (Victor) : *Le Rhin*. 3 volumes in-16. 10 fr. 50

Kanitz : *La Bulgarie danubienne et le Balkan*, études de voyage (1860-1880). Edition française. 1 vol. in-8, avec 100 grav. et 1 carte. 25 fr.

Kœchlin-Schwartz: *Un touriste en Laponie*. 1 vol. in-16. 3 fr. 50

Kraft (H.) *Souvenirs de notre tour du monde*. 1 vol. in-8 avec 24 phototypies et 5 cartes. 15 fr.

Lamartine : *Voyage en Orient*. 2 vol. in-8, avec gravures sur acier. 15 fr.
Le même ouvrage, sans gravures. 2 vol. in-16. 7 fr.

Lanoye (F. de) : *Le Nil et ses sources*. 1 vol. in-16, avec 32 gravures et cartes. 2 fr. 25
Le même, avec 4 gravures. 1 fr. 25

— *La Sibérie*. 1 vol. in-16, avec 48 gravures. 2 fr. 25

— *La mer polaire*, voyage de *l'Erèbe* et de *la Terreur*, et expédition à la recherche de Franklin. 1 vol. in-16, avec 29 gravures et des cartes. 2 fr. 25

Laure (Mme D.-F.) : *De Marseille à Shang-Haï et Yédo*. Récits d'une Parisienne. 1 volume in-16 avec 1 carte. 3 fr. 50

Legrelle : *Le Volga*. Notes sur la Russie. 1 vol. in-16. 3 fr. 50

Lejean (G.) : *Voyage en Abyssinie*. 1 vol. in-4 et atlas. 20 fr.

Le Tour du monde. (Voyez p. 3.) *Table décennale du Tour du monde* (1860-1869). Brochure in-4. 1 fr.

Lenthéric. *La région du Bas-Rhône*. 1 vol. in-16. 3 fr. 50

Liégeard (Stéphen) : *Vingt journées d'un touriste au pays de Luchon*. 1 vol. in-16. 3 fr. 50

— *A travers l'Engadine, la Valteline, le Tyrol du Sud et les lacs de l'Italie supérieure*. 1 vol. in-16. 3 fr. 50

— *Une visite aux Monts-Maudits* (ascension du Néthou). 1 vol. in-16. 1 fr.

Livingstone (David) : *Explorations dans l'intérieur de l'Afrique australe*, traduit de l'anglais par Mme H. Loreau. 1 vol. in-8, avec 45 gravures et 2 cartes. 10 fr.

— *Dernier journal*, voyage au centre de l'Afrique (1866-1873), suivi du récit des derniers moments de l'illustre voyageur et du transport de ses restes. Traduit par Mme H. Loreau. 2 vol. in-8, avec 45 gravures et 2 cartes. 20 fr.
Le même ouvrage, abrégé par J. Belin de Launay. 1 vol. in-16, avec 14 gravures et 1 carte, 2 fr. 25
Le même, avec 4 gravures. 1 fr. 25

Livingstone (David et Charles) : *Explorations du Zambèse et de ses affluents*, et découverte des lacs Chiroua et Nyassa (1858-1864), traduit de l'anglais par Mme H. Loreau. 1 vol. in-8 avec 47 gravures et 4 cartes. 10 fr.
Le même ouvrage, abrégé par J. Belin de Launay. 1 vol. in-16, avec 20 gr. et 1 carte. 2 fr. 25
Le même, avec 4 gravures. 1 fr. 25

Long (le commandant de) : *Voyage de la Jeannette*, journal de l'expédition, édité par les soins de la veuve de l'auteur, et traduit de l'anglais par M. Frédéric Bernard. 1 vol. in-8 avec 62 gravures et 10 cartes. 10 fr.

Lortet (Dr) : *La Syrie d'aujourd'hui*. 1 vol. in-4 avec 350 gravures et 5 cartes. 50 fr.

Mage (le L.) : *Voyage dans le Soudan occidental* (Sénégambie et Niger, 1866-1868). Edition abrégée par J. Belin de Launay. 1 vol. in-16, avec 16 gravures et 1 carte. 2 fr. 25
Le même, avec 4 gravures. 1 fr. 25

Marbeau : *Slaves et Teutons*, notes et impressions de voyage. 1 vol. in-16. 3 fr. 50

Marcoy (Paul) : *Voyage à travers l'Amérique du Sud*, de l'océan Atlantique à l'océan Pacifique. 2 vol. in-4, avec 626 gravures et 20 cartes. 50 fr.

Marmier (X.), de l'Académie française : *Lettres sur le Nord*. 1 vol. in-16. 3 fr. 50

— *Un été au bord de la Baltique et de la mer du Nord*. 1 vol. in-16. 3 fr. 50

— *De l'Est à l'Ouest*. 1 volume in-16. 3 fr. 50

— *Nouveaux récits de voyages*. 1 vol. in-16 3 fr. 50

Mas (S. de) : *La Chine et les puissances chrétiennes*. 2 v. in-16. 2 fr. 50

Milton et Cheadle : *Voyage de l'Atlantique au Pacifique*, à travers le Canada, les montagnes Rocheuses et la Colombie anglaise, traduit de l'anglais par J. Belin de Launay. 1 vol. in-8, avec 22 gravures et 2 cartes. 10 fr.
Le même ouvrage, édition abrégée. 1 vol. in-16 avec 16 gravures et 2 cartes. 2 fr. 25
Le même, avec 4 gravures. 1 fr. 25

Molinari (G. de) : *Lettres sur les États-Unis et le Canada.* 1 volume in-16. 3 fr. 50

Montégut (Emile) : *L'Angleterre et ses colonies australes* (Australie, — Nouvelle-Zélande, — Afrique australe). 1 vol. in-16. 3 fr. 50

Mouhot (Charles) : *Voyage dans les royaumes de Siam, de Cambodge et de Laos.* 1 vol. in-16, avec 28 gravures et une carte. 2 fr. 25

Le même, avec 4 gravures. 1 fr. 25

Nachtigal (Dr) : *Sahara et Soudan*, traduit de l'anglais. Tome Ier : Tripolitaine, Fezzan, Tibesti, Kanen, Borkou et Bornou. 1 vol. in-8, avec 99 gravures et 1 carte. 10 fr.

Nares : *Un voyage à la mer polaire*, traduit de l'anglais. 1 vol. in-8, avec 62 gravures. 10 fr.

Nordenskiöld : *Voyage de la Vega autour de l'Asie et de l'Europe*, traduit du suédois. 2 vol., avec 293 gravures sur bois, 3 gravures sur acier et 18 cartes. 30 fr.

Palgrave (W. G.) : *Une année de voyage dans l'Arabie centrale* (1861-1863), traduit de l'anglais par E. Jonveaux. 2 vol. in-8, avec 1 carte et 4 plans. 10 fr.

Le même ouvrage, abregé par J. Belin de Launay. 1 vol. in-16, avec 12 gravures et 1 carte. 2 fr. 25

Le même, avec 4 gravures. 1 fr. 25

Payer (le lieutenant) : *L'expédition du Tegetthof*, voyage de découvertes aux 80º-83º degrés de latitude nord, traduit de l'allemand par J. Gourdault. 1 vol. in-8, avec 68 gravures et 2 cartes. 10 fr.

Perron d'Arc : *Aventures d'un voyageur en Australie.* 1 vol. in-16, avec 25 gravures. 2 fr. 25

Pey : *L'Allemagne d'aujourd'hui.* 1861-1881. 1 vol. in-16. 3 fr. 50

Pfeiffer (Mme) · *Voyages autour du monde.* abrégés par J. Belin de Launay. 1 vol. in-16, avec 16 grav. et 1 carte. 2 fr. 25

Le même, avec 4 gravures. 1 fr. 25

Piassetsky : *Voyage à travers la Mongolie et la Chine*, traduit du russe. 1 vol., avec 80 gravures et 1 carte. 10 fr.

Prjéwalski : *Mongolie et pays des Tangoutes* Voyage de trois années dans l'Asie centrale, traduit du russe par G. Du Laurens. 1 vol. in-8, avec 42 grav. et 4 cartes. 10 fr.

Raynal (F.-E.) : *Les naufragés, ou vingt mois sur un récif des îles Auckland*, récit authentique. 1 vol. in-8, avec 40 grav. et une carte. 10 fr.

Ouvrage couronné par l'Académie française

Rousselet (L.) : *L'Inde des Rajahs.* Voyages dans l'Inde centrale et dans les présidences de Bombay et du Bengale : 2e édit. 1 vol. in-4, avec 517 grav. et 5 cartes. 50 fr.

Rousset : *A travers la Chine.* 1 vol. in-16. 3 fr. 50

Schweinfurth (G.) : *Au cœur de l'Afrique.* Voyages et découvertes dans les régions inexplorées de l'Afrique centrale de 1868 à 1871, traduit de l'anglais, par Mme H. Loreau. 1 vol. in-8, 139 grav. et 2 cartes. 20 fr.

Le même ouvrage, édition abrégée, par J. Belin de Launay. 1 vol. in-16 avec 16 grav. et 1 carte. 2 fr. 25

Le même, avec 4 gravures. 1 fr. 25

Serpa Pinto (le major) : *Comment j'ai traversé l'Afrique*, traduit sur l'édition anglaise et collationné avec le texte portugais. 2 vol. in-8, avec 160 gravures. 20 fr.

Simonin : *Les grands ports de commerce de la France.* 1 volume in-16. 3 fr. 50

— *Les ports de la Grande-Bretagne.* 1 vol. in-16. 3 fr. 50

Speke : *Journal de la découverte des sources du Nil.* 1 vol. in-8, avec 3 cartes et 78 gravures d'après les dessins du capitaine Grant. 10 fr.

Le même ouvrage, édition abrégée par J. Belin de Launay. 1 vol. in-16, avec 24 gravures et 3 cartes. 2 fr. 25

Le même, avec 4 gravures. 1 fr. 25

Stanley (H.) : *Comment j'ai retrouvé Livingstone*, traduit de l'anglais par Mme H. Loreau. 1 vol. in-8, avec 60 gravures et 6 cartes. 10 fr.

Le même ouvrage, édition abrégée, par J. Belin de Launay. 1 vol. in-16 avec 16 grav. et 1 carte. 1 fr. 25

Le même, avec 4 gravures. 1 fr. 25

— *A travers le continent mystérieux, ou les sources du Nil, les grands lacs de l'Afrique équatoriale, le fleuve Livingstone et l'océan Atlantique*, Voyage traduit sous la direction de Mme H. Loreau. 2 vol. in-8, avec 150 gravures et 9 cartes. 20 fr.

Taine (H.) : *Voyage aux Pyrénées*; 2e édit. 1 vol. in-8, tiré sur papier teinté; avec 350 gravures d'après les dessins de Gustave Doré. 10 fr.

Thomson (J.) : *Dix ans de voyages dans la Chine et l'Indo-Chine*, traduit de l'anglais, par A. Talandier et Vattemare. 1 vol. in-8, avec 128 gravures. 10 fr.

Thomson (W.) : *Les abîmes de la mer*. Récits des croisières du *Porc-Epic* et de l'*Eclair* et des résultats obtenus par les dragages faits à bord de ces navires en 1868, 1869, 1870, traduit de l'anglais par le Dr Lortet. 1 vol. in-8, avec 94 gravures. 15 fr.

Trémaux (P.) : *Voyage en Egypte et en Ethiopie*. 1 vol. in-8. 4 fr.

— *Voyage au Soudan*. 1 vol. in-8. 4 fr.

Ujfalvy-Bourdon (Mme de) · *De Paris à Samarkand, le Ferghanah, le Kouldja et la Sibérie occidentale*. 1 vol. in-4, avec 273 gravures et 5 cartes. 50 fr.

Vambéry : *Voyages d'un faux derviche dans l'Asie centrale, de Téhéran à Khiva, à Bokhara et à Samarcand, par le grand désert Turkoman*, traduit de l'anglais par M. E -D. Forgues. 4 vol. in-8, avec 31 gravures et une carte. 20 fr.

Le même ouvrage, abrégé par J. Belin de Launay. 1 vol. in-16, avec 18 gravures et une carte. 2 fr. 25

Le même, avec 4 gravures. 1 fr. 25

Viardot (L.) : *Espagne et beaux-arts* 1 vol. in-16. 3 fr. 50

Wey (Fr.) : *Rome, description et souvenirs*, 5e édit. 1 vol. in-4, avec 370 grav. et un plan de Rome. 50 fr.

— *Rome italienne*. Chapitre complémentaire. 1 vol. in-4. 5 fr.

Whymper (E.) : *Escalades dans les Alpes*, traduit de l'anglais par Ad. Joanne. 1 vol. in-8, avec 75 gravures. 10 fr.

Whymper (Fr.) : *Voyages et aventures dans l'Alaska*, traduit de l'anglais par M. Emile Jonveaux. 1 vol. in-8, avec 37 gravures et 1 carte. 10 fr.

Wiener : *Pérou et Bolivie. Récit de voyage, suivi d'études archéologiques et ethnographiques*. 1 vol. in-8, avec plus de 1100 gravures, 27 cartes et 18 plans. 25 fr.

Yriarte (Ch.) : *Les bords de l'Adriatique (Venise, l'Istrie, le Quarnero, la Dalmatie, le Montenegro et la rive italienne)*. 1 vol. in-4, avec 257 gravures. 50 fr.

Zurcher et **Margollé** : *Les ascensions célèbres aux plus hautes montagnes du globe*. 1 vol. in-16, avec 39 gravures. 2 fr. 25

VIII

GÉOGRAPHIE

ET

OUVRAGES DIVERS

Boissière : *L'Algérie romaine.* 2 vol. in-16. 7 fr.

Carapanos : *Dodone et ses ruines.* 1 vol. in-4, avec un album. 75 fr.

Club alpin-français : *Annuaire de 1884.* 1 vol. in-8, avec gravures et cartes. 18 fr.

Cortambert (Richard) : *Voyage pittoresque a travers le monde.* 1 vol. in-8, avec 81 gravures. 5 fr.
— *Mœurs et caractères des peuples.* (Europe, Afrique.) Morceaux extraits de divers auteurs. 1 vol. in-8, avec 60 gravures. 5 fr.
— *Mœurs et caractères des peuples.* (Asie, Amerique et Oceanie. 1 vol. in-8, avec 60 gravures. 5 fr.

Daubrée : *La mer et les continents.* 1 vol. in-18. 25 c.

Delon : *Cent tableaux de géographie pittoresque.* 1 vol. in-4, avec 234 gravures, cart. 4 fr.

Desjardins (Ernest), membre de l'Institut, maître de conferences a l'Ecole normale superieure : *Atlas géographique de l'Italie ancienne,* composé de 7 cartes et d'un dictionnaire de tous les noms qui y sont contenus, avec l'indication de leurs positions et les renvois aux cartes de l'atlas. In-folio, demi-reliure. 4 fr.
— *Geographie historique et administrative de la Gaule romaine.* 4 vol. grand in-8 jesus. Ouvrage contenant une carte d'ensemble de la Gaule romaine, des cartes, eaux-fortes et gravures en couleurs tirées à part, et des gravures intercalees dans le texte.

Tome I. — *Introduction et géographie physique comparée :* Epoque romaine : epoque actuelle. 1 vol. grand in-8 avec cartes. 20 fr.

Tome II. — *La conquête,* avec cartes et gravures. 1 vol. grand in-8. 20 fr.

Tome III. — *Organisation de la conquête : la province, la cité.* 1 vol. avec 21 planches, dont 10 cartes en couleurs, 2 gravures en taille-douce, 1 photogravure et 21 figures dans le texte. 20 fr.

L'ouvrage comprendra quatre volumes qui seront vendus séparément, ainsi que la grande carte comparée de la Gaule romaine.
Le Tome IV est sous presse

— *Table de Peutinger,* d'après l'original conservé a Vienne, precedee d'une introduction historique et critique, et accompagnee : 1° d'un index alphabetique des noms et de la carte originale avec les lectures des editions précédentes; 2° d'un texte donnant, pour chaque nom, le depouillement des auteurs anciens, des inscriptions, des medailles et le resumé des discussions touchant son emplacement; 3° d'une carte de redressement, comprenant tous les noms à leur place et identifies, quand cela est possible, avec les localites modernes correspondantes; 4° d'une seconde carte retablissant la conformité des indications générales de la table avec les connaissances présumées des Romains sous Auguste (*Orbis pictus d'Agrippa*). L'ouvrage complet forme 18 livraisons in-folio, du prix de 10 fr. chacune.

La *Table de Peutinger*, dont l'original unique est conservé à la bibliothèque impériale de Vienne, est la copie faite au treizième siècle d'un document beaucoup plus ancien, remontant même, très certainement, à l'époque de l'empire romain et à la période comprise entre Auguste et les fils de Constantin Cette carte représente l'*Orbis Romanus*. La copie du treizième siècle est exécutée sur onze feuilles de parchemin Elle représente les régions provinciales, les provinces, les peuples et le réseau des routes de l'empire au quatrième siècle, avec les distances qui les séparent, distances exprimées en lieues gauloises.

Duval (Jules) : *Notre planète*. 1 vol. in-16. 3 fr. 50

— *Notre pays*. 1 vol. in-16. 1 fr. 25

Lacombe: *L'Angleterre*, géographie, climat, industrie. 1 vol. petit in-16, avec 9 gravures et 1 carte. 50 c.

Longnon : *Géographie de la Gaule au sixième siècle*. 1 vol. grand in-8, avec carte. 15 fr.

— *Atlas historique de la France*, depuis Cesar jusqu'à nos jours, 35 planches grand in-folio, avec texte explicatif grand in-8.

La publication aura lieu en sept livraisons de cinq planches chacune, accompagnées d'un fascicule de texte. Il paraîtra au moins une livraison chaque année. La première livraison est en vente. Prix avec le texte, 11 fr. 50

Maunoir et **Duveyrier** : *L'année géographique*, revue mensuelle des voyages de terre et de mer ; 2ᵉ serie (1876-1878), 3 vol. in-16.

Chaque volume séparément 3 fr. 50
Voir à *Vivien de Saint-Martin* pour les années 1862 à 1875.

Maury (Alfred), membre de l'Institut : *La terre et l'homme*, ou aperçu de geologie, de geographie et d'ethnologie génerales. 1 volume in-16. 6 fr.

Pagézy (Jules), sénateur : *Mémoires sur le port d'Aigues-Mortes*. 1 vol. in-8 avec 3 cartes. 6 fr.

Reclus (Elisée) : *La terre*, description des phenomenes de la vie du globe :
Première partie : *Les continents*. 1 vol. grand in-8, avec 253 fig. et 25 cartes tirees en coul. 15 fr.
Deuxième partie : *L'océan, l'atmosphère, la vie*. 1 volume grand in-8, avec 230 cartes ou figures et 2 grandes cartes tirées à part en couleur. 15 fr.

— *Les phénomènes terrestres*. 2 vol. in-16 :
I. *Les continents*. 1 vol,
II. *Les mers et les météores*. 1 vol.
Chaque volume séparément. 1 fr. 25

— *Nouvelle géographie universelle* : La terre et les hommes.
(Voir page 4.)

Reclus (Onesime) : *La Terre à vol d'oiseau* 1 vol. grand in-8 illustré avec de nombreuses gravures et des cartes. 20 fr.

— *Géographie*. La terre à vol d'oiseau. 2 vol. in-16, avec 370 gravures. 10 fr.

— *France, Algérie et colonies*. 1 vol. in-16, avec 120 gravures. 5 fr. 50

Saint-Paul (A.) : *Histoire monumentale de la France*. 1 vol. in-8, avec gravures. 3 fr.

Schliemann (H.) : *Mycènes*, recherches, fouilles et découvertes faites en 1876 a Mycenes et à Tyrinthe. Ouvrage traduit de l'anglais par J. Girardin. 1 vol. in-8, avec 549 grav. et 8 cartes ou plans. 25 fr.

Strabon: *Géographie*, traduction nouvelle par M. Amedée Tardieu, sous-bibliothécaire de l'Institut. 3 vol. in-16. 10 fr. 50

Vivien de Saint-Martin : *Histoire de la geographie, et des decouvertes géographiques, depuis les temps les plus reculés jusqu'à nos jours*. 1 vol. in-8 et atlas in-folio de 12 cartes en couleur. 20 fr.

— *L'annee géographique*, revue annuelle des voyages de terre et de mer (1862-1875). 13 vol. in-16.
Chaque volume séparément. 3 fr. 50
Les années 1870-1871 ne forment qu'un volume.
Voir à *Maunoir et Duveyrier* pour les années 1876 et suivantes.

IX

OUVRAGES D'ENSEIGNEMENT

§ 1. LIVRES CLASSIQUES.

Ansart (F.) : *Petite géographie moderne.* 1 vol. in-18, avec 30 gravures, cart. 80 c.

Brouard, inspecteur général de l'instruction publique : *Leçons de géographie.* 4 vol. in-16, cartonnés :
Cours élémentaire. — Livre de l'élève. 1 v. avec 49 grav., cart. 75 c.
Livre du maître, 1 fr. 50
Cours moyen, 1 vol. in-16, cart. 1 fr. 20
Cours supérieur préparatoire au certificat d'études. 1 vol. cart. 1 fr. 20

Cortambert : *Petite géographie générale.* 1 vol. in-18, br. 15 c.
— *Petite géographie illustrée du premier âge*, à l'usage des écoles et des familles ; 7ᵉ édition. 1 vol. in-18, avec 88 gravures ou cartes, cartonné en percaline gaufrée. 80 c.
— *Petite géographie illustrée de la France*, à l'usage des écoles primaires ; 6ᵉ édit. 1 vol. in-18, avec 75 gravures et une carte, cartonné en percaline gaufrée. 80 c.
— *Petit cours de géographie moderne*, avec un appendice pour la géographie de l'histoire sainte ; 24ᵉ édit. 1 v. in-16, avec 63 grav., cart. 1 fr. 50
— *Cours de géographie*, comprenant la description physique et politique, et la géographie historique des diverses contrées du globe; 16ᵉ édit., avec grav. In-16, cart. 4 fr. 25
— *Le globe illustré*, géographie générale, à l'usage des écoles et des familles ; 5ᵉ éd.. 1 vol. in-4, avec 130 grav., 16 cartes, cart. 4 fr.
— NOUVEAU COURS COMPLET DE GÉOGRAPHIE A L'USAGE DES LYCÉES ET DES COLLÈGES, contenant les matières indiquées par les programmes du 22 janvier 1885. 10 vol in-16, cartonnés, avec gravures dans le texte, et accompagnés d'atlas in-8 correspondant aux matières enseignées dans chaque classe :

Notions élémentaires de géographie générale et notions sur la géographie physique de la France (classe préparatoire). 1 vol. 80 c.

Géographie élémentaire des cinq parties du monde (classe de Huitième). 1 vol. 80 c.

Géographie élémentaire de la France suivie d'un cadre pour une description de département (classe de Septième). 1 vol. 1 fr. 20

Géographie générale de l'Europe et du bassin de la Méditerranée (classe de Sixième). 1 vol. 1 fr. 50

Géographie générale de l'Asie, de l'Afrique, de l'Amérique et de l'Océanie (classe de Cinquième). 1 volume. 1 fr. 50

Géographie physique et politique de la France (classe de Quatrième). 1 vol. 1 fr. 50

Géographie physique, politique et économique de l'Europe (classe de Troisième). 1 vol. 2 fr.

Géographie physique, politique et économique de l'Asie, de l'Afrique, de l'Amérique et de l'Océanie (classe de Seconde). 1 vol. 3 fr.

Géographie physique, politique et économique de la France et de ses possessions coloniales, précédée de notions générales de géographie (classe de Rhétorique). 1 vol. 3 fr

Eléments de géographie générale (classe de Mathématiques préparatoires). 1 vol. 1 fr. 50

Voir pour les atlas, page 28

— COURS DE GÉOGRAPHIE, RÉDIGÉ CONFORMÉMENT AUX PROGRAMMES DE L'ENSEIGNEMENT SPÉCIAL. 3 vol. in-16, avec gravures et accompagnés d'atlas in-8 cart. :

Géographie physique, politique et économique, de l'Afrique, de l'Asie,

de l'Amérique et de l'Océanie (1re année). 1 vol. 1 fr. 50
Etude générale de l'Europe (2e année). 1 vol. 2 fr.
Géographie physique, politique, administrative et économique de la France et de ses possessions coloniales (3e année). 1 vol. 3 fr.
— Cours de geographie, rédigé conformément aux programmes de l'enseignement secondaire des jeunes filles. 3 vol. in-16, avec grav., cart. en percaline gaufrée :
Notions élémentaires de géographie générale (1re année). 1 vol. 1 fr. 50
Geographie de l'Europe (2e année). 1 vol. 2 fr.
Géographie de la France et de ses possessions coloniales (3e année). 1 vol. 3 fr.

Fillias : *Géographie de l'Algerie*. 1 vol. in-16, avec grav. cart. 1 fr. 50

Joanne (Adolphe) : *Géographie des départements de la France*, avec un dictionnaire des communes. 86 vol. in-16, cartonnés.
Chaque département, accompagné d'une carte et de gravures, se vend séparément 1 fr.
La Géographie de la Seine. 1 vol. 1 fr 50

Lemonnier, professeur au lycée Louis-le-Grand, et **Schrader** : *Eléments de géographie*, rediges conformément aux programmes de 1882. 3 vol. in-4, cartonnes :
Ouvrage inscrit sur la liste des livres fournis gratuitement par la Ville de Paris à ses écoles communales.
Cours élémentaire. Premières notions de géographie. 1 vol. avec 33 cartes et 61 gravures. 1 fr.
Cours moyen. Géographie de la France, de l'Algérie et des colonies françaises. 1 vol. avec 34 cartes et 9 gravures. 1 fr. 60
Cours supérieur. Geographie des cinq parties du monde. Revision et developpement de la geographie de la France. 1 vol. avec 44 cartes et 48 gravures. 2 fr. 40

Meissas et Michelot : *Petite geographie méthodique*, 1 vol. in-18, cartonne. 60 c.
— *Geographie sacree*, avec un plan de Jerusalem. 1 v. in-18, cart. 1 fr. 25
— *Tableaux de géographie*, 28 tableaux de 49 cent. sur 34 cent.. 3 fr.
— *Manuel de geographie*, reproduisant les tableaux. In-18, cartonne. 75 c.
— *Geographie ancienne*, comparee avec la geographie moderne. 1 v. in-16. cart. 2 fr. 50
— *Petite géographie ancienne*, 1 vol. in-18, cartonné. 1 fr.
— *Nouvelle géographie méthodique*, suivie d'un petit traité sur la construction des cartes. 1 vol. in-16, cartonne. 2 fr. 50

Pape-Carpantier (Mme) : *Premières notions de geographie et d'histoire naturelle* (Cours d'education et d'instruction primaire ; 1re année preparatoire). 1 vol. in-18, cartonné. 75 c.
— *Geographie ; premieres notions sur quelques phenomènes naturels* (2e annee prep.). 1 vol. in-18, cart. 75 c.
— *Premiers elements de cosmographie ; geographie* (periode elementaire). 1 vol. in-18, cartonne. 1 fr. 50
— *Elements de cosmographie ; geographie de l'Europe* (periode moyenne). 1 vol. in-18, cart. 2 fr. 50

§ 2. ATLAS.

Atlas départemental de la France, de l'Algérie et des Colonies (Petit). 1 vol. petit in-8, cart. contenant 103 cartes coloriées. 1 fr.

Bouillet : *Atlas universel d'histoire et de géographie*. Ouvrage servant de complement au *Dictionnaire d'histoire et de géographie* du même auteur, et comprenant : 1. La chronologie : la concordance des principales eres avec les annees avant et apres Jesus-Christ, et des tables chronologiques universelles ; 2. La genealogie : des tableaux généalogiques des dieux et de toutes les familles historiques, et un traite elementaire de l'art héraldique, qui comprend 12 planches coloriees ; 3. La geographie : 88 cartes de geographie ancienne et moderne, avec un texte explicatif indiquant les ressources et les divisions de chaque pays ; nouvelle edition. 1 vol. grand in-8, broche. 30 fr.
Le cartonnage en percaline gaufrée se paye en sus 3 fr. 25 c.; la demi-reliure en chagrin, 5 fr

Cortambert : *Petit atlas élémentaire de géographie moderne*, composé de 22 cartes tirées en couleur. in-4, broché. 90 c.

<small>Inscrit sur la liste des livres fournis gratuitement par la ville de Paris à ses écoles communales.</small>

Le même ouvrage, accompagné d'un texte explicatif en regard de chaque carte. 1 vol. in-4, cart. 1 fr. 10

L'Atlas, sans texte, suivi d'une carte du département demandé. 1 fr. 15

L'Atlas, avec texte, suivi d'une carte du département demandé. 1 fr. 35

— *Petit atlas géographique du premier âge*, contenant 9 cartes color. 1 vol. gr. in-18, cart. 80 c.

* — ATLAS A L'USAGE DE L'ENSEIGNEMENT GÉNÉRAL :

* *Petit atlas de géographie moderne*, 20 cartes in-4, cart. 2 fr. 50

* *Atlas (petit de géographie ancienne*, 16 cartes in-4, cart. 2 fr. 50

* *Atlas (petit) de géographie du moyen âge*, 15 cartes in-4, cart. 2 fr. 50

* *Atlas (petit) de géographie ancienne et moderne*, 40 cartes in-4, cart. 6 fr.

* *Atlas (petit) de géographie ancienne, du moyen âge et moderne*, contenant 56 cartes in-4, cart. 7 fr. 50

* *Atlas de géographie moderne*, contenant 66 cartes in-4, cart. 10 fr.

* *Nouvel atlas de géographie ancienne, du moyen âge et moderne*, contenant 100 cartes in-4, cart. 15 fr.

Chaque carte séparément. 15 c.

* — ATLAS DRESSÉS CONFORMÉMENT AUX PROGRAMMES DE L'ENSEIGNEMENT SECONDAIRE CLASSIQUE, format in-8, cartonné :

Cl. de Huitième (23 cartes). 3 fr. 50
Cl. de Septième (14 cartes). 2 fr. 50
Cl. de Sixième (33 cartes). 5 fr.
Cl. de Cinquième (41 cartes). 6 fr.
Cl. de Quatrième (26 cartes). 4 fr.
Cl. de Troisième (33 cartes). 5 fr.
Cl. de Seconde (37 cartes). 5 fr. 50
Cl. de Rhétorique (18 cartes). 3 fr.

* — ATLAS DRESSÉS CONFORMÉMENT AUX PROGRAMMES DE L'ENSEIGNEMENT SECONDAIRE SPÉCIAL, format in-8, cart. :

Première année (32 cartes). 5 fr.
Deuxième année (21 cartes). 3 fr. 50
Troisième année (16 cartes). 2 fr. 50

* — ATLAS A L'USAGE DE L'ENSEIGNEMENT SECONDAIRE DES JEUNES FILLES, contenant 66 cartes de géographie moderne, in-4 coloriées, relié en percaline 10 fr.

Henry (Gervais), instituteur primaire à Paris : *Cartographie de l'enseignement*, méthode pour apprendre la géographie de la France à l'aide de nouv. cartes muettes à écrire :

<small>Méthode inscrite sur la liste des livres fournis gratuitement par la ville de Paris à ses écoles communales.</small>

1º Cartes des bassins physiques, format quart de jésus : 1. Bassin du Rhin ; 2. Bassin de la Seine ; 3. Bassin de la Loire ; 4. Bassin de la Garonne, 5. Bassin du Rhône.

Prix de chaque carte : en noir, 5 centimes ; colorié, 10 centimes.

2º Carte d'ensemble des bassins physiques, format grand raisin : en noir, 30 cent.; coloriée, 35 centimes.

3º Cartes des bassins politiques, format quart jésus ; comprenant les bassins du Rhin, de la Seine, de la Loire, de la Garonne et du Rhône. 5 cartes. Chaque carte en bistre, 5 centimes, coloriée, 10 centimes.

4º Carte d'ensemble des bassins politiques, format grand raisin : en noir, 30 centimes ; coloriée, 35 centimes.

5º France physique écrite ; France politique écrite ; chaque carte, format grand raisin, coloriée, 60 centimes.

---

* Tous les atlas de M. E. Cortambert sont composés de cartes dessinées et gravées à nouveau avec le soin le plus minutieux et revues par une société de géographes et de professeurs.

Meissas et Michelot : *Atlas.*

Petits atlas format in-octavo.

A. *Atlas élémentaire de géographie moderne,* composé de 8 cartes écrites. **2 fr. 50**
B. *Le même,* avec 8 cartes muettes (16 cartes). **3 fr. 50**
C. *Atlas universel de géographie moderne,* composé de 17 cartes écrites. **5 fr.**
D. *Le même,* avec 8 cartes muettes (25 cartes). **6 fr.**
E. *Atlas de géographie ancienne et moderne,* composé de 36 cartes écrites, sur 30 planches. **9 fr.**
F. *Le même,* avec 8 cartes muettes (44 cartes). **10 fr.**
G. *Atlas universel de géographie ancienne, du moyen âge et moderne, et de géographie sacrée,* composé de 54 cartes écrites. **14 fr.**
H. *Le même,* avec 8 cartes muettes (62 cartes). **15 fr.**
Atlas de géographie ancienne, composé de 19 cartes écrites, sur 14 planches. **5 fr.**
Atlas de géographie du moyen âge. 10 cartes écrites. **4 fr. 50**

Atlas de géographie sacrée. 8 cartes écrites sur 6 planches. **2 fr.**
Chacune des cartes écrites séparément, **35 c.**

Grands atlas format in-folio.

A. *Atlas élémentaire pour la nouvelle géographie méthodique,* composé de 8 cartes écrites. **6 fr.**
B. *Le même,* avec 8 cartes muettes (16 cartes). **11 fr. 50**
C. *Atlas universel pour la nouvelle géographie méthodique,* composé de 12 cartes écrites. **10 fr. 50**
D. *Le même,* avec 8 cartes muettes (20 cartes). **15 fr.**
E. *Atlas universel pour la nouvelle géographie méthodique,* composé de 19 cartes écrites. **15 fr.**
F. *Le même,* avec 8 cartes muettes (27 cartes). **21 fr.**
Chaque carte séparément. **1 fr.**

Cartes muettes format in-folio.

Cartes muettes complètes, non coloriées, pour exercices géographiques sur la Mappemonde, l'Europe, l'Europe centrale, l'Asie, l'Afrique, l'Amérique, l'Océanie et la France.
Chaque carte séparément. **20 c.**

§ 3. CARTES MURALES.

1. GRANDES CARTES MURALES

Par MM. *Meissas* et *Michelot.*

Chaque carte est coloriée et accompagnée d'un questionnaire qui est donné gratuitement aux acquéreurs de la carte à laquelle il se réfère Chaque questionnaire se vend en outre séparément, 30 c.

Les cartes en 16 feuilles ont 1 mètre 80 centimètres de hauteur sur 2 mètres 30 centimètres de largeur Celles en 20 feuilles ont 1 mètre 80 centimètres de hauteur sur 2 mètres 80 centimètres de largeur.

Le collage sur toile avec gorge et rouleau se paye en sus : 1° pour les cartes en 16 feuilles, 12 fr.; 2° pour les cartes en 20 feuilles, 14 fr.

Géographie ancienne.

Empire romain écrit. 16 feuilles. Prix. **10 fr.**

Géographie moderne.

Afrique écrite (Nouvelle édition). 16 feuilles. **10 fr.**

Amérique septentrionale et méridionale écrites. 20 feuilles. **12 fr.**

L'*Amérique septentrionale,* séparément, 12 feuilles, **8 fr**
L'*Amérique méridionale,* séparément, 8 feuilles, **6 fr.**

Asie écrite. 16 feuilles. **10 fr.**
Europe écrite. 16 feuilles. **9 fr.**
France écrite par départements, *Belgique et Suisse.* 16 feuilles. **9 fr.**
Mappemonde écrite. 20 feuill. **12 fr.**
Mappemonde muette. 20 feuill. **10 fr.**

2. NOUVELLES GRANDES CARTES MURALES

Par MM. *Achille* et *Gaston Meissas.*

Ces nouvelles cartes imprimées en couleur sur 12 feuilles jesus indiquent le relief du terrain. Elles mesurent 2 mètres de hauteur sur 2 mètres 10 de largeur.

Le collage sur toile avec gorge et rouleau se paye en sus, 12 fr.

Europe muette ou *écrite.* **15 fr.**
France muette ou *écrite.* **15 fr.**

3. PETITES CARTES MURALES ÉCRITES

Par MM. *Achille* et *Gaston Meissas*.

La *France*, l'*Europe*, l'*Asie*, l'*Afrique* et la *Palestine* ont 1 mètre de hauteur sur 1 mètre 30 centimètres de largeur, la *Mappemonde* a 1 mètre 10 centimètres de hauteur sur 1 mètre 70 centimètres de largeur, l'*Amérique* a 1 mètre de hauteur sur 1 mètre 95 centimètres de largeur. Ces cartes sont coloriées.

Le collage sur toile avec gorge et rouleau se paye en sus : 1° pour la *France*, l'*Europe*, l'*Asie*, l'*Afrique* et la *Palestine*, 5 fr ; 2° pour la *Mappemonde* et l'*Amérique*, 7 fr.

Afrique. 4 feuilles jesus.   5 fr.
Amérique septentrionale et méridionale. 6 feuilles jesus.   6 fr.
Asie. 4 feuilles jesus.   5 fr.
France par departements, *Belgique et Suisse*. 4 feuilles jes.   4 fr. 50
Europe. 4 feuilles jesus.   4 fr. 50
Mappemonde. 8 feuilles grand raisin.   6 fr.
Palestine. 4 feuilles jesus.   6 fr

4. GRANDES CARTES MURALES

Par M. *Ehrard*.

Ces cartes sont imprimées en couleur sur 4 feuilles mesurant 1 mètre 60 centimètres de hauteur sur 1 mètre 78 de largeur. Elles indiquent par des teintes graduées le relief du sol et rendent facile l'étude de la géographie physique

Le collage sur toile avec gorge et rouleau se paye en sus, 12 fr.

France muette ou *écrite*, d'après la carte oro-hydrographique, publiée sous les auspices du ministère de l'instruction publique, par la Commission de la topographie des Gaules.   20 fr.
Europe écrite.   20 fr.

5. PETITES CARTES MURALES

Par M. *Ehrard*.

Ces cartes sont imprimées en couleur sur une feuille mesurant 90 centimètres de haut sur 1 mètre de large.

Le collage sur toile avec gorge et rouleau se paye en sus, 7 fr.

France muette ou *écrite*, reduction de la grande carte murale, du même auteur.   6 fr.
Europe ecrite.   6 fr.

6. PETITES CARTES MURALES ÉCRITES

Par M. *E. Cortambert*.

Ces cartes sont imprimées en couleur ; elles mesurent 90 centimètres de hauteur sur 1 mètre 20 centimètres de largeur, et ne se vendent que montées sur gorge et rouleau.

En vente : *Europe*, *France*, *Palestine*. Chaque carte.   8 fr.

7. CARTES MURALES MUETTES SUR TOILE NOIRE ARDOISÉE, POUR EXERCICES GÉOGRAPHIQUES.

Par MM. *A. Meissas* et *Suzanne*.

Ces cartes sont montées sur gorge et rouleau.

France, par A. Meissas. 1 mètre 10 de hauteur sur 1 metre 70 cent. de largeur.   15 fr.
Europe, par A. Meissas. 1 mètre 10 de hauteur sur 1 metre 70 cent. de largeur.   15 fr.
France, par Suzanne. 1 mètre 75 de hauteur sur 1 mètre 80 cent. de largeur.   35 fr.

8. CARTE MURALE HYPSOMÉTRIQUE

France hypsométrique à 1/1 250 000, 1 feuille mesurant 90 cent. de hauteur sur 1 metre 20 cent. de larg. avec gorge et rouleau.   14 fr.

9. CARTE MURALE DE LA FRANCE AGRICOLE

Par M. *G. Heuzé*.

Imprimée en couleur sur quatre feuilles, ayant ensemble 1 mètre 10 centimetres de hauteur sur 1 mètre 45 de largeur.   6 fr.

Le collage sur toile avec gorge et rouleau se paye en sus, 4 fr.

LIBRAIRIE HACHETTE ET Cie

Collection de Voyages illustrés (format in-16)

Chaque volume : Broché. 4 fr. — Relié en percaline 5 fr 50

ABOUT (Edmond) · LA GRÈCE CONTEMPORAINE — 1 vol contenant 24 gravures
ALBERTIS (D) LA NOUVELLE GUINÉE — 1 vol, 64 gravures
AMICIS (DE) CONSTANTINOPLE — 1 vol, 24 gravures.
  L'ESPAGNE 1 vol contenant 24 gravures
  LA HOLLANDE 1 vol contenant 24 gravures
BELLE (H) VOYAGE EN GRÈCE — 1 vol. contenant 24 gravures et une carte
CAMERON NOTRE FUTURE ROUTE DE L'INDE. — 1 vol contenant 20 gravures
COTTEAU (Edmond) · DE PARIS AU JAPON A TRAVERS LA SIBÉRIE — 1 vol., 28 gravures et 3 cartes.
— UN TOURISTE DANS L'EXTRÊME ORIENT. — 1 vol. avec 38 gravures
DAIREAUX (E) · BUENOS-AYRES, LA PAMPA ET LA PATAGONIE. 1 vol contenant 16 gravures
DAVID (L'abbé Armand) L'EMPIRE CHINOIS — 2 vol ; 48 gravures
GARNIER (Francis) : DE PARIS AU TIBET. — 1 vol. contenant 40 gravures et une carte
HUBNER (Baron de) : PROMENADE AUTOUR DU MONDE. — 2 vol contenant 48 gravures
LAMOTTE (DE). CINQ MOIS CHEZ LES FRANÇAIS D'AMÉRIQUE. Voyage au Canada 1 vol , 24 gravures et une carte
LARGEAU (Victor) · LE PAYS DE RHRA. — 1 vol contenant 12 gravures et une carte
— LE SAHARA ALGÉRIEN. — 1 vol , 17 gravures et 3 cartes.
LASELVE (Edgar) LE PAYS DES NÈGRES. — 1 volume contenant 24 gravures et une carte.
LECLERCQ (Jules) VOYAGE AU MEXIQUE, DE NEW-YORK A LA VERA CRUZ — 1 vol avec 37 gravures.
MARCHE (Alfred) TROIS VOYAGES DANS L'AFRIQUE OCCIDENTALE. — 1 vol contenant 24 gravures
MARKHAM LA MER GLACÉE DU PÔLE. — 1 volume contenant 32 gravures et 2 cartes.
MONTEGUT (E) : EN BOURBONNAIS ET EN FOREZ. — 1 vol. contenant 24 gravures.
— SOUVENIRS DE BOURGOGNE — 1 vol , 24 gravures.
— LES PAYS-BAS — 1 vol avec 20 gravures
PFEFFER (Mme Ida) · VOYAGE D'UNE FEMME AUTOUR DU MONDE. — 1 vol contenant 32 gravures
— MON SECOND VOYAGE AUTOUR DU MONDE. — 1 vol. contenant 32 gravures et une carte
— VOYAGE A MADAGASCAR 1 vol ; 24 gravures et une carte.
RECLUS (Armand) PANAMA ET DARIEN. — 1 vol contenant 48 gravures et 3 cartes
RECLUS (Elisée) VOYAGE A LA SIERRA DE SAINTE MARTHE — 1 vol contenant 18 gravures et 1 carte
SIMONIN LE MONDE AMÉRICAIN — 1 vol 7 gravures.
TAINE (H) VOYAGE EN ITALIE — 2 vol , 48 gravures.
— VOYAGE AUX PYRÉNÉES — 1 vol ; 24 gravures
— NOTES SUR L'ANGLETERRE , 1 vol contenant 24 gravures.
WEBER (Ernest de) · QUATRE ANNÉES AU PAYS DES BOERS. — 1 vol contenant 37 gravures et une carte.
WEY (Francis) : DICK MOON EN FRANCE. — 1 vol contenant 24 gravures.

www.ingramcontent.com/pod-product-compliance
Lightning Source LLC
Chambersburg PA
CBHW050907230426
43666CB00010B/2056